菲律宾“南海仲裁案”透视

朱锋　余民才 / 主　编

世界知识出版社

图书在版编目（CIP）数据

菲律宾“南海仲裁案”透视 / 朱锋，余民才主编
. -- 北京 : 世界知识出版社，2018.9
ISBN 978-7-5012-5806-2

Ⅰ. ①菲… Ⅱ. ①朱… ②余… Ⅲ. ①南海－国际争端－国际仲裁－中国－文集 Ⅳ. ①D823-53

中国版本图书馆CIP数据核字(2018)第178306号

书　　名　菲律宾“南海仲裁案”透视
Feilübin Nanhai Zhongcaian Toushi

主　　编　朱　锋　　余民才

责任编辑　范景峰
责任出版　王勇刚
责任校对　马莉娜

出版发行　世界知识出版社
地址邮编　北京市东城区干面胡同51号（100010）
网　　址　www.ishizhi.cn
电　　话　010-65265923（发行）　010-85119023（邮购）
经　　销　新华书店
印　　刷　北京艺堂印刷有限公司
开本印张　165×240毫米　1/16　22½印张
字　　数　420千字
版次印次　2018年8月第1版　2018年8月第1次印刷
标准书号　ISBN 978-7-5012-5806-2
定　　价　80.00元

目　录

第一章　“菲律宾南海仲裁案仲裁庭”无管辖权

第二章　中国南海历史性权利不容置疑

第三章　“菲律宾南海仲裁案仲裁庭”裁决非法无效

第四章　菲律宾“南海仲裁案”与南海区域治理

第五章　菲律宾“南海仲裁案”与国际话语权博弈

第一章

“菲律宾南海仲裁案仲裁庭”无管辖权

菲律宾所提南海仲裁案仲裁庭的裁决没有法律效力①

[内容提要] "菲律宾南海仲裁案仲裁庭"作出《管辖权和可受理性裁决》认定菲律宾所提全部诉求均构成中菲两国关于《联合国海洋法公约》解释和适用的争端，裁定对菲律宾部分诉求拥有管辖权，并将其余诉求的管辖权问题保留至案件实体阶段一并审理。这是一项从认定事实到适用法律都充满错误的管辖权裁决，完全是一项政治性裁决，至少存在六大谬误。非法行为不产生权利。无论仲裁庭最终就案件实体问题作出何种裁决，当然都不具有任何法律效力。

[关键词] 南海仲裁案　中国立场文件　管辖权和可受理性裁决　没有法律效力

[作者简介] 中国国际法学会

菲律宾于2013年1月22日单方面就中菲有关南海问题提起仲裁以来，中国始终坚持不接受、不参与的严正立场，并明确指出仲裁庭对该案明显没有管辖权。2014年12月7日，中国政府发布《关于菲律宾共和国所提南海仲裁案管辖权问题的立场文件》(下称《中国立场文件》)，对此予以详细阐述。中国国际法学会坚决支持中国政府的有关立场。

中国对南海诸岛及其附近海域拥有无可争辩的主权。中菲两国在南海的争议，核心是由于菲律宾非法侵占中国南沙群岛部分岛礁而引发的

① 中国国际法学会，2016年6月10日。

领土主权问题，以及有关海洋划界问题。这也正是菲律宾所提"南海仲裁案"的本质之所在。

2015年10月29日，仲裁庭作出《管辖权和可受理性裁决》(下称《裁决》)，认定菲律宾所提全部诉求均构成中菲两国关于《联合国海洋法公约》(下称《公约》)解释和适用的争端，裁定对菲律宾部分诉求拥有管辖权，并将其余诉求的管辖权问题保留至案件实体阶段一并审理。这是一项从认定事实到适用法律都充满错误的管辖权裁决。该裁决至少存在以下六大谬误：

第一，错误地认定菲律宾所提诉求构成中菲两国有关《公约》解释或适用的争端；

第二，错误地对不属于《公约》调整而本质上属于陆地领土主权问题的事项确定管辖权；

第三，错误地对已被中国排除适用强制程序的有关海域划界的事项确定管辖权；

第四，错误地否定中菲两国存在通过谈判解决相关争端的协议；

第五，错误地认定菲律宾就所提仲裁事项的争端解决方式履行了"交换意见"的义务；

第六，背离了《公约》争端解决机制的目的和宗旨，损害了《公约》的完整性和权威性。

中国国际法学会认为，仲裁庭对仲裁事项具有管辖权是仲裁程序赖以进行的前提，也是其最终裁决产生法律效力的基础。仲裁庭对于菲律宾提出的所有仲裁事项均没有管辖权，其关于管辖权问题的裁决缺乏事实和法律依据，没有法律效力，其下一步就实体问题所作裁决也不产生任何法律效力。

一、仲裁庭错误认定菲律宾所提诉求构成中菲两国有关《公约》解释或适用的争端

仲裁庭承认，根据《公约》第288条第1款，仲裁庭仅对“有关《公约》解释和适用的争端”具有管辖权（《裁决》第130段）。仲裁庭亦承认，确定管辖权需解决两个问题，一是中菲之间是否就仲裁事项存在争端，二是该争端是否涉及《公约》的解释或适用。仲裁庭得出的结论是，“在仲裁程序中，就菲律宾所有诉求提出的事项而言，当事方之间存在着有关《公约》解释和适用的争端”（《裁决》第178段）。这一结论不能成立。

（一）仲裁庭错误认定有关诉求构成中菲两国之间的争端

在国际司法或仲裁程序中，争端是指“对于法律或事实观点的分歧，是双方在法律观点或利益上的冲突”[①]。国际法院以及其他国际司法或仲裁机构在实践中广泛沿用这一经典定义。

国际实践表明，要认定争端的存在，首先必须证明提起诉讼或仲裁程序时当事方之间存在具体的分歧事项。正如国际法院2011年在格鲁吉亚—俄罗斯案判决中所称，当事方在提起程序前“必须足够清楚地提到相关条约的主题事项，以让对方识别出就该事项存在或可能存在争端”[②]。其次，仅仅证明当事方之间存在分歧事项还不够，还须证明当事方是就“同一”事项或主张存在有针对性的分歧或争点。国际法院1962年在西南非洲案中指出，要证明争端的存在，“必须显示一方的主张被另一方有针对性地反对”[③]。因此，某一当事方的单方面主张不足以证明争端的存在。要证明争端存在，就要查明当事方之间就同一事项持有相反

① 《裁决》第149段，引自常设国际法院1924年马弗罗马蒂斯巴勒斯坦特许权案管辖权判决第11页。

② 关于初步反对事项的判决第30段。

③ 《裁决》第149段，引自西南非洲案关于初步反对事项的判决第328页。

的态度或观点。国际法院在许多案件中正是基于这一标准来认定争端的存在[①]。

本案中，仲裁庭明显没有遵循上述国际法规则和实践来认定是否存在争端。例如：

菲律宾第3项诉求提出，黄岩岛不能产生专属经济区或大陆架。要认定该诉求构成中菲之间的争端，仲裁庭必须基于事实证明，菲律宾在提起仲裁前曾向中国提出过上述主张，而中国就此提出过反对。但是，仲裁庭未能做到。

菲律宾第4项诉求提出，美济礁、仁爱礁和渚碧礁是低潮高地，不能产生领海、专属经济区或大陆架。要认定该诉求构成中菲之间的争端，仲裁庭必须基于事实证明，菲律宾在提起仲裁前曾向中国提出过上述主张，而中国就此表示过反对。但是，仲裁庭未能做到。

菲律宾第6项诉求提出，南薰礁和西门礁（包括东门礁）是低潮高地，不能产生领海、专属经济区或大陆架。要认定该诉求构成中菲之间的争端，仲裁庭必须基于事实证明，菲律宾在提起仲裁前曾向中国提出过上述主张，而中国就此表示过反对。但是，仲裁庭未能做到。

菲律宾第7项诉求提出，赤瓜礁、华阳礁和永暑礁不能产生专属经济区或大陆架。要认定该诉求构成中菲之间的争端，仲裁庭必须基于事实证明，菲律宾在提起仲裁前曾向中国提出过上述主张，而中国就此表示过反对。但是，仲裁庭未能做到。

由此可见，仲裁庭本应作出的正确结论是上述诉求不构成中菲之间的争端。但遗憾的是，仲裁庭没有遵循上述国际法的要求对这些诉求进行逐项分析，而是将这些诉求"捆绑"在一起，并认为它们"反映了有关岛礁地位和南海海洋权利来源的争端"(《裁决》第169段)，以此来推断中菲两国就上述诉求存在争端。这实际上是在偷换概念，将"具体"

---

① 参见2016年尼加拉瓜—哥伦比亚侵害海洋权利案关于初步反对事项的判决第67至79段，2011年格鲁吉亚–俄罗斯案关于初步反对事项的判决第30至31段，1995年东帝汶案判决第22段等。

岛礁的地位及其海洋权利问题转换成“一般性”的岛礁地位和南海海洋权利来源的分歧，来掩盖其不能证明菲律宾就上述9个岛礁的地位及其海洋权利所提的单方面主张构成中菲之间争端的事实。仲裁庭还自我辩解称，有关南海海洋权利的争端“不因缺乏针对每一单个地物进行点对点的意见交换而被否定”(《裁决》第170段)，但并没有阐明作出该结论的国际法依据，只是搪塞称必须“区分争端本身和当事方用来支持其争端诉求的论据”(《裁决》第170段)，这在法律上不能令人信服。

事实上，中菲两国就菲律宾第3项、第4项、第6项和第7项诉求根本就不存在真实的“争点”。中国历来对包括黄岩岛在内的整个中沙群岛和包括美济礁等8个岛礁在内的整个南沙群岛主张并享有领土主权，未单独就菲律宾所提黄岩岛、美济礁、仁爱礁等单个岛礁的地位表达过立场，也未提出相关单个岛礁能产生何种海洋权利。而菲律宾是就单个岛礁的地位及其海洋权利提出诉求。这表明，中菲两国的主张涉及不同问题，并非针对同一事项，也不存在有针对性的反对，因此谈不上构成争端。

中菲两国在南海问题上的确存在分歧，但这些分歧根本上是两国在南海的领土主权和海域划界问题，并非两国围绕菲律宾所提有关仲裁事项的争端。国际司法或仲裁机构处理的应是“真实”当事方关于“真实”问题的“真实”争端。但本案仲裁庭曲解中国观点，错误认定中菲两国就菲律宾所提仲裁事项存在争端。

（二）仲裁庭错误认定有关诉求涉及《公约》的解释或适用

即使有关诉求构成争端，如果该争端不涉及《公约》的解释或适用，仲裁庭也无权管辖（《公约》第288条）。显然，包括习惯国际法在内的一般国际法的解释或适用不应属于仲裁庭的管辖范围。正如澳大利亚国际法学者罗思韦尔和史蒂芬斯所指出，“《公约》第十五部分规定的争端解决机制……对源于一般国际法的争端没有管辖权”[①]。

本案中，菲律宾第1项和第2项诉求的核心是，要求仲裁庭宣布，中国在南海的海洋权利主张超出《公约》允许的范围，是无效的。仲裁庭在论及上述诉求时指出，中菲之间的争端是“有关《公约》框架下历史性权利的争端”，属于“《公约》解释或适用的争端”(《裁决》第168段)。然而，“历史性权利”在《公约》缔结前久已存在，虽然其性质和范围问题尚无定论，但可以肯定的是，它建立在包括习惯国际法在内的一般国际法基础上并由其规范，与《公约》并行，不涉及《公约》的解释或适用。1982年国际法院在突尼斯—利比亚大陆架案的判决中称，“历史性权利或水域的概念……由习惯国际法中不同的法律制度规范”(《判决》第100段)。加拿大国际法学者麦克多曼也明确指出，“历史性权利是否存在不是《公约》规范的事项，尽管……当这些权利涉及渔业和大陆架上的资源时，《公约》对其确实有所提及”[②]。

要证明争端涉及《公约》的解释或适用，除了要确定相关争端属于《公约》的范围，还要说明有关争端涉及《公约》的具体条款，以及争端与这些条款之间有实质联系。国际海洋法法庭2013年在“路易莎号”案中，在分析双方争端是否涉及《公约》解释或适用的问题时表示，“在(申请方)提供的事实和所援引的《公约》条款之间必须存在联系，这些条款能够支持其诉求”(判决第99段)。本仲裁案中的沃尔夫鲁姆和科特两位仲裁员于2012年在国际海洋法法庭“自由号”案中亦指出：“原告……应援引并论证可以支持其诉求的《公约》具体条款，并证明对这些条款的解释的观点为被告有针对性地反对”(联合个别意见第35段)。此外，国际法院法官科罗马在2011年格鲁吉亚—俄罗斯案中明确表示：“所援引的公约实体条款和争端之间必须存在联系……建立在公约争端解决条款基础上的管辖权必须与该公约的实体条款相关，且受其调整”(关于初步

---

① 唐纳德·罗思韦尔、蒂姆·史蒂芬斯：《国际海洋法》，哈特出版社2010年版，第452页。

② 泰德·麦克多曼，《对南海资源的权利和管辖：〈公约〉和“南海断续线”》，收录于贾古玛、许通美、罗勃·贝克曼编：《南海争端和海洋法》，爱德华·埃尔加出版社2014年版，第152页。

反对事项的判决的个别意见第7段）。

本案中，仲裁庭未指出菲律宾第1项和第2项诉求有关“历史性权利”的“争端”涉及《公约》哪些具体条款，更未论述相关“争端”和具体条款之间是否存在实质联系，而只是笼统地认定相关诉求构成涉及《公约》解释或适用的争端，在法律上显然站不住脚。

二、仲裁庭管辖本质上属于领土主权问题的事项，超出了《公约》授权

依据《公约》，仲裁庭的管辖范围限于涉及《公约》解释或适用的争端（《公约》第288条第1款），作为《公约》调整范围之外的陆地领土主权问题自然不属于仲裁庭的管辖范围。《公约》附件七下的仲裁庭2015年在“查戈斯海洋保护区案”裁决中指出，陆地领土主权问题不属于《公约》的解释和适用范围（参见裁决第213至221段）。《公约》关于强制调解的例外规定进一步印证了这一点。《公约》第298条对于作出排除性声明的国家施加了接受强制调解程序的义务，并规定，“任何争端如果必然涉及同时审议与大陆或岛屿陆地领土的主权或其他权利有关的任何尚未解决的争端，则不应提交这一程序（即强制调解程序）”。强制调解程序作为结果无拘束力的、《公约》第十五部分第二节所规定的强制程序以外的补充机制，其适用范围尚且排除了陆地领土主权争端，那么作为结果具有拘束力的、同属第三方强制程序的仲裁，其适用范围没有理由不排除陆地领土主权争端。

为了绕开领土主权问题不属于《公约》调整事项这一管辖障碍，菲律宾极力掩饰其所提仲裁事项与领土主权问题的内在关联，要求仲裁庭在不处理岛礁领土主权归属的情况下，直接就中国在南海的海洋权利范围、南海有关岛礁的地位及其海洋权利，以及中国在南海海上活动的合法性等问题作出裁定。对此，《中国立场文件》正确地指出，“菲律宾提请仲裁事项的实质是南海部分岛礁的领土主权问题，不涉及《公约》的解

释或适用"(参见《中国立场文件》第二部分)。

然而，仲裁庭在裁决中没有认可《中国立场文件》的观点，认为"不接受这样的观点，即主权争端的存在意味着菲律宾所提诉求的性质就是主权问题"(《裁决》第152段)。仲裁庭自创了判断菲律宾仲裁事项是否涉及主权问题的两条标准，即：如果"(1)处理菲律宾的诉求要求仲裁庭明示或默示地先行就主权问题作出决定(第一项标准)，或者(2)菲律宾诉求的实际目标是提升它在双方主权争端中的地位(第二项标准)"，则有关事项可被认为涉及主权问题(《裁决》第153段)。仲裁庭进而认为，上述两种情形在本案中都不存在，因此菲律宾的所有诉求都不涉及主权问题。这一判断是完全错误的。

(一)从客观联系看，判定南海部分岛礁领土主权归属是处理菲律宾诉求的前提，仲裁庭却错误地将二者割裂

仲裁庭在适用前述第一项标准时认为，"菲律宾非但没有要求本庭就主权问题作出决定，反而明确地反复要求本庭不要这样做。本庭也没有发现菲律宾的任何诉求要求对主权问题作出默示决定"(《裁决》第153段)。仲裁庭只是简单地接受了菲律宾的一面之辞，并没有就为何接受菲律宾的说法进行论证，也没有考察仲裁事项与领土主权问题之间的客观联系。

实际上，菲律宾所提诉求与中菲领土主权问题密不可分，处理这些诉求，须先行判定南海部分岛礁的领土主权归属。依据国际法上的"陆地统治海洋"原则[①]，陆地领土主权是海洋权利的基础和前提。国际法院指出，"海洋权利源自沿海国对陆地的领土主权"[②]且"陆地领土状况是确定沿海国海洋权利的出发点"[③]。《公约》框架下的海洋权利以陆地领土主权为基础。《公约》在序言中开宗明义指出，"认识到有需要通过本《公

① 1969年北海大陆架案判决第96段，1978年爱琴海大陆架案判决第86段。

② 2001年卡塔尔—巴林案判决第185段。

③ 2001年卡塔尔—巴林案判决第185段，2007年尼加拉瓜—洪都拉斯案判决第113段。

约》，在妥为顾及所有国家主权的情形下，为海洋建立一种法律秩序”。如果在领土主权问题尚未解决的情形下处理海洋权利问题，就无法做到妥为顾及相关国家主权。因此，先行判定国家领土主权是依据《公约》确定沿海国海洋权利的前提。

具体而言，菲律宾第1项和第2项诉求提出，中国在南海的海洋权利超出《公约》规定的范围。仲裁庭认为其反映了南海海洋权利的来源以及“历史性权利”与《公约》条款之间关系的争端，不涉及领土主权问题（《裁决》第164段、第398段和399段）。但实际上，如果不确定中国对南海岛礁的领土主权，就无法确定中国在南海享有何种海洋权利，也就无法确定中国依据《公约》在南海可以主张的海洋权利范围，更无从判断中国所主张的海洋权利是否超出《公约》规定。由是观之，不先行解决中菲有关岛礁的领土主权问题，仲裁庭就不能处理菲律宾的第1项和第2项诉求。

关于菲律宾所提第8至第14项诉求，仲裁庭认为其涉及中国在南海的活动是否合法，不涉及领土主权问题，属于《公约》解释或适用的争端（《裁决》第173段、第405至411段）。然而，要确定中国的相关活动是否合法，必须首先判定相关活动所在海域的权属，而海域的权属主要基于陆地领土主权来确定。中国在相关海域活动的合法性，是基于中国对有关岛礁享有的领土主权，以及基于岛礁领土主权所享有的海洋权利。对菲律宾提出的这些诉求，不先行判定相关岛礁的领土主权归属，就无法判定相关海域的权属，也就无法判定中国在相关海域的活动是否合法。

关于菲律宾所提第3至第7项诉求，仲裁庭认为，其主要涉及黄岩岛以及其他8个岛礁的地位及其海洋权利问题，不涉及领土主权问题（《裁决》第169至172段、第400至404段）。然而，在岛礁主权归属问题未解决的情况下，仲裁庭即判定对上述诉求有管辖权，这种做法本末倒置，有悖《公约》规定。

首先，基于岛礁的海洋权利归属于岛礁所属的沿海国，而非岛礁本身。《公约》在规范领海、毗连区、专属经济区和大陆架制度时，明确将海洋权利赋予相关海域的“沿海国”。例如，领海是指“沿海国的主权及于其陆地领土及其内水以外邻接的一带海域，在群岛国的情形下则及于群岛水域以外邻接的一带海域”(第2条第1款)。毗连区是“沿海国”可行使海关、财政、移民或卫生管制权的“毗连其领海”的区域（第33条第1款)。专属经济区是“沿海国”享有主权权利和管辖权的“领海以外并邻接领海”的区域（第55条和第56条)。“沿海国”的大陆架是“其领海以外依其陆地领土的全部自然延伸，扩展到大陆边外缘的海底区域的海床和底土”(第76条第1款)。正如澳大利亚国际法学者克莱恩指出，“(海洋权利）包括（领海）主权，对海洋资源的主权权利，以及对在特定区域内活动的管辖权……这些权利属于作为政治实体的国家，与物理性的地块无关”①。因此，脱离了沿海国的领土主权，岛礁本身不拥有任何海洋权利。

《公约》第121条（岛屿制度）的措辞显示，岛屿和岩礁是否有相应的海洋权利，与其所属的“沿海国”密不可分。该条第1款对岛屿进行了定义，第2款进一步指出，“岛屿的领海、毗连区、专属经济区和大陆架应按照本《公约》适用于其他陆地领土的规定加以确定”。这意味着，《公约》第121条的解释或适用必须与《公约》有关海洋权利的其他规定相联系，而不能孤立地进行；岛屿的海洋权利与其他陆地领土的海洋权利一样，要以“沿海国”的确定为前提。该条第3款对岛屿的特殊形态“岩礁”作了规定，指出“不能维持人类居住或其本身的经济生活的岩礁，不应有专属经济区和大陆架”，这表明“岩礁”可产生领海和毗连区。判断某一海洋地物是否属于“岩礁”，须考察该地物是否足以“维持人类居住或其本身的经济生活”，这离不开考察该地物与有关国家的人口、社会和经济联系，确定其领海和毗连区的权利也离不开“沿海国”的确定。因此，确定有关地物的“沿海国”是确定该地物是否为“岩礁”及其海洋权利

---

① 娜塔莉·克莱恩,《〈公约〉第十五部分争端解决条款在解决南海争端上的局限》，第18页，http://ssrn.com/abstract=2730411，最后访问时间：2016年6月8日。

的基础。岛礁的海洋权利不能也不应该在其“沿海国”不确定的情形下予以判定。

其次，脱离了国家领土主权，菲律宾有关岛礁地位及其海洋权利的诉求不构成中菲两国间“真实”的争端。菲律宾称，“确定某一海洋地物可能形成的海洋权利是一个客观决定”，“同一海洋地物并不因它属于一个国家就是‘岩礁’，而属于另一国家就是能产生专属经济区和大陆架的‘岛屿’”，因此“主权与本案完全无关”（《裁决》第144段）。仲裁庭对此观点没有具体分析，就直接认定菲律宾的上述诉求不涉及海洋地物的主权（《裁决》第153段）。然而，如果不考虑岛礁的主权归属，就没有作为国际法主体的“真实”的当事方。孤立地讨论作为国际法客体的某一岛礁是“岛屿”、“岩礁”还是“低潮高地”，并在此基础上孤立地讨论其能否拥有专属经济区或大陆架，就无法构成国家间“真实”的争端，菲律宾也就没有提起仲裁的资格。显然，在中菲两国关于南沙群岛部分岛礁的主权存在争端的背景下，海洋权利与陆地领土主权二者密不可分。

再次，低潮高地能否被据为领土本身就是领土主权问题，不在《公约》调整范围之内。菲律宾在第4项诉求中请求仲裁庭裁定“美济礁、仁爱礁、渚碧礁是低潮高地……不能通过占据或其他方式被据为领土”（《裁决》第101段）。《中国立场文件》对此明确指出：“低潮高地能否被据为领土本身明显是一个领土主权问题”（第23段）。仲裁庭称，“尽管可能存在低潮高地是否可被主张领土主权的问题，但这（即第4项诉求）不是一个关于地物主权的争端”（《裁决》第401段）。仲裁庭作出这一结论并未给出任何理由。中国明确主张上述海洋地物是中国陆地领土。菲律宾却在第5项诉求中主张美济礁和仁爱礁属于菲律宾专属经济区和大陆架，将其作为专属经济区或大陆架海床和底土的一部分，这实际上是不承认有关海洋地物的陆地领土属性。根据《公约》，低潮高地是指高潮时没入水中、低潮时露出水面的“自然形成的陆地”①。将低潮高地视为专属经

① 《公约》第13条第1款。

济区和大陆架的海床和底土，显然不符合《公约》的规定。

低潮高地不同于岛屿。《公约》并未对低潮高地是否能被据为领土问题作出规定。国际法上的陆地领土包括大陆和岛屿，低潮高地是否可被据为领土，既涉及其有无资格构成陆地领土问题，也涉及谁有权取得该陆地领土问题，这些问题都属于陆地领土主权问题，均不在《公约》的解释或适用范围之内。实践中，国际法院在2001年卡塔尔—巴林案和2012年尼加拉瓜—哥伦比亚领土和海洋争端案中均对低潮高地的性质问题予以处理，但都未适用《公约》的规定[①]。这也说明低潮高地能否被据为陆地领土的问题不属于《公约》的调整范围。仲裁庭武断裁定其对美济礁、仁爱礁、渚碧礁能否被据为领土的事项具有管辖权，于法无据。

（二）从真实目的和实际效果看，菲律宾提起仲裁都是否定中国在南海的领土主权，仲裁庭却对此选择性失察

仲裁庭在适用前述第二项标准时，未经论证就武断地认为，“菲律宾的诉求获得认可对于其主权主张没有任何影响”，裁定诉求不涉及主权问题（参见《裁决》第153段）。事实证明，菲律宾诉求的“真实目的”和“实际效果”都直接针对中国在南海的领土主权主张，涉及主权问题。

大量证据表明，菲律宾提起“南海仲裁案”意在否定中国对黄岩岛和南沙群岛的领土主权。

例如，2013年1月22日，即菲律宾启动仲裁程序当天，菲律宾外交部发布一份仲裁程序问答文件[②]，其中明确宣称本案是“为了保护我们国家的领土和海域”（问答1和问答3），声称不要“放弃我们的国家主权”（问答15），强调“我们的行动是为了保卫我们的国家领土和海域”（问答

① 参见2001年卡塔尔—巴林案判决第205至206段，2012年尼加拉瓜—哥伦比亚领土和海洋争端案判决第26段。

② 《艾伯特·德尔·罗萨里奥部长的声明：对中国提起的〈公约〉仲裁程序是为了和平而持久地解决“西菲律宾海”的争端》，http://www.gov.ph/2013/01/22/dfa-guide-q-a-on-the-legal-track-of-the-unclos-arbitral-proceedings/，最后访问时间：2016年6月8日。

26)。

再如，2014年7月，菲律宾总统府出台《2014年国情咨文技术报告》，将“南海仲裁案”列在“通过推动法治维护领土完整”项下（参见报告第64至65页）。翌年7月出台的《2015年国情咨文技术报告》又将该案列在“保护国家领土和边界”项下（参见报告第61至62页）。

可见，菲律宾提起仲裁案的“真实目的”就是为了将其非法窃取中国南沙岛礁的行为合法化，其所谓“未要求仲裁庭就主权问题作出裁决”的说法完全是弥天大谎。

国际司法或仲裁机构在审理案件时，负有义务查明当事方在案件内外的所有相关官方表态，以准确判断其诉求的“真实目的”。在1974年澳大利亚—法国核试验案中，国际法院认为，“确定争端的真实事项及诉求的目的和目标……必须将申请书作为一个整体考虑，包括原告在法庭上的论述，提请法院注意的外交换文和原告方政府所作的公开声明”①。1995年，国际法院应新西兰请求对1974年新西兰—法国核试验案有关情势进行审查时，再次重申了这一要求（参见法院所作命令第56段）。本案中，仲裁庭对菲律宾公开表达的提起仲裁的“真实目的”视而不见，极不正常。

仲裁庭没有客观评估其处理菲律宾诉求对中国在南海的领土主权可能产生的“实际效果”。仲裁庭称，“本庭……决意确保裁决既不提升也不贬损任何一方在南海的陆地主权主张”（《裁决》第153段）。但事实恰恰相反，仲裁庭受理和认可菲律宾所提诉求，将不可避免地贬损中国在南海的领土主权。

中国历来对整个南沙群岛享有领土主权。1958年《中华人民共和国政府关于领海的声明》和1992年《中华人民共和国领海及毗连区法》均明确规定，中国的领土包括东沙群岛、西沙群岛、中沙群岛和南沙群岛。这里是将南沙群岛作为整体纳入中国陆地领土。南沙群岛包括众多岛礁，

---

① 判决第30段，另参见1974年新西兰—法国核试验案判决第31段。

其中的岛、礁、滩、沙等，作为南沙群岛的组成部分，均属于中国的陆地领土。菲律宾主张，美济礁、仁爱礁和渚碧礁等属于低潮高地，不应被据为领土，这直接挑战中国对南沙群岛的领土主权。仲裁庭如果认可菲律宾的诉求，就等于企图否定中国对南沙群岛作为整体享有的领土主权。

仲裁庭如果认可菲律宾关于单个岛礁地位及其海洋权利的诉求，同样是企图否定中国对南沙群岛整体的领土主权。南沙群岛作为整体，拥有领海、专属经济区和大陆架。菲律宾请求仲裁庭裁定中国南沙群岛中少数单个岛礁的地位及其海洋权利，企图变相否定中国基于南沙群岛整体享有的海洋权利，并进而企图否定中国对南沙群岛整体拥有的领土主权。

三、仲裁庭罔顾中菲之间存在海域划界的事实，曲解《公约》第298条规定，越权管辖与海域划界有关的事项

即使菲律宾所提诉求涉及有关《公约》解释或适用的问题，其也构成中菲海域（或海洋）划界不可分割的一部分，已被中国2006年根据《公约》第298条所作声明排除适用包括仲裁在内的强制程序，仲裁庭无权管辖。

根据第298条，如果涉及以下几类争端：关于划定海洋边界第15条、第74条或第83条在解释或适用上的争端（第1款(a)项），涉及历史性海湾或所有权的争端（第1款(a)项），关于军事活动或执法活动的争端（第1款(b)项），以及安理会执行《联合国宪章》所赋予职务的争端（第1款(c)项），缔约国有权声明不接受《公约》第十五部分第二节规定的仲裁等强制程序。这种排除对于其他缔约国而言具有法律效力，对于上述被一国排除的争端，其他国家不得提起强制程序，仲裁庭也无权管辖。中国于2006年声明"关于《公约》第298条第1款(a)、(b)和(c)项所述的任何争端，中华人民共和国政府不接受《公约》第十五部分第二节规定的任

何程序”，明确将涉及海域划界等事项的争端排除适用强制程序。

本案中，仲裁庭为了确立其管辖权，罔顾中菲之间存在海域划界的基本事实，并将《公约》第298条规定的“关于划定海洋边界的争端”狭义解释为“划定海洋边界本身的争端”，刻意规避中国所作排除性声明，在事实上和法律上都没有依据。

（一）仲裁庭罔顾中菲之间显然存在海域划界问题的基本事实

《中国立场文件》指出，中菲“两国之间存在海域划界问题。由于中菲有关岛礁领土争端悬而未决，两国尚未进行海域划界谈判，但已开展合作为最终划界创造条件”（第59段）。仲裁庭在裁决中刻意回避中菲之间存在海域划界问题的客观事实，认为菲律宾相关诉求不涉及中菲之间的海域划界问题（参见《裁决》第156至157段）。

实际上，中菲之间存在着海域划界地理状况以及海洋权利主张重叠的情形。菲律宾相关诉求所涉9个南海岛礁距离菲律宾群岛海岸都不足400海里。其中，中沙群岛中的黄岩岛距离菲律宾群岛海岸不到200海里；南沙群岛中的渚碧礁、华阳礁和永暑礁距离菲律宾群岛海岸在230至260海里之间，其余岛礁距离菲律宾群岛海岸都在200海里以内。中国历来将中沙群岛和南沙群岛分别作为整体主张领海、专属经济区和大陆架，菲律宾则依据其海岸主张上述权利，两国显然存在海域划界问题。就菲律宾所提相关诉求而言，特别是在南海地理状况和中菲海洋权利主张重叠的具体背景下，任何确定海洋地物的地位及其海洋权利的行为都必然会影响到中菲两国今后的海域划界。因此，菲律宾提出的有关岛礁地位和海洋权利的诉求，都是中菲海域划界问题的一部分，已被中国2006年声明所排除，不得适用强制程序。

菲律宾的诉求也表明有关仲裁事项属于海域划界问题。例如，菲律宾请求仲裁庭裁定美济礁和仁爱礁是其专属经济区和大陆架的一部分，裁定中国非法干涉菲律宾对其专属经济区和大陆架享有和行使主权权利。上述诉求显然是要求仲裁庭确认相关海域属于菲律宾的专属经济区和大陆架，菲律宾在该海域有权行使主权权利和管辖权，这实际上是企图变相要求仲裁庭进行海域划界。菲律宾提出的各项诉求，已涵盖了海域划界的主要步骤和主要问题，如果仲裁庭实质审议菲律宾的各项具体主张，就等于是在中菲之间间接地进行海域划界。

（二）仲裁庭将"关于划定海洋边界的争端"解释为"划定海洋边界本身的争端"，不符合国际法和国际实践

首先，仲裁庭认为有关海洋权利存在与否的争端与海域划界争端是可分的、不同的争端，中国的排除性声明只是排除划定海洋边界本身的争端。这一解释不符合《公约》第298条有关条款的通常含义。要准确理解第298条第1款（a)（1）项所指海域划界争端的涵盖范围，关键在于准确理解其中所使用的"关于"一词的含义。依照体现在1969年《维也纳条约法公约》第31条有关按条约文字通常含义解释的习惯国际法规定，该项所用"关于"一词表明，"关于划定海洋边界的争端"包括但不限于"划定海洋边界本身的争端"。这种通常含义的理解得到国际司法实践的支持。

国际海洋法法庭2013年在"路易莎号"案中解释"关于"(船舶的逮捕或扣押）时，作出如下认定："'关于'一词表明宣言不仅指向那些明确包含了'逮捕'或'扣押'字样的条款，而且指向那些与逮捕或扣押船舶相关的条款"(判决第83段)。国际法院1978年在爱琴海大陆架案中指出，"需要解决的问题是，当前的争端是否是'关于希腊的领土地位问题'，而不是所争论的权利是否属于'领土的'权利。从性质上看，有关大陆架权利与划界的争端应是'关于'领土地位的争端"(判决第86段)。依照上述司法实践，如果对海洋地物地位的认定可能影响领海、专属经济区和大陆架划界①，该问题就应被认定属于第298条所称"关于划定海

① 《公约》第15条，第74条，第83条

洋边界的争端”[①]。

其次，仲裁庭的解释违背了《公约》第298条限制适用强制程序的立法原意。《公约》为了确保各国自主选择争端解决方式的权利，以促进各国的普遍参与，对强制程序的适用设置了一系列限制和例外，包括在第298条第1款中允许缔约国将“关于划定海洋边界的争端”排除适用强制程序。在该条款的谈判过程中，各国对可被排除适用强制程序的事项范围曾存在争议。“1974年方案”指出，可以排除适用强制程序的海域划界事项仅为在权利重叠区域划分界线本身；但最终采用的“1979年方案”将划分界线前的确定海洋权利等任何先决事项都包括在内[②]。显然，该条款的立法精神是限制强制程序的适用。仲裁庭曲解这一例外条款，竭力扩大强制程序的适用范围，有悖该条款的立法原意。

再次，岛礁地位及其海洋权利与海域划界密不可分，不仅在国际实践中得到普遍认可，而且也得到了国际公法学家的承认。

《公约》第298条所称“关于划定海洋边界的争端”是一个宽泛的概念。《中国立场文件》指出，“海域划界是一个整体、系统工程”（第67段），其不仅指最终划定一条海洋界线，而且涵盖为划出该界线所不可或缺的过程和要素，包括岛礁地位、海洋权利的确定、划界原则和方法，以及为实现海域划界的公平解决所必须考虑的所有相关因素。正如葡萄牙国际法专家安通纳斯所指出的，海洋权利和海域划界相互关联，“（海域）划界源于海洋权利，并以之为基础”[③]。

《中国立场文件》也明确指出，“菲律宾提出的各项仲裁事项，包括海洋权利主张、岛礁性质和海洋权利范围，以及海上执法活动，等等，均是国际司法或仲裁机构在以往海域划界案中所审理的主要问题，也是国

---

① 易显河：《南海仲裁案（菲律宾—中国）：潜在的管辖障碍或反对》，载《中国国际法论刊》，2014年第13卷，第711至717页，第65至76段。

② 参见克里斯·霍姆斯利：《对中菲南海仲裁案仲裁庭裁决的批判》，载《中国国际法论刊》，2016年第15卷，第24段。

③ 鲁诺·马奎斯·安通纳斯：《对海域划界的概念化理解：政治进程中的法律和技术视角》，杜伦大学论文，2002年，第139页，见http://ethese.dur.ac.uk/4186，最后访问：2016年6月8日。

家间海域划界实践中需要处理的问题。这些问题属于海域划界不可分割的组成部分"(第66段)。

仲裁庭的解释不符合海域划界的国际实践。岛礁地位与海域划界之间的内在关联性在国际法院尼加拉瓜—哥伦比亚领土和海洋争端案中得到了确认。实践表明，关于划定海洋边界的争端包括岛礁地位、海洋权利主张等方面。本案中，菲律宾对中国南海海洋权利及其范围提出的诉求，涵盖了中菲之间划定海洋界线所不可或缺的过程和要素，属于《公约》第298条规定的"关于划定海洋边界的争端"。

最后，本案一些仲裁员在其以往著述中也表达了岛礁地位、海洋权利和海域划界不可分的观点。宋斯先生先后两次就岛礁地位、海洋权利和海域划界之间的关系公开发表见解。早在《公约》生效前的1990年，他就指出："岩礁的定义及其海洋权利，通常与岛屿的定义及其海洋权利一样，构成海岸相向或相邻国家间海域划界固有的一部分。国家实践明确无误地表明，这些问题不会引起争议，除非海域划界本身出现争端"①。2011年，他再次明确指出："事实上，实践中不可能（单独）出现《公约》第121条第3款的适用问题，除非它存在于具体的海域划界状况中，而且该情形通常与主权争端相关，只有冲之鸟礁是惟一的例外"②。宋斯先生的观点非常明确，而且历经20年未曾改变，即关于岛礁地位、海洋权利的争端在实践中不可能单独出现，它们构成海域划界不可分割的组成部分。

科特先生在2012年的一篇论文中也认为，海洋权利的界定与（海域）划界是不同的，但具体操作是相互关联的③。

但在本案中，这两位仲裁员都支持有关岛礁地位、海洋权利和海域

---

① 芭芭拉·克维亚特科夫斯卡、阿尔弗莱德·宋斯：《不能维持人类居住或其本身的经济生活的岩礁的海洋权利》，载《荷兰国际法年刊》，1990年第21卷，第181页。

② 芭芭拉·克维亚特科夫斯卡、阿尔弗莱德·宋斯：《关于〈公约〉第121条第3款令人费解的岩礁原则的一些思考》，载《国际社会：国际法律与实践年刊》，2011年，第114页。

③ 参见让-皮埃尔·科特：《基点的双重功能》，收录于霍尔格·希斯特梅耶等编：《共存、合作和团结：纪念吕迪格·沃尔夫鲁姆》，尼伊霍夫出版社2012年版，第820至824页。

划界可分的裁决，与其此前长期所持观点完全不同，而且没有说明作此重大改变的理由，这不得不让人对其裁决的公正性产生怀疑。

由上可见，相关岛礁地位及其海洋权利均属于“关于划定海洋边界”的事项，是海域划界不可分割的组成部分。仲裁庭无视中菲两国存在海域划界问题的基本事实，割裂岛礁地位及其海洋权利与海域划界之间的客观联系，违反《公约》的规定和精神，在国际实践中没有先例。仲裁庭对有关中菲海域划界争端的诉求确立管辖权，完全是错误的。

四、仲裁庭否定中菲两国存在通过谈判解决相关争端的协议，曲解《公约》第281条规定，错误行使管辖权

仲裁庭行使管辖必须符合《公约》第281条规定的前提条件。该条规定，如争端各方“已协议用自行选择的和平方法来谋求解决争端，则只有在诉诸这种方法而仍未得到解决以及争端各方间的协议并不排除任何其他程序的情形下”，才适用《公约》第十五部分规定的争端解决程序（第281条第1款）。依据该条，本案仲裁庭要确立管辖权，关键是要查明中菲之间是否存在自行解决争端的“协议”，以及如果存在“协议”，该“协议”是否排除了包括仲裁在内的“任何其他程序”。

何谓《公约》第281条所称的“协议”？该条仅提及“协议”一词，没有对其形式作出任何限制性规定。根据1969年《维也纳条约法公约》第31条的规定，《公约》应按其文字通常含义解释。在《公约》第281条中，无论是动词形式的“协议”，还是名词形式的“协议”，其含义都是指意思表示一致或合意。该条强调合意行为本身，而非体现这种合意的形式或载体。只要存在当事方在自愿的基础上达成一致的行为，无论是口头还是书面，无论是采取条约还是其他国际文书的形式，无论表现为一个或多个文件还是一个或多个文件中的具体条款，都构成第281条所称的“协议”。如果当事方就自行选择争端解决方式达成了“协议”，依据《公约》，当事方即承担了按照“协议”行事的国际义务。

中菲之间存在《公约》第281条所称的“协议”。一系列中菲双边文件和中菲均参加的《南海各方行为宣言》(下称《宣言》)，确认了双方通过谈判和磋商解决有关南海争端的共识，表明存在此种“协议”。

例如，1995年8月10日《中华人民共和国和菲律宾共和国关于南海问题和其他领域合作的磋商联合声明》指出，双方“同意遵守”下列原则，包括“有关争议应通过平等和相互尊重基础上的磋商和平友好地加以解决”(第一点)；“双方承诺循序渐进地进行合作，最终谈判解决双方争议”(第三点)；“争议应由直接有关国家解决”(第八点)等。

1999年3月23日《中菲建立信任措施工作小组会议联合公报》指出，“双方……同意通过协商和平解决争议”(第12段)。

2000年5月16日《中华人民共和国政府和菲律宾共和国政府关于21世纪双边合作框架的联合声明》第九点指出：“双方致力于维护南海的和平与稳定，同意根据公认的国际法原则，包括1982年《联合国海洋法公约》，通过双边友好协商和谈判促进争议的和平解决。双方重申遵守1995年中菲两国关于南海问题的联合声明。”

中菲之间关于以谈判方式解决有关争端的共识在地区多边文件中也得到确认。2002年11月4日，时任菲律宾外长布拉斯·奥普雷连同其他9个东盟国家外长和外交大臣，以及作为中国政府代表的时任中国外交部副部长王毅共同签署了《宣言》。《宣言》第4条明确规定，“有关各方承诺根据公认的国际法原则，包括1982年《联合国海洋法公约》，由直接有关的主权国家通过友好磋商和谈判，以和平方式解决它们的领土和管辖权争议”。

此后，中菲两国领导人发表的多个双边文件都重申积极落实或遵守《宣言》相关条款，包括《宣言》第4条关于谈判解决有关争端的规定。2004年9月3日，时任菲律宾总统阿罗约对中国进行国事访问，双方发表《中华人民共和国政府和菲律宾共和国政府联合新闻公报》称，“双方一致认为尽快积极落实中国与东盟于2002年签署的《南海各方行为宣言》有助于将南海变为合作之海”(第16段)。2011年9月1日，菲律宾总统阿基诺对中国进行国事访问期间，双方发表《中华人民共和国和菲律宾共和国联合声明》，“重申将通过和平对话处理争议”，并“重申尊重和遵守中国与东盟国家于2002年签署的《南海各方行为宣言》”（第15段）。该《联合声明》再次确认了《宣言》第4条关于谈判解决有关争端的规定。

2014年8月1日，菲律宾外交部提出解决南海问题的倡议，要求各方遵守《宣言》第5条的规定，并且“全面、有效执行《宣言》”。

上述文件在提及以谈判方式解决有关争端时，反复使用了“同意”“承诺”和“应”等措辞，确立两国之间相关义务的意图非常明显。这些条款一脉相承，确有创设国际义务的合意，表明双方就争端解决方式存在“协议”。

同时，中菲两国之间达成的《公约》第281条所称“协议”，已排除了包括仲裁在内的任何其他程序。《公约》第281条对如何“排除任何其他程序”未作规定。仲裁庭认为，“更合理的观点是第281条要求排除其他程序必须明示作出”（《裁决》第223段），这一观点难以成立。协议是否具有排他的效力，本质上取决于协议当事方的真实意图，而非作出意思表示的具体方式。正如南方蓝鳍金枪鱼案仲裁庭2000年所称，“缺少对任何程序的明示排除……不是决定性的”（《裁决》第57段）。中菲两国在双边文件和《宣言》中达成通过谈判解决争议的相关条款，其主要目的和意义就在于排除包括仲裁在内的第三方争端解决方式。

中菲双边文件和《宣言》第4条反复强调，在南海的争端必须由直接有关的主权国家通过谈判方式和平解决，显然排除了第三方争端解决程序。例如，1995年8月10日《中华人民共和国和菲律宾共和国关于南海问题和其他领域合作的磋商联合声明》第三点指出，“双方承诺循序渐进地进行合作，最终谈判解决双方争议”。这里的“最终”一词显然在强调“谈判”是双方惟一的争端解决方式，双方决定采用谈判方式的同时，就意味着排除了任何其他争端解决程序。2000年5月16日《中华人民共和国政府和菲律宾共和国政府关于21世纪双边合作框架的联合声明》第九点重申，“遵守1995年中菲两国关于南海问题的联合声明”。2009年8

月18日，越南在致联合国秘书长的照会中明确指出，"所有关于南海的争端必须通过友好谈判解决，相关谈判应根据国际法，特别是1982年《联合国海洋法公约》和《南海各方行为宣言》进行"，这是《宣言》第4条具有排除其他程序意图的又一佐证。

中国遵循和平解决国际争端的原则，并尊重各国自主选择和平解决争端方式的权利。在涉及领土主权和海洋权益等问题上，坚持通过谈判协商和平解决争端，不接受任何第三方强制程序。这既是中国长期奉行的外交政策，也是中国政府的一贯实践，从无例外。坚持这一立场，不仅基于当事方"合意"是化解分歧的根本这一实际考虑，也与几千年来中国崇尚"和为贵"、"非讼"的文化传统一脉相承。在上述中菲双边文件和《宣言》的制订过程中，中国的这一立场始终是明确的，菲律宾及其他有关各方对此也十分清楚。

总而言之，中菲一系列双边文件和《宣言》相关规定构成《公约》第281条所称的"协议"，而且其排除适用任何其他程序，中菲两国据此承担了通过谈判解决争端的国际义务，而不得诉诸仲裁等强制争端解决程序。

仲裁庭认为，无论是中菲之间的双边文件，还是《宣言》，都不构成两国之间具有法律拘束力的协议（《裁决》第217段和第245段），并以此为由，认定中菲之间没有《公约》第281条所称的有关争端解决方式的"协议"，这是对"协议"含义的曲解。《公约》第281条所称的"协议"强调合意的行为，不拘泥于合意的形式，而仲裁庭却仅仅从意思表示的形式和载体方面来认定是否存在协议，忽视了合意行为本身即可构成"协议"这一根本，有悖《公约》相关条款的通常含义和立法精神。

五、仲裁庭错误裁定菲律宾就所提仲裁事项的争端解决方式履行了"交换意见"的义务

仲裁庭行使管辖权必须符合《公约》第283条规定的前提条件。该

条规定，当事方在争端发生后，应迅速就以谈判或其他方式解决争端一事交换意见。该条体现了尊重当事方意愿的立法精神，以确保当事方有足够机会选择争端解决的方式。依据《公约》第283条和国际实践，交换意见应是针对《公约》解释或适用的事项，只能发生在争端产生以后，并且需要达到特定的标准。就本案而言，仲裁庭裁定菲律宾已履行了交换意见的义务，在法律上和事实上都不成立。

第一，仲裁庭混淆中菲交换意见的事项。中菲之间围绕南海问题所进行的意见交换，是针对黄岩岛、美济礁等南海岛礁的主权事项，以及对争议地区出现的突发事件进行管控的事项等，而非有关《公约》解释或适用的争端。例如，仲裁庭援引中菲1995年和1998年两轮磋商，以及中菲2012年4月关于黄岩岛问题的往来照会等，认定菲律宾已就有关事项履行了交换意见的义务。但正如仲裁庭所承认，上述两轮磋商讨论的是“有关南沙群岛主权和在美济礁的某些活动”(《裁决》第336段)。而且，上述中菲往来照会所涉事项的核心也是黄岩岛的领土主权问题。可见，中菲交换意见所针对的事项不是《公约》解释或适用的问题，因此不能认定菲律宾就仲裁事项履行了《公约》第283条规定的交换意见的义务。

第二，仲裁庭将所谓“争端”产生前的事实作为就该“争端”交换意见的有效证据。交换意见的行为只能发生在有关争端产生以后。海牙临时仲裁庭在论证双方就“历史性权利”、岛礁地位等主要仲裁事项存在争端时，所援引的文件是2009年至2011年双方的多份照会，暗含所谓“争端”最早产生于2009年。但是，在论证双方就这些“争端”交换意见时，所援引的磋商事实和往来照会多数都发生在2009年以前。虽然海牙临时仲裁庭承认这些事实（参见《裁决》第336段)，但是它最终仍然将这些行为认定为交换意见的行为（参见《裁决》第342段)，这种做法极其荒谬。

第三，仲裁庭刻意降低履行交换意见义务的标准。由于《公约》规定了多种自愿和强制争端解决方式，为使当事双方彼此了解所选择的争端解决方式，当事方确有必要就此交换意见。在“查戈斯海洋保护区案”裁决中，仲裁庭认为《公约》第283条的目的是“确保一国不会因被突然卷入强制程序而感到意外”，该条“要求有关争端的存在足够清晰，从而使当事双方意识到它们之间的分歧事项”（裁决第382段）。

同时，第283条作为《公约》规定的自愿选择程序的一部分，是适用强制程序的前提条件，体现了当事方自行选择方法优先的立法精神。该条所称的“交换意见”不仅是当事方必须履行的《公约》义务，而且是一项优先义务。因此，履行第283条所规定的义务应确保当事方有足够机会自愿选择争端解决方式。有关的交换意见应是针对争端的解决方式进行了有意义的、实质的交换意见。正如拉奥法官2003年在国际海洋法法庭马来西亚—新加坡围海造地案有关临时措施的命令中指出，“交换意见的要求并非一个空洞的形式”（个别意见第11段）。在南方蓝鳍金枪鱼仲裁案中，仲裁庭在确认双方已经进行了“长时间、激烈和严肃的谈判”之后，认定当事方履行了交换意见的义务（裁决第55段）。

本案中，仲裁庭却将履行交换意见义务的门槛降得很低。例如，仲裁庭仅仅凭着菲律宾于2012年4月26日致中国的照会，以及中国在三天后的复照，就认定菲律宾就黄岩岛相关事项履行了交换意见的义务（参见《裁决》第340至342段）。姑且不论上述中菲往来照会所涉事项的核心是黄岩岛的领土主权问题，而非有关《公约》解释或适用的争端，仲裁庭这种关于履行交换意见义务的认定标准使得《公约》第283条的规定形同虚设。

六、仲裁庭有违客观公正，背离了《公约》争端解决机制的目的和宗旨，破坏了《公约》的完整性和权威性

（一）仲裁庭适用法律和认定事实有违客观公正

《公约》是个“一揽子协议”，其序言明确指出，“各海洋区域的种种问题都是彼此密切相关的，有必要作为一个整体来加以考虑”。第三次联

合国海洋法会议主席许通美大使在《公约》通过后也称，“《公约》包含了一系列妥协和许多一揽子方案……它们构成一个不可分割的整体，此即为何《公约》规定不得作出保留。因此，各国不能取其所好、弃其所恶”①。仲裁庭孤立地解释和适用相关条款，将岛礁地位及其海洋权利既与岛礁主权相“切割”，又与海域划界相“切割”，损害了《公约》的整体性。

仲裁庭在解释和适用规则方面采取双重标准。裁决在援引相关国际仲裁案例时，刻意回避对菲律宾不利的多数意见，反而采用对其有利的少数意见（参见《裁决》第223段）。仲裁庭虽声称将《中国立场文件》作为对管辖权问题的抗辩，但实际上完全无视或忽略中国的观点，没有依据《公约》尽职保障不参与仲裁国家享有的程序和实体权利。裁决违背《维也纳条约法公约》第31条规定的条约解释规则，没有按照《公约》的规定和立法原意解释第281条、第283条、第298条等相关条款，损害了《公约》的有效性。

仲裁庭认定事实明显偏颇。仲裁庭对有利于中国的事实或视而不见，或一带而过，故意贬低其权重。例如，仲裁庭无视中国南沙群岛一直被作为整体对待的事实，执意处理南沙群岛中有关单个岛礁的地位及其海洋权利问题（参见《裁决》第169至171段）。仲裁庭无视菲律宾背弃中菲通过谈判解决海洋争端共识的基本事实，轻率地否定两国间协议的效力。这些做法严重违背了公平正义的国际法治精神。

仲裁庭没有践行采信证据的国际通行规则。国际法院认为，在查明相关诉求“在事实上确有根据”时，须具备“有说服力的证据”。如果某一当事方不出庭，该标准也不能降低②。这一标准也适用于案件的初步反对阶段。国际法院还指出，“当事方提出某一事实以支持其主张时必须证

① 第三次联合国海洋法会议，第185场全体会议，会议记录，文号U.N. Doc.A/CONF.62/SR.185，第14页第53段。

② 1986年尼加拉瓜—美国军事和准军事活动案，判决第28至29段。

明该事实，这是一条得到本法院司法实践确认的一般法律原则”[①]。本案仲裁庭在其《程序规则》中也规定，“仲裁庭应确定有关证据的可采性、关联性、客观性和证明力”（《程序规则》第22条第7款）。但仲裁庭并未遵循上述规则，特别是其认定证据的标准不明确，采信的证据缺乏说服力。例如，仲裁庭在分析菲律宾有关“历史性权利”和岛礁地位的诉求时，采信了完全不具有关联性和证明力的证据，错误认定相关诉求构成两国有关《公约》解释或适用的争端（《裁决》第164至171段）。再如，仲裁庭在分析菲律宾是否已履行交换意见义务时，采信了菲律宾提供的中菲双边磋商单方记录这一缺乏客观性和证明力的材料（《裁决》第334段、第337段），根本不能令人信服。

（二）仲裁庭越权管辖损害《公约》缔约国自行选择争端解决方式的权利及其优先性

《公约》确立了自愿程序优先、强制程序补充的“双层”争端解决机制[②]。当事方应该优先通过其自愿选择的和平方式，解决有关《公约》解释或适用的争端。只有在当事方通过自愿选择程序不能解决争端，并符合一定条件的情况下，才能提交第三方强制程序。

争端当事方是争端解决程序完全的主人。《公约》首先确认第十五部分有关争端解决的任何规定均不得损害当事方自行选择争端解决方式的权利（第280条），并规定国家在诉诸强制程序之前有权自由选择争端解决方式，既可选择《联合国宪章》第33条第1项规定的和平解决争端方式（第279条），也可诉诸《公约》规定的当事方自愿选择的争端解决方式，包括当事方有义务交换意见（第283条），有权协议自行选择争端解决程序（第281条），还可通过条约选择有拘束力的裁判方法解决争端

---

① 2008年马来西亚—新加坡白礁案，判决第45段。

② 参见托马斯·门萨，《1982年〈联合国海洋法公约〉的争端解决制度》，载《马克斯·普朗克联合国法年刊》1998年，第309页；田中嘉文：《国际海洋法》，剑桥大学出版社2015年第2版，第420页。

（第282条），以及允许缔约国通过声明将海域划界等事项排除适用强制程序（第298条）。《公约》还规定，适用强制程序须以诉诸当事方自行选择程序仍未解决争端为前提，并以《公约》规定的限制和例外为限（第286条）。这些条款充分体现了《公约》尊重和保障当事国自行选择争端解决方式的权利，以及当事方自愿选择程序的优先性。英国国际法学者丘吉尔和洛指出，“重要的是要意识到，那些强制程序居于次要地位”，“只有在当事方通过自主选择的解决方式不能解决争端的情况下，《公约》精巧的强制争端解决条款才能发挥作用”①。

特别需要指出的是，《公约》第298条允许缔约国随时声明，排除第三方强制程序对海域划界等争端的适用。这充分表明，在海域划界等与国家主权利益密切相关的问题上，《公约》给予缔约国更大的自由来选择争端解决方式。因此，仲裁庭在行使管辖权时，必须保持必要的审慎，切实保障当事方自行选择争端解决方式的权利。

然而，本案仲裁庭为了确立其对案件的管辖权，不仅没有采取审慎态度，反而竭力擅自扩权、滥权，极力降低《公约》附件七所规定仲裁程序的适用门槛，不承认中菲之间就通过谈判解决有关争端所达成的协议，刻意缩小中国2006年声明所排除事项的范围。这种做法开启恶劣先例，可能引发有关海洋争端的“滥诉潮”，不仅损害中国的重大合法权益，而且其影响超出当事方的范围，损害所有缔约国依照《公约》和平解决争端的重大利益，特别是各国自主选择争端解决方式的权利，还将危害国际海洋法律秩序，危害国际社会的整体利益。

（三）仲裁庭背离了《公约》争端解决机制的根本目的

争端解决机制作为《公约》确立的当代海洋法律秩序的组成部分，其根本目的在于和平解决争端。《公约》序言称，“本公约缔约各国，相信在本公约中所达成的海洋法的编纂和逐渐发展，将有助于……巩固各国

---

① 罗宾·丘吉尔、沃恩·洛：《海洋法》，曼彻斯特大学出版社1999年第3版，第454页。

间……的和平、安全、合作和友好关系”。《公约》第十五部分专门规定了“争端的解决”，其中第279条规定各缔约国应按照《联合国宪章》第2条第3项规定的和平解决争端原则及其第33条第1款规定的和平解决争端的方式，解决有关《公约》解释或适用的争端。仲裁庭在解决有关《公约》解释或适用的争端时，应立足于定分止争，实现《公约》和平解决争端、促进国家间友好合作关系的目标。

要实现上述目标，关键是要善意、全面、完整地解释和适用《公约》关于争端解决机制的规定。在涉及国家领土主权等核心利益的问题上，没有任何一个国家会接受一个并非由其自愿选择的第三方机制的强制管辖，更不会接受由这种机制强加的解决方案。如果《公约》争端解决机制被滥用，有关仲裁机构执意处理其无权管辖的陆地领土主权问题，则不仅不可能达到解决争端的目的，相反只会激化矛盾，使形势进一步复杂化。

本案中，菲律宾非法提起仲裁的目的，根本不是为了真诚地解决中菲之间关于南海问题的争端，而是为其谋取在南海的非法利益制造筹码。仲裁庭纵容菲律宾的非法行径，越权管辖，致使中菲之间有关南海问题的矛盾不仅没有化解，反而更加突出；南海的局势不是趋向缓和，而是更加紧张。这些行为与《公约》和平解决争端的根本目的背道而驰。

综上所述，仲裁庭对菲律宾所提诉求确立管辖权是完全错误的。仲裁庭越权管辖已超出《公约》所赋予的职权范围，仲裁庭罔顾事实，曲解法律，显失公正，违反审慎原则，其所作裁决完全是一项政治性裁决。已有不少中国和外国国际法学者对仲裁庭越权管辖提出质疑。非法行为不产生权利。仲裁庭对于其明显没有管辖权的事项非法确立管辖权，以此为前提所进行的任何程序及其所发表的任何观点，都不具备合法性基础。无论仲裁庭最终就案件实体问题作出何种裁决，当然都不具有任何法律效力。中国不接受、不参与仲裁，不承认任何裁决，有理有据，恰恰是维护和捍卫国际法的正义之举。

《联合国海洋法公约》强制争端解决机制下的南海争端解决①

[英国]安东尼奥斯·察纳科普洛斯

[内容提要] 《联合国海洋法公约》第十五部分关于强制争端解决机制的规定实质上就是一个普通的仲裁条款，它在处理南海问题时面临着诸多局限。首先，《公约》争端解决机制的强制性是有限度的，第十五部分第一节和第三节为缔约国提供了可以规避强制机制的附加说明和选择性排除条款。其次，中菲南海争端显然是关于主权和海域划界的争端，明显超出了《公约》的管辖范围。“菲律宾南海仲裁案仲裁庭”对海洋地物性质及“南海断续线”合法性的裁决会对中国的主张“未审先判”。再次，《南海各方行为宣言》及中国根据《公约》第298条作出的排除性声明是否能够排除该仲裁庭对南海争端的管辖权？该仲裁庭对此并没有给出令人信服的回答。最后，在可受理性问题上，必要的第三方问题及诉由消失问题的存在也使得本案不可受理。

[关键词] 南海争端　仲裁案　强制争端解决机制

[作者简介] 安东尼奥斯·察纳科普洛斯（Antonios Tzanakopoulos），牛津大学国际公法学副教授，牛津大学圣安学院理事

---

① 本文由南京大学中国南海研究协同创新中心博士生李途翻译，本译文参考了参考消息网《美媒：菲律宾南海仲裁案无法律依据》的报道。详见 http://column.cankaoxiaoxi.com/2016/0613/1189691.shtml。

一、导言

《联合国海洋法公约》(以下简称《公约》)被认为是全面处理海洋事务的法律框架，也被誉为“海洋宪章”[①]。同时，由于《公约》第十五部分关于强制争端解决机制的规定，它还被贴上了“独一无二”的标签。[②]但是这两种评价都有欠准确性；至少在缺乏进一步分析之前，它们是不准确的。首先，尽管《公约》提供了一个协调世界海洋事务的法律框架，吸纳了大批成员国，也在很大程度上反映了习惯国际法的内容，但在其他一些重要领域，它还是不够全面。如果《公约》可以被称为“宪章”，那它也只是在最微弱的意义上提供了一个法律框架，其中的诸多一般性原则都需要在实践中或者通过更多的具体安排来进行落实。其次，也更为重要的是，在提供强制争端解决机制方面，《公约》也不是独一无二的。原因有二：第一，《公约》争端解决机制的强制性是有限度的，存在着很多重要的附加说明、规避强制因素的方式以及选择性排除条款。第二，除了《公约》外，其他条约也提供强制争端解决机制，如世界贸易组织的争端解决机制、《北美自由贸易协定》、各种双边和多边国际投资协定、《欧洲人权公约》、诸多欧盟条约以及其他地区国际组织的宪法性条约，等等。

当考虑到《公约》及其争端解决机制在解决南海争端问题上可能发挥的作用时，它的（非）全面性及其强制争端解决机制的严重缺陷就暴露无遗。南海是一个大型的半闭海，沿岸六个国家（文莱、中国、印度

---

① T Koh, “A Constitution for Oceans”, in UN, The law of the Sea-Official Text of the United Nations Convention on the Law of the Sea (United Nations 1983) xxxiii.

② 如N Klein, “The Limitations of UNCLOS Part XV in Resolving South China Sea Disputes” (2016) IJMCL (forthcoming), available at: http://papers.ssrn.com/abstract=2730411. DR Rothwell, “The Arbitration between the People’s Republic of China and the Philippines over the Dispute in the South China Sea” (2015) ANU College of Law Research Paper No 14-48, available at http://papers.ssrn.com/abstract=2557871calls it “distinctive”.

尼西亚、马来西亚、菲律宾和越南）都是《公约》的缔约国。它们都主张对南海海上地物拥有主权，并且（或者）对其大陆海岸及岛屿海岸所产生的海域提出权利声索。[①] 本文旨在探讨《公约》及其争端解决机制在解决南海争端时可能发挥的作用。特别是由菲律宾根据《公约》第十五部分请求“菲律宾南海仲裁案仲裁庭”于2015年10月29日作出了对菲律宾诉求的管辖权和可受理性问题的初步裁决[②]，这一探讨显得尤为必要。

本文主要分为以下几个部分：第一部分为导言；第二部分简要探讨《公约》争端解决机制的主要特征，重点关注附加说明和排除性条款，以及它们对南海争端解决的影响；第三部分分析“争端”的概念，尤其是涉及《公约》解释和适用的争端，它们是启动《公约》第十五部分争端解决机制的基本要素；第四和第五部分分别讨论南海问题的管辖权和可受理性问题，特别是“菲律宾南海仲裁案仲裁庭”的立场；第六部分总结全文。

二、《公约》的争端解决机制

《联合国海洋法公约》的争端解决机制主要体现在《公约》第十五部分，它既是普通的，又是特殊的。它的普通性在于，就其概念而言，它实质上就是一个关于《公约》解释和适用争端的仲裁条款。它的特殊性在于，它在启动《公约》争端解决机制的前后都提供了一些可以规避机制的附加说明和附加条件；它还允许缔约国自行选择争端解决机构，其中就包括常设法庭和常设仲裁庭。

由于篇幅限制，本文并不打算对《公约》争端解决机制进行细致的分析，但仍有必要对《公约》争端解决机制的主要特征进行简要的介绍。下文也会结合南海争端及“南海仲裁案”裁决的背景进行更为细致的

① 有些文章也将新加坡作为南海沿岸国。

② *The Republic of Philippines v The People's Republic of China* (Award on Jurisdiction and Admissibility)2015 http://www.pcacases.com/web/sendAttach/1506 (Philippines-China Jurisdiction Award).

分析。

《公约》的强制争端解决机制实质上是一个仲裁条款。[①] 启动这一机制的第一步就是确定《公约》缔约国之间存在争端，而且是关于《公约》解释和适用的争端。但这还不足以使争端解决机制成为强制性的。《公约》第十五部分分为三节：第一节允许成员国通过协议“规避”《公约》的争端解决机制，这也是启动该机制面临的第一个障碍；第二节规定了争端解决机制的具体内容；第三节将某些特定争端排除在《公约》的争端解决机制外，并允许缔约国将另外一些争端进一步排除在外。

第一节主要涉及《公约》第280—282条的内容。第280条规定，缔约国在任何时候都可以协议用自行选择的任何和平方式解决它们之间的争端，从而将争端排除出《公约》的解决机制。第281条反过来规定，如果缔约国无法通过双方自行选择的和平方式解决争端，而且争端各方的协议不排除任何其他程序，才能适用《公约》规定的强制程序。值得注意的是，缔约国可以通过多种形式达成“协议”，而不限于正式的机制，当然也不排除正式的机制。[②] 缔约国也可以通过多种方式解决它们之间的争端，而不限于达成具有法律约束力的裁决。在澳大利亚、新西兰诉日本的“南方蓝鳍金枪鱼案”中，依据附件七设立的仲裁庭认为第281条的规定排除了它对该案件的管辖权。[③]

《公约》第282条规定，如果缔约国已经通过国际协定或以其他方式协议，在争端任何一方的请求下将该争端提交导致有约束力裁决的程序，那么《公约》规定的强制争端解决程序就不再适用。这里的关键因素是，“缔约国通过协议选择的方式 ”应该是一种能够形成具有约束力裁决的强制程序（经“任何一方请求”而启动），它更像是某种司法判决程序（尽

---

① 正如《公约》第286条所规定的：在第三节限制下，有关本公约的解释或适用的任何争端，如已诉诸第一节而仍未得到解决，经争端任何一方请求，应提交根据本节具有管辖权的法院或法庭。

② 详见本文第四部分“管辖权问题”的第一小节。

③ *Southern Bluefin Tuna (New Zealand v Japan, Australia v Japan)* (2000) 23 RIAA 1, at 42-44 paras53-59.

管极为罕见，但是也包括了强制调解程序）。[①]

结合《公约》的上下文来看，这种将争端排除出《公约》强制争端解决机制的方式是很重要的。从本质上来说，《公约》第280-282条是按照特殊性的顺序来规定的，第280条允许缔约国在任何时间点达成协议来否决《公约》的强制机制，也就是说，缔约国在争端发生前后都可以按照自己的意愿选择任何形式的争端解决方式。第281条明确规定，如果诉诸以上方式仍未能解决争端，且争端各方不排除任何其他程序，那么可以适用《公约》规定的强制程序。但是它并不限制缔约国选择强制性的方式还是有约束力的方式。这一问题由第282条加以解决，如果缔约国选择其他有约束力裁决的程序，就可以排除《公约》强制程序的适用。然而第282条并没有规定，如果这些方式还不能解决争端时应该怎么办。也许是因为争端总能够得到解决。当然也有例外，例如“比格尔海峡争端”。该争端经仲裁后反而更加激化，最终不得不在教皇的调解下才得以圆满解决。[②]

如果《公约》第十五部分第一节的第一个障碍得以解决，并且假设缔约国已经通过协商或其他和平方式就争端解决“交换意见”[③]，那么第十五部分第二节规定的强制争端解决程序就开始启动了。但事情还没有完结，因为即使在这样的情况下，强制程序也可能无法启动。这是因为第十五部分第三节规定了强制争端解决机制适用范围外的情况（第297

---

① MH Nordquist, S Rosenne and LB Sohn (eds), *United Nations Convention on the Law of the Sea1982: A Commentary* (Vol V, Martinus Nijhoff 1988) at 27.

② 详见*Dispute Concerning the Beagle Channel (Argentina/Chile)* (1977) 21 RIAA 53-264。

③ 关于什么是“交换意见”有很多争论。它到底是关于争端解决方式的意见交换，还是关于争端性质的意见交换？如：*Arbitration between Barbados and the Republic of Trinidad and Tobago (Barbados/Trinidad and Tobago)* (2006) 27 RIAA 147, at 206 para 201; *Chagos Archipelago Marine Protected Area Arbitration(Mauritius v United Kingdom)* (Award) 2015, http://www.pcacases.com/pcadocs/MUUK%2020150318%20Award.pdf, at para 380。但是，无论哪一种意见交换，争端各方所需承担的义务都是相对较轻的，也很容易满足。如：*Barbados/Trinidad and Tobago Award*, ibid, at206-207 paras 202-203; *The M/V 'Louisa' case (St Vincent and the Grenadines v. Spain)* (ProvisionalMeasures) [2008-2010] ITLOS Rep 58, at 68 paras 63-64。

条），并且允许缔约国在任何时间内通过单边声明的形式将某些争端排除出强制程序（第298条）。缔约国可以在任何时间内提交单边声明，但显然不能够影响已经立案的诉讼。

从本质上来说，《公约》不那么强制的争端解决机制仅仅是一种仲裁条款，将管辖权赋予了《公约》第十五部分第二节规定的争端解决机构，并把根据附件七成立的仲裁庭作为默认机制。但是，这些规定都受制于《公约》第十五部分第一节内容和第三节内容的规定，前者允许缔约国通过协议的方式规避强制机制，后者既规定将某些争端排除出强制程序，又允许缔约国作出单方面排除声明。下文将简要考察《公约》争端解决机制的特征在南海争端解决中的重要意义。

三、争端的概念

启动《公约》争端解决机制的第一步，就是确定某一特定争端适用于《公约》第十五部分的规定，也即这一争端确实存在，而且更为重要的是，这一争端涉及《公约》的解释和适用。显然，正如国际法院反复指出的那样[①]，也如“菲律宾南海仲裁案仲裁庭”所采取的做法那样，这两个问题都需要进行客观认定。根据马弗罗马提斯特许权案”(Mavrommatis）的判决意见，争端的客观存在包括“对某一点法律或事实认识不一致，法律观点或当事人之间的利益存在冲突”。[②] 认识不一致表现为，一方当事人所主张的正是另一方当事人断然反对的。[③] 事实上，当整个问题被提交到法庭或仲裁庭时，它们很难证明争端不存在。至少，

---

① 如*Alleged Violations of Sovereign Rights and Maritime Spaces in the Caribbean Sea (Nicaraguav Colombia)* (Preliminary Objections) 2016, http://www.icj-cij.org/docket/files/155/18948.pdf,at para 50; *Obligation to Prosecute or Extradite (Belgium v Senegal)* [2012] ICJ Rep 422, at 442 para46。

② *Mavrommatis Palestine Concessions* [1924] PCIJ Series A No 2, 6, at 11.

③ 详见*South West Africa (Ethiopia v South Africa; Liberia v South Africa)* (Preliminary Objections) [1962] ICJ Reports 319, at 328.关于公约第十五部分的内容，见*Southern Bluefin Tuna (New Zealand v Japan; Australia v Japan)* (Provisional Measures) [1999] ITLOS Rep 280, at para 40。

起诉方会极力证明它与被诉方存在法律和事实的认识分歧，而且它的主张正是被诉方所断然反对的（尽管不一定是明确的反对）。值得注意的是，很少有法庭和仲裁庭基于争端不存在而拒绝行使管辖权。即使有，那也是在相当不寻常的情况下才作出这样的裁决。[①]

（一）“包装”和硬塞行为

相较于争端存在，“争端必须涉及《公约》的解释和适用”这一要求可能更难满足，特别是当《公约》的规定如此宽泛，又如此笼统的时候。一般来说，起诉国总是试图“包装”它们的争端以满足强制条款的要求，赋予法庭和仲裁庭管辖权。国际法院审理过若干起这样的案件，起诉国拼命地将争端硬塞进或多或少不那么合适的强制条款的狭小框架内。相关的例子包括，伊朗控诉美国在两伊战争时期袭击伊朗的石油平台，称美国的行为违反了两国1995年的《友好条约》[②]；格鲁吉亚控诉俄罗斯使用武力，称其违反了《消除一切形式种族歧视国际公约》的强制条款。[③]

国际法院对这种硬塞行为一直抱持着十分慷慨的态度。[④]即使是在那些相当过分的情况下也是如此，如格鲁吉亚诉俄罗斯案。国际法院确实拒绝了此案的管辖权请求，但它拒绝的理由并不是因为争端不涉及《公

---

① 如*Obligation to Prosecute or Extradite* (n 14) 442-443 para 48。以及*Request for Interpretationof the Judgment of 31 March 2004 in the Case Concerning Avena and Other Mexican Nationals(Mexico v US)* [2009] ICJ Rep 3, at 13-17 paras 30-42。

② *Oil Platforms (Iran v US)* (Preliminary Objection) [1996] ICJ Rep 803.

③ *Application of the International Convention for the Elimination of All Forms of Racial Discrimination (Georgia v Russian Federation)* (Preliminary Objections) [2011] ICJ Rep 70.

④ 从判例法来看，国际法院似乎要求在仲裁条款和争端的实质之间建立某种联系，但它还没有发展成为一种持续的标准。详见C Tomuschat, “Article 36” in A Zimmermann, K Oellers-Frahm, C Tomuschat, and CJ Tams (eds), *The Statute of the InternationalCourt of Justice – A Commentary* (2nd edn, OUP 2012) 673-676 (MN62-65)。

约》的解释和适用，而是基于一些相对细微的和技术性的条款。[①] 当缔约国试图启动《公约》的争端解决机制时，他们总是恣意运用强制条款，努力证明它们的争端属于《公约》的管辖范围。缔约国合理运用强制条款的案件包括："南方蓝鳍金枪鱼案"[②]、北极"日出号案"[③]。不那么合理的案件包括：阿根廷"自由号"护卫舰案[④]。《公约》第十五部分的法庭和仲裁庭在评估管辖权问题时总是很大方，这或许意味着，未来会有更多而不是更少的"打包"和硬塞行为被这些机构所接受。原因在于，它们的生意在很大程度上取决于允许这些国家采取行动来启动它们的管辖权。

这反过来可能会进一步鼓励国家将他们的争端战略性地塑造进现存的强制条款。南海争端看起来似乎就是这样的情况。历史证据显示，当南海沿岸国及其他国家对南海部分或全部海上地物声索主权时，主权争端开始出现。[⑤] 然而，一些国家试图沿着《公约》的规定重塑它们的主张，也许是希望最终启动争端解决机制，[⑥] 菲律宾诉中国案就是一个典型案例。在这个南海第一（目前也是惟一）案中，根据附件七设立的仲裁庭要对"案件的真正问题和诉讼要求的标的"进行裁定。[⑦] 虽说"菲律宾南海仲裁案仲裁庭"大体上只是遵循了让案件进一步推进的大趋势，但至

---

① 仅仅是因为格鲁吉亚没有满足相应仲裁条款的条件，详见*Application of the International Convention for the Elimination of All Forms of Racial Discrimination* (n 20) at 120 para 113 and 140 para 184。

② *Southern Bluef in Tuna (New Zealandv Japan; Australia v Japan)* (Provisional Measures) [1999] ITLOS Rep280.

③ *Arctic Sunrise Arbitration (Netherlands v Russian Federation)* (Award on the Merits) 2015 http://www.pcacases.com/web/sendAttach/1438, at paras 143-144.

④ *ARA Libertad (Argentina v Ghana)* (Provisional Measures) [2012] ITLOS Rep 332 at para 65.

⑤ 对南海争端的早期评述，详见Zhiguo Gao and Bing Bing Jia, "The Nine-Dash Line in the South China Sea: History, Status, and Implications" (2013) 107 AJIL 98, 110-113。

⑥ R Beckman, "The UN Convention on the Law of the Sea and the Maritime Disputes in the South China Sea"(2013) 107 AJIL 142, 152-153.

⑦ *Philippines-China Jurisdiction Award* (n 6) para 150.

少在考虑该争端是否真正涉及"《公约》的解释和适用"这一阶段，该仲裁庭没有必要表现出如此自信笃定。

（二）主权问题：深受牵连、未审即判

中菲之间的争端显然是关于南海地物的主权之争，也涉及海域划界及相关地物所产生的权利。从菲律宾的诉状中，我们也能明显地看出来，诉状中的第1、2项是关于中国主张的所谓"南海断续线"，而中国一直坚持这一主张[①]；2009年，马来西亚和越南向联合国大陆架界限委员会提交外大陆架划界案后，中国在反对照会中对"南海断续线"进行了最为清楚和公开的展示。[②] 菲律宾诉状中的其余部分是关于南海特定地物所能产生的权利，以及中国在相关海域进行海上活动的合法性。从本质上来说，菲律宾的诉状意图在《公约》的框架下挑战中国"南海断续线"的合法性。但是，目前我们还不清楚"南海断续线"的具体涵义。它可能意味着中国主张对"南海断续线"内所有地物拥有主权，也可能意味着中国主张对"南海断续线"内地物及海域享有历史性所有权或历史性权利，它还可以被看作是一种临时划界线。[③] 事实上，它甚至有可能代表以上三种主张。[④] 而且，菲律宾提交的诉状及其他文件涉及的南海海上地物所产生的权利及中国在争议海域进行的活动不一定能构成"关于《公约》解释和适用"的争端。

这是因为领土（和岛屿）主权问题并不属于《公约》的管辖范围，

---

① K Zou, "South China Sea" in DR Rothwell, AG Oude Elferink, KN Scott, and T Stephens (eds), *Oxford Handbook of the Law of the Sea* (OUP 2015) 626, at 634.

② "Note Verbale CML/17/2009 from the Permanent Mission of the People's Republic of China to the UN Secretary-General" (May 7, 2009) at http://www.un.org/Depts/los/clcs_new/submissions_files/submission_mysvnm_33_2009.htm; " Note Verbale CML/18/2009 from the Permanent Mission of the People's Republic of China to the UN Secretary-General" (May 7, 2009) at http://www.un.org/Depts/los/clcs_new/submissions_files/submission_vnm_37_2009.htm.

③ Gao and Jia (n 26) 123-124; Zou (n 29) 635.

④ Gao and Jia (n 26) 123-124.

也就不能构成“关于《公约》解释和适用”的争端；而只有涉及《公约》解释和适用的争端，才能启动《公约》第十五部分第二节规定的争端解决机制。[①] 菲律宾当然清楚这一点，所以想尽办法将中菲主权争端“包装”成有关《公约》第121条岛屿制度解释的争端。菲律宾希望以此说服仲裁庭：菲方并不寻求“菲律宾南海仲裁案仲裁庭”就南海地物的主权问题进行裁决，而只是希望“菲律宾南海仲裁案仲裁庭”判定这些地物是否构成岛屿、岩礁、低潮高地等，以及它们能否产生海洋权利。

从表面上来看，菲律宾“包装”争端的行为非常高明，在某种程度上也有一定的说服力。它使得“菲律宾南海仲裁案仲裁庭”能够将主权问题（仲裁庭对此无管辖权）剥离开来，只对《公约》关于岛屿制度及其产生的海洋权利条款的直接解释行使管辖权。但是，我们如何能够确定关于“南海断续线”合法性的裁决不会对中国的主权声索产生“未审先判”的效果？而且，在没有确定岛礁主权归属的情况下，我们如何确定这些地物所能产生的权利？这一做法似乎违背了“陆地统治海洋”（而不是“海洋统治陆地”）的基本原则[②]，这一原则已经在诸多案例中得到国际法院[③] 和国际海洋法法庭[④] 的承认。

为了克服这些问题，“菲律宾南海仲裁案仲裁庭”试图将本案与毛里求斯诉英国的“查戈斯群岛海洋保护区案”（Chagos Marine Protected Area Arbitration）区分开来。在查戈斯案中，根据附件七设立的仲裁庭裁定它对毛里求斯的某些主张不具有管辖权，尤其是毛里求斯关于“英国不是

---

① 如*Chagos Archipelago MPA* (n 13) para 215。

② 类似观点详见：N Klein, “The Limitations of UNCLOS Part XV in Resolving South China Sea Disputes” (2016) IJMCL (forthcoming), available at: http://papers.ssrn.com/abstract=2730411。

③ 如*North Sea Continental Shelf (Federal Republic of Germany/Denmark; Federal Republic ofGermany/Netherlands)* [1969] ICJ Rep 3, at 51 para 96; *Maritime Delimitation in the Black Sea (Romaniav Ukraine)* [2009] ICJ Rep 61, at 89 para 77; T*erritorial and Maritime Dispute (Nicaragua vColombia)* [2012] ICJ Rep 624, at 674 para 140.

④ *Delimitation of the Maritime Boundary between Bangladesh and Myanmar in the Bay of Bengal (Bangladesh v Myanmar)* [2012] ITLOS Rep at para 158.

沿海国家，无权在查戈斯群岛附近建立海洋保护区”的主张。[①] “菲律宾南海仲裁案仲裁庭”指出，这是因为查戈斯仲裁庭如果要行使管辖权，必须首先确定查戈斯群岛的主权归属，这超出了《公约》的管辖范围。[②] 相反，“菲律宾南海仲裁案仲裁庭”并不需要首先确定主权归属，因此菲律宾的主张属于《公约》的解释和适用问题，在《公约》的管辖范围内。[③] “菲律宾南海仲裁案仲裁庭”还特别表示，对菲律宾所提事项的裁决不会要求该仲裁庭以明示或暗示的方式对南海主权问题进行裁决。[④]

但正如上文所述，任何对“南海断续线”合法性的裁决结果都会影响到中国的主权声索，对中国的主张起到“未审先判”的效果，“菲律宾南海仲裁案仲裁庭”似乎不太理会这一问题。此外，尽管有可能有违上述“陆地统治海洋”的观点，“菲律宾南海仲裁案仲裁庭”认为对地物的性质及其产生权利的裁决可能不需要首先确定地物的主权归属。但是，这一裁决肯定会对某些主权主张起到未审先判的效果。举例来说，如果“菲律宾南海仲裁案仲裁庭”宣布某一地物为低潮高地，也就同时决定了该地物所能产生的权利，并且决定了它的主权归属。正如国际法院曾经声明的那样[⑤]，一个国家不能通过据为已有的方式获得低潮高地的主权。[⑥] 正因为如此，如果“菲律宾南海仲裁案仲裁庭”裁定某一地物为低潮高地，而且它正好位于中国大陆和岛屿领海基线200海里范围外，就会预先排除中国对这一地物的主权；同时，如果这一地物位于菲律宾领海基线200海里范围内，就会赋予菲方对这一地物的主权。“菲律宾南海仲裁案仲裁庭”的这一做法不仅会对诸多地物的主权进行预先审判，也会牵涉到第三方的主权声索，可能会产生不可或缺的第三方（本文第五

---

① *Chagos Archipelago MPA* (n 13) paras 213-221.

② *Philippines-China Jurisdiction Award* (n 6) para 153.

③ 同上。

④ 同上。

⑤ *Maritime Delimitation and Territorial Questions Between Qatar and Bahrain (Qatar v Bahrain)* (Merits) [2001] ICJ Rep 40, at 102 para 206.

⑥ *Territorial and Maritime Dispute* (n 35) 641 para 26.

部分会涉及）。

四、管辖权问题

即使我们假设国家可以通过“包装”它们的争端来避免仲裁条款施加的限制，法庭或仲裁庭也需要通过采取进一步的措施才能行使《公约》第十五部分第二节规定的管辖权。首先，法庭或仲裁庭需要确定争端各方此前没有达成协议通过其他方式来解决争端。因为如果它们达成了相关协议，那么根据《公约》第十五部分第一节的规定，强制争端解决机制就不再适用。其次，即使它们没有达成协议，按照《公约》第十五部分第三节的规定，也可将某些争端排除出强制争端解决机制。

（一）争端解决的其他方式（《公约》第十五部分第一节）

正如本文第二部分所解释的那样，如果争端方协议用自行选择的其他方式解决它们之间的争端，就排除了《公约》的强制争端解决机制，也就剥夺了法庭或仲裁庭根据《公约》第十五部分第二节享有的管辖权。在“南海仲裁案”中，中国在其《中国立场文件》① （“菲律宾南海仲裁案仲裁庭”将其视为中国的初步反对意见②）中称，中菲双方已经同意通过友好磋商和谈判解决南海争端，也就排除了其他争端解决方式的适用。根据《公约》第281条的规定，这实际上剥夺了仲裁庭对此案的管辖权，“南方蓝鳍金枪鱼案”③ 便是明显的例证。

“菲律宾南海仲裁案仲裁庭”正视了中国的反对意见，仔细考察了中菲于2002年签署的《南海各方行为宣言》，以及其他诸多实践，包括近

① 《中国政府关于菲律宾所提南海仲裁案管辖权问题的立场文件》，2014年12月7日。http://www.fmprc.gov.cn/mfa_eng/zxxx_662805/t1217147.shtml。

② *Philippines-China Jurisdiction Award* (n 6) para 132.

③ *Southern Bluefin Tuna (New Zealand v Japan, Australia v Japan)* (2000) 23 RIAA 1.

些年来双方达成的共同声明等。[①] “菲律宾南海仲裁案仲裁庭”认为，即使争端方同意通过谈判解决争端，也不能排除采取进一步措施，如诉诸《公约》的争端解决机制等，这一点也许是对的。[②] 但是“菲律宾南海仲裁案仲裁庭”还是作出了相当具有争议的裁决，即谈判并不意味着一种排除性的方式符合《公约》第281条的规定。考虑到司法经济原则以及客观事实，仲裁庭的结论不一定能成立。

特别是“菲律宾南海仲裁案仲裁庭”认为，从《公约》第281条的目的来看，《南海各方行为宣言》不是一项具有法律约束力的文件。[③] 这一裁决忽视了《宣言》中关于通过谈判解决争端的相应内容是以明确的具有法律约束力的条款规定的。[④] 的确，从各国随后的实践来看，《南海各方行为宣言》可能没有被视作是具有法律约束力的协定。在这一点上仲裁庭也许是对的。[⑤] 但是仲裁庭为什么认为手段的非约束性会影响到特定承诺的约束性，承诺本身也许是具有法律约束力的呢？特别是考虑到《公约》第281条事实上并没有对具体的程序或手段进行规定，它仅要求各方“协议”通过自行选择的和平方式解决它们之间的争端，答案不言自明。

事实上，即使是在不具备法律约束力的手段的情况下，各方也有可能达成具有法律约束力的协议，同意采取某一特定行为（如承担国际义务）。但是，在对双边友好条约进行讨论的时候，“菲律宾南海仲裁案仲裁庭”很乐意地接受了与之相左的观点。[⑥] “菲律宾南海仲裁案仲裁庭”认为友好条约是双方达成的明显具有约束力的协议，这无疑是正确的；但“菲律宾南海仲裁案仲裁庭”认为其中涉及争端解决的条款，是不具有法律约束力的承诺。[⑦] 这种逻辑的奇怪之处在于，一个不具法律约束力

---

① *Philippines-China Jurisdiction Award* (n 6) para 193-289.

② *Philippines-China Jurisdiction Award* (n 6) para 246。

③ 同上，para217。

④ 2002年中国与东盟签署的《南海各方行为宣言》第4段。

⑤ *Philippines-China Jurisdiction Award* (n 6) para 217.

⑥ 同上，para252。

⑦ 同上，para262。

的手段可能不包含法律义务，因为它不具有法律约束力；而一个具有法律约束力的工具可能包含不具法律约束力的条款，尽管它是有法律约束力的。

如上文所述，这些观点可能不会对《公约》第281条的适用产生任何影响。因为我们很难主张：南海各方达成的通过谈判解决争端的协议（即使具有法律约束力），可以排除其他争端解决程序。尽管“菲律宾南海仲裁案仲裁庭”没有深入考虑这一问题，它也注意到了它与“南方蓝鳍金枪鱼案”仲裁庭在这一问题上的不一致意见，并进行了一个实质上是非排除性的推定。也就是说，根据“菲律宾南海仲裁案仲裁庭”的意见，在缺乏明确声明的情况下，如果各方通过非《公约》规定的其他方式解决某一争端，并不意味着可以排除《公约》争端解决机制的适用。在缺乏进一步资料的情况下，我们很难得知“菲律宾南海仲裁案仲裁庭”为什么采取这一立场。关于这一假设最有意思的是，它反过来也可以成立。为什么这一假设不可以变成：同意某种争端解决方式就意味着排除其他解决方式？毕竟，明示其一意即排除其他。[①] 当然，本文并不是想证明这是仲裁庭应该采取的立场，而只是想强调仲裁需要进行进一步的论证以作出更具说服力的裁决。

（二）强制性限制和选择性例外（《公约》第十五部分第三节）

《公约》第十五部分第三节将某些特定争端排除在第二节规定的强制争端解决机制外（第297条），并且允许缔约国通过书面声明的方式将某些争端进一步排除出强制程序（第298条）。中国就是利用这一规定于2006年作出声明将所有298条允许的事项都排除出强制争端解决程序。[②]

---

① 如R Kolb, “Les maximes juridiques en droit international public: questions historiques et Théoriques” (1999) 32 RBDI 407; R Kolb, “La règle résiduelle de liberté en droit international public (tout ce qui n’est pas interdit est permis)” (2001) 34 RBDI 100; 以及L Crema, “Disappearance and New Sightings of Restrictive Interpretation (s)” (2010) 21 EJIL 681。

② 关于中国根据《公约》第298条所作出的声明：https://treaties.un.org/Pages/ViewDetailsIII.aspx?src=TREATY&mtdsg_no=XXI-6&chapter=21&Temp=mtdsg3&lang=en。

中国的目的在于，将涉及第298条第1款（a）项海域划界、历史性海湾或所有权等争端，排除出《公约》第十五部分第二节规定的任何程序，包括强制仲裁。[①]

本节主要关注选择性排除的问题，而不会讨论第297条及298条其余规定的适用问题。"菲律宾南海仲裁案仲裁庭"曾拒绝了对这一问题的管辖权，但在菲律宾"南海仲裁案"上又接受了管辖权请求。[②]"菲律宾南海仲裁案仲裁庭"出乎意料的裁决对南海争端各方都具有相当大的影响。我们首先要关注的是"历史性所有权"争端的排除以及中国书面声明的重要性。中国提出其南海主张时，其中就包括"南海断续线"主张，都称其为中国在南海的"历史性"(学者有时候也称"历史的"[③]）权利。[④]尽管学者们就中国"历史性"主张的范围和意义进行了诸多讨论，但是我们目前还不清楚它的确切涵义。[⑤]但无论如何，鉴于"南海断续线"代表了一种"历史性所有权"的主张，中国根据《公约》第298条作出的声明应该可以排除附件七仲裁庭对"南海断续线"及其合法性的管辖权。"菲律宾南海仲裁案仲裁庭"没有指出这一点实在令人诧异。

此外，海域划界争端的排除也是十分重要的。"菲律宾南海仲裁案仲裁庭"确实考虑了这一点，并出于这一原因决定暂不就菲律宾超半数以上的诉求进行裁决。"菲律宾南海仲裁案仲裁庭"发现，如果它对南海地物能否产生权利进行裁决，就会涉及海域划界问题，那么它对菲律宾多数诉求的管辖权将会被排除。因此，相应的管辖权异议不是"初步排他的"，而是包含了对争端的实质性事项及争端内容进行了预先审理。"菲律宾南海仲裁案仲裁庭"因此修改了它的立场，将部分管辖权争议与实

① 着重号为本文作者所加。

② *Philippines-China Jurisdiction Award* (n 6) paras 379.

③ F Dupuy and P-M Dupuy, "A Legal Analysis of China's Historic Rights Claim in the South China Sea" (2013) 107 AJIL 124, 135-136.

④ 详见中国的《中国立场文件》第43段。

⑤ Gao and Jia (n 26) 110; Dupuy and Dupuy (n 61) 135-136.

体事项一并审理。[①]

我们无法断定地物所能产生的权利问题不会影响到海域划界以及地物的主权归属。[②] 尤其是，当一个低潮高地恰好位于其他岛礁附近，就可能会对该岛礁领海基线的划定及海洋权利的确定产生重要影响。[③] 因此我们无法断定，某一海上地物的特征不会以这种或那种方式对海域划界产生长远影响，尤其是在相关地物的主权归属还存在争议的情况下。

换言之，菲律宾和“菲律宾南海仲裁案仲裁庭”都试图分离出该仲裁庭有权裁决的特定的、有限的争端，以避开《公约》管辖范围外的主权问题以及中国根据《公约》第298条声明排除的划界问题。但是，鉴于地物的主权与地物所产生的权利密不可分，而且这些权利可能存在重叠的情况，“菲律宾南海仲裁案仲裁庭”的切割行为显得有些虚伪。首先，在没有确定主权归属前，无法就地物所能产生的权利进行判定；其次，会引发“菲律宾南海仲裁案仲裁庭”对其无管辖权的划界问题进行裁决。

五、可受理性问题

除了管辖权问题外，“菲律宾南海仲裁案仲裁庭”也没有认真考虑可受理性问题，仅表示中菲南海争端不存在必要的第三方。[④] 但是，正如下文所示，南海争端确实带来了可受理性问题，其中就包括必要的第三方问题，“菲律宾南海仲裁案仲裁庭”似乎没有对这些问题表现出足够的重视。下文将逐个对这些问题进行简要讨论。

---

① *Philippines-China Jurisdiction Award* (n 6) paras 379、392、393.

② 类似观点详见：N Klein, “The Limitations of UNCLOS Part XV in Resolving South China Sea Disputes” (2016) IJMCL (forthcoming), available at: http://papers.ssrn.com/abstract=2730411。

③ 《联合国海洋法公约》第7条第4款、第13条。

④ *Philippines-China Jurisdiction Award* (n 6) chapter VI (paras 179-188).

（一）第三方问题

必要的第三方问题，也被称为“货币黄金案”原则（国际法院只能在国家同意的情况下才能行使管辖权）①，最为典型的案例包括：瑙鲁诉澳大利亚“磷酸盐岛案”②，以及葡萄牙诉澳大利亚的“东帝汶案”③。在“磷酸盐岛案”中，国际法院决定不考虑英国和新西兰等第三方的法律观点，尽管它的裁决可能会影响到它们的立场。④相反，在“东帝汶案”中，法案仲裁庭指出，尽管印度尼西亚不是诉讼一方，但是关于澳大利亚行为合法性的任何裁决都会影响到印度尼西亚的法律主张，因此印度尼西亚被认为是必要的第三方⑤，这就使得本案件不可受理。⑥

显然，南海争端涉及相当多的沿岸国家，如果不是所有沿岸国家的话。“菲律宾南海仲裁案仲裁庭”应该考虑到相关问题。“菲律宾南海仲裁案仲裁庭”确实考虑了这一问题，但是它认为不存在必要的第三方问题使得本案不可受理。⑦目前还不清楚“菲律宾南海仲裁案仲裁庭”为什么会得出这样的结论。正如上文所述，“菲律宾南海仲裁案仲裁庭”作出的任何关于地物性质的裁决，如将其认定为低潮高地，都会排除其他国家对这一地物的主权声索，因为它不能被据为领土。⑧这除了使“菲律宾南

---

① *Monetary Gold Removed from Rome in 1943 (Italy v France, UK and US)* [1954] ICJ Rep 19, at 32.

② *Certain Phosphate Lands in Nauru (Nauru v Australia)* (Preliminary Objections) [1992] ICJ Rep 240.

③ *East Timor (Portugal v Australia)* (Preliminary Objections) [1995] ICJ Rep 90.

④ *Phosphate Lands in Nauru* (n 71) 261-262 para 55.

⑤ *East Timor* (n 72) 104 para 33.

⑥ 对管辖权和可受理性进行区分是很困难的，这一问题在国际法（包括国际投资法）众多领域的理论和实践中都引发过一些讨论，如Hochtief AG v Argentine Republic (Decision on Jurisdiction of 24 October2011) ICSID Case No ARB/07/31 at paras 77-99. 在本文作者看来，管辖权指的是法庭或仲裁庭裁决案件的权利，而可受理性指的是，法庭或仲裁庭行使这一权利的条件。如果缺乏这一条件，法庭或仲裁庭即使拥有管辖权，也无法行使。

⑦ Philippines-China Jurisdiction Award (n 6) paras 179-188.

⑧ 详见本文第三部分第二节的内容。

海仲裁案仲裁庭”需要对超出《公约》管辖范围以外的领土主权问题进行裁决外，还使得中菲以外的国家成为两国争端中必要的第三方。这是因为，任何关于特定地物无法据为领土的裁决，无论是以直接还是间接的方式，都会排除中国对这一地物的主权声索，还会影响到其他非诉讼方的主权声索，如越南对南沙海上地物的主张。从这个意义上来说，附件七仲裁庭的裁决必然会影响到中菲争端非诉讼方的法律主张，从而使得该案件无法受理。

“菲律宾南海仲裁案仲裁庭”似乎没有考虑到这种可能性，部分是因为这意味着它必须承认它在对主权问题行使管辖权。虽然越南在提交给仲裁庭的声明中称越南不构成第三方，并认为“菲律宾南海仲裁案仲裁庭”对中菲争端拥有管辖权，但是必要的第三方问题依然存在。[①] 这也许可以说明，南海争端作为一种多边争端，并不适合在双边的抗诉性程序下进行解决。

（二）诉由消失问题（Mootness）

关于可受理性还有一个值得关注的问题就是诉由消失，也即法院或仲裁庭不得不拒绝对某一争端的实质问题进行审理。国际法院在某些案件中就采取了这一立场[②]，这充分显示，国际法院应该避免作出一些缺乏现实效力的裁决。[③] 这是诉由消失作为诉求可受理性的初步问题的本质所在，它在南海争端问题上非常关键。如果中国不对“南海断续线”的法律意义作出更进一步的解释，任何关于“南海断续线”的裁决，无论来自于“菲律宾南海仲裁案”，还是其他涉及中国的案件，都会缺乏现实的效力。[④] 这是因为，即使仲裁庭裁定某一主张不符合《公约》的规定，这

---

① *Philippines-China Jurisdiction Award* (n 6) para 183.

② 如*Nuclear Tests (Australia v France)* [1974] ICJ Rep 253, at 270-271 para 55; *Nuclear Tests(New Zealand v France)* [1974] ICJ Rep 457, at 476 para 58。也可以参见国际法院在*Northern Cameroons (Cameroon v UK)* [1963] ICJ Rep 15, at 33-34 中关于诉由消失问题的立场。

③ *Northern Cameroons* (n 79) 33-34.

④ 详见本文第三部分的内容。

一主张依然可以根据习惯法或历史性所有权而成立。毕竟，根据国际法院在“尼加拉瓜诉美国案”中所发表的著名裁决意见[①]，习惯国际法独立存在。即使在内容上存在重叠，习惯法也不应纳入条约中。

六、结论

本文旨在证明，《公约》第十五部分关于强制争端解决机制的规定在处理南海争端时所面临的诸多潜在局限性。南海争端的复杂性和多边性，与地物的主权问题、相关水域的主权权利和管辖权、地物产生的权利以及海上划界问题相互交织在一起，为《公约》的争端解决机制提供了一个甚为棘手的案件。在棘手案件面前，法律也徒有虚名。“菲律宾南海仲裁案仲裁庭”似乎没有认真听取这一建议。也许解决此类复杂争端最好的方式，就是邓小平在南海问题还没有被炒热之前就提出的：或许建立共同开发区能够让沿岸国家充分享用南海的资源收益，这样就可以避免面对强烈反对还要强行裁决所产生的一切不利后果了。

---

① *Military and Paramilitary Activities In and Against Nicaragua (Nicaragua v US)* (PreliminaryObjections) [1984] ICJ Rep 392, at 424 para 73.

菲律宾“南海仲裁案”的国际司法管辖权及审理可行性研究

张诗奡[①]

[内容提要] 自菲律宾政府于2013年1月22日提出诉讼请求开始，南海争议有可能进入国际司法介入的时代，很可能意味着中国以后将面临更多的国际法诉讼。由于南海争端涉及了包括领土主权和海洋划界等因素，《联合国海洋法公约》第十五部分规定的国际争端解决机制的管辖权问题和审理可行性成为了此次仲裁程序的关键。本文深入分析了中、菲双方所提出的主张的合法性和合理性，并结合《联合国海洋法公约》的具体规定和过往案例探讨了仲裁庭对菲律宾“南海仲裁案”的管辖权及审理可行性。

[关键词] 南海争端　国际海洋法公约　国际司法仲裁　南海断续线

[作者简介] 日本大阪大学大学院法学研究科博士研究生，长期在日本从事国际海洋法的学习和研究。

南海争端涉及岛礁领土主权、海洋划界等诸多海洋权益问题。2013年2月，菲律宾单方面终止了两国一直进行的双边谈判进程，就与中国有争议的海域问题向《联合国海洋法公约》(以下简称“《公约》”) 规定的仲裁程序提出了诉讼请求。鉴于中菲双方均为《公约》的缔约国，菲律宾有权将中菲南海争议提交国际司法解决，但是《联合国海洋法公约》

① 大阪大学真山全教授和南京大学朱锋教授对本文成文给予了很大帮助，作者在此一并表示感谢。

所规定的强制争端解决程序对于中菲南海争议的管辖权并不是绝对的。对于菲律宾提出的基于《公约》附件七展开的仲裁程序，其管辖权限和诉讼审理的进程，需要做进一步的分析和澄清。本文将基于菲律宾政府于2013年1月22日发布的《请求的通告和主张》(以下简称"《请求》")[①]的内容和中国政府于2014年12月7日发布的《中华人民共和国政府关于菲律宾共和国政府所提南海仲裁案管辖权问题的立场文件》(以下简称"《中国立场文件》")[②]进行研究，力求从严格的法理角度澄清国际仲裁庭在菲律宾仲裁案上的管辖权问题。

一、"菲律宾南海仲裁案仲裁庭"的管辖权审查规则

(一) 管辖权审查规则的确定

在本案中，仲裁庭仅仅指定了海牙常设仲裁法院（PCA）为秘书处，而案件的实质审理并非由其来进行。PCA为各仲裁庭提供了一部可以直接使用的仲裁庭规则的范本，但是由于该范本并未要求各仲裁庭强制使用，因此作为非常设的本案仲裁庭需要确定其自身的管辖权审查程序[③]。对于像本案仲裁庭这样基于《公约》第十五部分的规定而展开的仲裁程序，《公约》并没有详细规定其应该遵守的仲裁庭规则，仅仅在《公约》附件七中规定了"法庭应制订执行其职务的规则。法庭应特别订立关于其程序的规则"。"法庭的管辖权包括按照本公约向其提交的一切争端和申请，和将管辖权授予法庭的任何其他国际协定中具体规定的一切申请"，以及"当事一方不出庭或对其案件不进行辩论时，他方可请求法庭继续进行程序并作出裁判。当事一方缺席或对其案件不进行辩护，应

---

① 菲律宾外交部，"Report No. 13-0211", February 19, 2013, at http://www.dfa.gov.ph/index.php/2013-06-27-21-50-36/unclos.

② 中国外交部，《中华人民共和国政府关于菲律宾共和国所提南海仲裁案管辖权问题的立场文件》，(2014年12月8日)。http://www.fmprc.gov.cn/mfa_chn/zyxw_602251/t1217143.shtml.

③ [日]石塚智左「近年における常設国際仲裁裁判所（PCA）の展開（一)」『一橋法学』第六卷第2号（2007年）第1071页。

不妨碍程序的进行。法庭在作出裁判前,必须不但查明对该争端确有管辖权,而且查明所提要求在事实上和法律上均确有根据”等原则[①]。所以,本案管辖权审查的具体规定在本案仲裁庭开庭之前确定的仲裁庭《程序规则》的范围中[②]。

(二)初步反对意见和管辖权审查

根据本案仲裁庭公布的“程序规则”，本案的管辖权审查基于两种机制展开。其一，是基于本案的诉讼当事方所提出的初步反对意见而启动的审查机制。《程序规则》第20条规定，诉讼当事方可以通过向仲裁庭提出初步反对意见的方式提出对管辖权持有的异议。仲裁庭会在接收到诉讼当事方提出的初步反对意见后启动管辖权的审查程序。其中，对于管辖权异议的提出期限与仲裁庭规定的诉状提出期限一致[③]。

虽然PCA并没有公布全文，但是从其发放的新闻稿中可以了解到，中国政府曾于2013年8月1日和2014年5月21日分别向其递交了两份照会。在照会中，中国政府反复阐述了中国外交部一贯阐明的态度，即本案内容涉及中菲两国在南海的领土主权纠纷和海洋划界问题，同时，双方正在为最终解决这些问题进行外交磋商，因此《公约》所规定的强制

---

① 《公约》附件七第5条:“除非争端各方另有协议,仲裁法庭应确定其自己的程序,保证争端每一方有陈述意见和提出其主张的充分机会。”。

② PCA, Press Release No. 101203, August 27, 2013, at http://www.pca-cpa.org/showpage.asp?pag_id=1529.

③ 《程序规则》第20条2项、3项:“2. A plea that the Arbitral Tribunal does not have jurisdiction shall be raised no later than in the Counter-Memorial. A Party is not precluded from raising such a plea by the fact that it has appointed, or participated in the appointment of, an arbitrator. A plea that the Arbitral Tribunal is exceeding the scope of its authority shall be raised as soon as the matter alleged to be beyond the scope of its authority is raised during the arbitral proceedings. The Arbitral Tribunal may, in either case, admit a later plea if it considers the delay justified. 3. The Arbitral Tribunal shall rule on any plea concerning its jurisdiction as a preliminary question, unless the Arbitral Tribunal determines, after seeking the views of the Parties, that the objection to its jurisdiction does not possess an exclusively preliminary character, in which case it shall rule on such a plea in conjunction with the merits.”

争端解决机制对本案并不适用，而中国不参与仲裁程序的行为有足够的国际法依据。除了上述表态之外，中国政府在2014年12月7日发布的《中国政府关于菲律宾所提南海仲裁案管辖权问题的立场文件》(下文简称"《中国立场文件》")中更是针对菲律宾所提出的诉讼请求的内容，作出详细的反驳。以上这些文件可以证明中国政府对于本案仲裁庭的管辖权是持完全反对态度的。

在这里需要注意的一个问题是，中国政府的这些表态以及与PCA的信函往来，是否可以被认为是中国政府所提出的初步反对意见。显而易见的是，初步反对意见事实上是仲裁程序的一部分，是基于"程序规则"的规定作出的仲裁程序的参与行为。而中国政府与PCA间的沟通，并不是以标准的仲裁程序规定的方式提交的法律文书，所以应被视为是非程序性信函。这种以非程序性信函进行的书面交流不应该被视为是按照"程序规则"第20条规定所提交的初步反对意见，加之中国政府在信函中明确声明此类信函往来并不代表参与了仲裁程序，这充分否定了这些文书具备初步反对意见的性质。

（三）诉讼当事方缺席和管辖权审查程序的启动

根据《公约》附件七第9条制定的"程序规则"第25条规定，在有诉讼当事方缺席的情况下，仲裁庭在发布仲裁意见前需要自我确定案件确实存在法律上或者事实上的争端，并必须自我审查以确定仲裁庭确实对案件具有管辖权[①]。由于本案出现有当事方缺席的情况，因此，关于中国政府的《中国立场文件》以及此前的多番非程序性信函是否可以启动"程序规则"第25条所规定的仲裁庭对于法律上或事实上的争端的确认

① 《程序规则》第25条："“Pursuant to Article 9 of Annex VII to the Convention, if one of the Parties to the dispute does not appear before the Arbitral Tribunal or fails to defend its case, the other Party may request the Arbitral Tribunal to continue the proceedings and to make its award. Absence of a Party or failure of a Party to defend its case shall not constitute a bar to the proceedings. Before making its award, the Arbitral Tribunal must satisfy itself not only that it has jurisdiction over the dispute but also that the claim is well founded in fact and law.”

以及对案件的管辖权的自主审查这一问题，需要参考其他国际法院的案例来讨论。从国际法院的过往案例来看，最典型的相关案例包括1972年的英国诉冰岛的“渔业管辖权案”和1978年的希腊诉土耳其的“爱琴海大陆架案”。在国际法院给“渔业管辖权案”下达的法院命令中，法院承认了缺席审判的诉讼当事方和法院间进行的非程序性信函的形式及其效力。在这一案件中，国际法院以审理缺席方提交的非程序性信函为依据，根据《国际法院规程》，对案件中是否存在法律上或者事实上的争端一事进行了审核①。而在“爱琴海大陆架案”中，国际法院再一次承认了缺席审判的诉讼当事方所提交的非程序性信函的形式，并承认了缺席审判的诉讼当事方通过非程序性信函提出的对于管辖权的异议具有效力，因此自行启动了管辖权审查程序②。

从上述国际法院的判例来看，中国政府发布的官方文件和声明，以及其与PCA之间进行的非程序性信函沟通所表明的对于本案仲裁庭管辖权的异议，足以启动“程序规则”第25条所规定的管辖权审查程序。

二、菲律宾诉讼案的管辖权问题

（一）关于涉及领土主权问题的管辖权

南海争端的本质是相关岛礁的领土主权归属问题。《公约》第十五部分所规定的强制争端解决机制能否适用于涉及领土主权的争端，这是需要首先解答的一个问题。

陆地领土主权不属于《公约》调整范围。《公约》第286条规定，“在第三节限制下，有关本公约的解释或适用的任何争端，如已诉诸第一节而仍未得到解决，经争端任何一方请求，应提交根据本节具有管辖权的法院或法庭”。第286条的条文规定能够启动强制争端解决机制，应至少符

① Fisheries Jurisdiction (United Kingdom v Iceland), 1972 I.C.J. 182 (Order of 18 August 1972).

② Aegean Sea Continental Shelf (Greece v. Turkey) (Judgment), 1978 I.C.J. 8 (December 19, 1978).

合三个条件。首先需要在“第三节限制下”，即涉及限制和“任择性例外”的条件允许下，同时还要符合诉讼内容是有关“本公约的解释或适用的任何争端”的条件，以及是在“已诉诸第一节而仍未得到解决”的情况下才能够启动强制争端解决机制。而有关涉及领土主权的争端是否属于强制争端解决机制的管辖权范围之内这一问题，主要涉及了前两个条件，即是否在“第三节限制下”以及是否属于“本公约的解释或适用”的范围。

可以确定的是，由于中国政府已经基于《公约》的规定排除了《公约》第十五部分第三节所规定的项目的管辖适用，因此涉及到该节中所提及的事项的争端不应受本案仲裁庭的管辖[①]。同时，在《公约》中只有第298条1项(a)(1)中提到了有关领土主权争端的规定：“(a)(1)关于划定海洋边界的第十五、第七十四第八十三条在解释或适用上的争端，或涉及历史性海湾或所有权的争端，但如这种争端发生于本公约生效之后，经争端各方谈判仍未能在合理期间内达成协议，则作此声明的国家，经争端任何一方请求，应同意将该事项提交附件五第二节所规定的调解；此外，任何争端如果必然涉及同时审议与大陆或岛屿陆地领土的主权或其他权利有关的任何尚未解决的争端，则不应提交这一程序”。

根据这一条款的上下文来看，可以得出一个结论，就是在涉及第15条、第74条和第83条的问题上，如果有争端当事方选择了排除强制争端解决机制的管辖权时，这一争端不会永久被搁置，而是应当基于附件五第二节的有关规定进行调解。然而，涉及领土主权问题的时候，则不应提交给调解程序。如要进一步确定相关问题是否能够完全被排除在强制争端解决机制的管辖范围之外，还需要对第298条的起草目的进行讨论。

在1976年的联合国海洋法会议上，第298条的条款草案在起草时并没有将海洋领土主权问题完全排除在接受国际争端解决机制的范围之

① China’s declaration on Article 298 of the Convention (http://www.un.org/Depts/los/convention_agreements/convention_declarations.htm#China after ratification).

外[①]。《公约》这一草案出台之后受到了缔约国的普遍批评，在各缔约国的要求之下，草案最终被修改为现在的文本，即增加了明确排除领土主权问题相关事项的条款[②]。这一过程明确了一个事实，即缔约国并不赞成将涉及领土主权的争端纳入任何性质的强制争端解决机制的管辖范围内。因此可以断定，《公约》本身的目的并不包括领土主权问题。同时，由于在海洋法体系中存在着"陆地统治海洋"的原则，即不确定陆地或岛屿主权归属，便无法确定领海、专属经济区或大陆架的归属。在第298条中，如果允许排除基于领土主权而产生的关于海洋划界的全部问题，那么在理论上，保留对于领土主权问题的管辖权就会变得毫无意义。因此，从《公约》的立法意图和各缔约国的意图上来看，涉及领土主权的争端均可以被认为是被排除在强制争端解决机制之外的。

关于《公约》的"解释或适用"的范围是否会延伸到海洋岛屿的主权归属的问题，考察《公约》的目的和意图之后，答案同样是否定的。《公约》的前言有如下表述："本公约缔约各国"，"认识到有需要通过本公约，在妥为顾及所有国家主权的情形下，为海洋建立一种法律秩序，以便利国际交通和促进海洋的和平用途，海洋资源的公平而有效的利用，海洋生物资源的养护以及研究、保护和保全海洋环境"。这一前言准确地解释了《公约》建立的目的和意图，即《公约》所规制的对象应仅仅限于维护海洋的法律秩序，领土主权的争议虽然涉及"海洋秩序"，但已经超越了《公约》所适用的范围，更多的是涉及了现代国际法系统中更根本的国家的独立主权以及部分战时法体系问题。因此，即便是延伸性的"《公约》的解释和适用"，也不应涉及领土主权争议。

---

① Satya N. Nandan and Shabtai Rosenne eds., United Nations Convention on the Law of the Sea, 1982, A Commentary, Volume V, Martinus Nijhoff Publishers, (1995), p. 111.

② 同上，第112页。

（二）关于《公约》第十五部分第一节的规定以及《行为宣言》的效力问题

中国政府在2014年12月7日发布的《中国立场文件》中认为，鉴于《公约》中规定了争端当事国应以和平手段妥善解决争端，因此中国与南海问题其他争端当事方进行了长时间的协商和讨论，并于2002年签署了《南海各方行为宣言》(以下简称"行为宣言")。中国政府认为，因为《行为宣言》中使用了"交涉（negotiate)"和"承诺（committed)"等用语，所以可以判断《行为宣言》事实上具备了法律约束力[①]。同时，中国政府认为《行为宣言》中确定了南海问题各方最终应以谈判的方式解决南海问题，因此菲律宾单方面提出的仲裁请求事实上违反了《行为宣言》。此外，基于《公约》第十五部分第一节第281条的规定，中国政府认为《行为宣言》已经排除掉了本案仲裁庭的管辖权，所以本案仲裁庭不应接受菲律宾所提出的仲裁请求[②]。

在本案中，菲律宾在其所提交的《请求》中并没有提及《行为宣言》的存在。但是，根据本案仲裁庭《程序规则》第13条的规定[③]，本案仲裁庭应将《公约》以及其他与《公约》原则一致的相关国际司法文件认定为本案的适用法，这就意味着必须考察《行为宣言》的法律效力。

《公约》第281条明确规定，"争端各方在争端未得到解决时所适用的程序：1. 作为有关本公约的解释或适用的争端各方的缔约各国,如已协议用自行选择的和平方法来谋求解决争端,则只有在诉诸这种方法而仍未得到解决以及争端各方间的协议并不排除任何其他程序的情形下,才适用本部分所规定的程序。2. 争端各方如已就时限也达成协议,则只有在该时限

---

① 中华人民共和国外交部:《中华人民共和国政府关于菲律宾共和国所提南海仲裁案管辖权问题的立场文件》，第35至44段。

② 同上。

③ 《程序规则》第13条："Pursuant to Article 293 of the Convention, the Arbitral Tribunal shall apply the Convention and other rules of international law not incompatible with the Convention."

届满时才适用第1款"。这一条款告诉我们，国际司法仲裁需要考虑其他地区性的解决规则。

同样基于《公约》第十五部分启动的"南方蓝鳍金枪鱼案"(以下简称"南案")中，仲裁庭对于第281条的适用范围进行了解释。"南案"仲裁庭认为，对于第281条应严格按照书面意思理解为，启动《公约》第十五部分第二节规定的强制争端解决程序应满足"在诉诸这种方法而仍未得到解决"和"各方间的协议并不排除任何其他程序"[①]两个要件，且只有同时满足这两个要件才能够有效地启动强制争端解决程序。

目前南海争议的事实是，在《行为宣言》的框架内迄今并未成功地解决相关问题。自2002年《行为宣言》签署以来，签署更具法律效力的"南海行为准则"的工作并没有实质性进展。同时，在菲律宾单方面提出仲裁请求之前的一段时间，中菲两国围绕着黄岩岛的争端事实上是呈现了愈演愈烈的局势。因此，依据"南案"所确立的"实效性判断"[②]基准，可以确定，在客观事实上,《行为宣言》截至目前并没有有效地解决南海问题；但是，提起司法仲裁是否可以被认为是落实《行为宣言》的补充行为，这是另外一个问题。至少，在严格履行《公约》第281条的规定时，在没有穷尽《行为宣言》所规定相关机制之前，单方面将南海争议提交国际仲裁法庭有悖于《公约》尊重各国主权的宗旨。

而另一个要件的适用，即"各方间的协议不排除任何其他程序"的适用的主要问题在于，对于《公约》中的强制争端解决机制的排除是否应进行明确的规定。由于"南案"和后来的联合国海洋法法庭（ITLOS）在"MOX工厂案"中的判断有所出入，而且没有其他更多的相关案例作为参考，所以在这个问题上现在还没有形成统一的解释[③]。如果按照"南

① United Nations(UN), *Southern Bluefin Tuna (New Zealand-Japan, Australia-Japan)*, Reports of International Arbitral Awards, Vol. XXIII, (4 August, 2000), p. 42.

② 河野真理子、「みなみまぐろ事件仲裁判決の意義—複数の紛争解決手続の競合に伴う問題点—」、『国際法外交雑誌』、第100巻3号（2001年），第117页。

③ 栗林忠男、杉原高嶺編『海洋法の主要事例とその影響』（有信堂、2007年）第340页。

案”的判断则本案中可以直接排除掉仲裁庭的管辖权，但是如果依据后来“MOX工厂案”的判断则本案仲裁庭的管辖权便不能够仅仅依据《行为宣言》而被排除。这里存在着南海争议的外交努力和司法仲裁机制如何平衡的问题，也存在着现代国际法体系中所难以调和的国家主权与国际司法程序管辖权的平衡的问题。

三、仲裁庭对菲律宾诉讼内容的司法审议的可行性

（一）是否存在法律上，或者事实上的争端

仲裁庭在进行实质性审理之前，需要确定在案件中确实存在法律上或者事实上的争端。这一基本前提在各法院的具体司法活动中均被体现[①]。在本案中，由于中国缺席了仲裁程序，所以根据《程序规则》第25条的规定，仲裁庭必须对案件内容中是否存在法律上或者事实上的争端进行审查。国际法院在1974年澳大利亚诉法国的“核试验案”的判决书中说道，“诉状必须向法院明示争端的性质和真实存在”[②]，而“争端的真实存在是法院行使司法机能的首要前提”[③]。这样由国际法院所确定的基本原则，应同样适用于本案。此外，国际法院在利比里亚和埃塞俄比亚诉南非的“西南非洲案”的判决中对于“争端”一词作出了明确的定义。符合“争端”定义需要同时满足“对于法律或事实的认知的不同，以及由此引发了当事者之间对于法律的理解和利益上的抵触”，以及“对于一方的要求另一方表现出积极的反对姿态”这两个要件[④]。不符合上述定义的，即不被认为是存在争端。

---

① Shigeru Oda, ‘Dispute Settlement Prospects in the Law of the Sea’, *International and Comparative Law Quarterly*, Vol.44(1995), p.863.

② Nuclear Tests (Australia v. France), 1974 I.C.J. 260(December 20).

③ 同上，第271页。

④ 岩石順子「国連海洋法条約の紛争解決手続における『紛争』の概念」『上智法学論集』第四九巻（三・四）(二〇〇六年）第142页。另见，South West Afirca Cases (Preliminary Objections) (Liberia v. South Africa, Ethiopia v. South Africa), 1962 I.C.J. 328(December 21).

在菲律宾所提出的十三款诉讼请求当中，第一款、第三款和第十款的请求内容均存在不符合有关“争端”的定义的情况。在第一款诉讼请求中，菲律宾提出了“请求仲裁庭宣布在南海区域的相关海域的中国的有关权利，与菲律宾在该海域的权利一同基于《公约》而产生，并由基于《公约》第二部分产生的有关领海和毗邻区的权利、基于第五部分产生的有关专属经济区的权利，以及有关第六部分产生的大陆架的权利所构成”的要求。第一款诉讼请求可以说是对《公约》有关内容的单纯复述，而没有提出什么具体的请求内容①。在这一问题上，同为不允许进行保留的《公约》的缔约国②，自对《公约》批准之时起，便可被视为是双方均承认了《公约》所规定的内容③。同时，中国并没有对相关规定发表过反对意见，或者说中国也无法发表反对意见。如此看来，中国与菲律宾对于菲律宾所提出的第一款诉讼请求的内容，不存在事实上的或者法律上的争端。如此一来，菲律宾的第一款诉讼请求便无法被仲裁庭审理。

同样，菲律宾在诉讼请求第三款中提出的“请求仲裁庭要求中国修改其国内法以期与其基于《公约》所承担的义务向吻合”的要求，更是暧昧不清。首先，作为缔约国，履行权利和遵守义务是一般性的常识，中国对此并无异议也未曾提出过反对。而至于说国内法的制定问题，则是在达成《公约》所规定的目的和义务的前提下所制定的。在客观事实上，不能否认有的《公约》缔约国在国内法的制定上出现了违反《公约》的目的和规定的义务的情况，但是如果菲律宾意欲向仲裁庭证明中国国内法体系上有违反《公约》的情况的话，那么最基本的要求是菲律宾需要详细指出中国哪一部法律的哪一部分如何违反了《公约》的哪一部分的规定，可是菲律宾并未指出这些内容，则这些内容便成了诉状之外的

---

① Stefan Talmon, *"The South China Sea Arbitration: Is There a Case to Answer?"*, Bonn Research Papers on Public International Law, No. 2, (2014), p. 15.

② 《公约》第309条：“除非本公约其他条款明示许可，对本公约不得作出保留或例外。”

③ 维也纳条约法公约第2条1项(a)：“称‘条约’者，谓国家间所缔结而以国际法为准之国际书面协定，不论其载于一项单独文书或两项以上相互有关之文书内，亦不论其特定名称如何。”

内容。事实上，仅就菲律宾提出的这第三款诉讼请求的内容看来，中国与菲律宾在相关问题的认知和立场上不存在争端。而诉状之外的内容，也不应该是仲裁庭所考虑的内容。

而在诉讼请求第十款中，菲律宾“请求仲裁庭宣布承认菲律宾基于《公约》第二部分、第五部分以及第六部分对于其群岛基线外12海里领海以及200海里专属经济区和大陆架的权利”。这又是单纯的对于《公约》内容的复述，如第一条诉讼请求的分析一样，对于这样的诉讼内容中国是没有任何异议的，所以不存在任何的争端。除非，菲律宾所要求的是仲裁庭在现在的有争议水域明确确定菲律宾的领海范围在12海里，以及其专属经济区和大陆架的范围在200海里范围内。但是这样的解读并不是善意的解读，因为菲律宾提出要求的海域事实上是多国权利主张的重叠区域，如果在这个区域当中不顾客观现实而单方面承认菲律宾的相关权利的话，那对于其他相关国家的权力便是明显的损害[①]。因此，诉讼请求的第十条的内容，只可以理解为是对《公约》相关条款的一个复述。如若是这样的话，那么关于第十条诉讼请求，双方便不存在任何的争端，而仲裁庭也不应该进行审理。

（二）关于各岛礁的诉讼请求内容

1. 关于美济礁和西门礁的请求内容

在诉讼请求的第四款中，菲律宾“请求仲裁庭宣布Mischief（美济）礁和McKennan（西门）礁为《公约》第六部分所规定的构成菲律宾所属大陆架一部分的水下地形，并宣布中国对其占有和在其上进行的建设活动侵害了菲律宾的主权权利”。但是假定菲律宾的理论成立，即将美济礁和西门礁视为大陆架的附属物，而因此对其要求主权权利，那么也要涉及的一个问题，即两礁所处的大陆架的归属问题。

---

① Zhiguo Gao & Bing Bing Jia, “The Nine-Dash Line in the South China Sea: History, Status, and Implications”, *The American Journal of International Law*, Vol. 107, No. 1 (2013), p. 105.

中国在《中国立场文件》提到了现在由中国台湾实际控制的太平岛，而关于这一岛屿的描述并没有出现在菲律宾所提交的诉讼请求当中。菲律宾承认一个中国原则，即菲律宾必须承认太平岛为中国岛屿的事实。在这样一个客观事实上，可以看到的另一个事实便是，美济礁和西门礁与太平岛的距离并没有超过200海里，即美济礁和西门礁处于中国太平岛的大陆架范围之内[①]。因此，如果要判断上述两礁的最终归属的话，本案仲裁庭便必须首先进行相关海域大陆架的划界。但是，对大陆架的划界是《公约》第298条规定的可以被排除在本案仲裁庭管辖权之外的事项，而中国已根据第298条的相关规定发表了宣言[②]，因此在诉讼请求第四款中所提出的对于美济礁和西门礁的权利要求，无法被仲裁庭所审理。

在诉讼请求第五款中，菲律宾"请求仲裁庭要求中国立即停止对于Mischief（美济）礁和McKennan（西门）礁的占领及其他活动"。很显然，如果想要判断菲律宾在第五款中提出的诉讼请求，那么就首先要判断中国在上述两礁的行为确系违法行为方可。但是根据对于诉讼请求第四款的分析，可以得出结论是仲裁庭无法证明中国对于上述两礁的行为是违法的。因此，第五款诉讼请求的前提和基础是不存在的。也就是说，法庭如若不能解决第四款中所提到的问题，便也无法审理第五款中所提出的要求。

2. 关于渚碧礁和南薰礁的请求内容

菲律宾在诉讼请求第六款中提出"请求仲裁庭认定Gaven（南薰）礁和Subi（渚碧）礁在高潮时不能露出水面，即不能被认定为《公约》所规定的岛，并认定其为不处于中国大陆架上的低潮高地，并宣布中国对该地形的占有及相关建设活动违法"。渚碧礁和南薰礁的情况与诉讼请求第四款所提出的美济礁和西门礁情况相同。但是有一点不同的是，菲律

---

① 美济礁距太平岛74海里，虽然没有具体关于西门礁距太平岛的距离的数据，但是从图上来看，西门礁距太平岛的距离远远小于美济礁。Daniel J. Dzurek, *"China Occupies Mischief Reef in Latest Spratly Gambit"*, IBRU Boundary and Security Bulletin, (1995), p. 65.

② 前注11。

宾并没有提出对于渚碧礁和南薰礁的主权权利的要求，因此在第六款诉讼请求中，惟一的问题就是中国对于渚碧礁和南薰礁的主权权利的合法性的问题。

同美济礁和西门礁的情况相同，渚碧礁和南薰礁同时处于太平岛的200海里范围以内[①]，这样中国对于两礁所拥有的主权权利便存在充分的依据。如果想否定中国对于上述两礁的主权权利的正当性，则需要否定中国对于太平岛的主权，继而否定中国对于太平岛周边200海里范围内的大陆架的归属权。这样的话，仲裁庭便不得不展开对于领土主权的判断和对于大陆架划界。而根据《公约》第298条的规定和本文在第三部分中所述，无论是对于领土主权的判断还是关于大陆架划界的问题，都无法成为本案仲裁庭的管辖对象。

如果无法判断中国对于上述两礁的权利和行动是违法的，那么菲律宾在诉讼请求第七款中所提出的“请求仲裁庭要求中国停止对于Gaven（南薰）礁和Subi（渚碧）礁的占领和其他活动”的要求的前提和基础便不成立。因此，诉讼请求第七款也是不能被仲裁庭审理的。

3. 关于黄岩岛、赤瓜礁、华阳礁以及永暑礁的诉讼请求

在诉讼请求第八款中，菲律宾“请求仲裁庭认定Scarborough（黄岩岛）、Johnson（赤瓜）礁、Cuarteron（华阳）礁以及Fiery Cross（永暑）礁为在高潮时仅有小部分凸起露出水面的《公约》第121条3项规定的岩礁，并宣布中国基于上述地形所宣布的针对12海里范围以外的海域的权利为非法”。

同渚碧礁和南薰礁一样，菲律宾并没有对于黄岩岛、赤瓜礁、华阳礁以及永暑礁提出主权权利的要求。同时，此三礁也都位于太平岛200海里的范围以内，因此中国对于此三礁周边海域的权利可以被认为是基

① 南薰礁距太平岛距离12.9海里，渚碧礁距太平岛距离36.7海里。Stefan Talmon & Bing Bing Jia edited, *The South China Sea Arbitration: A Chinese Perspective*, Hart Publishing,Oxford, (2014), p. 93.

于太平岛的专属经济区和大陆架而发生的主权权利[①]。也就是说，如果本案仲裁庭想要确定中国对于上述三礁周边12海里以外的区域的权利是非法的，那么仲裁庭便必须针对这些海域的专属经济区和大陆架进行划界。而这又同样是被《公约》本身所排除在本案仲裁庭管辖权之外的事项。此外，此三礁12海里以外的区域的主权权利，除了根据太平岛周边专属经济区和大陆架发生之外，亦有可能是根据“南海断续线”而发生的，那么这个时候要面临的另一个问题便是“南海断续线”的问题。这个问题将在后文中叙述。

在第八款诉讼请求中，黄岩岛是比较特殊的一个问题。黄岩岛本身并不属于南沙群岛的范围之内，与太平岛距离较远，是独立存在的被中国认定为是符合《公约》规定的“岛”[②]。对于黄岩岛的地位的认识，中国和菲律宾间存在着明显的争端，同时中国也向菲律宾所提出的要求表达了明确而积极的反对，因此关于这一问题，可以判定存在着争端。而为解决这一争端所必须要解决的对于黄岩岛的《公约》第121条的解释和适用的问题，并不是《公约》第十五部分第三节所规定的可以被排除在强制争端解决机制的管辖权范围之外的事项。

《公约》第121条的解释和适用问题较为复杂，目前并没有形成对其统一的认识，鉴于篇幅问题，也为了不脱离主题，本文不在此对《公约》第121条的解释和适用问题进行讨论。但是，单纯基于黄岩岛的海洋法上的地位来判断中国对于该岛周边海域的权利和活动的违法性显然还是没有充分依据的。因为，如果本案仲裁庭最终认定黄岩岛可以拥有独立的专属经济区和大陆架的话，那么想要证明中国在周边海域的权利和活动的违法性，则需要至少确定周边海域的专属经济区和大陆架不属于中国。若想确定这一点，则本案仲裁庭就必须开展中国在该区域内的专属

---

① 赤瓜礁距太平岛39.7海里，华阳礁距太平岛128.8海里，永暑礁距太平岛78.8海里。Talmon & Jia, p.95.

② 中华人民共和国外交部《中华人民共和国政府关于菲律宾共和国政府所提南海仲裁案管辖权问题的立场文件》，第8段。

经济区和大陆架的划界工作，而很显然这样的划界工作是被《公约》第298排除在本案仲裁庭的管辖权范围之外的。反之，如果仲裁庭最终认定黄岩岛不具备独立的专属经济区和大陆架的话，那么中国对于其周边海域的权利则有可能基于“南海断续线”而发生。在这一点上，黄岩岛事实上与赤瓜礁、华阳礁以及永暑礁无异，那么就需要在判断“南海断续线”的合法性之后才能作出准确的判断。

菲律宾在诉讼请求第九款中，“请求仲裁庭要求中国停止在Scarborough（黄岩岛）以及Johnson（赤瓜）礁附近海域中破坏菲律宾船舶依照可持续性发展的方法进行的对于生物资源的开发行为，并要求中国停止在上述地形的周边停止其他不符合《公约》规定的活动”。与前面提到的几款诉讼请求相同，该诉讼请求第九款事实上是要给予仲裁庭对于诉讼请求第八款的内容的判断结果来进行判断的。如果仲裁庭对于第八款诉讼请求无法进行判断的话，那么自然也无法对第九款诉讼请求的内容进行判断。因此，为了彻底解决第八款的诉讼请求的问题，需要对“南海断续线”的性质和效力进行讨论。

（三）关于“南海断续线”的请求内容

1.“南海断续线”的客观影响

“南海断续线”是中国在南海地图上标注的一系列线段，其范围与基于陆地发生的专属经济区和大陆架的范围有一定的出入[①]。这条线所标注的范围实际上影响到了菲律宾提出的第八款诉讼请求的结果。

如前文所说，在判断第八项诉讼请求中所提到的岛礁的归属以及基于这些岛礁所发生的对于周边海域的权利时，应该考虑到“南海断续线”的效力和影响。截至目前，本文已经讨论过关于美济礁、西门礁、渚碧礁、南薰礁、赤瓜礁、华阳礁、永暑礁和黄岩岛的归属权的问题，并得出结论，即对于上述岛礁的归属权的问题，由于涉及了领土主权问题和

① 管建强：“南海九段线的法律地位研究”，《国际观察》，第4期（2012年），第16页。

大陆架划界的问题，所以基本上被排除在本案仲裁庭的可审理范围之外。但是，除了黄岩岛的法律地位需要仲裁庭进行判断之外，如果黄岩岛被仲裁庭判断为不能独立具有专属经济区和大陆架的话，也在此列。所以，若想对诉讼请求第八款提出的中国在有关上述岛礁周边海域中的权利和活动的违法性作出判断，就必须要判断“南海断续线”的性质和效力。

2. 中国政府关于“南海断续线”的见解

在诉讼请求的第二款中，菲律宾“请求仲裁庭宣布中国基于‘南海断续线’所提出的关于南海的权利主张违反《公约》并为无效”。这样的话，首先要确定的一个问题便是，中国如何定义和利用了“南海断续线”。但是有一个非常清晰的事实便是，虽然“南海断续线”长期出现于中国政府所刊印的各版本的地图中，然而迄今为止中国政府却没有对“南海断续线”的地位和性质进行过精确和详细的解释和说明[①]。中国外交部多次重申，中国拥有断续线内“西沙群岛、南沙群岛等岛屿不可辩驳的岛礁主权和相邻水域”，并且，2009年中国常驻联合国代表团发给联合国秘书处有关外大陆架问题的立场声明附件的地图上也清楚地标示出了“南海断续线”，但是这并非是对“南海断续线”作出定义[②]。“南海断续线”性质和定义需要更多地从已有的研究中来进行分析。

3. 各种学说的解释和仲裁庭的管辖权

在目前存在的关于“南海断续线”的法律地位和效果的解释中，存在着“疆域线说”、“岛屿归属线说”以及“历史性所有权说”三种主要的学说。“疆域线说”的主张内容是：“九段断续线可以被看作疆域线，中国对该海域底土、海床和上浮水域的生物与非生物资源享有历史性权利”[③]。

---

① 管建强：“南海九段线的法律地位研究”，《国际观察》，第4期（2012年），第16页。

② Chinese Permanent Mission to the United Nations, Communication Letter (CML/18/2009), *available at*, http://www.un.org/Depts/los/clcs_new/submissions_files/vnm37_09/chn_2009re_vnm.pdf.

③ Yann-huei Song, *United States and Territorial Disputes in the South China Sea: A Study of Ocean Law and Politics*, University of Maryland School of Law, Maryland, 2002, pp. 142, 144. 另同前注35。

事实上这一学说的理论可以说是有些一厢情愿，忽略了一般国际法规则的存在。首先，国家"疆域线"并不是一个准确的现代国际法概念，而与这一概念较为相似的概念为"国境线"。但是，国家的国境线在现代国际法体系中又被限定在了陆地国境线、领海线以及群岛水域线等几个概念之中[①]。中国目前在南海并没有确定领海线，根据《中华人民共和国领海和毗邻区法》，中国仅仅是将相关海域岛礁的主权进行了规定，而没有确定领海基点和基线[②]。同时中国也不是群岛国家，也未曾在南海宣布过群岛水域的存在，因此将"南海断续线"解释成领海线或群岛水域线，几乎是没有任何法律根据的。此外，中国的领海应划定在领海基线外至12海里的范围内[③]，而"南海断续线"的范围明显超过了12海里的范围，更何况中国在1996年向联合国提交的领海基点登录文件中，也并没有明确在南海的领海基点的设立状况[④]。因此，无论是参照国际法还是参照中国相关国内法，都无法找到"南海断续线"是国境线的任何根据。

另一方面，若将"南海断续线"理解为国境线，那么"南海断续线"范围内的资源应当与沿海国基于其陆地主权发生的对陆地资源的权利一样，基于沿海国对于其范围内的海洋主权发生的权利[⑤]。但是"疆域线说"对于这些权利的主张却是基于"中国对该海域底土、海床和上浮

---

① 杉原高嶺『现代国際法講義（第四版）』(有斐閣、2007年）第97页。

② 中华人民共和国领海和毗邻区法第二条："中华人民共和国领海为邻接中华人民共和国陆地领土和内水的一带海域。中华人民共和国的陆地领土包括中华人民共和国大陆及其沿海岛屿、台湾及其包括钓鱼岛在内的附属各岛、澎湖列岛、东沙群岛、西沙群岛、中沙群岛、南沙群岛以及其他一切属于中华人民共和国的岛屿。中华人民共和国领海基线向陆地一侧的水域为中华人民共和国的内水。"

③ 同上第三条："中华人民共和国领海的宽度从领海基线量起为十二海里。中华人民共和国领海基线采用直线基线法划定，由各相邻基点之间的直线连线组成。中华人民共和国领海的外部界限为一条其每一点与领海基线的最近点距离等于十二海里的线。"

④ United Nations "Declaration of the Government of the People's Republic of China on the baselines of the territorial sea" (15 May 1996), *at* http://www.un.org/depts/los/LEGISLATIONANDTREATIES/PDFFILES/CHN_1996_Declaration.pdf.

⑤ 杉原高嶺：前注40，第100、101页。

水域的生物与非生物资源享有历史性权利"。这样一来，中国对于"南海断续线"内的资源的基于主权发生的权利和历史性权利之间便出现了矛盾，导致这一理论事实上无法自圆其说。但即便是这样，如果仲裁庭基于"疆域线说"来判断"南海断续线"的合法性的话，那便涉及了陆地主权的问题和领海划界的问题。而此两类问题都已被排除在仲裁庭的管辖范围之外。

"岛屿归属线说"事实上并不是一个复杂的学说。"岛屿归属线说"的意思是将"南海断续线"视为一个仅仅是宣示对于线内岛屿的主权，而不是宣誓对于线内海域的所有权的"范围线"①。这一学说的特征是在事实上避开了与《公约》和相关中国国内法发生冲突的可能。但是这一学说也有一个先天不足，那就是无法解决中国对于相关海域的权利的根据问题。但是，如果要基于"岛屿归属线说"来判断"南海断续线"的合法性的话，那么判断的核心问题便涉及了对有关岛屿的领土主权的判断，若是如此则《公约》规定的强制争端解决机制便无法启动。这样一来，本案仲裁庭便无法对菲律宾所提出的第二款诉讼请求进行审理。但是反之，这也会导致中国对于太平岛周边200海里以外的海域所宣称的权利失去根据。

"历史性权利说"的核心思想是，将"南海断续线"解读为宣示和标注中国在南海的历史性所有权的线。这一权利包括"对于线内的所有岛、礁、滩、沙的主权和对于线内内水以外海域和海底自然资源的主权权利，同时承认其他国家在这一海域内的航行、飞越、铺设海底电缆和管道等自由"②。这一学说在完成了对于南海诸岛的主权的要求的同时，还完成了对于南海海域的权利的要求。鉴于中国政府长期以来所主张的立场以及所提出的相关证据均以历史性所有权为主，因此可以看出"历史性权利说"是最有可能符合中国政府立场的一个学说。

---

① 管建强：前注36，第18页。

② 潘石英：《南沙群岛·石油政治·国际法》，香港，香港经济导报出版社，1996年，第61页。另见前注36，第17页。

另外，与“疆域线说”以及“岛屿归属线说”不同，“历史性权利说”这一表述是出现在《公约》中的表述。同时，在1998年制定的《中华人民共和国专属经济区与大陆架法》的第14条中也明文规定“本法的规定不影响中华人民共和国享有的历史性权利。”据此可以看出，“历史性权利说”在国际法和国内法上均可以找到相应的根据。可以说这一学说具有充分的解释空间。联合国海洋法法庭高之国法官和清华大学贾兵兵教授共著的一篇论文中，提出了“进化的历史性权利说”。在这个“进化的历史性权利说”中，二人将“南海断续线”的效果进一步地明确为“潜在的海洋权益界线”①。这一理论事实上强化了“南海断续线”在《公约》的条文上以及实践中的合法性和合理性。

“历史性权利”是《公约》的一个问题点。《公约》虽然使用了“历史性所有权”的表述，但是并没有对这一概念进行任何明确的定义，也没有对这一概念提供任何准确和清晰的判断标准②。因此，以“历史性权利说”来定义“南海断续线”的地位和效力，那么仲裁庭便无法避免对于《公约》中的“历史性所有权”的概念进行解释和定义。《公约》中的“历史性所有权”的表述是《公约》第15条的内容③，然而根据第298条的规定，第15条属于“任择性排除”的范围。所以，当基于这一学说解释“南海断续线”时，根据中国政府宣布的“任择性排除”，仲裁庭无法对于菲律宾提出的第二款诉讼请求进行审理。

不管如何理解，“南海断续线”问题是南海领土主权和海洋划界问题，受理菲律宾“南海仲裁案”的仲裁庭不应该、也没有权限对“南海断续线”的问题进行审理。菲律宾所提出的第二款诉讼请求应该不予立

---

① 前注27，第108页。

② Stefan Talmon, *“The South China Sea Arbitration: Is There a Case to Answer?”*, Bonn Research Papers on Public International Law, No. 2, (2014), p. 41.

③ 《公约》第15条：“如果两国海岸彼此相向或相邻，两国中任何一国在彼此没有相反协议的情形下，均无权将其领海伸延至一条其每一点都同测算两国中每一国领海宽度的基线上最近各点距离相等的中间线以外。但如因历史性所有权或其他特殊情况而有必要按照与上述规定不同的方法划定两国领海的界限，则不适用上述规定。”

案。同时，在菲律宾提出的第八款诉讼请求中，涉及以“南海断续线”效力为依据才能判断的问题，国际仲裁庭也无权进行审理。仲裁庭任何对“南海断续线”的审查和裁决，都将有悖于《公约》的宗旨。

（四）关于其他请求的内容

菲律宾提出的诉讼请求的第十一款、第十二款以及第十三款同样存在着难以掩盖的问题。在第十一款诉讼请求中，菲律宾“请求仲裁庭宣布中国在菲律宾的专属经济区和大陆架内的关于生物和非生物资源的权利是违法的，并宣布中国的相关开发行为亦是违法的”。如前文所说，菲律宾所提的相关海域涉及到多个国家的专属经济区和大陆架的重叠区，对于这一款诉讼请求，首先必须要判断的是该区域是否属于菲律宾的专属经济区和大陆架。很显然，这样将迫使仲裁庭展开专属经济区和大陆架的划界工作。而相关工作是被《公约》第298条排除在本案仲裁庭的管辖权之外的。

在诉讼请求的第十二款中，菲律宾“请求仲裁庭宣布中国对于菲律宾群岛水域外200海里内外的水域中对于菲律宾基于条约的航行权利和其他权利的干涉是违法的”。对于这一款诉讼请求，与第十一款诉讼请求所面临的问题是一致的，即，首先要确定菲律宾所说的其群岛水域200海里内外水域在国际法上的定位问题。而这样的定位很显然是需要建立在中国和菲律宾相关海域中海洋划界问题的基础上来进行的，特别是在“南海断续线”的定义基础上来进行的。根据前文所讨论的结果，本案仲裁庭同样无法对这一款诉讼请求进行审理。

在第十三款诉讼请求中，菲律宾“请求仲裁庭要求中国立即停止上述违法活动”。其前提是能够确定中国的活动确系违法，才能进行本款的讨论。而根据前文的讨论可以得出结论，即从第一款至第十二款的诉讼内容都不在本案仲裁庭的可以审理的范围之内，因此第十三款的审理基础是不存在的，本案仲裁庭无法对第十三款诉讼请求进行审理。

四、结论

从上面的分析来看，尽管菲律宾此次提出的仲裁请求在现有《公约》框架下可以被国际仲裁庭受理，但对于菲律宾诉讼请求，仲裁庭面临着很大难度。中菲两国都是《联合国海洋法公约》的缔约国，国际仲裁庭确立审理程序、继续推进诉讼进程并无问题。但依据公约精神和以往国际司法判决实践，菲律宾所提诉讼要求绝大多数都不合理，国际仲裁庭在绝大部分菲律宾的诉讼请求内容上并不具备管辖权，或者无法进行有效与合理的审理。即便如此，仲裁庭也无法支持菲律宾对于黄岩岛及其周边海域享有主权的诉讼请求。从过往的国际法院和仲裁庭的做法中可以推断，一种仲裁可能性是本案仲裁庭有可能在最后下达“强制交涉命令”，敦促中菲两国在南海权益争议问题上启动直接的谈判和磋商。综合《联合国海洋法公约》生效后的国际司法经历以及菲律宾诉讼案的特殊事实，仲裁庭的这一判决可能性是最为合理的。即便本案仲裁庭最终无法作出任何实质判断，中国政府也需要从国际法角度全面梳理南海相关争端的内容，以便可以从容地应对仲裁程序后的谈判进程。

即便如此，菲律宾仲裁案对于中国南海维权来说是一个不可忽视的重要信号。未来，随着中国参与国际事务的频繁和深入，特别是在海洋法的领域，菲律宾诉讼案也许不会是涉及中国的最后一个诉讼。中国政府应当重新检讨通过国际法程序解决相关国际争端的可行性，以彰显负责任的大国形象，并更为坚定和有效地捍卫中国在南海的主权权益，维护南海与亚太的稳定与和平。

菲律宾“南海仲裁案”辨析

黄子宜

[内容摘要] 2013年1月，菲律宾就中菲南海海洋权利争端提交国际仲裁，这是南海争端首次进入国际法律程序。2015年4月22日，“菲律宾南海仲裁案仲裁庭”发布最新的第四号程序令，仲裁庭已经确定将中国包括2014年12月7日立场文件在内的诸多通信视为该庭制订的仲裁程序规则第20条意义下的抗辩，并将在2015年7月开庭审理中国关于管辖权的反对意见以及涉及管辖权和诉求可受理性的其他问题。本文通过对仲裁庭管辖权的分析，围绕新公布的第四号程序令，研究下一步中国应当如何参与后续程序和本次仲裁案对未来南海争端解决方式影响。

[关键词] 菲律宾南海仲裁案　第四号程序令　管辖权　程序规则　排除性声明

[作者简介] 黄子宜，北京大学法学院法学学士，美国乔治敦大学法学博士。

近年来，中国与其他南海周边国家关于南海相关权利的纠纷逐渐成为地区和国际社会关注的焦点。2013年1月，菲律宾外交部照会中国驻菲律宾大使馆，基于《联合国海洋法公约》(以下简称“《公约》”) 第287条以及附件七之规定，就中国与菲律宾“在西菲律宾海海洋管辖权”争端提交仲裁。[①] 南海海洋权利争议首次进入国际司法程序。虽然“菲律宾

① Department of Foreign Affairs of the Republic of the Philippines, Notification and Statement of Claim, No. 13-0211, Manila, 22 January 2013.

南海仲裁案仲裁庭”还没有就菲律宾仲裁案作出裁决，但这一案件从起诉、受理以及相关的外交和法律纠纷，已经成为分析和认知南海争议的重要视点。目前，菲律宾“南海仲裁案”即将进入仲裁庭开庭审议阶段。2015年4月22日，仲裁庭发布最新的第四号程序令，仲裁庭已经确定将中国包括2014年12月7日立场文件在内的诸多通信视为该庭制订的仲裁“程序规则”第20条意义下的抗辩，并将在2015年7月开庭审理中国关于管辖权的反对意见，以及涉及管辖权和诉求可受理性的其他问题。本文通过对仲裁庭对菲律宾仲裁案的管辖权争议，围绕新公布的第四号程序令，分析和研究下一步中国应当如何应对本次仲裁案和本次仲裁案对未来南海争议走向的影响。

一、《公约》第287条和附件七仲裁管辖机制下的仲裁庭管辖权

自2013年仲裁程序开始以来，相关学者以及中国外交部的立场文件都对这一问题进行过深入的探讨。[①]《公约》第287条和附件七下的仲裁管辖机制十分复杂，对仲裁庭在管辖权问题上裁决的预判也十分复杂。菲律宾所提出的13点诉求[②]绝大部分明显不符合《公约》第十五部分争端解决程序的规定，中国在反对仲裁庭管辖权上有比较大的胜算。

中国政府于2013年2月19日声明，拒绝接受并退回了菲律宾的仲裁

---

① 见中华人民共和国外交部，《中华人民共和国政府关于菲律宾共和国所提南海仲裁案管辖权问题的立场文件》（立场文件），北京，2014年12月7日，http://www.fmprc.gov.cn/mfa_chn/zyxw_602251/t1217143.shtml，最后登录2015年5月3日；Zimmermann & Baumler, *Navigating Through Narrow Jurisdictional Straits: The Philippines-PRC South China Sea Dispute and UNCLOS*, 12 The Law and Practice of International Courts and Tribunals 431-461 (2013)；Stefan Talmon, *The South China Sea Arbitration: Is There a Case to Answer?*, Bonn Research Papers on Public International Law, Paper No 2/2014 (9 February 2014)；余民才：“中菲南海争端仲裁庭的法律问题”，载于《国际安全研究》，北京，2013年第5期，第21—35页等。

② Notification and Statement of Claim, 前引注1，Part V, 第41页。

通知，并指出中国政府不接受、不参与菲律宾所提起的仲裁程序。[①] 2013年6月，根据《公约》附件七第3条，关于此仲裁案的五人仲裁庭组成。[②] 2013年7月，仲裁庭在海牙召开第一次会议，并在发布程序规则和时间表之前给予双方对程序规则草案提供意见的机会。[③] 对此，菲律宾方面出具了基本意见，中国再一次重申了不接受仲裁庭管辖，不参与仲裁的立场。[④] 2013年8月，仲裁庭在第一次会议后发布了第一号程序令，确定了仲裁程序规则，并选定常设仲裁法院为书记处。[⑤] 2014年3月30日，菲律宾向仲裁庭提交了诉状，其中阐述了管辖权、诉求的可受理性以及诉求的实体问题。[⑥] 2014年6月，仲裁庭发布第二号程序令确定了仲裁庭后续程序。[⑦]

对于第二号程序令草案，菲律宾方面提出了意见，而中国在照会中再次重申了不接受管辖不参与仲裁的立场。[⑧] 在第二号程序令中，仲裁庭确定了2014年12月15日为中国提交辩诉状的最后期限。[⑨] 2014年12月7日，中国出具了《中华人民共和国政府关于菲律宾共和国所提南海仲裁案管辖权问题的立场文件》(以下简称"《中国立场文件》")，具体阐述了中国不接受管辖不参与仲裁的立场，论证了中国认为仲裁庭不具备对此

---

① 立场文件，前引注2，第1段。

② Republic of the Phil. v. People' s Republic of China, PCA Case Nº 2013-19, Rules of Procedure, 27 August 2013, http://www.pca-cpa.org/showpage.asp?pag_id=1529，p. 2。

③ 常设仲裁法院新闻稿，"仲裁庭确定程序规则及初步时间表"，海牙，2013年8月27日（非官方中文翻译）(第一号程序令)，http://www.pca-cpa.org/showpage.asp?pag_id=1529，登录时间：2015年5月3日。

④ 同上揭。

⑤ 同上揭。

⑥ 常设仲裁法院新闻稿，"仲裁庭要求菲律宾提交进一步书面论证"，海牙，2014年12月17日(非官方中文翻译)(第三号程序令)，http://www.pca-cpa.org/showpage.asp?pag_id=1529，登录时间：2015年5月3日。

⑦ 常设仲裁法院新闻稿，"仲裁庭确定后续程序"，海牙，2014年6月3日（非官方中文翻译）(第二号程序令)，http://www.pca-cpa.org/showpage.asp?pag_id=1529，登录时间：2015年5月3日。

⑧ 同上揭。

⑨ 同上揭。

案管辖权的原因，并特别强调此立场文件不代表中国接受或参与仲裁。① 仲裁庭注意到中国不在截止日期前提交辩诉状的立场，于2014年12月17日发布第三号程序令，要求菲律宾基于该庭仲裁程序规则第25条第2款关于争端一方不出庭或对案件不进行辩护的规定，在2015年3月15日之前，就管辖权和实体问题提供进一步书面论证。② 该程序令进一步要求中国在2015年6月16日之前提交对此补充书面陈述的评论。③ 仲裁庭2014年12月17日的新闻稿中同时提到，2014年12月5日，书记处收到《越南外交部提请菲律宾诉中国仲裁案仲裁庭注意的声明》，并就该声明征求中菲双方的意见。④

2015年4月22日，仲裁庭发布最新的第四号程序令，仲裁庭已经确定将中国包括2014年12月7日立场文件在内的诸多通信视为“程序规则”第二十条意义下的抗辩，并将在2015年7月开庭审理中国关于管辖权的反对意见以及涉及管辖权和诉求可受理性的其他问题。⑤ 仲裁庭的第四号程序令相对来说平衡了中菲程序参与问题，反映了仲裁庭依然乐于看到中国参与、听取中国意见的态度。

更重要的是，仲裁庭将管辖权与实体问题分开审理的决定提供给中国快速了结本案的契机。在此基础上，中国应当通过对仲裁庭在管辖权上可能作出的裁判的分析，来决定下一步以何种方式参与程序。

《公约》第287条第1款规定，“一国在签署、批准或加入本公约时，或在其后任何时间，应有自由用书面声明的方式选择下列一个或一个以上方法，以解决有关本公约的解释或适用的争端：(a)按照附件六设立的国际海洋法法庭；(b) 国际法院；(c) 按照附件七组成的仲裁法庭；

---

① 立场文件，前引注2，第1段。

② 第三号程序令，前引注9。

③ 同上揭。

④ 同上揭。

⑤ 常设仲裁法院新闻稿，“仲裁庭确定关于管辖权和可受理性问题开庭审理的时间”，海牙，2015年4月22日（非官方中文翻译）（第四号程序令），http://www.pca-cpa.org/showpage.asp?pag_id=1529，登录时间：2015年5月3日。

(d) 按照附件八组成的处理其中所列的一类或一类以上争端的特别仲裁法庭。"[①]

由于《公约》在争端解决部分的第二节和第三节中规定了一系列管辖权的具体细节、限制和例外，一个缔约国并不一定有将某一具体争端诉诸其所选择的某一特定方法的权利。第287条第3款和第5款规定，"缔约国如为有效声明所未包括的争端的一方，应视为已接受附件七所规定的仲裁"，但"如果争端双方未接受同一程序以解决这项争端，除各方另有协议外，争端仅可提交附件七所规定的仲裁。"[②]

对于《公约》第二节的强制性国际司法管辖，2006年8月25日中国针对第298条做了如下声明：

"对于《公约》第298条第1款(a)(b)(c)项所述的任何争端（即涉及海洋划界、领土争端、军事活动等争端），中国政府不接受《公约》第十五部分第二节规定的任何国际司法或仲裁管辖。"[③]

因此，虽然菲律宾在1982年表示其对298条项下的纠纷接受《公约》的任何一项程序的管辖，[④] 但由于中国对298条第1款(a)(b)(c)项下的争端均作了排除性声明，一旦菲律宾的诉求涉及298条第1款(a)(b)(c)项下所包涵的任一类争端，仲裁庭对于该争端的管辖权都将被中国的声明所排除。此外，《公约》在本部分第三节规定了适用第二节中导致有拘束力裁判的强制程序的规定的限制和例外，进一步限制了仲裁庭的管辖权。

---

① 《联合国海洋法公约》(《公约》)，1982年12月10日，蒙特哥湾，第287条第1款。根据《公约》第320条规定，《公约》包括中英文在内的六种联合国官方语言文本具有同等效力。本文引证全部来自《公约》中文版本。

② 《公约》第287条。

③ "Declaration under article 298", Declaration made after ratification (25 August 2006), China, http://www.un.org/Depts/los/convention_agreements/convention_declarations.htm#China%20Upon%20ratification，登录时间：2015年5月3日。

④ "8.The agreement of the Republic of the Philippines to the submission for peaceful resolution, under any of the procedures provided in the Convention, of disputes under article 298 shall not be considered as a derogation of Philippines sovereignty," Understanding made upon signature (10 December 1982) and confirmed upon ratification (8 May 1984), Philippines, 登录时间：2015年5月3日。

第298条关于适用第二节的任择性例外的规定格外复杂和重要。首先，第1款的三项规定了一国可通过书面声明不接受第二节程序的各类争端。第（a）(1）规定，关于“划定海洋边界的第15、第74和第83条在解释和适用上的争端，或涉及历史性海湾或所有权的争端”，[①] 一国可以通过这种书面声明排除第二节程序的适用。但是，该项进一步规定，“如果该争端发生于本公约生效之后，经争端各方谈判仍未能在合理期间内达成协议”，则作出声明的国家仍有义务同意将该事项提交附件五第二节下的调解程序。[②] 简而言之,《公约》虽然允许将符合以上条件的争端排除适用第二节的强制程序，但将其再次纳入了附件五调解程序的范围。但是,《公约》进一步规定了这种例外中的例外，即“任何争端如果必然涉及同时审议与大陆或岛屿陆地领土的主权或其他权利有关的任何尚未解决的争端”，则不应提交这一调解程序。[③] 这样,《公约》便将符合这一条件的争端再次排除出了附件五调解程序的范围。

在菲律宾的13项仲裁诉求中，有多项明显属于中国声明排除的范围。在第4、5项关于美济礁和西门礁的诉求中，菲律宾提请仲裁庭声明以上岛礁为水下暗礁，均为菲律宾大陆架组成部分，中国对其占领并进行建设活动侵犯了菲律宾的主权性权利，应当停止这些行为。[④] 由于菲律宾诉求并未包括南海地区所有岛屿，即使仲裁庭同意菲律宾对该部分岛礁的定性，仍然无法排除中国依据其他陆地领土在争议海域拥有专属经济区和大陆架等海洋权利的可能性。因此，即使仲裁庭能够确定争议岛礁的性质，仍然不可避免涉及《公约》第74条和83条对海岸相向或相邻国家间专属经济区和大陆架界限的划定，从而被中国声明排除管辖权。并且，由于中国一直主张在南海海域的历史性权利，如果仲裁庭采纳这一权利定性，此诉求的管辖权同样将被排除。基于同样的逻辑，仲裁庭

① 《公约》298条第1款（a）项。

② 同上揭。

③ 同上揭。

④ Notification and Statement of Claim, 前引注1, 第41页。

应当对菲律宾第6、7、9项关于南薰礁和渚碧礁，黄岩岛以及赤瓜礁周边海洋权利的诉求没有管辖权。① 同样，菲律宾的第11项诉求中关于中国非法妨害了菲律宾在其专属经济区和大陆架对生物和非生物资源的开发明显涉及第74和83条下的海洋权利划界，应当被排除出第二节程序的管辖范围。②

298条（b）项关于军事活动的任择性排除规定较为简明，包括“从事非商业服务的政府船只和飞机的军事活动的争端，以及根据第297条第2和第3款不属法院或法庭管辖的关于行使主权权利或管辖权的法律执行活动的争端。”

上述菲律宾第4至7项诉求中，除了依据1（a）项的排除声明，中国在相关岛礁周围的部分活动也可被1（b）项排除。如果中国可以初步证明其在相关岛礁附近的活动属于1（b）意义下的军事活动，则这部分活动也将被中国声明所排除出仲裁庭管辖。③

除第298条的任择性排除条款之外，第297条第2款和第3款规定在某些情形下，沿海国没有义务将关于海洋科学研究和渔业的《公约》规定在解释或适用上的争端提交第二节程序。④ 在这些情形中，第3款（a）项特别规定，“沿海国并无义务同意将任何有关其对专属经济区内生物资

---

① Notification and Statement of Claim, 前引注1, 第41页。在第6、7项诉求中，菲律宾请求仲裁庭声明南薰礁和渚碧礁为水下暗礁，因此不符合《公约》下的岛屿构成要件且不在中国大陆架上，中国对其占领和在其上的建设活动因而违法。这两项诉求与上文所述第5、6项诉求逻辑相同，将不可避免涉及专属经济区或大陆架划界，或历史性权利的界定。由于对生物资源的主权性权利为专属经济区主权性权利的一种，菲律宾在第9项诉求中请求仲裁庭“要求中国停止阻碍菲律宾船只可持续地开发民主礁以及西门礁附近水域的生物资源以及其他与《公约》不符的行为，”同样不可避免涉及专属经济区和大陆架的划界。

② Notification and Statement of Claim, 前引注1, 第41页。

③ 《公约》对军事活动的规定较为宽泛模糊，这也为其解释适用提供了较大空间。见 Arnd Bernaerts, Bernaerts' Guide to the 1982 United Nations Convention on the Law of the Sea, Trafford Publishing, Victoria BC (Reprint of 1988 Ed., 2005), pp. 124-145。

④ 《公约》297条第2款，第3款。

源的主权权利或此项权利的行使的争端”提交第二节规定的程序。[①]

菲律宾第9项关于中国妨碍其可持续地开发生物资源的诉求[②]属于上述第3款（a）项的争端范围。菲律宾可能会主张中国不是相关海域“沿海国”，因此不能主张第3款（a）项下的沿海国权利。但是，中国是否为相关海域“沿海国”的问题必然以解决中国对部分岛礁的陆地领土权利以及中菲专属经济区划界问题为前提，从而被上述第298条排除管辖范围。

虽然《公约》第297条主要规定了适用第二节的限制，在第1款中还是列举了因“沿海国行使本公约规定的主权权利或管辖权而发生的对本公约的解释或适用的争端”，应当遵守第二节程序的三种情形。[③]这三种情形分别为：(a）沿海国在第58条（其他国家在专属经济区内的权利和义务）规定的关于航行、飞越或铺设海底电缆和管道的自由和权利或关于海洋的其他国际合法用途方面违反《公约》的行为；[④]（b）一国（沿海国或内陆国）在行使上述自由、权利或用途时，违反《公约》或者沿海国按照《公约》或其他不相抵触国际法原则制定的法律或规章的行为；[⑤]（c）沿海国违反关于保护和保全海洋环境的符合适用条件的特定国际规则和标准的行为。[⑥]

如果菲律宾主张仲裁庭在本款（a）(c)下具有管辖权，将使菲律宾陷入逻辑困境。由于本款（a）(c)涉及的是“沿海国”违反《公约》的行为，如果菲律宾主张这两项管辖权，则相当于默认了中国是争议海域的沿海

① 《公约》297条第3款（a）项。
② 见前引注26。
③ 《公约》297条第1款。
④ 《公约》297条第1款（a）项。
⑤ 《公约》297条第1款（b）项。
⑥ 《公约》297条第1款（c）项。

国，在争议海域享有海洋权利，这与其事实陈述和诉求是相矛盾的。[①]

在本款（b）项的规定下，仲裁庭可能裁定其对菲律宾第4至7、第9项及第11项诉求[②]中的部分关于海洋的国际合法用途的事项具有管辖权，但由于第297、298条其他条款的排除和限制作用，这些事项包涵的内容非常有限。

最后，有待解决的必须是有关《公约》的解释或适用的争端，[③]而菲律宾第1、2、3、10项诉求均过于宽泛，不具有争端的性质，没有可受理性。[④]这些诉求请求仲裁庭作出一系列声明，如中菲双方在南海的海洋权利均为《公约》所调整，包括领海、毗连区、专属经济区和大陆架；中国的“南海断续线”不符合《公约》规定因而无效等。

即使不考虑中国的“南海断续线”主张是否为声明所排除的历史性权利，这些诉求都不具有可受理争端所必需的事实或法律上的具体争议性，而只是对《公约》某些条款的重述。国际司法机制行使管辖权以争端的存在为前提。[⑤]仲裁庭不能脱离争端的存在而主张管辖权。以菲律宾的第10项诉求为例，菲律宾请求仲裁庭声明菲律宾依据《公约》有权享有12海里领海，200海里专属经济区以及大陆架。[⑥]这项诉求本身只是对《公约》第二、五、六部分某些条款的重述，中国也从未反对菲律宾可以主张《公约》条款下的这些权利，无须仲裁庭作出声明。[⑦]但是，公约的这些规定并不代表某沿海国可以当然享有12海里领海、200海里专属经

---

① Notification and Statement of Claim, 前引注1, 第11页。菲律宾在仲裁通知的事实陈述中认为争议岛屿和海域距离中国海岸过远，因此中国在争议岛屿和海域的主张和活动违法。这项主张否定了中国为争议海域的“沿海国”。而本款(a)(c)项管辖权的基础则以潜在违法国为争议海域沿海国为前提。

② 见前引注26。

③ 《公约》287条第1款。

④ Notification and Statement of Claim, 前引注1, 第41页。

⑤ Nuclear Tests (N.Z. v. Fr.), Judgment, 1974 I.C.J. 457 (December 20), p.23-24.

⑥ Notification and Statement of Claim, 前引注1, 第41页。

⑦ 见何田田，“菲律宾提交‘南海问题国际仲裁’的国际法分析”，载于《太平洋学报》，北京，2013年12期，第63—70页，“3.1 是否存在争端”。

济区以及大陆架。在争端双方依据《公约》作出的领海、专属经济区和大陆架有重叠主张的时候，必然要适用被中国针对298条声明所排除的《公约》第15、74以及83条下的海洋划界规定，对海岸相邻相向国家的海洋权利进行划定。

从《公约》文本上看，在菲律宾的各项诉求中，仲裁庭仅仅针对第8项[①]具有管辖可能性。由于这一项诉求基于中国对相关海洋陆地拥有主权的假设，仲裁庭可能认定该项诉求仅涉及对部分岛礁性质及其依照《公约》所享有的海洋权利的判定，不涉及海洋权利划界，从而未被限制和排除。[②]但是，从以往国际司法实践来看，出于种种考虑，相关争端解决机制往往回避对海上地形定性问题作出决定。在英法大陆架划界案、黑海海洋划界案等案件中，仲裁庭和国际法院均以争议岛屿性质不影响相关划界为由回避了这一问题。[③]虽然本案中海洋地形的定性可能直接影响之后的划界，但由于对《公约》121条第3款下关于岛屿的“不能维持人类居住或其本身的经济生活”的标准理解和适用存在很大争议和不确定性，以及对该问题所涉证据调查的困难性，仲裁庭很有可能会同样采取某些方式规避对海洋地形进行定性。

综上所述，中国在反对仲裁庭对菲律宾绝大部分诉求的管辖权上有较强法律支撑。即使仲裁庭判定其对争议岛礁定性和菲律宾第8项诉求的事项具有管辖权，由于岛屿定性标准的不确定性，在这些事项涉及的实体问题上中国因仲裁可能遭受的利益损失比较有限。在利益损失风险

---

① Notification and Statement of Claim, 前引注1, 第41页。这一项诉求请求仲裁庭声明民主礁，西门礁，华阳礁和永署礁为《公约》121条第3款下的礁石，仅享有不超过12海里的领海，因此中国基于这些海洋地形所主张的海洋权利为非法。

② 中国可以提出这些事项涉及中国“历史性权利”的抗辩，但是该抗辩由于中国本身权利界定比较模糊而相对薄弱。

③ 见Continental Shelf (U.K./Fr.), XVIII R.I.A.A. 3 (June 30, 1977), 139; Maritime Delimitation in Black Sea (Rom. v. Ukr.), Judgment, 2009 I.C.J. 61 (3 February), 第186—188页。相反，余民才教授认为，上述国际法庭或仲裁庭实质上是因为海洋地形性质对海上划界的重要影响，而回避海上地形定性问题。见余民才，前引注2，第33—35页。但无论原因为何，国际争端解决机制回避海洋地形定性问题的倾向是比较明显的。

较低的情况下，中国应当积极应对2015年7月的管辖权问题庭审，尽快了解此次仲裁案。

二、《南海各方行为宣言》对仲裁庭管辖权的影响

中国立场文件中第三部分用大量篇幅论证了《南海各方行为宣言》（以下简称“《宣言》”）对第三方有拘束力程序的排除作用。① 立场文件认为，在《宣言》以及《宣言》签订前后的中菲双边文件中，一再重申和承诺以谈判方式解决南海争端。② 其中《宣言》第4条规定“有关各方承诺根据公认的国际法原则，包括1982年《联合国海洋法公约》，由直接有关的主权国家通过友好磋商和谈判，以和平方式解决它们的领土和管辖权争议。”③ 据此，立场文件认为《宣言》第4条和中菲自1995年以来的相关双边文件已经排除了第三方争端解决程序，对中菲双方均有约束力。

《公约》第281条规定，争端各方如“已协议用自行选择的和平方法来谋求解决争端，则只有在诉诸这种方法而仍未得到解决以及争端各方间的协议并不排除任何其他程序的情形下，”才适用《公约》第十五部分关于争端解决规定的程序。诚然，“宣言”这一名称本身并不当然地决定其性质为政治文件或有约束力法律文件。④ 但是，如果一部文件将产生排除其他第三方程序的效果，一般来说需要明确的排除性语言。⑤ 在缺乏明确性的情况下，考虑到可能会产生第三方程序对南海争端管辖权的广泛

---

① 立场文件，前引注2，第三部分；Talmon，前引注2，pp. 61-65。

② 立场文件，前引注2，第40段。

③ 中国、东盟各国，《南海各方行为宣言》，金边，2002年11月4日，第4条；立场文件，前引注2，第35段。

④ 见Zimmermann等，前引注2, p. 441。Zimmermann认为相对“协议”而言，《公约》280条使用的词汇“同意”要更为灵活。

⑤ 但是，这种明确性的排除性语言并不是必须的。见Southern Bluefin Tuna Case (Austl. & N.Z. v. Japan), Award on Jurisdiction and Admissibility, 119 ILR 508 (4 August 2000), 57。余民才教授认为《宣言》中“由直接有关的主权国家……解决”的语言排除了第三方程序的适用。见余民才，前引注2，第25，32—33页。

性的排除，仲裁庭可能不会支持中国这一论点。另外，由于《公约》第283条交换意见的义务的要求标准较低，[①] 如果仲裁庭采纳菲律宾中菲从1995年开始已经对南海争端进行了17年协商的观点，则有可能判定菲律宾已经完成了第十五部分第一节下交换意见的义务并已用尽当地补救办法，[②] 从而获得了适用第二节程序的前提条件。

虽然如此，由于《宣言》第4条涵盖了全部南海争端，包括涉及《公约》解释和适用中未被有效声明排除和《公约》本身所限制的部分，如果中国关于《宣言》排除第三方争端解决方式的论点被仲裁庭接受，将对中国十分有利，值得进一步论述和研究。虽然仲裁庭的判决仅在争端各方间和对该特定争端有约束力，[③] 作为重要国际司法机制其结论具有很高的理论规则价值。尽量争取仲裁庭对这一论点的认可，将对未来南海争端可能涉及的国际司法程序产生对中国的积极影响。

三、仲裁庭发布第四号程序令之后中国应该作出怎样的调整？

基于上述分析，即使仲裁庭最后认定其对菲律宾部分主张具有管辖权，其管辖所涉及的实质问题范围可能比较有限，而且中国在这部分实体问题上有比较大的赢面。目前仲裁庭的第四号程序性命令已经将中国包括立场文件在内的通信视为仲裁程序规则第20条意义下的抗辩，并将在2015年7月开庭审理中国关于管辖权的反对意见以及涉及管辖权和诉求可受理性的其他问题。[④] 在实质利益受损风险较低的背景下，中国有必

① 虽然《公约》这一义务的要求较低，但是协商和交换意见的内容必须要与争端内容大体一致。见Talmon，前引注2，pp. 49-53。

② 《公约》第283、295条，另见邢广梅，《试论中菲律宾"南海仲裁案"》，载于《国际关系研究》，上海，2013年第6期，第42～56页。该文在"一、4. 非援引的《公约》具体条款及其说辞"中讨论了《宣言》对第三方程序排除作用适用上需要关注的问题。

③ 《公约》296条第2款。

④ 第四号程序令，前引注17。

要考虑是否应当调整应对策略，积极准备2015年6月16日截止的对菲律宾补充书面陈述的意见，以适当形式参与2015年7月关于管辖权的仲裁庭庭审，快速结束此次仲裁。

由于第四号程序性命令已经决定将对本案的管辖权和菲律宾诉求的可受理性问题与实体问题分开审理，参加仅以涉及管辖权的问题为争议点的程序并不与中国不接受仲裁庭管辖权的立场相悖。

《公约》第288条第4款规定，对于法庭是否具有管辖权的争端应由该法庭以裁定解决。[①]《公约》附件七第9条规定，虽然争端一方不出庭或不辩护不妨碍程序的进行，但是仲裁庭在作出裁决前，必须查明对该争端确有管辖权。[②] 换言之，即使中国不参与庭审，仲裁庭对本案的仲裁权也不当然成立，其仍然需要结合双方通信和自己的调查来查明其确实对该争端有管辖权。

附件七第5条规定，仲裁庭应保证争端每一方有陈述意见和提出其主张的充分机会。[③] 但是，仲裁庭同样需要考虑不能使不出庭或不辩护一方通过滥用程序获得不正当的诉讼优势。因此，在争端一方不出庭或者不辩护的情况下，仲裁庭需要在保护出庭一方和不出庭一方诉讼权利上做一平衡。[④] 仲裁庭因而在如何处理不出庭一方的程序外通信上具有一定的裁量权，其并无义务给予不出庭一方的仲裁程序外通信等与另一方程序内文件同等的地位。[⑤]

对中国有利的是，仲裁庭在第四号程序令中，将中国包括立场文件

---

① 《公约》288条第4款。

② 《公约》附件七第9条。

③ 《公约》附件七第5条。《公约》第二九四条关于“初步程序”的条文也规定，“第287条所规定的法院或法庭，就第297条所指争端向其提出的申请，应经一方请求决定，或可自己主动决定，该项权利主张是否构成滥用法律程序，或者根据初步证明是否有理由。法院或法庭如决定该项主张构成滥用法律程序或者根据初步证明并无理由，即不应对该案采取任何进一步行动。”《公约》第294条第1款。

④ Talmon, 前引注2, p. 11。

⑤ 同上揭。

在内的通信视为仲裁程序规则第20条意义下的抗辩。[①] 据此可以推测，仲裁庭已经给予中国包括立场文件在内的通信以与菲律宾程序内提交文件相同的证据待遇。仲裁“程序规则”第20条规定：

1. 仲裁庭有权裁定程序中关于管辖权和诉求可受理性的意见。

2. 关于仲裁庭无管辖权的抗辩最迟应在辩诉状中提出。即使当事一方已制定仲裁员或参与仲裁员的制定过程，它仍可以提出抗辩。关于仲裁庭的抗辩应在被指越权事项在仲裁程序中发生后尽快提出。在任何一种情况下，仲裁庭可以接受未按期作出的抗辩若其认为延迟是合理的。

3. 仲裁庭应将涉及管辖权的抗辩作为初步问题来裁决，除非仲裁庭在征求当事双方意见后认定关于管辖权的反对意见不具有完全初步性质，在此情况下，仲裁庭应将管辖权抗辩和实体问题一并裁决。

4. 仲裁庭应在裁决前开庭审理管辖权和可受理性问题，若其在征求当事双方意见后决定开庭审理是必要或有用的。[②]

虽然被仲裁庭视为抗辩的中国立场文件关于仲裁庭无管辖权的论点已经做了充分的阐释，但并不能完全代替出庭抗辩的作用。参加关于管辖权的开庭审理，可以赋予中国充分论证其反对仲裁庭管辖权的观点的抗辩机会。当然，中国也可以采取不指定代理人，以某种形式非正式地出庭表述中国对管辖权的反对意见。[③] 这种方式确实更为谨慎，但是与正式指定代理人出庭，在法律实质意义上的区别并不大，并且可能有滥用程序之嫌，引起仲裁庭成员的反感。另外，如果采取以上非正式的方式出庭，仲裁庭并不一定允许中国进行除陈述观点之外的抗辩。如果中国

---

① 第四号程序令，前引注17。

② Rules of Procedure, Art. 20, 前引注5; 第四号程序令，前引注17。

③ 《程序规则》第4条规定，关于代理人或者协助人的通信必须明确是为了指定代表或是指定协助人的目的。《程序规则》并没有关于其他非正式参与仲裁指定代表人的规定。Rules of Procedure, Art. 4, 前引注5。

不能当庭对菲律宾的观点进行反驳，出庭的意义可能会受到削弱。

在第四号程序令发布之前，中国表示不参与任何仲裁程序，仅以庭外通信的方式"非正式参与"本次仲裁程序是比较审慎的选择。与国际法院和国际海洋法法庭不同的是，附件七第五条规定，附件七下的仲裁庭应当确定其自己的程序，[①] 而管辖权和实体问题是否分开解决作为程序问题，仲裁庭也可以在仲裁程序规则中进行规定。根据上述仲裁程序规则第20条第3、4款的规定，仲裁庭可能会在征求当事双方意见之后认定管辖权问题不具有完全初步的性质，决定将管辖权与实体问题一并裁决，并且存在不单独开庭审理管辖权问题的可能性。如果中国自始参与仲裁程序而仲裁庭作出一并审理的决定，再撤出仲裁程序可能会承担更大的国际压力。

另外，中国一直以程序外通信和公共发言等方式非正式影响此次仲裁，除了涉及利益关系重大之外，很可能也考虑到如果仲裁庭决定将管辖问题与实体问题一起审理，中国可以争取到时间在最终裁决之前通过政治方式促使菲律宾撤诉。上世纪初的比利时诉中国案[②] 中，中国政府采用了类似的拖延战术，最终通过成功协商新条约的方式使比利时撤诉。但是，在仲裁庭已经决定7月进行关于管辖权的庭审的情况下，菲律宾在仲裁庭作出管辖权相关裁判之前撤诉的可能性已经很小。

无论中国是否参加关于管辖权的庭审，都不能阻止仲裁庭就该部分作出裁定。[③] 而2015年7月仲裁庭关于管辖权的初步审理结果可能将对此案发展产生重大影响。

一旦仲裁庭依据初步证明认为其具有管辖权，根据《公约》第290条和仲裁程序规则第21条的规定，其"可在最后裁判前，规定其根据情况认为适当的任何临时措施，以保全争端各方的各自权利或防止对海洋

---

① 《公约》附件七第5条。

② Denunciation of the Treaty of November 2nd, 1865, between China and Belgium, Belgium v. China, Order, Series A No. 18 (PCIJ, May. 25, 1929), 10.

③ 余民才：前引注2，第31页。

环境的严重损害”，而各方应当迅速遵从仲裁庭作出的任何临时措施。[①]因此，如果仲裁庭在2015年7月的庭审之后认为其具有管辖权，那么其有可能会根据菲律宾的诉求要求中国在仲裁庭作出最后裁判前暂停在相关海域对争端各方权利或海洋环境产生不可逆影响的行为，如吹沙造地等。如果仲裁庭规定临时措施，中国无论是否执行都将对中国产生不利影响。如果执行，则在仲裁庭作出最后裁判之前，中国会因为暂停部分在相关区域的活动遭受损失，并面临在实体问题上败诉的可能；如果不执行，又必将为这一决定面临很大的国际压力。但是，如果中国积极参与庭审并成功将仲裁案在管辖权阶段结束，不仅可以维护中国在与菲律宾争端中的权益，也将会对其他国家再次针对南海问题诉诸国际司法产生阻却作用。

从以往国际第三方争端解决机制涉及管辖权的案例来看，美国在1986年国际法院的尼加拉瓜诉美国一案中的做法值得思考。该案中，美国并未及时撤回其有效的接受国际法院任择性强制诉讼管辖的声明，反对管辖权的法理依据非常薄弱。但是美国仍然参与了管辖权问题的庭审，主张国际法院对该案不具有管辖权。[②]在管辖权问题败诉之后，美国政府才以退出审判程序的方式表示其对国际法院管辖权的反对立场。

作为争端一方，在未超过时限的情况下，中国可以从任何时候开始决定行使自己的程序权利。[③]从目前的仲裁程序来看，中国可在2015年6月16日之前，首先对菲律宾2015年3月15日已经截止的补充书面陈述作出评论，将7月庭审的议题进一步明确和限定。在6月提交评论之后和7月庭审之前，中国可以继续观望仲裁程序的发展，但应当开始做实际参与7月庭审的准备。

同样值得考虑的是可能出现的仲裁程序规则第20条第3款下的情况，

---

① 《公约》第290条。

② Military and Paramilitary Activities in and against Nicaragua (Nicaragua v. U.S.), Jurisdiction and Admissibility, Judgment, 1984 I.C.J. 392 (November 26), 62-63, 113.

③ 但是，一方行使诉讼权利不能以不当损害另一方权利为目的和代价。

即仲裁庭在7月庭审后可能认为"部分关于管辖权的反对意见不具有完全初步性质"，将这部分管辖问题与实体问题留待之后一起审议。如果出现这种情况，中国可能对于之后的程序是否参加处于一种两难的状况。但是，如果中国在参加7月庭审时明确仅以反对管辖权为目的参与仲裁庭关于管辖问题的庭审，并不影响中国反对仲裁庭管辖权的立场。那么中国如果不参与之后的程序是可以在法律逻辑上自洽的，国际舆论压力也会比较小。

总的看，在如何最大限度降低仲裁的程序风险上，中国在参与仲裁时间上有着两难的选择。一方面，从时间上来看，只有在选任仲裁员组成仲裁庭之后，方有可能制定"程序规则"。虽然仲裁庭需要在听取各方意见基础上制定"程序规则"，但仲裁庭仍然可能会制定中国所不乐见的"程序规则"。即使中国反对，仲裁庭仍然可能基于其"程序规则"决定管辖与实体问题一同审议裁决。

另一方面，如果中国如本次仲裁一样不正式参与任何仲裁程序，则无法根据《公约》附件七第3条的规定参与选任仲裁员。根据该条(b)、(c)、(e)三款规定，争端双方均可以指派一名仲裁员，并可以为其国民。如果逾期未指定，则由国际海洋法法庭庭长选定。[①] 本案中，菲律宾选定一名德国籍法官Judge Rudiger Wolfrum为仲裁员，而中国并未参与仲裁员选任。日本籍现任国际海洋法法庭庭长柳井俊二选任波兰籍法官 Stanislaw Pawlak为本应由中国指派而未予指派的仲裁员，并选任加纳籍法官Thomas A. Mensah为首席仲裁员，法国籍法官 Jean-Pierre Cot和荷兰籍教授Alfred Soons为仲裁员。[②] 作为国际最高司法水平的代表，国际海洋法

① 《公约》附件七第3条第(b)、(c)、(e)款。Talmon认为，如果中国选择加入仲裁程序，则仲裁庭现有仲裁员应当考虑退出仲裁程序，以便由中国行使选任仲裁员的权利。但是，《公约》并无此强制性规定。 Talmon, 前引注2, p.11, FN 57。

② ITLOS, Press Release 191, ITLOS/Press 191, 25 April 2013, https://www.itlos.org/fileadmin/itlos/documents/press_releases_english/PR_191_E.pdf; ITLOS，Press Release 197, ITLOS/Press 197, 24 June 2013, https://www.itlos.org/fileadmin/itlos/documents/press_releases_english/PR_197_E.pdf.

法庭庭长以及被选任的仲裁员公正性自不待言。[①] 但是由于国际海洋法体系复杂且在不断发展过程中，仲裁员持有不同理论观点可以理解，而这些不同可能会对其裁判产生影响。附件七第3条对仲裁庭成员选任机制的规定，实际上也是为了尽量避免这种影响对仲裁庭公正性合法性的削弱和对这种影响在保证公平代表的前提下的容忍。[②]

当然，中国如果决定加入仲裁程序，可以主张要求行使第3条下的程序权利，重新选任仲裁员。但是，这种主张在《公约》和仲裁程序规则下缺乏法律支撑。[③] 理想状态下，仲裁员可以在自由裁量的基础上选择退出仲裁庭以便于中国行使其程序权利。[④] 但是在仲裁程序已经开始两年并且即将进行管辖权庭审的情况下，考虑到对争端双方公平对待，防止一方滥用权利拖延程序进行等因素，仲裁员退出程序的可能性已经很小。不出意外的情况下，本次仲裁庭成员组成已成定局。但是，在本案作出最后裁决后，研究仲裁员的观点是否并如何对裁决结果产生影响，对未来类似案件的程序选择具有重要意义。

四、菲律宾“南海仲裁案”可能产生的后果

本案为南海仲裁第一案，也是南海问题被诉诸国际司法程序的第一案，无论裁判结果如何，都将对之后南海各沿海国对于南海问题的政策

---

① 关于附件七仲裁员中立性独立性及个人倾向对仲裁的影响，见吴慧、商韬，《国际法律程序中法官和仲裁员因素——以中菲南海争端仲裁案为例》，载于《国际安全研究》，北京，2013年第5期，第12，18—19页。

② 附件七第3条(b)、(c)两款规定争端双方所指派仲裁员可以为其国民，(e)款规定进行指派的国际海洋法法庭庭长不应为争端一方国民，其所指派的其余仲裁员应具有不同国籍，并不能为争端一方工作人员、常住居民或国民。这些规定都体现了《公约》对这种影响的默认和规制。

③ 在中国自主决定不参与仲裁的情况下，国际海洋法法庭庭长即使在指派仲裁员过程中缺乏与中国协商，也不能成为中国反对仲裁庭管辖权的充分理由。余民才，前引注2，第27页。

④ 事实上，最初被指定为首席仲裁员的斯里兰卡仲裁员Chris Pinto即因为自己的妻子为菲律宾籍，选择退出仲裁庭。ITLOS，Press Release 197, ITLOS/Press 197, 24 June 2013, https://www.itlos.org/fileadmin/itlos/documents/press_releases_english/PR_197_E.pdf; 吴慧等，前引注81，第13页。

产生深远的影响。虽然《公约》第287条提供了国际海洋法法庭、国际法庭、附件七仲裁庭、附件八仲裁庭四种国际司法机制，但是由于下文所述原因，未来附件七仲裁庭仍然是其他南海争端相关国家针对中国可选择的阻力最小的程序。而由于实体事项的类似性和仲裁庭的重要司法影响力，本次仲裁裁决中的论证会对之后南海问题解决的方式产生重大影响。

根据第二部分引述的中国2006年关于298条的声明，中国排除了《公约》第十五部分第二节对298条第1款(a)(b)(c)项所包括争端的适用。[①] 根据第287条第3款规定，“缔约国如为有效声明所未包括的争端的一方，应视为已接受附件七所规定的仲裁”。[②] 由于中国的声明并未对第287条下的四种程序作出选择，因此除以上声明所包括的争端，在诉诸第十五部分第一节[③] 争端未获解决的情况下，中国应当被视为已经接受附件七仲裁对其他涉及《公约》的解释或适用的争端的适用。因此，虽然实践上比较困难，如果其他国家能够提出绕过中国以上声明所包括的争端的诉求，就克服了将涉及中国的争端诉诸国际司法程序的最大障碍。[④]

较之附件七仲裁，其他三种可产生拘束力的裁判的程序在与此次仲裁所涉类似争端上适用的空间更小。根据《国际法院规约》第36条第2款关于诉讼管辖权中“任意强制管辖”的规定，法院规约的当事国可以随时声明，就条约解释、国际法问题，违反国际义务事实之存在、违反国际义务的赔偿等法律争端，对于接受同样义务的任何其他国家，承认法院的当然强制管辖而不须另外特别约定。[⑤] 由于中国并未声明接受法

---

① “Declaration under article 298,” 前引注20。

② 《公约》287条第3款。

③ 《公约》第十五部分第一节为关于争端解决的一般规定，包括“用和平方法解决争端的义务”、“交换意见的义务”、“调解”等，与第二节导致有拘束力裁判的强制程序相比，主要是关于争端解决的一般性义务与不产生有拘束力裁判的程序。

④ 值得注意的是，如果前文中国关于《宣言》的排除性的论证得到仲裁庭的支持，则其他国家在合理时期内就南海问题针对中国再次诉诸国际司法手段将变得极为困难。

⑤ 《国际法院规约》(《规约》)，旧金山，1945, 第36条第2款。

院的当然强制管辖，除非中国同意基于《国际法院规约》第36条第1款向国际法院提交案件，[①] 其他国家无法主张国际法院对涉及中国的争端具有诉讼管辖权。针对国际海洋法法庭，《公约》附件六（国际海洋法法庭规约）第1条第4款规定"将争端提交法庭应遵守第十一和第十五部分的规定"，而《规约》第287条第3款规定"缔约国如为有效声明所未包括的争端的一方，应视为已接受附件七所规定的仲裁"。[②] 因此相对于国际海洋法法庭，将涉及中国的争端提交附件七仲裁庭更有利于其他国家主张仲裁庭的管辖权。附件八下的仲裁庭主要针对《公约》中渔业、保护和保全海洋环境、海洋科学研究和航行等事项的争端，所涉事项范围比较有限，而且管辖权同样受到与国际海洋法法庭类似的第十五部分的限制。[③]

可以看出，在《公约》第二节的四种程序中，选择附件七的仲裁庭除了具有程序灵活等优势之外，在主张管辖权上也难度更低。如果本次仲裁菲律宾在程序和实体问题上败诉，将会重挫其他国家再次将南海问题诉诸国际司法程序的尝试，可能将南海问题的解决导向中国所期望的政治渠道。但是，如果其他国家选择仍然对中国再次就南海问题诉诸国际司法程序，附件七仲裁庭仍然是最有可能被选择的程序。

虽然仲裁庭的裁判仅在争端各方间和对该特定争端具有拘束力，[④] 其他国家和其他国际司法程序均没有义务将这一裁决作为先例遵守，但由于实体问题上的相似性和仲裁庭在国际司法中的重要地位，本次仲裁的裁决会在实践中对其他南海争端的解决产生重大规则性影响。作为国际法上关于法律渊源的重要表述，《国际法院规约》第38条第（卯）款规定，裁判对除当事国与本案外无约束力的前提下，司法判例为确定法律原则

① 《规约》第36条第1款规定，法院之管辖包括各当事国提交之一切案件，及联合国宪章或现行条约及协约中所特定之一切案件。

② 《公约》287条第3款。

③ 《公约》附件八第1条。

④ 《公约》296条第2款。

的补助资料。[1] 因此，作为重要的国际争端解决机制，附件七下的仲裁庭作出的裁决将具有非常重要的理论价值。由于南海争端在部分程序和实体问题上的相似性，本次仲裁庭在程序和实体问题上的裁决和对国际法的适用很可能会对以后的南海争端司法解决产生规则性影响。一旦在本次仲裁中中国未能取得优势，将为其他国家采取类似国际争端解决机制处理南海问题提供便利。如果发生这种连锁效应，中国选择不执行对自己不利的裁决将可能面对极大的国际压力。

① 《规约》，第38、59条。

菲律宾“南海仲裁案”新近发展述评

吴士存 蒋 围

[内容摘要] 菲律宾“南海仲裁案”目前已经进入提交进一步书面陈述阶段，预计“菲律宾南海仲裁案仲裁庭”作出裁决的时间为2016年年初之后。中国关于仲裁案管辖权问题的立场文件虽非该案的辩诉状，但仍是仲裁庭重要的参考文件。几乎就在同时，美国国务院发布报告公开支持菲律宾的仲裁请求。越南也向仲裁庭提交官方声明，要求仲裁庭对越南的法律权利和利益给予应有的关注。美、越对仲裁案的介入进一步加剧了案件的复杂程度。

[关键词] 南海仲裁案 菲律宾 越南 美国

[作者简介] 吴士存，中国南海研究院院长，南京大学中国南海研究协同创新中心副主任；蒋围，厦门大学法学院2011级博士研究生。

自菲律宾发起“南海仲裁案”起，至今已有2年多的时间。其中，海牙仲裁程序历经了组建仲裁庭、确定仲裁程序规则及确定菲中分别提交诉状和辩诉状的时间表等。目前，仲裁程序仍在进行中。2014年12月17日，仲裁庭确定了菲律宾提交进一步书面论证和中国对此进行评论的时间。有美国学者认为在菲律宾作出进一步书面论证后，仲裁庭会同时考虑管辖权和实体问题，从而加速仲裁程序。

目前菲律宾“南海仲裁案”呈现出三方面的特点。首先，中国虽然一直重申“不接受、不参与”仲裁的立场，但仍利用各种合适场合积极推动庭外作为。2014年12月7日，外交部受权发表《中华人民共和国政府关于菲律宾共和国所提南海仲裁案管辖权问题的立场文件》（以下简称

"《中国立场文件》")[①]，向国际社会阐明中国认为仲裁庭没有管辖权的立场和理据。其次，美国由不公开支持菲律宾提起仲裁到公开发表官方报告《海洋界限：中国南海海洋主张》[②]，认为中国"南海断续线"（中国称"断续线"）的主张没有海洋法依据，显然是对菲律宾提起仲裁的公开政治支持。第三，越南从考虑参与菲律宾"南海仲裁案"，到向仲裁庭提交《越南外交部提请菲律宾诉中国仲裁案仲裁庭注意的声明》，阐述其对西沙、南沙群岛的主权和其他权利主张，要求其对越南的法律权利和利益给予应有的关注[③]。这些特点对仲裁案的影响如何值得我们高度关注。鉴于此，本文旨在针对该案仲裁程序的走向、中国政府发表《中国立场文件》的庭外作为、美国和越南对"南海仲裁案"的介入及其影响进行分析和评估。

一、仲裁程序的走向

2013年1月22日，菲律宾向中国提交将"中菲南海争端"[④]提交仲裁的书面通知及权利主张，启动了菲律宾诉中国仲裁案。2013年2月19日，中国向菲律宾提交照会，阐述了"中方在南海问题上的立场和主张"，拒绝接受书面通知并将其退还给菲律宾[⑤]。尽管中国没有接受和参加仲裁程

① 外交部受权发表中国政府关于菲律宾所提"南海仲裁案"管辖权问题的立场文件，http://www.fmprc.gov.cn/mfa_chn/zyxw_602251/t1217144.shtml。

② United States Department of State Bureau of Oceans and International Environmental and Scientific Affairs, "Limits in the Seas: China Maritime Claims in the South China Sea", No. 143.

③ 菲律宾诉中国仲裁案新闻稿（2014年12月17日），http://www.pca-cpa.org/showfile.asp?fil_id=2848，登录时间：2014年12月18日。

④ 菲律宾在致中国的照会中将争端称为"dispute with China over the maritime jurisdiction of the Philippines in the West Philippine Sea"，南海被菲律宾称之为西菲律宾海。本文统一称之为"中菲南海争端"。

⑤ Arbitration between the Republic of the Philippinesand the People's Republic of China: Arbitral Tribunal Establishes Rules of Procedure and Initial Timetable，http://www.pca-cpa.org/showpage.asp?pag_id=1529，登录时间：2014年12月18日。

序，但是根据《联合国海洋法公约》(以下简称"《公约》")的相关规则，该仲裁程序并没有因为中国的不参加而停止运作。相反，在菲律宾向中国发出书面通知之后，仲裁程序随即启动并于2013年6月21日设立仲裁庭[①]。

至目前为止，该案仲裁庭共发布了3道程序性命令。在2013年8月27日公布的第一号程序令中，仲裁庭正式通过了该案仲裁程序规则并确定2014年3月30日为菲律宾提交诉状的日期，要求菲律宾在其诉状中充分说明所有问题，包括仲裁庭的管辖权、菲律宾诉求的可受理性以及争议的实体问题[②]。2014年3月30日，菲律宾向仲裁庭提交诉状。这一诉状共包括10卷。第1卷多达270页，第2卷到第10卷则为第1卷所援引的支持其仲裁请求的书面证据及地图[③]。

在2014年6月3日的第二号程序令中，仲裁庭确定2014年12月15日为中国提交其回应菲律宾诉状的辩诉状的日期[④]。因中国未在该日提交，12月17日，仲裁庭发布第三号程序令，针对与仲裁庭管辖权和双方争议实体问题相关的具体问题，要求菲律宾依该案程序规则第25条第2款的规定提交进一步书面论证。菲律宾应在2015年3月15日之前提交，中国

---

① 五名仲裁员最初是波兰籍法官Stanislaw Pawlak、德国籍法官RüdigerWolfrum、斯里兰卡籍法官Chris Pinto、法国籍法官Jean-Pierre Cot和荷兰籍教授Alfred Soons担任。但是，2013年6月21日，国际海洋法法庭庭长指任加纳籍法官Thomas A. Mensah作为该案首席仲裁员，以代替斯里兰卡籍法官Chris Pinto。See New Arbitrator and President Appointed in the Arbitral Proceedings Instituted by the Republic of the Philippines against the People' s Republic of China，http://www.itlos.org/fileadmin/itlos/documents/press_releases_english/PR_197_E.pdf，登录时间：2014年12月18日。

② 菲律宾诉中国仲裁案：仲裁庭确定程序规则及初步时间表(2013年8月27日)，http://www.pca-cpa.org/showfile.asp?fil_id=2313，登录时间：2014年12月18日。

③ West Philippine Sea Arbitration Update: Philippines submits memorial, April 2014，http://www.dfa.gov.ph/images/PDF/WPS%20Update%202%20-%20April%202014%20From%20CDS%2011%20April%202014.pdf，登录时间：2014年12月18日。

④ 菲律宾诉中国仲裁案新闻稿（2014年6月3日），http://www.pca-cpa.org/showfile.asp?fil_id=2641，登录时间：2014年12月18日。

应在2015年6月16日之前提交其对菲律宾进一步书面论证的评论[①]。

对于后续的仲裁程序阶段，美国国际战略研究中心学者Gregory B. Poling认为，在菲律宾对其诉状存在的问题及可能的异议作出补充性的书面论证后，仲裁庭似乎准备同时考虑管辖权问题和实体问题，从而加速仲裁程序。在2015年年底或者更早，法庭会作出裁决[②]。菲律宾外交部发言人傅查理称，如果菲律宾需要去仲裁庭进行口头辩论，那么这一时间可能会是2015年年中之后。我们预计，仲裁庭可能在2016年年初就仲裁案作出裁决[③]。美国学者和菲律宾外交部对仲裁庭后续仲裁程序的时间表做了大同小异的预测。那么，后续仲裁程序包括哪些阶段？仲裁庭是否会同时考虑管辖权和实体问题，从而加速程序？

对于第一个问题，根据"菲律宾诉中国仲裁案程序规则"[④]，目前及后续的仲裁程序包括进一步提交书面陈述、口头程序和作出裁决三个阶段。仲裁庭已就菲中提交进一步的书面陈述确定了时间。紧接着是口头程序阶段，这一阶段在进一步提交书面陈述阶段结束后的3个月内进行。

对于作出裁决阶段所需要的时间，该案仲裁规则并未作规定。然而，我们可以参照根据《公约》附件七提起的、由国际常设仲裁庭受理的已决仲裁案件，分析这一阶段可能需要的时间。自《公约》1994年生效至今，国际常设仲裁庭共受理了11个依据《公约》附件七提起的仲裁案。在这11个仲裁案中，4个仲裁案已经作出最终裁决，2个仲裁案终止程序，5个仲裁案仍在审理之中。这4个已决案件作出裁决阶段所用时间

---

① 菲律宾诉中国仲裁案新闻稿（2014年12月17日），http://www.pca-cpa.org/showfile.asp?fil_id=2848，登录时间：2014年12月18日。

② Gregory BPoling，"Beijing's and Washington's Dueling South China Sea Papers"，http://csis.org/publication/beijings-and-washingtons-dueling-south-china-sea-papers，登录时间：2014年12月18日。

③ 菲律宾称2016年前不会和中国重启南海争端双边谈判，http://news.ifeng.com/a/20141211/42697421_0.shtml，登录时间：2014年12月18日。

④ Rules of Procedure of the Republic of The Philippines v. the People' s Republic of China，http://www.pca-cpa.org/showfile.asp?fil_id=2504，登录时间：2014年12月18日。

如表1[①]。

表1 已决仲裁案作出裁决阶段所需时间表

仲裁案件	口头程序结束日期	裁决作出日期	所需时间
2003年马来西亚诉新加坡填海案[①]	2005-04-26[②]	2005-09-01	4个多月
2004年巴巴多斯诉特立尼达和多巴哥案[③]	2005-10-28	2006-04-11	5个多月
2004年圭亚那诉苏里南案[④]	2006-12-20	2007-09-17	8个多月
2009年孟加拉国诉印度孟加拉湾海洋边界案[⑤]	2013-12-18	2014-07-07	6个多月

从上可知，在2003年“马来西亚诉新加坡填海案”中，马来西亚新加坡两国请求仲裁庭将两国所签订的争端解决协议的内容做成裁决书。即使是这样最简单地依据争端方签订的争端解决协议制作裁决书，仲裁庭亦花费了4个多月。在菲律宾“南海仲裁案”中，仲裁庭确定中国应在2015年6月16日前提交对菲律宾进一步书面论证的评论。以此为计算的始点，加上口头程序的3个月期间和至少作出裁决所需的4个多月，在正常情况下，该案仲裁庭作出裁决的时间预计为2016年年初之后。

① Ad Hoc Arbitration Under Annex VII of the United Nations Convention on the Law of the Sea, http://www.pca-cpa.org/showpage.asp?pag_id=1288，登录时间：2014年12月18日。

② Land Reclamation by Singapore in and around the Straits of Johor (Malaysia v. Singapore)，http://www.pca-cpa.org/showpage.asp?pag_id=1154，登录时间：2014年12月18日。

② 这一日期并非该案口头程序结束的时间，而是马来西亚和新加坡签订终止仲裁程序的争端解决协议的时间。根据该协议第15条的规定，两国请求仲裁庭将此协议的内容作成裁决。2005年9月1日，仲裁裁决作出。因该日表示仲裁庭作出裁决之前程序的终结，类似于口头程序的终结，所以一起列入表中。

③ Barbados/Trinidad and Tobago，http://www.pca-cpa.org/showpage.asp?pag_id=1152，登录时间：2014年12月18日。

④ Guyana v. Suriname，http://www.pca-cpa.org/showpage.asp?pag_id=1147，登录时间：2014年12月18日。

⑤ Bay of Bengal Maritime Boundary Arbitration between Bangladesh and India，http://www.pca-cpa.org/showpage.asp?pag_id=1376，登录时间：2014年12月18日。

对于第二个问题，该案仲裁庭无疑会同时审查管辖权问题和实体问题。首先，仲裁庭同时审查管辖权和实体问题已有前例。在2010年"毛里求斯诉英国建立海洋保护区案"中，毛里求斯以英国在涉及主权争议的海域设立保护区为由予以反对，并于2010年12月20日根据《公约》附件七提起仲裁程序。这一争端类似于菲律宾"南海仲裁案"。该案中，毛里求斯认为，英国不是《公约》第2、55、76或77或81条意义上的沿海国，无权建立海洋保护区。但英国认为，海洋保护区争端的核心是查戈斯群岛的领土主权争议。毛里求斯故意将这一争端包装成对"沿海国"的解释问题，并不能掩盖其不属于《公约》第15部分有关争端解决主题事项范围的本质。因此，对于毛里求斯基于查戈斯群岛主权提出的一切主张，仲裁庭没有管辖权[①]。英国请求仲裁庭分开审理管辖权问题和实体问题。然而，仲裁庭于2013年1月15日发布第二号程序令，驳回英国请求，决定管辖权和案件实体问题合并审理[②]。其次，该案仲裁庭在第三号程序令中，明确提及针对与仲裁庭管辖权和双方争议实体问题相关的具体问题，要求菲律宾依该案程序规则第25条第2款提交进一步书面论证。

二、菲律宾"南海仲裁案"新近发展：中国庭外适时颁布《中国立场文件》

从菲律宾提起仲裁程序至今，中国始终坚持"不接受、不参与"仲

---

① Mauritius V. United Kingdom, Preliminary Objections to Jurisdiction Submitted by The United Kingdom, 31 October 2012,para.3.38, 3.58.

② The Republic of Mauritius v. The United Kingdom of Great Britain and Northern Ireland, Procedural Order No. 2, On 15 January 2013，http://www.pca-cpa.org/showfile.asp?fil_id=2072，登录时间：2014年12月18日。

裁的立场[①]。尽管中国不参与，但并不表明中国在庭外毫无作为。2014年12月7日，中国外交部受权发表中英双语版本《中国立场文件》[②]。这一文件从《公约》及相关国际法的角度，向国际社会阐明中国认为仲裁庭没有管辖权的立场和理据，阐明中国"不接受、不参与"仲裁的国际法依据，指出菲律宾单方面将南海争议提交国际仲裁是对国际法的滥用，并重申中国愿同有关南海争端国家在尊重历史事实和国际法的基础上通过协商和谈判解决争端的一贯立场[③]。

（一）中国政府庭外作为的法律基础

从国际实践的角度来看，中国不参与该案仲裁程序并非个案。在1984年"在尼加拉瓜境内和针对尼加拉瓜的军事和准军事活动案"中，国际法院于1984年11月作出判决，确定其有审理此案的管辖权及尼加拉瓜诉美国的请求书是可以接受的。但是，美国在1985年1月18日致法庭书记官处的函件中称，美国仍坚信法庭对该案没有管辖权，并且尼加拉瓜的请求书不可接受。因此，美国不再参加该案的任何进一步程序，并

---

① 2013年2月19日，中国向菲律宾提交照会，阐述了"中方在南海问题上的立场和主张"，拒绝接受书面通知并将其退还给菲律宾。2013年8月1日，中国向常设仲裁法院递交照会重申其"不接受菲律宾提起的仲裁"的立场，同时也阐明中国未参与仲裁程序。2014年5月21日，中国向常设仲裁法院提交照会，重申其"不接受菲律宾提起的仲裁"的立场以及该照会"不应被视为中国接受或参与了仲裁程序"。2014年12月，中国政府向书记官处表明"转交立场文件不得被解释为中国接受或参与仲裁"。See Arbitration between the Republic of the Philippinesand the People' s Republic of China: Arbitral Tribunal Establishes Rules of Procedure and Initial Timetable, The Hague, 27 August 2013, http://www.pca-cpa.org/showpage.asp?pag_id=1529，登录时间：2014年12月18日；The Republic of the Philippines v. The People' s Republic of China, cond Press Release (English), dated 3 June 2014, http://www.pca-cpa.org/showfile.asp?fil_id=2641, 11 June 201，登录时间：2014年12月18日; Third Press Release (Unofficial Mandarin Chinese translation), dated 17 December 2014, http://www.pca-cpa.org/showfile.asp?fil_id=2848，登录时间：2014年12月18日。

② 该文件英文版本网址参见http://www.fmprc.gov.cn/mfa_eng/zxxx_662805/t1217147.shtml。

③ 外交部受权发表中国政府关于菲律宾所提"南海仲裁案"管辖权问题的立场文件，http://www.fmprc.gov.cn/mfa_chn/zyxw_602251/t1217144.shtml，登录时间：2014年12月18日。

对法庭有关此案的任何决定保留其权利[①]。1986年6月27日，国际法院对该案实体问题作出了有利于尼加拉瓜的判决。在2013年10月"北极日出号"案中，俄罗斯于2014年2月27日在致仲裁庭的外交照会中提到，俄罗斯当局对"北极日出号"船舶采取的行动，是执行其根据《公约》所授予的管辖权，包括刑事管辖权，以确保作为沿海国的俄罗斯的法律和规章得到遵守。俄罗斯明确拒绝参与这一仲裁程序，并对本案的实体和程序问题不提供任何评论[②]。从规则层面来看，无论是《常设国际法院规约》，抑或作为其继承者的《国际法院规约》，都在第53条明文规定了当事一方"不应诉"的情形[③]。《公约》附件七第9条亦作了类似规定。

中国政府庭外作为的法律基础是《公约》附件七第9条。该条规定，仲裁法庭在作出裁决前，必须不但查明对该争端确有管辖权，而且查明仲裁申请方的请求在事实和法律上均确有根据。该条虽然排除了仲裁庭自动作出有利于应诉一方裁决的可能性，但是也提出了仲裁庭如何查明对争端确有管辖权，而且仲裁申请方所提要求在事实和法律上均确有根据的疑问。这就需要"不应诉"一方的庭外作为。在1984年"尼加拉瓜境内和针对尼加拉瓜的军事和准军事活动案"中，法庭认为，在一方不应诉的情况下，让法庭知道不应诉一方的观点是有价值的，即使这些观点并没有以法院规则规定的方式来表达[④]。

---

① Correspondence in the case of Military and Paramilitary Activities in and against Nicaragua (Nicaragua v. United States of America), para.408.

② Note Verbale from the Russian Federation to the PCA dated 27 February 2014，http://www.pca-cpa.org/showfile.asp?fil_id=2532，登录时间：2014年12月18日。

③ 张华：《国际海洋争端解决中的"不应诉"问题》，载《太平洋学报》，2014年第12期，第5-16页。

④ "尼加拉瓜境内和针对尼加拉瓜的军事和准军事活动案"1986年6月27日判决，国际法院判决、咨询意见和命令摘要（1984-1991年），联合国出版物1993：185，http://www.icj-cij.org/homepage/ch/files/sum_1948-1991.pdf，登录时间：2014年12月18日。

（二）立场文件的性质

在第三号程序令中，仲裁庭指出，虽然仲裁员收到了《中国立场文件》，但中国政府向书记官处表明“转交上述立场文件不得被解释为中国接受或参与仲裁”①。这明确指出了立场文件的性质：《中国立场文件》并不是关于仲裁案的辩诉状，也不是针对仲裁庭的要求作出的回应②。

首先，《中国立场文件》在前言中明确指出：“本立场文件不意味着中国在任何方面认可菲律宾的观点和主张。本立场文件也不意味着中国接受或参与菲律宾提起的仲裁”③。其次，从参与仲裁程序的角度看，该案仲裁规则规定：“对仲裁庭无管辖权的抗辩，至迟应在辩诉状中提出”（第20条）；“当事方的书面陈述应按下述方式传送：提交方应通过电子邮件将其书面陈述的电子副本传送给另一当事方、仲裁庭及书记官处，同时应附证据及法律依据”（第18条）④。中国通过外交部公开发表《中国立场文件》，在目的和形式上均不属于参与仲裁，也不属于严格意义上的在仲裁程序中提出管辖权抗辩的“先决性抗辩（Preliminary Objection）”⑤。

（三）立场文件的主要内容

从法律上向国际社会阐明中国认为仲裁庭没有管辖权、阐明中国“不接受、不参与”仲裁的国际法理据，是《中国立场文件》的重要组成部分。对此，《中国立场文件》主要从三个方面加以论述。

---

① 菲律宾诉中国仲裁案新闻稿（2014年12月17日），http://www.pca-cpa.org/showfile.asp?fil_id=2848，登录时间：2014年12月18日。

② 外交部条约法律司司长徐宏谈中国政府就菲律宾所提“南海仲裁案”发表管辖权问题立场文件，http://www.fmprc.gov.cn/mfa_chn/zyxw_602251/t1217146.shtml，登录时间：2014年12月18日。

③ 中华人民共和国政府关于菲律宾共和国所提“南海仲裁案”管辖权问题的立场文件，http://www.fmprc.gov.cn/mfa_chn/zyxw_602251/t1217143.shtml，登录时间：2014年12月18日。

④ Rules of Procedure of the Republic of The Philippines v. the People’s Republic of China, http://www.pca-cpa.org/showfile.asp?fil_id=2504，登录时间：2014年12月18日。

⑤ 叶强：《中国外交抗议在南海仲裁程序中的法律意义》，载《国际法研究》，2015年第2期，第3—11页。

第一，菲律宾所提的三类主张：首先是中国在南海“南海断续线”内主张的“历史性权利”与《公约》不符；其次是中国依据南海若干岩礁、低潮高地和水下地物提出的200海里甚至更多的权利主张与《公约》不符；最后是中国“非法”干涉菲律宾基于《公约》所享有和行使的权利。然而，上述三类主张本质上是领土主权和海洋划界问题，不属于有关《公约》解释或适用的问题与范畴①。

第二，中菲通过的一系列联合声明、联合公报、联合新闻公报以及《南海各方行为宣言》等双边和多边文件，规定通过友好磋商和谈判的方式解决在南海的争端，这些都是具有法律约束力的国际法文件。《公约》第280、281条规定，协议选择的方式优先于《公约》强制解决程序。菲律宾单方面就有关争端提起仲裁，违反了两国之间的协议，违反了《公约》赋予缔约国自行选择争端解决机制的权利和自由②。

第三，中国已于2006年根据《公约》第298条作出声明，将涉及海洋划界、领土争端、军事活动等争端排除适用仲裁等强制争端解决程序之外。即使菲律宾提出的仲裁事项在某些方面可能被认为涉及有关《公约》解释或适用的问题，但它同时也是中菲海域划界不可分割的组成部分，已被中国排除适用强制性的争端解决程序之外③。

综上所述，《中国立场文件》重点围绕《公约》第286条进行解释，得出了以下显而易见的结论：菲律宾提请的仲裁事项不是《公约》解释或适用的争端范畴；诉诸《公约》第15部分第1节的程序并非不能解决中菲南海争端，即中菲选择了优先于《公约》强制解决程序的其他和平方法解决争端，且菲律宾未履行满足交换意见的义务等；仲裁事项已被2006年中国根据《公约》第15部分第3节作出的声明所排除。因此，仲

① 中华人民共和国政府关于菲律宾共和国所提“南海仲裁案”管辖权问题的立场文件，http://www.fmprc.gov.cn/mfa_chn/zyxw_602251/t1217143.shtml，登录时间：2014年12月18日。

② 中华人民共和国政府关于菲律宾共和国所提“南海仲裁案”管辖权问题的立场文件，http://www.fmprc.gov.cn/mfa_chn/zyxw_602251/t1217143.shtml，登录时间：2014年12月18日。

③ 中华人民共和国政府关于菲律宾共和国所提“南海仲裁案”管辖权问题的立场文件，http://www.fmprc.gov.cn/mfa_chn/zyxw_602251/t1217143.shtml，登录时间：2014年12月18日。

裁庭显然没有管辖权。

（四）《中国立场文件》颁布的意义及影响

2014年12月11日，即在《中国立场文件》公布数日之后，菲律宾外交部称，在仲裁结果出炉之前，菲律宾不会与中国重启双边谈判①。但是，中国主张直接当事方谈判协商解决争端的政策是处理领土主权争议最为有效的方式，得到了秉持法治精神的机构和人士的尊重和理解。印度尼西亚东盟南洋基金会主席班邦·苏尔约诺称，中国政府发表《中国立场文件》阐明中国的立场是非常必要和及时的。中国和包括菲律宾在内的东盟国家已经签署了《南海各方行为宣言》，承诺协商解决争端。但菲律宾单方面将争端提交仲裁，出尔反尔，没有国家信用②。

这样看来，《中国立场文件》颁布的意义在于：首先，针对仲裁案管辖权问题阐述中国的法律观点和理据，从法律上反驳菲律宾的无理主张，彰显中国维护和促进国际法治的形象。其次，《中国立场文件》多次强调，谈判始终是国际法认可的和平解决国际争端最直接、最有效和最普遍的方式。它向国际社会传递一种信息：有关国家要妥善解决深具政治性的南海领土争端问题，强加于任何争端一方的解决方法都是行不通的，直接的磋商谈判才是切实可行的正道③。再次，《中国立场文件》同时发布中英双语版本，澄清中国对于仲裁庭没有管辖权和“不接受、不参与”仲裁的立场和国际法理据，有利于减少国际社会因此可能产生的猜测和疑惑；防止别有用心者片面或歪曲解读有关国际法规则，颠倒黑白，混淆

---

① 菲外交部：菲不会跟中国就南海争端重启双边谈判，http://news.ifeng.com/a/20141212/42699083_0.shtml，登录时间：2015年3月1日。

② 国际社会支持中国关于菲律宾所提“南海仲裁案”管辖权问题立场，http://news.xinhuanet.com/world/2014-12/07/c_1113550858.htm，登录时间：2014年12月18日。

③ 外交部条约法律司司长徐宏谈中国政府就菲律宾所提“南海仲裁案”发表管辖权问题立场文件，http://www.fmprc.gov.cn/mfa_chn/zyxw_602251/t1217146.shtml，登录时间：2014年12月18日。

是非，借此指责或影射中国不遵守国际法，挑战国际规则[①]。

《中国立场文件》对仲裁程序的影响主要体现在两个方面：第一，《中国立场文件》的发表并不会“堵死”菲律宾南海仲裁路，仲裁庭不会因此中止对案件的审理进程。仲裁庭有权就本身是否有管辖权作出裁决。根据国际法，在国际仲裁中若仲裁一方未能出庭或递交辩诉状，仲裁庭在作出最后裁决之前，必须确保其对争端有管辖权。这不仅仅是该案程序规则以及《公约》的具体规定[②]，也是一般国际法的明确要求[③]。《公约》第288（4）条规定，法院或法庭是否具有管辖权，由该法院或法庭以裁定解决。本案程序规则第20（3）条规定，仲裁庭对管辖异议作出裁决。而且，中国在《中国立场文件》中也明确表示，“对于法院或法庭是否具有管辖权，如果发生争端，这一问题应由该法院或法庭以裁定解决。”[④]第二，《中国立场文件》是仲裁庭确定管辖权的重要参考文件。《公约》附件七第9条规定，在一方不出庭的情况下，仲裁庭在作出裁决前，必须查明对该争端确有管辖权以及仲裁申请方所提要求在事实和法律上均确有根据。如果仲裁庭无视中国在《中国立场文件》中的严密法律论证和充分法理依据，那么，本案仲裁庭的公正性无疑会受到国际社会的广泛质疑。

三、菲律宾“南海仲裁案”新近发展：美国及越南的介入及其影响

在《中国立场文件》发布之前两日，即2014年12月5日，美国国务院针对中国南海断续线问题，发表报告《海洋界限：中国南海海洋主张》，

① 外交部条约法律司司长徐宏谈中国政府就菲律宾所提“南海仲裁案”发表管辖权问题立场文件，http://www.fmprc.gov.cn/mfa_chn/zyxw_602251/t1217146.shtml，登录时间：2014年12月18日。

② 参见《菲律宾诉中国仲裁案程序规则》第20条；《联合国海洋法公约》第288条。

③ 黄建中：《论国际司法机构对管辖权的管辖权》，载《理论观察》，2007年第1期第104-108页。

④ 中华人民共和国政府关于菲律宾共和国所提“南海仲裁案”管辖权问题的立场文件，http://www.fmprc.gov.cn/mfa_chn/zyxw_602251/t1217143.shtml，登录时间：2014年12月18日。

并将其提交给“菲律宾南海仲裁案仲裁庭”。同日，该案仲裁庭书记官处收到《越南外交部提请菲律宾诉中国仲裁案仲裁庭注意的声明》，该声明要求仲裁庭对越南的法律权利和利益给予应有的关注。这表明美国和越南对“南海仲裁案”的介入正在进一步加深。

（一）美国对“南海仲裁案”的介入及影响

2013年2月19日，美国国务院发言人Victoria Nuland称，美国支持中国及菲律宾通过外交及其他和平方式管理和解决此类争端，包括通过国际仲裁或其他国际法律机制[①]。2014年12月5日，美国国务院发布的《海洋界限：中国南海海洋主张》，认为中国并未以符合国际法的方式澄清其与南海断续线地图有关的海洋主张，现有的证据表明，中国可能的解释至少有三种：其一是岛屿主权线；其二是国界线；其三是所谓海洋历史性权利主张的界限。在这三种解释中，除非中国澄清南海断续线只是对线内岛屿及其根据国际海洋法享有的任何海洋区域的主张，否则中国的主张不符合国际海洋法[②]。这意味着，美国政府不仅开始明确支持菲律宾提起仲裁，而且在南海问题上，尤其是主权争议问题上，开始亮出自己的立场。

本文认为该报告存在严重错误之处，主要体现在以下三方面。

第一，美国认为南海断续线仅是岛屿主权线的观点是片面的。该线是一条历史性的权利线，兼具历史性所有权和历史性权利的双重性质，这里有三层意义和作用：一是代表中国对线内所有南海诸岛的主权；二是代表中国在线内水域和大陆架上，对渔业、航行以及油气开发等其他海洋活动享有历史性权利；三是具有未来与周边国家进行海洋划界时作

---

① Victoria Nuland. Daily Press Briefing on February 19, 2013，http://www.state.gov/r/pa/prs/dpb/2013/02/204955.htm#CHINA，登录时间：2014年12月18日。

② United States Department of State Bureau of Oceans and International Environmental and Scientific Affairs, “Limits in the Seas: China Maritime Claims in the South China Sea” , No. 143, p.23-24.

为界线的剩余功能[①]。

第二，美国否认中国在南海断续线内的历史性权利的观点是错误的。首先，断续线是最有力的法律依据：这一权利，并不因《公约》而消亡，除非实体国际法明确对此予以撤销。在1996年"厄立特里亚诉也门"海洋划界案中，该仲裁庭认为，即使当事方对各岛屿或陆地地物拥有无可争辩的主权，但是"这一主权不仅无害于，反而在本质上巩固了该水域中的传统捕鱼权制度。这一制度不是随着《公约》创设的海域制度而产生的，而是在每个缔约国领海以外的水域中一直存在的。"1981年缅因湾案之后的其他判例，如扬马延岛、卡塔尔诉巴林、巴巴多斯诉特立尼达和多巴哥等案件都采用了长期存在的传统权利应受到国际法的尊重和保护的观点[②]。其次，历史性权利是一个发展的概念，最初是历史捕鱼权。1947年南海诸岛位置图公布之时，国际社会还未出现专属经济区和大陆架制度。随着专属经济区和大陆架制度的出现，其内涵又增加了对非生物资源和航行的权利。对非生物资源的历史性权利主张更多的是一种宣示，建立在中国长期实践和立法的一致上[③]。

第三，美国认为确定历史性权利的法律依据仅是《公约》的观点是错误的。《公约》序言规定，其未予规定的事项，应继续以一般国际法的规则和原则为准据。在解决南海争端时，除了适用文明各国所承认的一般法律原则，还必须同时援引条约法和习惯法这两种渊源。历史性权利的法律依据包括《公约》和一般国际法[④]。

显然，美国国务院发布的有关中国南海断续线的研究报告具有明显错漏之处。但是，我们不能忽视它产生的不良影响，目前看来，这种负面作用主要表现在以下四个方面：一是对菲律宾有关南海断续线的第一

---

① 高之国、贾兵兵：《论南海九段线的历史、地位和作用》，海洋出版社，2014年，第48页。

② Sourabh Gupta, Testing China’s- and the State Department’s- nine-dash line claims, PacNet, No.88, Pacific Forum CSIS, Dec. 15, 2014; Response to Leonardo Bernard by Sourabh Gupta, PacNet, No.3, Pacific Forum CSIS.

③ 高之国、贾兵兵：《论南海九段线的历史、地位和作用》，海洋出版社，2014年，第38页。

④ 同上，第39页。

类仲裁事项的回应和支持，极大地鼓励了菲律宾通过单方面提起仲裁解决中菲南海争端的政治投机和冒险行为；二是美国报告已经提交给海牙仲裁庭[①]，是该庭参考的重要文件；三是以官方机构名义发布国际争议问题专项报告，对美国国务院来说并不常见，是美方公开介入南海问题迈出的重要一步，政治姿态非同寻常，表明美国试图用国际法来改变历史[②]；四是政治思想影响力大，因为在美国人的惯性印象中，美国务院的官方报告是以非常“客观、权威”的面目出现在美国公众和国际社会面前的，它是美国各界人士乃至国际社会一些亲美国家判断中国在南海主张是否符合国际法的重要依据。这个报告可通过提供“材料”来错误地影响人心和严重误导美国各界人士、仲裁员的对华判断[③]。

对于这一报告，中国外交部发言人洪磊表示，中国在南海的主权和相关权利主张是在长期的历史过程中逐步形成的，并为历代中国政府长期坚持。美方报告无视基本事实与国际法理，违背其作出的在南海问题上不持立场、不选边站队的承诺，丝毫无助于南海争议的解决和南海地区和平稳定[④]。

（二）越南对“南海仲裁案”的介入及影响

越南声称对南海西沙、南沙群岛拥有主权，是“南海仲裁案”的利

---

① John Roberts, Vietnam backs Philippine case against Chinese maritime claims，http://www.wsws.org/en/articles/2014/12/30/viet-d30.html，登录时间：2015年1月30日。

② 人民日报：美国别在南海问题上任性，http://opinion.jrj.com.cn/2014/12/11074618515063.shtml，登录时间：2015年1月30日。

③ 参见陈安：评“黄祸”论的本源、本质及其最新霸权“变种”，http://www.lawinnovation.com/html/cxwx/1385904.shtml，登录时间：2015年1月30日。

④ 2014年12月9日外交部发言人洪磊主持例行记者会，http://www.fmprc.gov.cn/mfa_chn/fyrbt_602243/jzhsl_602247/t1217733.shtml，登录时间：2015年1月30日。

益相关方，并多次表示要参与该案[①]。其动机主要有两点：一是以威胁参加菲律宾“南海仲裁案”的方式，向中国施压，意图谋求更多的政治成本和经济利益；二是菲律宾指控中国所占的南沙岛礁，不仅属于越南声称拥有主权的南沙群岛的一部分，而且位于越南所占岛礁所能主张的海洋区域之内。

然而，越南至今并未参与仲裁，其主要原因在于《公约》附件七和该案程序规则并没有规定第三方参与仲裁的条款，越南无法直接参与该案。因此，越南也只能通过向仲裁庭提交要求仲裁庭关注其南海权益声明的方式来间接介入该案事务。

2014年12月5日，越南向仲裁庭书记官处提交《越南外交部提请菲律宾诉中国仲裁案仲裁庭注意的声明》。这一声明主要陈述了三类主张：其一是承认法庭对案件的管辖权；其二是要求法庭在裁定案件的实体问题时，合理考虑越南在西沙群岛、南沙群岛及其专属经济区和大陆架内的法律权利和利益；其三是认为中国南海断续线主张没有法律依据[②]。从这一声明可知，越南与菲律宾的主张存在相似之处，主要表现在两个方面：一是两国均承认仲裁庭的管辖权并反对中国有关南海断续线内的主张；二是两国存在重叠的岛礁主权主张。菲律宾将岛礁主权的争议以海上地物法律地位的形式提出，其实质是对所谓的“卡拉延群岛”主张主权。这一区域与越南声称拥有主权的南沙群岛存在重叠。

客观上讲，越南介入“南海仲裁案”对中国的影响有弊有利。这源

---

① 2013年5月21日，在习近平与各国领导人出席上海的亚信峰会之际，越南与菲律宾的领导人在马尼拉聚首，声称应当共同应对中国在南海的“违法行为”。菲律宾外长称，越南政府正考虑参与菲律宾去年对中国提起的《公约》下的仲裁。2014年“海洋石油981”钻井平台事件发生后，越南亦多次表示也要采取国际法律行动。郑叶青：菲越联手挑起南海仲裁风波，法制日报第10版，2014-06-03；薛力：21世纪海上丝绸之路建设与南海新形势，http://www.dacankao.com/thread-45064-1-1.html，登录时间：2015年1月30日。

② Zuraidah Ibrahim and Kristine Kwok, Beijing rejects Hanoi’s legal challenge on Spratly, Paracel islands disputes, http://www.scmp.com/news/china/article/1661364/china-rejects-vietnam-claims-arbitration-submission-over-south-china-sea，登录时间：2015年1月30日。

自越、菲两国主张的相似性。从弊端上来说，越、菲在仲裁庭管辖权和南海断续线上主张的一致性，使两国能共同应对中国，导致中国应对仲裁案的压力增大。菲律宾外交部称，越南的立场有助于促进法治以及依据国际法为南海主权声索找到和平、非暴力的解决办法[①]。从利处上来说，越、菲的岛礁主权重叠性主张也导致了两国之间的冲突。菲律宾在第二类仲裁请求中称，位于菲律宾200海里大陆架上的低潮高地属于菲律宾，200海里以外的属于国际海底。其他符合《公约》第121条“岩礁”定义的岛礁不能拥有专属经济区和大陆架。越南在南沙所占岛礁众多，且多位于周边国家主张的200海里专属经济区和大陆架界限内。一旦仲裁庭对南海海上地物的法律地位作出有利于菲律宾的裁决，越南的利益不可避免会受到不利影响。菲律宾和南海其他争端国亦可同样对越南所占岛礁提起类似诉讼，并声称越南所占岛礁属于不能维持人类居住或其本身经济生活的岩礁。

这一冲突使越南不可能参与菲律宾提起的“南海仲裁案”，中国并不需要担心越南提起或参加有关南沙区域的争端。而且，越南的介入加大了菲律宾证明在不考虑越南竞争性主权主张时其仲裁请求具有可接受性的责任[②]。仲裁庭因此面临更大的压力，必须更慎重地对待“南海仲裁案”，以免导致其作出的裁决进一步加剧南海争端的结局。

针对越南这一声明，中国外交部发言人洪磊称：中国对南沙群岛及其附近海域拥有无可争辩的主权。西沙群岛是中国固有领土，毫无争议。中国政府早在1948年即公布了南海断续线。中国在南海的主权和相关权利主张是在长期的历史过程中逐步形成的，有充分的国际法依据，为历代中国政府长期坚持。越方对南沙群岛和西沙群岛主权归属的主张是非

---

① 英媒：菲越结束不信任 南海问题上联手对付中国，http://china.cankaoxiaoxi.com/2014/1215/597536.shtml，登录时间：2015年1月30日。

② Jay L. Batongbacal, Vietnam’s Impact on the Philippines/China Arbitration: A Closer Look，http://cogitasia.com/vietnams-impact-on-the-philippineschina-arbitration-a-closer-look/，登录时间：2015年1月30日。

法的、无效的，中方绝不接受。[①]

四、结论

菲律宾“南海仲裁案”除了中、菲两个直接当事方外，越、美对仲裁案的介入逐步加深，加剧了案件的复杂程度。中国虽一直重申“不接受、不参与”仲裁，但是不断重申中国关于“南海仲裁案”的立场和主张，表明中国的庭外作为更加积极活跃，力度不断加大，标志着中国在处理国际争端时开始注重理性论辩，以此取代被国际社会视为“警告或威胁”的简单立场重复。中国已经开始通过全球通用的“法言法语”的方式来影响和重塑国际舆论并积极建构公正合理的国际新规则。

① 外交部发言人洪磊就越南针对中国政府反对菲律宾南海问题仲裁案仲裁庭管辖权的立场文件发表的有关表态答记者问，http://www.fmprc.gov.cn/mfa_chn/fyrbt_602243/dhdw_602249/t1218469.shtml，登录时间：2015年1月30日。

“菲律宾南海仲裁案仲裁庭”管辖权程序与菲中两国的政策选择

余民才

[内容提要] “菲律宾南海仲裁案仲裁庭”单独处理案件管辖权问题是对《公约》附件七仲裁实践的延续，是它在中国拒绝参与的情况下对待中国反对其管辖权意见的最明智选择。这种程序对仲裁庭本身和中菲两国具有潜在重要影响。仲裁庭对菲律宾的某些诉求享有管辖权的裁决延续了案件实体问题程序。菲律宾的一个正确选择应该是与中国谈判达成一个共赢的解决方案，单方面或者与中国共同申请终止仲裁程序。

[关键词] 南海仲裁案仲裁庭　管辖权程序　实体问题程序　政策选择

[作者简介] 余民才，中国南海研究协同创新中心研究员

“菲律宾南海仲裁案仲裁庭”即是菲律宾于2013年1月22日对中国就有关南海“海洋管辖权”争端提起1982年《联合国海洋法公约》（下称《公约》）第十五部分附件七强制仲裁、中国拒绝接受和参与而于当年6月21日完成组建的5人仲裁庭。2015年4月21日，仲裁庭发布第四号程序令，决定分离案件的管辖权问题与实体问题，在7月7—13日单独审理管辖权问题。[①] 仲裁庭的这种做法延长了仲裁程序，没有满足菲律宾对它在2015年结案的期望。更加重要的是，仲裁庭的这种做法似乎与南海局势的发展有些不协调。自菲律宾提起仲裁以来，南海的政治与安全形势非但没

① PCA, “Fourth Press Release, 22 April 2015”, http://www.pca-cpa.org/showpage.asp?pag_id=1529，登录时间：2015年4月23日。

有降温，反而逐渐升级成为冲突的潜在爆发点。这方面的一个明显例证是美国军舰或飞机不理会中国要求离开的指令，在南沙陆域吹填岛礁附近海域或上空继续航行或飞行。在此背景下，仲裁庭为什么分离案件管辖权问题与实体问题，这种单独处理管辖权的程序对仲裁庭本身有何意义，中菲两国予以何种政策回应？这些是本文分析的问题。

一、附件七仲裁庭分离案件管辖权的实践

将案件管辖权问题与实体问题分离是《公约》附件七仲裁庭处理程序问题的一种方法。它是指《公约》附件七仲裁庭根据其程序规则的初步反对意见条款，将对其没有管辖权的抗辩与案件实体问题分开，作为一个先决问题单独就此作出决定。这种程序又被称为管辖权程序或者先决问题程序。分离程序很重要，因为如果对案件没有管辖权，仲裁庭就无权审议案件的实体问题，反其道而行之作出的裁决将对案件所涉当事方毫无价值。分离程序在技术上有两方面作用：一是仲裁庭暂停审议案件的实体问题。如果该仲裁庭支持被诉国对其管辖权的初步反对意见，仲裁程序即终止。只有在仲裁庭裁定它对案件享有管辖权时，才恢复案件实体问题程序。二是提出反对意见的被诉国在此种程序中变成"诉请国"。①

分离程序不同于处理程序问题的另一种方法——合并程序。后者是指《公约》附件七仲裁庭根据其程序规则的初步反对意见条款，将对其没有管辖权的抗辩合并入案件实体问题，在终局裁决中审议管辖权问题。分离程序与合并程序区分的意义最主要在于它们对被诉国具有潜在不同的法律效果。在分离程序时，《公约》附件七仲裁庭将专门审议案件的管辖权问题或诉请书的可接受性问题。如果它确认被诉国反对管辖权的意

---

① S. Gozie Ogbodo, "An Overview of the Challenges Facing the International Court of Justice in the 21st Century", *Annual Survey of International & Comparative Law*, vol.18, 2012, p. 98.

见，即使只是其中一个，也将裁决对争端没有管辖权或者不可接受，并因此终止对案件实体问题的审议。这方面的一个例子是1999年“南方南鳍金枪鱼案”。在该案中，被诉国日本对《公约》附件七仲裁庭的管辖权提出10多项反对理由。仲裁庭经审查后接受日本提出的一项反对意见，即1993年《养护南方南鳍金枪鱼公约》第16条（争端解决条款）构成《公约》第281条第1款“排除任何其他程序”的协议，从而裁决它对该案件缺乏管辖权，并因此终结案件。[①]

而在合并程序的情况下，仲裁庭可以在考虑诉求国的各项实体诉求时审查对它们的管辖权。如果它裁定对一项实体诉求具有管辖权，则继续就该项诉求作出裁决，反之则不作出裁决。因而在合并程序中，可能出现仲裁庭对一部分实体诉求作出裁决、而对其他部分实体诉求拒绝作出裁决的局面。这方面最近的一个例子是2010年《公约》附件七“查戈斯海洋保护区仲裁案”。该案仲裁庭在合并程序中裁定，它对毛里求斯关于英国不是查戈斯群岛的沿海国的主张和英国所作的某些承诺使毛里求斯有权成为查戈斯群岛的沿海国的主张没有管辖权，因为这些主张在事实上涉及查戈斯群岛的主权问题，而主权问题不是有关《公约》解释或适用的问题；毛里求斯关于英国不得妨碍大陆架界限委员会对毛里求斯可能根据《公约》第76条提交的任何申请采取行动的主张不存在争端。然而，仲裁庭裁定，它对毛里求斯关于英国宣布建立海洋保护区不符合英国根据《公约》所承担实体和程序义务的主张具有管辖权，并裁定英国在建立海洋保护区方面违反其根据《公约》承担的义务。[②] 因此，一般来说，分离程序是反对仲裁庭对案件行使管辖权的被诉国所追求的。

根据既有实践，《公约》附件七仲裁庭分离程序有三种途径：自动

---

① Southern Bluefin Tuna Case (Australia and New Zealand v. Japan), “Award on Jurisdiction and Admissibility, 4 August 2000”, *Reports of International Arbitral Awards*, vol. XXIII, 2006, pp.22-27, 40-46, and 111.

② Chagos Marine Protected Area Arbitration (Mauritius v. United Kingdom), “Award dated 18 March 2015”, pp.69, 71-152, and .215, http://www.pca-cpa.org/showpage.asp?pag_id=1429，登录时间：2015年3月21日。

式、诉请国同意或主动提议，或者仲裁庭自己作出这种决定。自动分离程序是指根据程序规则的初步反对意见条款，仲裁庭一旦在一个合理期间内收到对其管辖权或仲裁主张可接受性的初步反对意见，即开始与案件实体问题相分离的程序。2013年《公约》附件七“自由号船案”仲裁庭程序规则载有这种条款，它规定：如果加纳请求应该将其关于仲裁庭没有管辖权或诉请书不可接受的抗辩当作一个先决问题来处理，这种主张应尽早地提出，……一旦收到初步反对意见，案件实体问题程序应予中止。[①]

诉请国同意或主动提议是仲裁庭开始分离程序的另一种选择。在澳大利亚和新西兰提起的“南方南鳍金枪鱼案”中，日本在国际海洋法法庭指示临时保全措施的程序中即主张《公约》附件七仲裁庭对该案缺乏初步管辖权。2000年1月19日，争端当事方与仲裁庭庭长协商，达成日本就对管辖权的初步反对意见提交书面陈述以及仲裁庭就管辖权问题举行听证会的时间表。[②] 特别是在俄罗斯不参与2013年《公约》附件七“极地曙光号船案”仲裁中，诉请国荷兰在2014年2月27日信函、2014年3月17日第一次程序会议和2014年8月31日诉状中都主张，俄罗斯2013年10月22日和2014年2月27日的外交照会构成一个有关仲裁庭管辖权的抗辩，请求仲裁庭分离程序，将关于管辖权的抗辩作为本仲裁庭程序规则第20条第3款所规定的一个先决问题来裁决，并在2014年11月18日信函中支持仲裁庭关于分离程序令的草案。基于荷兰的意见，2014年11月21日，该仲裁庭发布第四号程序令（分离程序），决定它无须开庭审理而将俄罗斯关于管辖权的抗辩作为一个先决问题来裁决。[③]

---

① “Rules of Procedure for the ARA Libertad Arbitration (Argentina v. Ghana) Tribunal, 31 July 2013”, Article 13, (2)(a) and (3), http://www.pca-cpa.org/showpage.asp?pag_id=1526，登录时间：2013年4月20日。

② “Award on Jurisdiction and Admissibility, 4 August 2000”, *Reports of International Arbitral Awards*, vol. XXIII, 2006, pp.4and5.

③ PCA, “Procedural Order No. 4 (Bifurcation), 21 November 2014”, http://www.pca-cpa.org/showpage.asp?pag_id=1556，登录时间：2014年12月8日。

在诉请国不同意将对管辖权或仲裁主张可接受性的反对意见作为一个先决问题来对待的主张时，仲裁庭自行决定开始分离程序是再一种选择。仲裁庭作出这种决定是其固有的权力。除“自由号船案”和“南方南鳍金枪鱼案”仲裁庭程序规则外，其他所有可以公开获得的《公约》附件七仲裁庭程序规则都规定，仲裁庭在确认当事双方的意见后，可以裁定对其管辖权或诉请国主张的可接受性的初步反对意见，是作为一个先决问题来处理，还是放在终局裁决中考虑。比如《公约》附件七“大西洋—斯堪的纳维亚鲱鱼仲裁案”仲裁庭2014年《程序规则》第12条规定，欧洲联盟应该在丹麦提交第一份书面陈述后的3个月内提交对仲裁庭没有管辖权或者丹麦主张不可接受的实质性初步反对意见。一旦收到这种反对意见，仲裁庭在听取双方的口头陈述之后，将立即通过一份载明理由的程序令，决定分离程序还是拒绝分离程序而将初步反对意见留待终局裁决。①

二、“菲律宾南海仲裁案仲裁庭”分离案件管辖权

菲律宾认为，仲裁庭对它提起的争端具有管辖权，因为作为《公约》的缔约国，菲律宾和中国都没有根据《公约》第287条第1款发表声明对该条第1款所提供的四种导致有拘束力裁判的强制程序（即国际海洋法法庭、国际法院、附件七仲裁和附件八仲裁）作出选择，因而根据该条第5款被视为已经接受附件七仲裁；菲律宾意识到中国2006年根据《公约》第298条第1款所发表排除强制管辖权的声明，它并不请求仲裁庭裁决对争议岛礁的主权归属和海洋划界；以及菲律宾声称其主张不属于中

① “ Rules of Procedure for the Atlanto-Scandian Herring Arbitration Arbitral Tribunal, 15 March 2014”, Article 12, http://www.pca-cpa.org/showpage.asp?pag_id=1554，登录时间：2014年9月25日。

国2006年声明的范围。[①] 然而，中国在2014年12月7日发表的《关于菲律宾共和国所提南海仲裁案管辖权问题的立场文件》(以下简称“《中国立场文件》”)中明确表示“仲裁庭对菲律宾提起的仲裁明显没有管辖权”。[②] 面对这种争议，仲裁庭不可能自动地分离程序。菲律宾也不会主动提议这样的程序，因为它反对仲裁庭分离程序。[③] 因此，是否分离案件管辖权与实体问题将由仲裁庭自行决定。仲裁庭可以决定分离程序，也可以决定合并程序。

然而，两相比较，分离管辖权问题是仲裁庭最明智的选择。因为菲律宾对仲裁庭管辖权的立场表面上看似言之有理，然而，无论如何，中国阐释了它反对管辖权的理由，即中国接受《公约》第十五部分第二节有关强制争端解决程序规定的“适用范围不包括领土主权争端，不包括中国与其他缔约国同意以自行选择的方式加以解决的争端，也不包括《公约》第二百九十七条和中国2006年根据《公约》第二百九十八条所作声明排除的所有争端。”[④] 具体来说，“菲律宾提请仲裁事项的实质是南海部分岛礁的领土主权问题，超出《公约》的调整范围，不涉及《公约》的解释或适用；以谈判方式解决有关争端是中菲两国通过双边文件和《南海各方行为宣言》所达成的协议，菲律宾单方面将中菲有关争端提交强制仲裁违反国际法；即使菲律宾提出的仲裁事项涉及有关《公约》解释或适用的问题，也构成中菲两国海域划界不可分割的组成部分，而中国已根据《公约》的规定于2006年作出声明，将涉及海域划界等事项的争

---

① “Statement by Secretary of Foreign Affairs Albert del Rosario on the UNCLOS Arbitral Proceedings against China to Achieve a Peaceful and Durable Solution to the Dispute in the WPS, 22 January 2013”, paras. 32-40, http://www.dfa.gov.ph/index.php/newsroom/dfa-releases/7300-statement-by-secretary-of-foreign-affairs-albert-del-rosario-on-the-unclos-arbitral-proceedings-against-china-to-achieve-a-peaceful-and-durable-solution-to-the-dispute-in-the-wps，登录时间：2013年1月23日。

② 《中国立场文件》，2014年12月7日，第3段，http://www.mfa.gov.cn/mfa_chn/zyxw_602251/t1217143.shtml，登录时间：2014年12月7日。

③ The South China Sea arbitration tribunal, "Award on Jurisdiction and Admissibility 29102015", 29 October 2015, para.63, http://www.pcacases.com/web/sendAttach/1506，登录时间：2015年10月30日。

④ 《中国立场文件》，第79段。

端排除适用仲裁等强制争端解决程序。”[①]

中国的上述反对意见清楚表明了仲裁庭行使管辖权的障碍。事实上，仲裁庭的强制管辖权在属物方面仍然受到《公约》4个条款的限制，即第281条、第286条、第297条和第298条。根据这些条款，许多事项自动地或者任择性地被排除在仲裁庭的管辖权之外。对于那些被排除的事项，根据《公约》第299条，只有经争端各方协议，才可提交仲裁程序。中国排除了这种可能性，它指出："对于菲律宾所提仲裁事项，中国从未接受《公约》第十五部分第二节规定的任何强制争端解决程序"；"本立场文件不意味着中国在任何方面认可菲律宾的观点和主张，无论菲律宾有关观点或主张是否在本立场文件中提及。本立场文件也不意味着中国接受或参与菲律宾提起的仲裁。"[②] 因此，基于争端当事国的同意构成一个国际法庭对诉讼案件行使管辖权的基础这项根本原则，[③] 仲裁庭在行使管辖权之前必须仔细确定中国同意的范围。

或许有人会认为，中国不接受和不参与仲裁使仲裁庭有理由合并程序以加速仲裁进程，因而其尽早作出的裁决可以在遏制南海局势恶化方面发挥平衡器的作用。然而，仲裁庭不是一个像联合国安全理事会那样的政治机关，利用程序向中国施加政治压力不是它的职能。作为一个仲裁机构，它必须按照国际法原则和规则行事，当事方之间的紧张关系不是决定性因素。[④] 它所"惟一关注的是确立……它有管辖权处理所提出的争端"。[⑤] 中国不参与正是基于它反对管辖权的立场，宣称不参与是为了

---

① 《中国立场文件》，第3段。

② 同上，第79段和第2段。

③ "Application for Revision and Interpretation of the Judgment of 24 February 1982 in the Caseconcerning the Continental Shelf (Tunisia/Libyan Arab Jamahiriya), Judgment", *I.C.J. Report*, 1985, p. 216.

④ "Militarv and Puramilitary Activities in und aguinst Nicaragua (Nicaragua v. United States). Merits, Judgment". *I.C.J. Reports*, 1986, Separate opinion of Judge Lachs, p.168.

⑤ "Border and Transborder Armed Actions (Nicaragua v. Honduras), Jurisdiction and Admissibility, Judgment", *I.C.J. Reports*, 1988, p. 91.

“捍卫中国自主选择争端解决方式的主权权利”。① 如果仲裁庭仅仅以不参与为由不单独对中国的反对意见作出答复，将冒中国挑战对其不利裁决的重大风险。仲裁庭在其程序令中一再强调它“保证争端每一方有陈述意见和提出其主张的充分机会”，② 其原因或许就在于避免给中国留下任何可能挑战其权威性的借口。而且，《公约》附件七第9条还明文规定，在争端一方缺席或不对案件进行辩护的情况下，仲裁庭在作出裁决前，必须查明对该争端确有管辖权。

在此之前的《公约》附件七仲裁实践进一步证明仲裁庭分离程序决定的合理性。与那些合并程序不同，第一，仲裁庭的《程序规则》第20条对提交初步反对意见没有具体时间限制，而合并程序案件仲裁庭的《程序规则》有60天或者3个月的明确时限。第二，爱尔兰与英国之间2001年《公约》附件七“核废料再处理工厂案”经历了一个临时保全措施程序。在该程序中，国际海洋法法庭裁定《公约》附件七仲裁庭具有初步管辖权，这为该仲裁庭在其程序中所确认。而“南海仲裁案”没有经历这种程序。《公约》附件七“专属经济区和大陆架划界仲裁案”的被诉国特立尼达—多巴哥在2004年12月23日初步反对意见中主张合并程序，2009年孟加拉国与印度之间《公约》附件七“孟加拉湾海域划界仲裁案”的当事双方都没有对仲裁庭的管辖权提出反对意见，而这种情况不存在于“南海仲裁案”的中国情形。“专属经济区和大陆架划界仲裁案”、“海域划界仲裁案”和“孟加拉湾海域划界仲裁案”的争端当事方都没有根据《公约》第298条第1款发表排除声明，“查戈斯海洋保护区仲裁案”中英国的声明只排除第298条第1款（b）和（C）项所列争端，③ 而中国发表的声明排除第298条第1款所列所有争端。

---

① 《中国立场文件》，第85段。

② PCA, “Sixth Press Release, dated 13 July 2015”, http://www.pca-cpa.org/showpage.asp?pag_id=1529，登录时间：2015年7月14日。

③ “The MOX Plant Case”,“Barbados v. Trinidad and Tobago”, “Guyana v. Suriname”, “Bangladesh v. India”, and “Mauritius v. United Kingdom”,https://pca-cpa.org/en/cases/，登录时间：2014年7月9日。

与分离程序的“极地曙光号船仲裁案”相比，仲裁庭面临极为相似的情形。“极地曙光号船仲裁案”是“南海仲裁案”之后一个被诉国不参与《公约》附件七仲裁的第二个案件。在这两个案件中，中国和俄罗斯都根据《公约》第298条第1款发表了范围完全相同的排除强制管辖的声明；在程序提起届满1个月之前，中国于2013年2月19日向菲律宾提交外交照会，俄罗斯于2013年10月22日向荷兰提交外交照会，通知各自的对方不接受其提起的仲裁；这两个仲裁庭的“程序规则”的共同第20条使用完全相同的措辞规范初步反对意见问题；在仲裁庭征求对程序规则草案的意见时，中国通过2013年8月1日照会、俄罗斯通过2014年2月27日照会，重申不参与仲裁的立场，并拒绝对案件的实体问题和程序问题发表意见；仲裁庭2013年8月27日第一号程序令和“极地曙光号船案”仲裁庭2014年3月17日第二号程序令都要求诉请国在诉状中充分说明所有问题，包括争端的管辖权、可受理性以及实体问题。[①] 因此，“极地曙光号船仲裁案”的分离程序构成仲裁庭决定分离程序的一个先例。

三、“菲律宾南海仲裁案仲裁庭”单独处理管辖权的意涵与菲中两国的政策选择

“南海仲裁案仲裁庭”分离程序的决定及其开庭审理对它本身和中菲两国具有潜在重要影响。对仲裁庭本身而言，分离程序反映了它延续一个国际法庭在被诉国缺席的情况下谨慎对待其管辖权的传统。迄今为止，国际法庭在接受管辖权上都持慎重态度。在被诉国不参与，涉及管辖权的9个案件中，国际法院在大多数案件中确立了单独的管辖权程序。[②] 国际海洋法法庭在它处理的第一个缺席案件——俄罗斯不参与“极地曙光

---

① “The Arctic Sunrise Arbitration (Netherlands v. Russia)”, and “The Philippines v. China”, https://pca-cpa.org/en/cases/，登录时间：2014年12月8日。

② Mincai Yu,” The South China Sea dispute and the Philippines Arbitration Tribunal: China’s policy options”, *Australian Journal of International Affairs*, vol.70, no.3, 2016, p.224.

号船仲裁案”——的临时保全措施程序中，根据《公约》第290条第5款优先解决《公约》附件七仲裁庭是否对该案具有初步管辖权的问题。特别是“极地曙光号船仲裁案”仲裁庭在国际海洋法法庭在临时保全程序中裁定它享有初步管辖权的情况下，并没有据此像“核废料再处理工厂案”仲裁庭那样合并程序，而仍然决定分离程序。

通过单独处理管辖权问题，仲裁庭将有助于消除对它将管辖权扩大到领土主权争端的疑虑，维护《公约》的完整性。“南海仲裁案”是“自《公约》生效以来，……第一例在一国已作出排除性声明的情况下，另一国针对该声明所涵盖的争端单方面启动强制仲裁程序的案件。”① 截至目前，有30多个国家发表第298条第1款、特别是其（a）项的声明。这种声明的目的在于声明国保护其不愿意将某些争端，尤其是海洋划界争端与领土主权争端变成强制争端解决程序下事项的主权意志。② 在“露易萨号船案”判决中，国际海洋法法庭拒绝管辖权，认为圣文森特·格林纳丁斯根据《公约》第287条所作声明需要根据声明国的意志来解释，因为“管辖权只有在争端双方所作声明的实质内容相一致的情况下才存在”。③ 无视这种对管辖权的限制所引起的风险为英国在“查戈斯海洋保护区仲裁案”中作了最恰当的说明：借口某个国家不是有关争议领土的一个沿海国而提起仲裁，这种扩大管辖权的做法将打开对许多潜在领土争端的大门，存在滥用《公约》第十五部分的重大风险，将妨碍国家加入《公约》或者接受其他法庭的管辖权。④

更加重要的是，仲裁庭将能够消除其继续进行程序的管辖权障碍。

---

① 《中国立场文件》，第74段。

② Andreas Zimmermann and Jelena Bäumler, “Navigating Through Narrow Jurisdictional Straits: The Philippines - PRC South China Sea Dispute and UNCLOS”, *The Law and Practice of International Courts and Tribunals*,vol.12, 2013, p. 458.

③ “The M/V "Louisa" Case (Saint Vincent and the Grenadines v. Kingdom of Spain),Judgment of 28 May 2013”, para. 81, https://www.itlos.org/fileadmin/itlos/documents/cases/case_no_18_merits/judgment/C18_Judgment_28_05_13-orig.pdf，登录时间：2014年9月16日。

④ “Award dated 18 March 2015”, p.84.

“南海仲裁案”是迄今根据《公约》提起的有关管辖权的最复杂案件，法律论据对仲裁庭的管辖权既有有利的方面，也有不利的方面。通过管辖权程序，仲裁庭能够将它享有管辖权的那些菲律宾诉求与那些不享有管辖权或者暂时不能对此作出决定的菲律宾诉求分离开来，从而在其狭窄的管辖权海峡中顺利航行。

对中国来说，分离程序将使其反对意见单独得到答复。管辖权问题是中国参与“南海仲裁案”的法律障碍。如果仲裁庭裁决对菲律宾诉求具有管辖权，这种障碍将被清除。在菲律宾15项诉求中，仲裁庭完全没有可能决定它没有管辖权。最明显的例子是菲律宾关于保护和保全黄岩岛与仁爱礁海洋环境的第11项诉求和关于妨碍菲律宾在黄岩岛周围海域航行权利的第13项诉求。事实上，仲裁庭在2015年10月29日管辖权和可接受性裁决中一致裁定它对菲律宾涉及黄岩岛、赤瓜礁、华阳礁和永暑礁是否为岛屿、美济礁、仁爱礁、渚碧礁、南薰礁和西门礁是否为低潮高地以及海洋环境保护和航行权利的第3、4、6、7、10、11和13项诉求具有管辖权，[①] 因而它将在2015年11月下旬继续实体问题程序。这个程序在逻辑上将促使中国重新考虑其不参与政策。中国的一个可能选择是参与后续实体问题程序。中国本身表示，它“尊重相关司法或仲裁机构根据《公约》所享有的”为《公约》第288条第4款所规定的“裁决管辖权的权力”，[②] 这似乎意味着中国将尊重仲裁庭在“充分尊重缔约国自行选择争端解决方式的权利”基础上作出的有管辖权的决定，[③] 因而可能改变其立场。在国际法院的缺席案件中，有些被诉国在先决程序中被裁决存在管辖权之后重新参与了案件的实体问题程序，如1952年“诺特波姆案”中的危地马拉。

中国的另一个可能选择是继续其不参与政策。在国际法律实践中不乏这种事例。最新的一个例子是俄罗斯在“极地曙光号船仲裁案”仲裁

① “Award on Jurisdiction and Admissibility 29102015”, para.413.

② 《中国立场文件》，第83段。

③ 同上，第86段。

庭裁定它对荷兰提起的争端享有管辖权后，仍然不参与该案的实体问题程序。然而，中国不参与后续程序可能不是一个明智选择。首先，中国将再次失去辩护的机会。在管辖权和可接受性裁决中，仲裁庭将对菲律宾第1、2、5、8、9、12和14项诉求的管辖权问题保留至实体问题阶段审议，中国有法律根据继续挑战仲裁庭对这些菲律宾诉求的管辖权。

菲律宾的第1项诉求，即中国在南海的海洋权利，如菲律宾一样，不能超过《公约》允许的范围，不应该构成《公约》第286条和第288条的“争端”，因为中国从来没有反对菲律宾依据其2009年《群岛基线法》在南海主张海洋权利。同样，菲律宾关于南海断续线“违反《公约》和没有法律效果”的第2项诉求也不应该构成争端。因为没有证据能够令人信服地证明中国将它作为对南海主张海洋权利的基础。中国2009年对马来西亚和越南所提交南海200海里以外大陆架界限申请的照会所附标有“断续线”的地图不能成为一个这样的证据，因为中国在其中只是说它“对南海诸岛及其附近海域拥有无可争辩的主权，并对相关海域及其海床和底土享有主权权利和管辖权”。[①] 而且，中国在南海海洋权利问题上一再重申“陆地统治海洋”原则。在对2011年菲律宾照会的回应中，中国表示，“按照《联合国海洋法公约》……，中国南海群岛拥有领海、专属经济区和大陆架。”[②] 澳大利亚海洋地理学家普雷斯科特所绘“普雷斯科特线”将南沙群岛视为能够产生自己海洋区域的一群岛屿。[③] 因此，菲律宾所谓“中国基于南海断续线的主张”完全是它“蓄意……精心包装”的一个所谓争端。[④] 根据“查戈斯海洋保护区仲裁案”仲裁裁决的意

---

① Communication of the Permanent Mission of the People’s Republic of China to the UN dated 7 May 2009, No. CML/17/2009, available athttp://www.un.org/Depts/los/clcs_new/submissions_files/mysvnm33_09/chn_2009re_mys_vnm_e.pdf，登录时间：2015年8月10日。

② “China’s Communication dated 14 April 2011”，http://www.un.org/Depts/los/clcs_new/submissions_files/mysvnm33_09/chn_2011_re_phl.pdf，登录时间：2015年8月10日。

③ Mark J.Valencia, Jon M. Van Dyke, and Noel A. Ludwig, *Sharing the Resources of the SouthChina Sea*, Dordrecht: Martins Nijhoff Publishers, 1997, p.205.

④ 《中国立场文件》，第14段。

见，仲裁庭无须对上述两个方面是否具有管辖权的问题作出决定。

菲律宾的第2项诉求连同关于美济礁和仁爱礁构成菲律宾专属经济区和大陆架一部分的第5项和第12项诉求还实际上暗含中国不是南海的一个“沿海国”。而对“沿海国”词语的解释必然引起对南沙岛礁的主权问题。而且，一个海上地物是否构成一个国家大陆架的一部分不属于仲裁庭的管辖权范围，因为沿海国对大陆架享有固有权利，无须一个第三方予以确认。即使确定200海里以外大陆架界限牵涉一个第三方，但是，这个第三方不是仲裁庭，而是《公约》第76条中的大陆架界限委员会。

菲律宾关于某些地物（即黄岩岛、赤瓜礁、华阳礁和永暑礁）不产生专属经济区或大陆架权利的第3项和第7项诉求是一个涉及对争议岛礁的“混合性争端”，因为菲律宾请求仲裁庭澄清它在南海的海洋权利，而中国认为这是一个经过“精心包装”、得到国际法理支持的岛礁主权和海洋划界的问题。[①] 确实，这种性质的争端并不完全为第298条第1款声明所排除。“查戈斯海洋保护区仲裁案”仲裁庭指出，它并不全盘排除在某些情形下一个细微的领土主权问题实际上附带地与《公约》的解释或适用相关。[②] 沃尔夫鲁姆法官、菲律宾指定的本案仲裁员曾说，“对大陆或岛屿陆地领土的主权或其他权利问题，如果与海洋划界密切相关或者是海洋划界所附带产生的，涉及本公约的解释或适用，因此属于……本法庭或任何其他法院或法庭的强制管辖权范围。”[③] 本案菲律宾的法律顾问波伊尔明确承认在存在陆地争端时，仲裁庭可以毫无困难地处理主张专属经济区权利的问题。[④] 但是，如果诉求的核心目的是寻求解决长期存在的领土主权争端、但也存在海洋权利问题，则仲裁庭没有管辖权。这

① 《中国立场文件》，第10-29、69段。

② “Award dated 18 March 2015”，p.86.

③ “Statement given by H.E. Judge Rüdiger Wolfrum to the Informal Meeting of Legal Advisers of Ministries of Foreign Affairs, New York, 23 October2006”,https://www.itlos.org/fileadmin/itlos/documents/statements_of_president/wolfrum/legal_advisors_231006_eng.pdf，登录时间：2015年6月20日。

④ Alan E. Boyle, “Dispute Settlement and the Law of the Sea Convention: Problems of Fragmentation and Jurisdiction”, *International and Comparative Law Quarterly*, vol. 46,1997, p. 44.

是"查戈斯海洋保护区仲裁案"仲裁庭拒绝对毛里求斯第1项和第2项诉求行使管辖权的法理。它指出,"案件的真正问题"和"主张的目的"是对查戈斯群岛的主权争端,该争端与有关《公约》中"沿海国"词语解释问题之间存在的附带联系并不足以将该争端作为一个整体纳入《公约》第288条第1款的范围。[①]

菲律宾所称上述岛或礁的地位问题,其主要目的是对南沙争议岛礁的主权问题。中菲自20世纪70年代以来存在对南沙某些岛礁的主权争端是众所周知的事实,特别是2012年的黄岩岛争端。而相比较而言,很少有证据证明在提起仲裁之前,菲律宾特别关注岛礁地位问题。即使在提起仲裁之后,菲律宾仍然在各种场合声明中菲争端主要是主权争端。最近的一个例证是2015年6月9日,菲律宾宣布将一幅近300年前的菲律宾地图提交仲裁庭,以证明黄岩岛在3个世纪前就是菲律宾领土的一部分,试图以此反驳中国关于南海断续线的主张。[②] 在仲裁庭的口头辩论中,菲律宾外长指责中国采用"切香肠"战略蚕食菲律宾领土。[③] 因此,菲律宾海洋权利争端是"诉请国的根本性主权争端"所附带的问题,仲裁庭对那些诉求作出决定将有效地构成认定中国对南沙某些岛礁不享有主权。由于主权争端不涉及《公约》的解释或适用问题,因而仲裁庭对菲律宾的这类主张和诉求没有管辖权。

其次,中国继续不参与可能遭受更大的外部政治外交压力。仲裁庭强调,"中国是仲裁的当事一方,根据国际法受本仲裁庭所做任何裁决的

---

① "Award dated 18 March 2015", p.86.

② Ellen T. Tordesillas, "Philippines to Submit 300-year-old Map to UN in Case vs China" , 8 June2015, http://www.philstar.com/headlines/2015/06/08/1463593/philippinessubmit-300-year-old-map-un-case-vs-china,登录时间:2015年6月8日。

③ Albert F. Del Rosario, "Statement Before the Permanent Court of Arbitration: Why the Philippines Brought This Case To Arbitration and Its Importance to the Region and the World" , 7 July 2015, http://www.dfa.gov.ph/newsroom/dfa-releases/6795-statement-before-the-permanent-court-of-arbitration,登录时间:2015年7月8日。

约束。”[①] 如果中国不出庭辩护，仲裁庭无疑将作出对中国不利的终局裁决。如果中国不予承认和执行裁决，南海局势可能更加复杂化。菲律宾有一种舆论建议，菲律宾政府应该将南海局势提交联合国大会，以寻求大会通过一项谴责中国对菲律宾船舶非法使用武力的决议。[②]

对菲律宾而言，分离程序可以促使它重新思考其仲裁策略，以寻求其他可以替代的争端解决方法，比如谈判。实际上，仲裁庭确立一个管辖权程序的意图可能是给中菲双方寻求以谈判解决争端预留一个缓冲期。在《公约》附件七仲裁中，争端当事双方通过协议解决争端仍然是可以利用的一种有效选择。在所提起的16项附件七仲裁程序中，有3项经当事双方协议或请求而结案，有5项经争端当事方协议转变为国际海洋法法庭的程序。[③] 尽管管辖权和可接受性裁决将仲裁程序延续到实体问题阶段，但是，过去的经验表明，仲裁庭不可能作出一个全部支持菲律宾15项诉求的终局裁决。即使菲律宾获得一个相对有利的裁决，这也不能从根本上解决双方的南海争端，更不可能实现菲律宾仲裁的主要目的——成功挑战中国对南海岛礁的领土主权主张。在国际法院的几个缺席案件中，它对不愿意参与程序的被告国所作的判决未能解决当事方之间的争端，包括1972年英国和德国诉冰岛的“捕鱼管辖区案”和1984年尼加拉瓜诉美国的“在尼加拉瓜境内和针对尼加拉瓜的军事和准军事活动案”。因此，菲律宾的一个正确选择应该是回归以合作方式解决与中国南海争端的轨道，铭记在2002年《南海各方行为宣言》第4条中所作承诺，与中国谈判达成一个共赢的解决方案，单方面或者与中国共同申请终止仲裁程序。

---

① “Award on Jurisdiction and Admissibility 29102015”, para.114.

② Paolo Romero, “International action pressed on sea row” , 9 May 2015, http://www.philstar.com/headlines/2015/05/09/1452760/international-action-pressed-sea-row，登录时间：2015年5月10日。

③ Mincai Yu, “The South China Sea dispute and the Philippines Arbitration Tribunal: China’s policy options” , *Australian Journal of International Affairs*, vol. 70, no. 3, 2016, p.230.

结论

“南海仲裁案仲裁庭”单独处理管辖权问题是它对待中国反对管辖权意见的最明智选择。通过这种程序，仲裁庭将能够首先单独回答菲律宾提出的仲裁事项全部或者部分地主要是有关南沙某些岛礁的主权问题及其相关的海洋划界问题还是对南海的海洋权利主张问题，以在它作为《公约》争端解决机制的捍卫者本身、菲律宾和中国的各自利益之间达成适当平衡。仲裁庭关于管辖权和可接受性裁决解决了它继续进行实体问题程序的法律障碍，也提供了中菲双方重新考虑其政策的契机。菲律宾的一个正确选择应该是与中国谈判达成一个共赢的解决方案，单方面或者与中国共同申请终止仲裁程序。

关于菲律宾“南海仲裁案”的管辖权问题
——《联合国海洋法公约》第298.1 (a)(i)项下的排除和海洋权利之争

张新军

[内容提要] 菲律宾有关中国南海断续线的仲裁请求，挑战的是中国的海洋权利主张，包含了历史性权利和《联合国海洋法公约》第121（3）条岛礁性质这两个不同的海洋权利之争。在考察该仲裁请求是否为中国基于《联合国海洋法公约》第298条所做声明所排除这一管辖权问题时，必须展开对《联合国海洋法公约》第298.1（a）(i）项的解释。任何一个海洋权利之争如果落入该项下的排除，则“菲律宾南海仲裁案仲裁庭”均不具有对该仲裁请求的管辖权。

[关键词] 南海仲裁案　南海断续线　《联合国海洋法公约》第298.1（a）(i）项　海洋权利来源　历史性权利

[作者简介] 张新军，清华大学法学院副教授

一、前言

2015年10月29日，应菲律宾共和国请求依据1982年《联合国海洋法公约》(以下简称“《公约》”）附件七设立的仲裁庭，在荷兰海牙对菲律宾所称依据《公约》就中国和菲律宾有关南海“海洋管辖权”的争端单方面提起的强制仲裁（以下简称“南海仲裁案”）的管辖权和受理可能

性问题作出了裁决。[①] 被菲律宾作为核心诉求而分别列入其第一和第二项仲裁请求[②] 的有关南海断续线的诉求，被“菲律宾南海仲裁案仲裁庭”（下称仲裁庭）视为有关海洋权利来源的争端，[③] 归结为一个“《公约》框架下的有关历史性权利的争端”。[④] 仲裁庭以中国历史性权利主张的性质和有效性事关实体问题判断为由，认定由此产生的可能的管辖抗辩不具有完全的先决性质，因而在判决中宣告将第一和第二项下的南海断续线仲裁请求的管辖权判断延后至实体问题审理阶段。

从仲裁庭就菲律宾第一和第二项请求的管辖权问题所做的结论来看，由于仲裁庭将菲律宾有关南海断续线的请求排他地归结为“《公约》框架下的有关历史性权利的争端”，而不考虑判断南海断续线可能依据的其他海洋权利来源，因此仲裁庭关于此问题的下一步审理很可能会仅仅考虑中国基于《公约》第298条所做的声明是否排除了“历史性权利”这一

---

① Award on Jurisdiction and Admissibility，29 October 2015，http://www.pcacases.com/web/sendAttach/1506（last visited February 23，2016）.

② (1) China’s maritime entitlements in the South China Sea, like those of the Philippines, may not extend beyond those permitted by the United Nations Convention on the Law of the Sea(“UNCLOS” or the “Convention”); (2) China’s claims to sovereign rights and jurisdiction, and to “historic rights”, with respect to the maritime areas of the South China Sea encompassed by the so-called “nine-dash line” are contrary to the Convention and without lawful effect to the extent that they exceed the geographic and substantive limits of China’s maritime entitlements under UNCLOS. Award on Jurisdiction and Admissibility, para.101, p.34.

③ Award on Jurisdiction and Admissibility, para.164, p.64.

④ Award on Jurisdiction and Admissibility, para.168, p.66. [“a dispute about historic rights in the framework of the Convention”]

个问题。这是本文将要讨论的关于《公约》第298.(a)(i)项[①] 的解释的一个问题。[②]

另外，将菲律宾有关南海断续线的仲裁请求限于历史性权利问题，不仅偏离了菲律宾第一、第二项仲裁请求的文本结构，也与南海断续线在中菲争端水域的基本地理事实不符。如果菲律宾有关南海断续线的诉求根据争端水域的基本事实和仲裁庭的初步判断涉及到对其他海洋权利来源的判断，则仲裁庭在实体问题审理阶段可能仍然不得不重新考虑这些和其他的海洋权利来源相关的争端特别是中国主张主权的岛礁在《公约》第121条解释或适用上的争端，是否作为与划界相关的一揽子争端已经被中国基于《公约》第298条所做的声明所排除的问题。这是本文将要讨论的有关《公约》第298.(a)(i)项的解释的另一个问题。

二、菲律宾关于南海断续线的仲裁请求涉及的海洋权利

如上所述，仲裁庭将菲律宾有关南海断续线的第一、第二项仲裁请求作为有关海洋权利来源的一个争端处理。参照国际法院判例对类似请求的处理，其第一项请求是“以定义、原则或规则为形式的一系列假设，

---

① 《公约》298.(a)(i)项的英文文本如下：Article 298 Optional exceptions to applicability of section 2

when signing, ratifying or acceding to this Convention or at any time thereafter, a State may, without prejudice to the obligations arising under section 1, declare in writing that it does not accept any one or more of the procedures provided for in section 2 with respect to one or more of the following categories of disputes:

(a)(i) disputes concerning the interpretation or application of articles 15, 74 and 83 relating to sea boundary delimitations, or those involving historic bays or titles, provided that a State having made such a declaration shall……

② 笔者有关这一解释问题的初步讨论，见Xinjun Zhang, "'setting Aside Disputes and Pursuing Joint Development' at Crossroads in South China Sea", in Jing Huang and Andrew Billo (eds., Territorial Disputes in the South China Sea: Navigating Rough Waters (London: Palgrave Macmillan 2014), p.6.

以此支撑所提之争点，但并不构成其主张的精确和直接的表述。”[①] 这样来看，仲裁庭将两项请求作为一个争端，并非没有道理。然而，菲律宾第二项仲裁请求的对象是中国南海断续线内的（1）中国所主张的“主权权利和管辖权”和（2）中国所主张的“历史性权利”。可见，菲律宾有关南海断续线的仲裁请求所涉及的海洋权利来源，在文本结构上是两个并列的海洋权利来源，而不仅是一个历史性权利。仲裁庭在对菲律宾有关南海断续线的仲裁请求这一个争端的定性上，一方面认为其是有关海洋权利来源之争，另一方面又认定其只限于海洋权利来源之争中有关历史性权利的争端。这样的定性解释，明显背离了菲律宾仲裁请求的文本。

同时，这样的定性解释也不合乎菲律宾有关南海断续线仲裁请求的目的，而请求目的恰恰是仲裁庭自己在本案中给出的有关争端定性的两个基准之一。[②] 在第二项请求中，菲律宾明确要求仲裁庭宣布中国南海断续线内的主张超出了《公约》下中国能具有的海洋权利的地理和实体限度。很明显，这一请求的目的是要求仲裁庭判断中国的南海断续线是否符合《公约》，挑战的是中国所主张的南海海洋权利的存在和范围。[③] 为实现菲律宾的这一请求目的，仲裁庭将不得不面对争议水域中的多个海洋权利，包括菲律宾仲裁请求第二项文本所明示的中国所主张的“主权权利和管辖权”。

正是由于上述请求目的的存在，在判断南海断续线是否符合《公约》时，不考虑中国所主张的“主权权利和管辖权”将无法最终达到解决南海断续线争端的目的。由于中国对争议水域中岛礁的主权主张，中国对南海断续线内水域的主张仍然可以被视为代表了中国主权在《公约》上能够产生的合法的海洋权利的范围。特别是在菲律宾的巴拉望岛和南沙群岛之间，南海断续线（两段）并未超出南沙群岛的若干大岛（太平岛

---

① See，Fisheries（United Kingdom v.orway），I.C.J.Reports 1951，p.126.For a similar treatment on the submissions，see，The Minquiers and Ecrehos case，Judgment，I.C.J.Reports 1953，pp.50-52.

② Award on Jurisdiction and Admissibility，para.153，p.59.

③ Award on Jurisdiction and Admissibility，para.157，p.61.

等）的200海里或350海里。对于这些南沙群岛的大岛，仲裁庭自身也认为"有必要考虑中国所主张的任何南海的海洋地物产生的海洋（权利）区域，无论是否为中国现时占领"。[①] 如果在下一步的实体问题审理阶段，仲裁庭对南沙群岛中的若干大岛的判断和国际法学界的主流观点一致，[②] 即认定其为可以拥有专属经济区和大陆架的岛屿而非《公约》第121（3）条下的礁石的话，那么即使仲裁庭认为自身对历史性权利有管辖权并且否定相关历史性权利的法律效力，也不能就此判断这一水域中的南海断续线在《公约》上的合法性问题。[③]

三、《公约》第298.1（a）(i）项下的排除和其他海洋权利来源之争

南海断续线内中国所主张的"主权权利和管辖权"，与争议水域内能够主张专属经济区和大陆架的海洋地物的法律性质相关。仲裁庭一方面认为"有必要考虑中国所主张的任何南海的海洋地物产生的海洋（权利）

---

① Award on Jurisdiction and Admissibility，para.154，p.60.

② Robert C. Beckman and Clive H. Schofield，"Defining EEZ Claims from Islands: A Potential South China Sea Change"，(2014) International Journal of Marine and Coastal Law，Vol.29，Issue 2，p.210; ALEX G. OUDE ELFERINK，"The Islands in the South China Sea: How Does Their Presence Limit the Extent of the High Seas and the Area and the Maritime Zones of the Mainland Coasts?"，(2001) Ocean Development & International Law，Vol.32，p.178. One commentator，however，was of the view that none of the Spratly features could at present to be capable of sustaining human habitation or economic life of their own. See，Marius Gjetnes，"The Spratlys: Are They Rocks or Islands?"，(2001) Ocean Development & International Law 32，p.201.

③ 当然，如果在管辖阶段，仲裁庭根据先决问题审理时相应的证据标准和仲裁庭应当周知之事实（judicial notice)，对南沙群岛中类似太平岛这样的大岛就得出了上述结论的话，仲裁庭将支持中方立场文件中所提出的基于陆地决定海洋原则定性争端的管辖异议，只能得出其不具有管辖权的结论（至少是对巴拉望岛和南沙群岛之间的南海断续线）。遗憾的是，仲裁庭并没有尝试这么做。中方的这一管辖异议见，Position Paper of the Government of the People's Republic of China on the Matter of Jurisdiction in the South China Sea Arbitration Initiated by the Republic of the Philippines (2014/12/07)，http://www.fmprc.gov.cn/mfa_eng/zxxx_662805/t1217147.shtml.，paras.11-13 (last visited February 23，2016)。

区域，无论是否为中国现时占领"，另一方面又将争议水域内高潮时露出水面的所有海洋地物在《公约》第121（3）条的解释或适用上就其是否能够拥有自己的专属经济区和大陆架的问题，作为悬案问题放在实体问题审理阶段处理。仲裁庭将和《公约》第121（3）条解释或适用相关的争端，归结为和海洋权利来源相关的争端。[①] 这一海洋权利来源之争，是菲律宾有关南海断续线的仲裁请求中针对中国所主张的"主权权利和管辖权"的关键所在。

仲裁庭在《公约》第121（3）条关于岛礁性质的争端问题的解释或适用上，认为岛礁性质的争端既不是岛礁主权争端，也不是和海洋划界有关的争端，因而明确认定自身对此具有管辖权。[②] 这一判断否定了中方在管辖权立场文件中有关本案争端定性的两个一般性管辖异议。[③] 本文仅就作为海洋权利来源之争的有关《公约》第121（3）条的解释和适用问题是否落入《公约》第298.1（a）(i）项的排除范围展开讨论。[④]

菲律宾自己也承认,《公约》第298.1（a）(i）项所排除的并不直接是海洋划界，而是"关于划定海洋边界的第15条、第74条、第83条在解释或适用上的争端"。[⑤] 上述解释或适用上的争端，通过"关于（relating to)"这一措辞，与划定海洋边界相关联。从爱琴海大陆架一案（Aegean Sea Continental Shelf）中国际法院确认大陆架划界是"关于"领土主权问题这一判断[⑥] 来看，本案将要考虑的海洋权利来源问题必然也是"关于"划定海洋边界的。因此考虑海洋权利来源争端是否为《公约》第298.1 (a)

① Award on Jurisdiction and Admissibility，para.169，p.66.

② Award on Jurisdiction and Admissibility，para.400，pp.141-42;para.404，pp.143-44.

③ Award on Jurisdiction and Admissibility，para.158，p.61.

④ 先行研究中有初步的支持性结论。See Natalie Klein, Dispute settlement in the UN Convention on the Law of the Sea（Cambridge：Cambridge University Press, 2005），p.276. See, also, Barbara Kwiatkowska and Alfred H. A. Soons, "Entitlement to Maritime Areas of Rocks Which Cannot Sustain Human habitation or Economic Life of Their Own"，(1999）21 Netherlands Yearbook of International Law, p.181.

⑤ Award on Jurisdiction and Admissibility，para.374，p.132.

⑥ Aegean Sea Continental Shelf，Judgment，I.C.J.Reports 1978，para.84，86.pp.35-36.

(i) 项所排除这一问题的核心是，海洋权利来源特别是《公约》第121 (3) 条的解释或适用上关于岛礁性质的争端，是否落入“第15条、第74条、第83条在解释或适用上的争端”之内。

《公约》第74条和第83条，通过共通的4个分款，设置了和划界相关的一系列的法律条件和权利义务关系。其解释和适用问题涉及最多的第1款，也并非严格意义上的划界——该款并不强求划出一条海上边界。因为如果对划界做这样的解释的话，“不现实并且过于正式”。[①] 第1款所要求的，是“在国际法院规约第38条所指国际法的基础上以协议划定，以便得到公平解决。”这一条款规定的是当事国在划界过程中以含糊的所谓“国际法院规约第38条所指国际法的基础”为定义的权利义务。这样“简单和不精准的定义方式”，在解释上将“允许广泛地考虑那些和划界相关的条约和习惯法规则。”[②]

在《公约》生效前的有关大陆架划界案件中，在解释或适用习惯法规则时，与海洋权利或海洋权利来源相关的问题构成划界争端的“基本要素”[③] 或“关联问题”。[④] 韦尔（Prosper Weil）也将（涉及大陆架的）权利视为划界的核心。[⑤] 在《公约》生效后，海洋权利和权利来源也是有关《公约》第74条、第83条的解释或适用的争端的核心。在巴巴多斯诉特立尼达和多巴哥一案（Barbados v.Trinidad and Tobago）中，仲裁庭认为“当事方在可适用的规则的问题上都无法达成一致，更不用说双方一定会对适用其认可的规则后所可能形成的任何分界线无法达成一致。”[⑥] 在该

---

① Arbitration between Barbados and the Republic of Trinidad and Tobago，http://www.pca.cpa.org/showfile ?asp?fil_id=178，para.198. [“unrealistic and formalistic”]（last visited February 23，2016）.

② Arbitration between Barbados and the Republic of Trinidad and Tobago，para.222.

③ Aegean Sea Continental Shelf，Judgment，para.83，p.35.

④ Continental Shelf（Libyan Arab Jamahiriya/Malta），Judgment，I.C.J.Reports 1985，para.27，p.30.

⑤ Prosper Weil，The law of Maritime Delimitation: Reflections（Cambridge: Grotius Publication，1989），translated from the French by Maureen MacGlashan，p.49.

⑥ Arbitration between Barbados and the Republic of Trinidad and Tobago，para.198. [“the Parties could not even agree upon the applicable legal rules shows that a fortiori they could not agree on any particular line which might follow from the application of appropriate rules.”]

案件中，适用规则的不一致主要是指《公约》上有关大陆架权利制度的相关条款，特别是第76条、第56条和第77条。同样的推理如果运用在“南海仲裁案”的话，作为海洋权利来源之争的《公约》第121（3）条的解释或适用的争端，必然有效地构成有关《公约》第74条、第83条解释或适用的争端。这也是中方在管辖权立场文件中对此问题的基本立场。[①]

但是仲裁庭并没有在《公约》第298.1（a）(i）项的文本基础上，回应中方在管辖权立场文件中提出的管辖异议，即包括岛礁性质在内的一系列海洋权利之争均作为和划界相关的整体和系统的一揽子争端为中国基于《公约》第298条所做的声明所排除。仲裁庭在本案中对基于《公约》第298条声明所做排除的解释脱离了《公约》第298.1（a）(i）项的文本结构，把焦点放在了是否排除“划界”这一问题上。菲律宾更是主张《公约》第298.1（a）(i）项所排除的是“实际划界”，并进而主张这一“实际划界”仅在沿岸国海洋权利重叠的前提下产生。[②] 仲裁庭支持了菲律宾的这一解释立场，认为“海洋边界可以在 …… 有着重叠海洋权利的国家间划分”。[③] 这样，仲裁庭和菲律宾一样将《公约》第298.1（a）(i）项下的排除限定于存在海洋权利重叠水域的“划界”争端。

假定仲裁庭对《公约》第298.1（a）(i）项下的排除所做的解释是正确的，那么中国和菲律宾在争议水域是否存在海洋权利重叠的问题，也涉及《公约》第121条的解释或适用，即对特定岛礁性质的判断。以黄岩岛为例，在其周边200海里以内，除了与其相距118海里的菲律宾的吕宋岛，没有其他高潮时高于水面的岛礁的存在。但正是由于这样的地理事实，中菲之间的争端水域潜在地存在中方基于黄岩岛主权与菲律宾吕宋岛方向的海洋权利重叠，因而必然具有划界之情形。是否存在海洋权利的重叠以至于被《公约》第298.1（a）(i）项排除，这一问题本身取决

---

① Position Paper of the Government of the People's Republic of China on the Matter of Jurisdiction in the South China Sea Arbitration Initiated by the Republic of the Philippines，para.67.

② Award on Jurisdiction and Admissibility，para.374，p.132.

③ Award on Jurisdiction and Admissibility，para.155-156，pp.60-61.

于黄岩岛是岛还是礁这一悬案问题；而仲裁庭对这一悬案问题的管辖权，又必须通过回答其是否为《公约》第298.1（a）(i）项所排除这一问题来解决。很显然，这里的管辖权问题存在着蛋和鸡的循环推理的陷阱。

在国际法院审理的国际民航组织理事会一案（ICAO Council）中，曾出现过类似的陷阱。该案中，原告印度根据《芝加哥公约》第84条和《过境协定》第2条第2款有关理事会决定的上诉的规定，将国际民航组织理事会原审案件有关管辖权的决定提交至国际法院。被告巴基斯坦对这一上诉的主要管辖异议是，原告所依据的上诉条款，仅允许国际法院对国际民航组织理事会作出的实体问题的决定具有上诉管辖，而不包括国际民航组织理事会自身的管辖问题的决定。[①] 按照这一解释，国际法院对国际民航组织理事会决定的上诉管辖，取决于理事会是否具有对原案的管辖权这一悬案问题；而这一悬案问题的管辖权，又正是《芝加哥公约》第84条和《过境协定》第2条第2款上诉管辖的规定所面临并需要解决的问题。国际法院从两个条约中的上诉管辖规定入手，作出了以下的判断：

"法庭认为理事会有关其自身是否可以管辖案件的决定……本质上是严重影响本案两造地位的实体性问题，尽管它并不能决定最终的实体问题。因此，法院认为，从规定（上诉）管辖的相关条约条款的目的上看，理事会有关其自身管辖权的最终决定无法和其有关实体问题的最终决定区分。"[②]

国际法院在此问题上进一步阐释：

"尽管有关（理事会）管辖权的决定不能决定本案'最终的实体问题'，这仍然是一个实体性质的决定，因为如果这一决定推翻了有关管辖的假设，这将使得整个案件就此结束。具有这样效果的决定很难说其重要性比实体问题的决定要小，它要么完全排除（案件审理），要么通过对

---

① Appeal Relating to the Jurisdiction of the ICA0 Council，Judgment，I.C.J.Reports 1972，para.14，p.52.

② Appeal Relating to the Jurisdiction of the ICA0 Council，para.18，p.56.

管辖权基础——这是任何实体问题决定的不可缺失的基础——存在的肯定、允许（进一步的案件审理）。因此一个管辖权的决定毫无疑问是作为整体看待的案件的组成部分，并应当在原则上视同为任何可以上诉的实体问题的决定。”①

回到“南海仲裁案”中，仲裁庭同意中方有关划界是一个整体和系统过程的看法，并认为海洋权利问题仅仅是这一过程的起点。② 这样的话，即使仲裁庭将《公约》第298.1（a）(i）项的解释仅限于排除“划界”，则依照国际法院在国际民航组织理事会一案的推理，岛礁的法律性质这一海洋权利来源之争也将为《公约》第298.1（a）(i）项所排除。仍然以黄岩岛为例，如果判断黄岩岛为礁石的话，将无从划界，而具有这样效果的决定很难说其重要性要比“划界”的决定小；而如果判断黄岩岛为岛的话，则此决定将成为“划界”争端为《公约》第298.1（a）(i）项所排除。无论如何，对黄岩岛是岛还是礁的判断，尽管不能决定最终的“划界”，但毫无疑问应该被视同为必须排除的“划界”问题（如果《公约》第298.1（a）(i）项解释为排除“划界”的话）。

由于仲裁庭将与巴拉望岛相对的南沙群岛中高潮时露出水面的所有岛礁都作为《公约》第121条解释或适用的悬案问题，上述推理也适用于关于这些岛礁性质争端的管辖权问题上，因此关于这一问题的结论应和仲裁庭的结论相反，即应该决定这一问题为《公约》第298.1（a）(i）项所排除。由于围绕中国主张的黄岩岛和南沙群岛的法律性质这一海洋权利来源之争，是菲律宾有关南海断续线的仲裁请求中针对中国所主张的“主权权利和管辖权”的关键所在，即使不考虑《公约》第298.1（a）(i）项下是否排除了历史性权利这一仲裁庭自设的可能的管辖权问题，仲裁庭也将不具有对菲律宾关于南海断续线的仲裁请求的管辖权。

---

① Appeal Relating to the Jurisdiction of the ICA0 Council，para.18，p.56.

② Award on Jurisdiction and Admissibility，para.155，p.60.

四、历史性权利和《公约》第298.1（a）(i）项下的排除

对于仲裁庭自设的管辖权问题即历史性权利（historic rights）是否能为中国基于《公约》第298条所做的声明所排除，菲律宾当然主张是不能。其理由是：第一，《公约》第298.1（a）(i）项所能排除的“历史性海湾或所有权”(historic bays or titles）限定于主权性质的海洋权利；第二，中国在南海主张的历史性权利并非主权性质的海洋权利。①

就第二点而言，中国政府坚持南海断续线内包括南沙群岛和黄岩岛等的主权，却并没有澄清南海断续线在海洋权利主张上的意义。尽管如此，中国政府在南海断续线内的西沙群岛划定了直线基线；不仅如此，中国政府反复声明包括在南海断续线内的南海水域的航行自由不受阻碍。② 仲裁庭或许认定上述国家实践在现代海洋法上表明了南海断续线内水域并非全部为主权性的，③ 从而支持菲律宾的主张。

问题在于《公约》第298.1（a）(i）项中的“历史性海湾或所有权”(historic bays or titles）的解释能否仅仅限定为主权性质的海洋权利。在“南海仲裁案”庭审中原告律师花了大量的篇幅，讨论《公约》第298.1（a）(i）项的不同语言版本中的“历史性海湾或所有权”(historic bays or

---

① “Final Transcript Day 2-Jurisdiction Hearing” -08-07-2015(English)，http://www.pcacases.com/web/sendAttach/1400, p.58, p.62（last Visited March 3，2016）；“Final Transcript Day 1-Merits Hearing” -24-11-2015(English)，http://www.pcacases.com/web/sendAttach/1547, p.15, p.47.（last Visited March 3，2016）.

② Foreign Ministry Spokesperson Hong Lei’s Regular Press Conference on February 29, 2012, http://www.fmprc.gov.cn/eng/xwfw/s2510/2511/t910855.htm(last visited November 12, 2013).

③ 在丰塞卡湾这一多国共享的历史性海湾中，作为现代海洋法的变则［“an anomaly in terms of the modern law of the sea”]，存在着沿岸国合意设置的3海里排他的管辖和主权水域，以及和现行的对构成内水的湾的法律地位的理解不一致［“at odds with the present general understanding of the legal status of the waters of a bay as constituting ‘internal waters’”］的无害通航。Land, Island and Maritime Frontier Dispute (El Salvador/Honduras: Nicaragua (intervening)), I.C.J.Reports, 1992, paras.392-393, pp.593-594.

titles），试图论证这一点。[①] 但这也恰恰说明，关于“历史性海湾或所有权”（historic bays or titles）在解释上客观存在着问题。

《公约》第298.1（a）(i）项对“历史性海湾或所有权”（historic bays or titles）没有定义。《公约》涉及“historic bay（s）or title（s）”的条款只有《公约》第10.6条和第15条。因此，有很有力的学说支持与《公约》第298.1（a）(i）项中的“历史性海湾或所有权”（historic bays or titles）相关的争端仅指上述两个条款的解释或适用的争端，[②] 而这两个条款中的historic bay（s）or title（s）明确所指的是主权性水域。但从《公约》第298.1（a）(i）项的文本结构来看，上述这样的解释存在问题。因为该条款的前半段已经排除了《公约》第15条的解释或适用，而历史性所有权（historic title）却又明文规定在《公约》第15条中。这样，《公约》第298.1（a）(i）项前半段对《公约》第15条的解释或适用的排除，即已排除了该条款文本中明文规定的历史性所有权（historic title）的解释或适用。《公约》第298.1（a）(i）项后半段的“historic titles”即使和第15条的单数形式历史性所有权（historic title）不构成两者性质差别的决定因素，在解释结论上两者的性质也一定是不同的。因为如果不是这样的话，《公约》第298.1（a）(i）项后半段的“historic titles”的排除就是多余的。

由于《公约》第15条规定的是领海划界之规则，其中的历史性所有权（historic title）一定是指向主权性质的水域。《公约》第298.1（a）(i）项后半段的“historic titles”性质与此不同，必然包括非主权性质的历史

---

① “Final Transcript Day 2-Jurisdiction Hearing”-08-07-2015 (English) http://www.pcacases.com/web/sendAttach/1400, pp.70-72.（last Visited March 3，2016）被告律师自身也注意到俄文版本并不支持其说法。

② Treves argued，“...according to article 286，compulsory jurisdiction applies only to deputes concerning the interpretation or application of the Convention.It would seem to follow that compulsory jurisdiction can concern historic bays and titles only to the extent that the dispute concerns the interpretation or application of article 10，para.6，and article 15” T. Treves，“The Jurisdiction of the International Tribunal for the Law of the Sea”，in P.Chandrasekhara Rao and Rahmatullah Khan（Eds.），The International Tribunal for the Law of the Sea: Law and Practice（Hague: Kluwer Law International，2001），p.121.

性水域。对于historic title（s）这样的定性，在联合国1957年和1962年有关历史性水域和历史性海湾的两个文件中都有所体现。①

和《公约》第298.1（a）(i）项前半段排除与划界相关的第15条、第74条、第83条的解释适用不同,《公约》第298.1（a）(i）项后半段“historic bays or titles”甚至不和划界直接关联。这样，围绕“historic bays or titles”的《公约》合规性的争端，即使其合规性问题涉及的是有关海洋权利来源（sources of maritime entitlement）的其他条款引起的解释和适用问题，也将被排除。同样的排除构造也反映在《公约》第298.1（b）项有关军事活动的排除和《公约》第298.1（c）项安理会所采取行动的排除上。和上述排除需要证明相关的活动是否是军事活动或安理会所采取行动这样的事实问题一样，历史性权利（historic rights）的存在也将作为事实问题确认。在这一点上，仲裁庭却又令人困惑地将历史性权利（historic rights）的有效性（validity）作为实体问题留作下一步审理时决定。然而，仲裁庭如果不是单纯进行事实确认而是进入有关历史性权利的有效性问题的判断的话，其本身对这一问题是否拥有管辖权就成为问题。②

① Juridical Regime of Historic Waters，Including Historic Bays（1962），para.183, p.25.［“there seems to be no doubt that，in principle，a historic title may exist also to other waters than bays，such as straits or archipelagos，or in general to all those waters which can form part of the maritime domain of a State.”］Historic Bays: Memorandum by the Secretariat of the United Nations(1957), para.199, p.37.［“The application of the theory is not limited to bays. It tends to be applied also to straits，to the waters within archipelago and，generally，to the various areas capable of being comprised in the maritime domain of the State.”］

② Philip Saunders（加拿大达尔豪斯Dalhousie大学法学院教授）在中国南海研究院2016年1月24日举办的“Symposium on the Historic Rights and the South China Sea Arbitration”会议上所做的题为“Compulsory Adjudication of Disputes over Historic Rights and Title: Implications for the China-Philippines Arbitration”的发言中，提及这一观点。

五、结论

菲律宾有关中国南海断续线的仲裁请求，挑战的是中国的海洋权利主张。这一挑战，明显和划界“相关”。无论菲律宾挑战的是南海断续线内中国主张的“主权权利和管辖权”还是“历史性权利”，都有可能落入《公约》第298.1(a)(i)项下，为中方基于《公约》第298条的声明所排除。

“菲律宾南海仲裁案仲裁庭”在考虑菲律宾有关中国南海断续线的仲裁请求时，完全忽略了“历史性权利”之外的其他海洋权利来源之争，尤其关键的是有关岛礁性质的《公约》第121（3）条的解释或适用之争能否落入《公约》第298.1（a）(i）项下这一问题。但仲裁庭在处理菲律宾直接提出的有关岛礁性质的《公约》第121（3）条的解释或适用的仲裁请求时，未能展开对《公约》第298.1（a）(i）项的解释，导致最后认定自身具有管辖权。

在实体问题审理中依职权重新考虑在先决问题审理中已予考虑的管辖权问题，这样的做法，在国际法院的审判实践中，特别是被告缺席时，并非无例可循。[1] 只有在穷尽并扫清了所有海洋权利来源上的管辖障碍后，仲裁庭才能确定对菲律宾有关南海断续线的仲裁请求具有管辖权。同时，如果仲裁庭在实体问题审理中判断关于《公约》第298条的声明排除了“历史性权利”这一自设的管辖异议成立的话，仲裁庭也将无权审理菲律宾有关南海断续线的请求。这样，即使仲裁庭对其他海洋权利来源上中方已提出的管辖异议存在疏忽，也将不影响这一结论。

---

① Fisheries Jurisdiction（United Kingdom v.Iceland），Merits，Judgment，I.C.J.Reports 1974，paras.42-48，pp.20-23. Military and Paramilitary Activities in and against Nicaragua（Nicaragua v.United States of America），Merits，Judgment.I.C.J.Reports 1986，paras.32-35，pp.26-28.

论混合型海洋争端的管辖权问题

张　华

[内容提要]　以“查戈斯群岛仲裁案”和“菲律宾南海仲裁案”为代表，混合型海洋争端的管辖权问题从理论争议演变为现实困境。受制于特定的属物管辖权，《联合国海洋法公约》争端解决机制框架下的国际仲裁庭不能对混合型海洋争端整体实施管辖权。相关争端当事方为规避管辖权的障碍，故意将混合型海洋争端的局部提交强制仲裁机制。但是，由于领土主权和海洋权益争端之间的固有联系，这种人为的割裂难以使海洋争端纯粹化，相反给国际仲裁庭的裁决带来了更大程度的困扰。鉴于混合型海洋争端所引发的正当性、实效性和公正性危机，国际仲裁庭在裁决管辖权问题时不得不持谨慎态度。国际仲裁庭在“查戈斯群岛仲裁案”中所使用的“重心检验”方法能确保对混合型海洋争端进行相对准确的定性，并随之确定管辖权。而在“菲律宾南海仲裁案”中，“菲律宾南海仲裁案仲裁庭”并没有沿用“重心检验”方法对菲律宾的仲裁请求逐项进行客观和全面的审查，致使其管辖权裁决出现重大瑕疵。

[关键词]　混合型海洋争端　管辖权　重心检验　南海仲裁案

[作者简介]　张华，南京大学法学院副教授，法学博士。本文系教育部哲学社会科学研究重大课题攻关项目“南海地区安全合作机制研究”（项目批准号：15JZD036）的研究成果。

混合型海洋争端，特指同时涉及领土主权与海洋权益问题的争端。[①] 由于1982年《联合国海洋法公约》(以下简称"《公约》") 规定岛屿和陆地一样具有产生专属经济区和大陆架的权利，因而使得原本较为纯粹的领土主权争端与海洋权益争端交织在一起。一方面，领土主权问题较为敏感，除非争端当事国同意，一般很难由国际司法机构行使管辖权；另一方面，鉴于领土主权与海洋权益问题存在密切联系，为回避国际司法机构的管辖权障碍，部分国家有意将混合型海洋争端的整体或局部提交强制性的《公约》争端解决机制，力图在拓展海洋权益的同时间接确立领土主权。在起草《公约》文本期间，曾经有一些非正式的讨论偶尔涉及混合型海洋争端，但没有形成一致意见。[②] 在《公约》出台后，混合型海洋争端起初并未引起国际法理论界和实务界的太多关注。仅有一些学术论著偶尔提及此类争端，但也仅限于领土主权与海洋划界混合型的争端。[③] 近年来,《公约》争端解决机制框架下的附件七仲裁程序大有被滥用的趋势。尤其是在"查戈斯群岛仲裁案"和"南海仲裁案"中，混合型海洋争端的管辖权问题成为争端双方关注的焦点。国际仲裁庭有关管辖权问题的裁决也引发国际法理论界和实务界的争议。本文将首先分析混合型海洋争端之管辖权问题的起源，进而探讨该问题对《公约》争端

---

① 有西方学者指出，混合型海洋争端是指同时涉及《公约》解释或适用问题以及其他问题的争端，领土主权与海洋划界混合型争端为其中的典型。参见Bernard H. Oxman，Courts and Tribunals: The ICJ，ITLOS，and Arbitral Tribunal，in Donald R. Rothwell et al. (eds.)，The Oxford Handbook on the Law of the Sea，at 400 (Oxford University Press，2015)。贾兵兵教授持类似观点。参见Jia Bingbing，The Principle of the Domination of the Land over the Sea: A Historical Perspective on the Adaptability of the Law of the Sea to New Challenges，57 German Y. B. Int'l. L. 63，66 (2014)。目前学者们对混合型海洋争端的关注集中于领土主权与海洋权益混合型争端，参见Zhang Xinjun，Mixed Disputes and the Jurisdictional Puzzle in Two Pending Cases: Mauritius v. UK and the Philippines v. China，7 J. E. Asia & Int' l. L. 529，530(2014)。本文作者为行文方便，将涉及UNCLOS 解释或适用问题的争端简称为"海洋权益争端"，涉及大陆或岛屿陆地领土的主权争端简称为"领土主权争端"。

② Irina Buga，Territorial Sovereignty Issues in Maritime Disputes: A Jurisdictional Dilemma for Law of the Sea Tribunals，27 Int'l J. Marine and Coastal L. 59，70(2012).

③ Myron H. Nordquist et al. (eds.)，United Nations Convention on the Law of the Sea 1982: A Commentary (Volume V)，at 133 (Martinus Nijhoff Publishers，2002).

解决机制之正当性、实效性和公正性的挑战，同时剖析国际司法机构处理此类争端之管辖权的路径，最终对“南海仲裁案”之管辖权问题的相关裁决进行适当分析。

一、混合型海洋争端之管辖权问题的缘起

在《公约》生效之前，混合型海洋争端的管辖权问题在国际法院或国际仲裁庭的司法实践中并没有引起太大的争议。这与国际司法机构的管辖权设置有关。无论是常设性的国际法院，抑或临时组成的国际仲裁庭，很大程度上都是在争端当事国同意的基础上行使管辖权，且管辖的主题事项较少存在限制。[①] 虽然在案件的先决裁判阶段，争端双方可能会对管辖权的来源产生一定的争议，[②] 但较少会质疑国际司法机构本身管辖的主题事项，或曰“属物管辖权”(jurisdiction ratione materiae)。因此，只要能证明作为国际司法机构管辖权来源的国际协定或仲裁协定涵盖争端事项，或者争端双方以特别协定的方式提交争端，国际司法机构原则上即可以在较少争议的情况下对混合型海洋争端实施管辖权。[③]

1994年生效的《公约》规定了强制性的争端解决机制。《公约》第15部分第2节规定了若干导致有拘束力判决的程序，包括：国际法院，国际海洋法法庭，公约附件七仲裁庭，公约附件八的特殊仲裁庭。不过，由

---

① 例如，ICJ 的属物管辖权范围较为广泛。有学者认为，这是由于《国际法院规约》的起草者希望国际法院能够处理各种类型的争端，以及鼓励国家在自由意志的基础上积极向法院提交争端。参见Robert Kolb，The International Court of Justice，at 297 (Hart Publishing，2013)。

② 国际司法机构的管辖权大多建立在国家同意的基础之上，国家以不同的方式表示接受其管辖权，因而构成管辖权的来源。以国际法院为例，根据管辖权来源的不同，其诉讼类案件的管辖权包括：自愿管辖、协定管辖、任择性强制管辖，以及应诉管辖。

③ E.g. Maritime Delimitation and Territorial Questions between Qatar and Bahrain, Jurisdiction and Admissibility, Judgment, ICJ Reports, 1994. at 112; Territorial and Maritime Dispute between Nicaragua and Honduras in the Caribbean Sea (Nicaragua v. Honduras), Judgment, ICJ Reports 2007, at 659; Territorial and Maritime Dispute (Nicaragua v. Colombia), Preliminary Objections, Judgment, ICJ Reports 2007, at 832.

于公约第287条第3款和第5款的特殊规定，[①] 公约附件七的仲裁程序构成“兜底程序”，在海洋争端解决实践中得到了广泛运用。由于此类仲裁程序能够被单方“触发”，且公约争端解决机制具有突出的强制性，争端当事国出于“挑选法院”的需要倾向于将混合型海洋争端提交公约附件七意义上的国际仲裁庭。

根据公约第288条第1款，《公约》争端解决机制框架下的国际法院或仲裁庭的管辖权范围限于“有关本公约解释或适用的任何争端”。这就和其他具有广泛属物管辖权的国际司法机构形成了鲜明的对比。换言之，公约解释或适用以外的争端原则上不应属于《公约》争端解决机制的管辖范围。[②] 其次，《公约》第298条第1款规定，公约当事国可以发表声明，将若干类型的争端排除在《公约》强制争端解决机制之外。其中a项所涉及的争端类型是：

关于划定海洋边界的第15、第74和第83条在解释或适用上的争端，或涉及历史性海湾或所有权的争端，但如这种争端发生于本公约生效之后，经争端各方谈判仍未能在合理期间内达成协议，则作此声明的国家，经争端任何一方请求，应同意将该事项提交附件五第二节所规定的调解；此外，任何争端如果必然涉及同时审议与大陆或岛屿陆地领土的主权或其他权利有关的任何尚未解决的争端，则不应提交这一程序。

关于该条款的解释同样关乎混合型海洋争端的管辖权问题。从字面上看来，涉及海洋划界的争端可以通过声明的形式排除在《公约》争端解决机制的管辖范围之外。对于公约生效后发生的海洋划界争端，虽然

---

① 《公约》第287条第3款规定：“缔约国如为有效声明所未包括的争端的一方，应视为已接受附件七所规定的仲裁”。第5款规定：“如果争端各方未接受同一程序以解决这项争端，除各方另有协议外，争端仅可提交附件七所规定的仲裁”。这意味着在争端双方选择的程序不一致，或均未提交选择声明的情况下，公约附件七的仲裁程序将自动适用。

② 值得注意的是，《公约》第288条第2款规定：“第二八七条所指的法院或法庭，对于按照与本公约的目的有关的国际协定向其提出的有关该协议的解释或适用的任何争端，也应具有管辖权”。例如，1995年的《联合国鱼类种群协定》第30条明确规定，有关该协定解释或适用的争端适用《公约》争端解决机制。

此类排除性声明不一定能避免调解程序的适用，但至少这种排除效果延及与之密切相关的领土主权争端。但是，有学者提出：从相反角度来看，当公约当事国未作出此种声明时，则《公约》争端解决机制对海洋划界争端以及相关的领土主权争端享有管辖权。[①] 对此，有学者提出不同意见，认为领土主权问题并不属于公约事项，因此成为公约当事国并不意味着同意《公约》争端解决机制框架下的国际仲裁庭可以裁决与海洋相关的领土主权问题。[②] 其潜台词是，在争端一方单方面提交混合型海洋争端的情况下，《公约》争端解决机制框架下的国际司法机构不应享有管辖权。

另外，《公约》第293条规定："根据本节具有管辖权的法院或法庭应适用本公约和其他与本公约不相抵触的国际法规则"。有学者据此主张，既然领土主权规则构成一般国际法规则，第293条的规定隐含承认了《公约》争端解决机制下的国际司法机构对混合型海洋争端享有全面的管辖权。[③] 这一观点值得商榷。因为第293条题为"适用的法律"，并非是对管辖权的界定。更何况，适用法律的前提必须是《公约》争端解决机制下的国际司法机构享有管辖权。西方著名海洋法学者也强调管辖权和适用的法律之间存在严格的区别。[④] 质言之，《公约》争端解决机制只对那些涉及公约解释或适用的争端享有管辖权，而对于因一般国际法而产生的争端则无管辖权。否则的话，《公约》争端解决机制的属物管辖权将会趋于无限。这种混淆管辖权和适用法律之逻辑关系的理解显然有悖《公约》

---

① See Philippe Gautier, The Settlement of Disputes, in Malgosia Fitzmaurice & Norman Gutiérrez (eds.), The IMLI Manual on International Maritime Law (Volume I): The Law of the Sea, at 552 (Oxford University Press, 2014).

② 前引①，Oxman 文，第400页。

③ P. Chandrasekhara Rao, Delimitation Disputes under the United Nations Convention on the Law of the Sea: Settlement Procedures, in Tafsir Ndiaye & Rüdiger Wolfrum (eds.), Law of the Sea, Environmental Law, and Settlement of Disputes: Liber Amicorum Judge Thomas A. Mensah, at 891 (Martinus Nijhoff Publishers, 2007).

④ Donald Rothwell & Tim Stephens, The International Law of the Sea, at 452 (Hart Publishing, 2010).

缔约方的原始意图。

2006年10月23日，时任国际海洋法法庭庭长的吕迪格·沃尔弗鲁姆（Rüdiger Wolfrum）法官在纽约向来自各国外交部的法律顾问发表演讲，正式激起了国际法理论界和实务界有关混合型海洋争端之管辖权问题的大争论。沃尔弗鲁姆法官的观点是：基于实效性原则，以及使司法机构切实开展司法职能的考虑，国际法庭处理海洋划界争端的权能包含与之相关的陆地划界或岛屿主权问题。他强调了领土主权和海洋权益之间的密切联系，认为只要与海洋划界争端联系紧密或附属于此类争端，领土主权争端即属于公约解释或适用的范畴。他的依据是，从反面解读第298条第1款a项，在没有排除性声明的情况下，海洋划界争端，以及必然同时涉及的领土主权争端属于《公约》争端解决机制强制管辖权的范畴。①

早期发生的混合型海洋争端一般同时涉及领土主权和海洋划界问题，例如"圭亚那与苏里南仲裁案"②。近期发生的"查戈斯群岛仲裁案"和"南海仲裁案"③表明，除海洋划界问题外，任何有关公约解释或适用的争端在同时涉及领土主权问题时，都会构成混合型海洋争端。因此，混合型海洋争端的外延有扩大化的趋势。

例如，在"查戈斯群岛仲裁案"中，英国指出，混合型海洋争端是指同时涉及领土主权和海洋划界问题的争端，由于案件不涉及海洋划界问题，因此仲裁庭无须讨论混合型海洋争端。毛里求斯反驳道：混合型海洋争端应采取广义的理解，当海洋争端问题无法同领土主权问题分离

---

① Rüdiger Wolfrum, "Statement to the Informal Meeting of Legal Advisers of Ministers of Foreign Affairs", New York, October 23, 2006.

② Award in the Arbitration regarding the Delimitation of the Maritime Boundary between Guyana and Suriname, Award of 17 September 2007, RIAA, Vol. XXX, pp.1-144(hereinafter"Guyana and Suriname Arbitration").

③ Chagos Marine Protected Area Arbitration (Mauritius v. UK), PCA Case No. 2011-03, Award of 18 March 2015(hereinafter "Chagos Arbitration"; South China Sea Arbitration (Philippines v. China), PCA Case No. 2013-19, Award on Jurisdiction and Admissibility, 29 October 2015 (hereinafter "South China Sea Arbitration").

时，即构成混合型海洋争端。[①] 虽然国际仲裁庭没有直接界定混合型海洋争端，但从其裁决毛里求斯仲裁请求之管辖权问题的实际情况来看，“查戈斯群岛仲裁案”构成混合型海洋争端应当是没有疑问的。仲裁庭关注的焦点是如何对混合型海洋争端进行定性，以及当领土主权问题构成确定公约下之权利和义务的先决条件时，公约第288条第1款的属物管辖权范围是否足以涵盖领土主权争端。[②]

基于上述分析，可以认为，混合型海洋争端的管辖权问题乃是根源于一对不可调和的矛盾：一方面，依据“陆地统治海洋原则”，领土主权与海洋权益之间存在密不可分的联系；[③] 另一方面，《公约》争端解决机制框架下的国际法院或仲裁庭在属物管辖权方面存在固有的限制。在国际司法机构大量产生的现时代，争端当事国出于诉讼策略的考虑，往往出现“挑选法院”（forum shopping）的现象。[④]《公约》争端解决机制的强制性给予那些希望解决混合型海洋争端的国家以极大的方便。尤其是公约附件七的仲裁程序作为“兜底程序”，具有自动运行的特征，大大有利于那些单方面启动《公约》争端解决机制的国家。不可否认，近年来个别国家在明知属物管辖权限制的情况下，将混合型海洋争端的整体或局部提交《公约》争端解决机制框架下的国际仲裁庭，意图在裁决海洋权益争端的同时，间接实现领土主权。这一定程度地使《公约》争端解决机制面临着正当性、实效性和公正性的危机。

---

① Chagos Arbitration，paras. 189-196.

② Id.，para. 206.

③ “陆地统治海洋原则”是沿海国向邻近海域主张权利的依据，集中反映在大陆架制度中。各国经常依据该原则主张对邻近海域的主权权利，国际司法机构在涉及大陆架划界的判决中也反复提及该原则。参见前引①，贾兵兵文，第68—87页。

④ “挑选法院”是指争端一方试图在对自己最有利的法院提出诉求，在国内法中较为常见。在国际法上，随着20世纪90年代常设性或临时性国际司法机构的大量出现，争端当事国出现了“挑选法院”的可能。有关这一问题的详细论述，参见［以］尤瓦·沙尼：《国际法院与法庭的竞合管辖权》，韩秀丽译，法律出版社2012年版，第166—197页。

二、混合型海洋争端与《公约》争端解决机制的危机

国际社会并不存在具有普遍强制管辖权的国际司法机构。本质上，国际司法机构的成立和运作源自于相关组织章程条约的授权，亦即国家的同意。就此角度而言，虽然国际司法机构有权自主决定其在具体案件中的管辖权，但无论如何都不能突破组织章程条约的限制。《公约》争端解决机制的强制性管辖权不仅受到公约第15部分第1节中的程序性条件，以及第3节中的限制和例外的制约，而且其属物管辖权的限制决定了任何有关混合型海洋争端之管辖权的裁决都会攸关其正当性。

（一）作为正当性来源的管辖权

管辖权，是指国际司法机构裁决案件的权威，源于国家的授权和同意。一旦证明管辖权成立，国际司法机构即享有裁决案件的权能，且通常有义务对争端方提交的案件作出裁决。国际司法机构的管辖权包含人、事物、时间和空间四个维度，即所谓的属人管辖（jurisdiction ratione personae）、属物管辖、属时管辖（jurisdiction ratione temporis）和属地管辖（jurisdiction ratione loci）。[①] 在满足这四个维度的同时，国际司法机构还应考虑行使管辖权的前提条件，包括其组织章程条约中规定的根本条件和案件的具体条件。在此基础上，国际司法机构还应考虑案件的可受

---

① 属人管辖是指能够在国际司法机构提起诉讼的主体；属物管辖是指国际司法机构管辖案件的主题事项；属时管辖是指国际司法机构管辖案件的时间限制，例如国际刑事法院只管辖其成立后发生的案件；属地管辖是指国际司法机构管辖特定地域发生的案件，例如欧洲人权法院通常管辖成员国境内的案件，但近年来也出现了对域外案件扩大管辖的迹象。国内有学者在探讨国际司法机构的管辖权时使用"对人管辖"和"对事管辖"这一术语，亦有学者使用"属物管辖"和"属时管辖"之类的术语。参照王铁崖先生有关国际法拉丁文术语的翻译，同时也为行文方便，作者尝试统一使用上述四个称谓。需要注意的是：虽然在国家管辖权中亦有使用"属人管辖"、"属地管辖"之类的称谓，但不应同国际司法机构的管辖权之间发生混淆。参见王铁崖：《英法汉国际法词汇》，中国对外翻译出版公司1983年版，第539页。

理性问题。所谓“可受理性”，是指国际司法机构可基于特定理由拒绝行使管辖权。这类理由例如，“未用尽当地救济”“缺少必要的第三方”、“滥用司法程序”。[①] 换言之，可受理性意味着国际司法机构在决定是否行使管辖权方面享有一定的自由裁量权。

从司法哲学的角度来看，正当性是一种合法化的权威，源于公平和正义理念。当国际司法机构的权威已经被国家、公共舆论、潜在的诉讼方，以及其他利益相关方所接受时，该机构在支持者眼中便具有正当性。[②] 由于国际司法机构的权威本质上是派生性的，取决于国家的同意，因此国际司法机构在管辖权和可受理性方面的裁决势必影响其正当性。

质言之，管辖权构成国际司法机构正当性的根本。实施组织章程条约赋予之管辖权的国际司法机构乃是以一种授权者普遍接受的方式实施其法律权威，因而自然具有正当性。相应地，管辖权对国际司法机构判决结果的正当性具有重要影响。较之于在正常管辖范围内作出的裁决，过度行使管辖权所产生的裁决将更可能遭到利益相关方和外界有关正当性的拷问。

可受理性同样涉及正当性问题。在国际司法裁判中，可受理性的判断构成国际司法机构理性行使管辖权的“安全阀”。即便管辖权形式上成立，国际司法机构在特定的情境中仍可以“缺乏可受理性”为由拒绝对案件实施管辖权。当然，因为可受理性规则具有自由裁量的性质，国际司法机构拒绝受理案件的理由必须充分，否则极易引起外界有关其裁决正当性的指摘。例如，在20世纪60年代的“西南非洲案(第二阶段)”中，

① James Crawford, Brownlie's Principles of Public International Law(8th edn.), at 693(Oxford University Press, 2012).

② Yuval Shany, Assessing the Effectiveness of International Courts, at 139 (Oxford University Press, 2014).

国际法院以原告国"利益无涉"为由作出对该案缺乏可受理性的裁决[①]，致使国际法院的权威在很长一段时间内都备受质疑，[②] 因而产生了严重的正当性问题。

（二）混合型海洋争端导致的正当性、实效性和公正性危机

《公约》争端解决机制框架下的国际法庭或仲裁庭在行使管辖权之前，首先应确定争端是否属于"有关本公约解释或适用的争端"，亦即属物管辖权是否成立。在此基础上，公约第15部分第1节中的程序性条件必须成立。同时，还应考虑到公约第15部分第3节规定的"限制和例外"排除了国际司法机构对于部分海洋争端的管辖权。从公约谈判历史来看，《公约》争端解决机制是各方利益实现艰难平衡的体现。如果国际仲裁庭不加限制地对混合型海洋争端实施管辖权，《公约》争端解决机制的管辖范围势必得以扩展，[①] 从而打破《公约》缔约方所意图实现的权利和义务的平衡。相应地，《公约》争端解决机制将会面临正当性危机。

由于其"兜底"性质，公约附件七的仲裁程序自《公约》生效以来

---

① 1960年11月4日，埃塞俄比亚和利比里亚分别在国际法院起诉南非，主张南非在西南非洲（亦即纳米比亚）违法实施种族隔离措施。1962年12月21日，国际法院在该案的先决裁判阶段确定对该案享有管辖权。1966 年7 月18日，国际法院在该案第二阶段作出裁决，认为两国在该案中无法证明对诉讼标的享有法律利益，因而拒绝受理该案。值得注意的是，在法院表决时，反对票和赞成票相等，最终由国际法院院长投票决定案件的结果。See South West Africa (Ethiopia v South Africa; Liberia v South Africa)，Second Phase，Judgment，I. C. J. Reports 1966，at 6.

② 根据Kolb 的总结，从1966年"西南非洲案（第二阶段）"判决作出直至1986年"尼加拉瓜诉美国军事行动案（实体）"判决作出，国际法院陷入了长达20年之久的停滞阶段。不仅广大发展中国家对国际法院缺乏信任，国际社会也开始质疑其效用和权威。这一时期出现了大量的被告方拒绝到庭的现象。参见前引④，Kolb书，第1152—1155页。

① 有西方学者指出，在处理海洋问题方面具备专长和管辖权的国际法庭如果处理附属的领土主权问题，即超越了其组织章程条约的限制。参见前引②，Buga文，第69页。

大有被滥用的趋势，[①] 这对于确保《公约》争端解决机制的正当性而言，绝非福音。和常设性的国际司法机构相比，仲裁庭组成的临时性更容易让人对其权威产生疑问。尤其值得一提的是，国际仲裁庭组成的临时性有可能导致对《公约》解释和适用的“碎片化”。例如，关于第283条中“迅速交换意见的义务”，国际海洋法法庭将之视为可受理性的范畴，[②] 仲裁庭却将之视为管辖权的范畴。[③] 这种缺乏一致性的裁决在某种程度上也会削弱常设性的国际海洋法法庭的权威，进而引发外界对《公约》争端解决机制正当性的质疑。

不仅如此，混合型海洋争端的提交将《公约》争端解决机制框架下的国际法庭或仲裁庭置于艰难境地。一方面，原告无视属物管辖权的限制，滥用《公约》争端解决机制；另一方面，被告方往往强烈抵制管辖权，要求法庭揭开混合型海洋争端的“面纱”。即使国际法庭或仲裁庭对于附带性的海洋争端行使管辖权，其裁决也终将流于形式。这不仅无助于争端的解决，更有沦为原告方的“法律工具”之嫌。相应地，更多的缔约国将对《公约》争端解决机制“敬而远之”：对于那些面临领土主权与海洋权益问题的国家而言，为避免一方单独启动仲裁程序，也许提交第298条意义上的排除性声明更为安全——毕竟按照“相反解释”的逻辑，只要是领土主权与海洋划界密切相关，在无排除声明的情况下，即属于《公约》争端解决机制管辖的事项。如此将会促使更多的国家提交排除性声明。久而久之，《公约》争端解决机制整体上的实效性难以得到

---

① 截至2015年12月31日，共有12个海洋案件适用了公约附件七的仲裁程序。相形之下，国际海洋法法庭虽然受理了25个案件，但其中有15个案件属于发布临时保全措施和迅速释放类型的案件，两个案件为咨询类案件。另外，有4个案件起初适用公约7仲裁程序，后经争端方协议，转由ITLOS审理。所以，真正意义上将ITLOS作为裁决实体问题之首选的案件仅有4个，而这些案件也是近年来才开始受理的。例如，“路易莎号案”（2010年），“弗吉尼亚G号案”（2011年），“大西洋划界案（加纳/科特迪瓦）”（2014年），“诺斯塔号案（巴拿马诉意大利）”（2015年）。

② 高健军：《〈联合国海洋法公约〉争端解决机制研究》（修订版），中国政法大学出版社2014年版，第176页。

③ E. g. Chagos Arbitration, paras. 377-386; also South China Sea Arbitration, Award on Jurisdiction and Admissibility, paras. 332-352.

保障。

就公正性问题[①]而言，由于目前国际法理论界和实务界对混合型海洋争端的管辖权问题存在不同理解，国际司法机构的法官和仲裁员自然先入为主地秉持某一特定立场。或许是为了鼓励更多的国家使用《公约》争端解决机制下的强制程序，目前积极提倡对混合型海洋争端实施管辖权的观点基本上来自国际海洋法法庭的法官，[②]他们在任期间或卸任后均多次被提名为国际仲裁庭的仲裁员。以沃尔弗鲁姆法官为例，关于混合型海洋争端之管辖权问题的大讨论原本就是因其演讲而引发，他一直积极主张此类争端的管辖权。而值得注意的是，在近年来富有争议的混合型海洋争端中，他经常被原告方提名为仲裁员参与案件的审理。从其在相关案件的庭审记录和裁决中附加的反对意见[③]来看，沃尔弗鲁姆法官始终坚持对混合型海洋争端实施管辖权。这种先入为主之见难免令外界质疑国际仲裁庭的公正性。

三、混合型海洋争端之管辖权问题的处理路径

正因为面临正当性、实效性和公正性的挑战，《公约》争端解决机制框架下的国际仲裁庭一般会较为谨慎地对待混合型海洋争端的管辖权问

---

① 公正性涉及裁判者有关争端事项、与争端方的关系，以及争端方立场的内在倾向。简言之，公正性要求裁判者在裁决案件时不得带有歧视，个人的偏见，以及倾向。See Anja Seibert-Fohr, International Judicial Ethics, in Cesare P. R. Romano et al. (eds.), The Oxford Handbook of International Adjudication, at 765(Oxford University Press, 2014).

② 例如，除Wolfrum法官外，曾担任ITLOS法官的Tullio Treves(意大利籍)和P. Chandrasekhara Rao(印度籍)均主张UNCLOS争端解决机制下的国际法院或仲裁庭对混合型海洋争端享有管辖权。See Tullio Treves, What Have the United Nations Convention and the International Tribunal for the Law of the Sea to Offer as regards Maritime Delimitation Disputes?, in Rainer Lagoni & Daniel Vignes (eds.), Maritime Delimitation, at 76-77 (Martinus Nijhoff Publishers, 2006). 同时参见前引11，Rao文，第887—892页。

③ See Dissenting and Concurring Opinion of Judge James Kateka and Judge Rüdiger Wolfrum in Chagos Arbitration, paras. 3-19.

题。以“圭亚那与苏里南仲裁案”和“查戈斯群岛仲裁案”为例，国际仲裁庭对管辖权问题的裁决显得“迂回曲折”，但争议在所难免。

（一）圭亚那与苏里南仲裁案

“圭亚那与苏里南仲裁案”主要涉及海洋划界问题，只是两国对于陆地边界的终点存在一定的争议，因而使该案构成混合型海洋争端。苏里南质疑仲裁庭的管辖权，认为两国陆地边界终点的具体位置并不明确，而仲裁庭不具有裁决领土主权问题的管辖权。如果双方不存在有关领海边界的协定，那么双方也就不存在有关陆地边界终点之具体方位的协定，仲裁庭对于圭亚那的第1项仲裁请求缺乏管辖权。[①] 圭亚那则认为，该项仲裁请求并不要求仲裁庭在裁决海洋边界的同时裁决陆地边界终点问题。就“1936年点”[②] 构成陆地边界的终点和海洋边界线的起点而言，双方存在一致意见。这可以从此后双方及前殖民当局70多年的行动获得佐证。[③]

国际仲裁庭并没有单独裁决第1项仲裁请求的管辖权问题，而是将其与领海划界问题挂钩。仲裁庭注意到苏里南的立场：只要能确定存在双方同意的领海边界，那么领海边界线的终点将成为划分其他海洋边界——即专属经济区和大陆架——的起点，仲裁庭关于海洋划界即可以享有管辖权。根据国际仲裁庭的裁决，两国领海边界线的起点是由科兰太因河（Corentyne）西岸的低潮线和一条穿过“1936年点”的北偏东10度线相交而成。由于“1936年点”与双方所同意的领海边界线——即北偏东10度线——存在密不可分的联系，国际仲裁庭以“1936年点”作为绘制3海里内领海界限的参考点。国际仲裁庭认为这样的操作并没有涉

---

① Guyana and Suriname Arbitration，paras．174-185．

② 历史上，圭亚那和苏里南分属英国和荷兰的殖民统治。1936 年，英国、荷兰和巴西所组成的划界委员会曾经建议：圭亚那和苏里南北部的陆地边界终点应为科兰太因河（Corentyne）西岸接近河口的一点，该点即为“1936年点”。同年，两国划界委员商定领海边界线应为一条从该点起始的北偏东10度线。由于第二次世界大战的爆发，两国并未在此基础上缔结划界协定，双方对于该点是否构成陆地边界的终点存在分歧。Guyana and Suriname Arbitration，paras．137—156．

③ Id.，paras．168-169．

及双方的陆地边界问题，因而苏里南反对管辖权的理由不成立。①

总体上，国际仲裁庭巧妙回避了陆地边界终点的裁决问题：通过争端双方之间有关领海边界的协定，并以“1936年点”作为参考点，确立了海洋边界线的起点。当然，如果不能证明领海边界协定的存在，恐怕国际仲裁庭就很难绕过混合型海洋争端的管辖权障碍了。

（二）查戈斯群岛仲裁案

长期以来，毛里求斯和英国之间围绕查戈斯群岛的主权问题争议不休。2010年12月，毛里求斯将英国在查戈斯群岛建立“海洋保护区”（Marine Protected Area）的相关问题诉诸《公约》附件七仲裁程序。由于其中涉及领土主权问题，该案构成混合型海洋争端。2015年3月18日，国际仲裁庭就案件的管辖权和实体问题作出了裁决。在判断管辖权问题时，仲裁庭创造性地运用“重心检验”方法，对混合型海洋争端的管辖权进行了详细审查，具有重要的启示意义。

毛里求斯的第1项仲裁请求是：因为英国并非《公约》第2条、第55条、第56条和第76条意义上的“沿海国”，所以英国无权宣布建立“海洋保护区”。仲裁庭在裁决时首先对毛里求斯的仲裁请求进行定性。仲裁庭指出：“在关注原告方有关争端的表述的同时，仲裁庭应在客观的基础上，籍由检验争端双方的立场，以决定争端的性质”。仲裁庭认为，历史记录表明，毛里求斯与英国之间关于查戈斯群岛的主权问题存在争端，同时双方也存在有关海洋保护区的争端。接下来，仲裁庭对争端的重心进行了判断。仲裁庭认为，大量历史记录和文件表明双方存在查戈斯群岛的主权争端。在启动仲裁程序之前，鲜有证据表明毛里求斯特别关注英国实施公约的问题。而且毛里求斯自身也曾主张，裁决英国不构成“沿海国”的后果不限于海洋保护区的合法性问题。据此，仲裁庭认为第一项判断“沿海国”的争端主要属于领土主权争端，至于“沿海国”的

① Id., paras. 280, 307-309.

解释或适用仅仅是附属于主要争端的一个方面。[①]

其次，仲裁庭考察了以下问题：对于一项主要涉及领土主权，次要涉及公约事项的混合型海洋争端，《公约》第288条第1款在多大程度上赋予仲裁庭以管辖权？仲裁庭指出，争端双方有关第298条第1款a项的争论大多偏离了要点。从《公约》的谈判记录来看，《公约》并没有明确回答有关领土主权问题的管辖权。对这一问题缺乏关注只能理解为公约谈判方未预料到长期存在的领土主权争议会被视为“有关本公约解释或适用的争端”。鉴于领土主权争端的敏感性，如果《公约》起草者当初能够预料到这一点，就会在《公约》中引入一项将主权争端明确排除在司法裁决机制之外的规定。按照仲裁庭的观点，第298条第1款a项只涉及海洋划界和历史性所有权方面的争端。从反面解读这一条款，至多只是在领土主权争端真正附属于海洋划界或历史性所有权方面的争端时，仲裁庭才有可能享有管辖权。遗憾的是，本案第1项仲裁请求不存在这种情况。仲裁庭因此拒绝对此行使管辖权。[②]

毛里求斯的第2项仲裁请求是：鉴于英国向毛里求斯作出的有关查戈斯群岛的承诺，英国无权单方面宣布建立海洋保护区，毛里求斯构成“沿海国”并享有相应的权利。仲裁庭以较为简洁的方式否定了管辖权。仲裁庭认为，在判断该项仲裁请求时，必须以争端双方关于查戈斯群岛的主权争端为背景。表面上看来，毛里求斯只是请求仲裁庭确定其享有“沿海国”的权利，但这一判断等于是裁定英国对查戈斯群岛不享有完全的主权。仲裁庭沿用了其判断第1项仲裁请求的方法，亦即对争端的重心进行了考察。仲裁庭认为在考察时不应局限于分析毛里求斯仲裁请求中的措辞（wording）。相反，仲裁庭有权，且有义务考虑仲裁请求的背景（context），以及陈述的方式，以确立双方事实上的争端。基于上述认识，仲裁庭认为双方有关查戈斯群岛的主权争端才是主要争端，“沿海

---

① Chagos Arbitration，paras．208-212．

② Id．，paras．213-221．

国"问题只不过是这一更大争端的一个方面。进一步地，仲裁庭指出，双方关于海洋保护区宣布的方式存在争端，但本项仲裁请求的真实目的在于加强毛里求斯有关查戈斯群岛的主权主张。毛里求斯在第1项和第2项请求中寻求的救济并无二致，即要求仲裁庭裁决英国无权宣布海洋保护区。尽管在陈述方式上有所不同，毛里求斯的第2项仲裁请求和第1项仲裁请求一样，都是关于查戈斯群岛的主权争端。[①] 仲裁庭因此拒绝对该项请求实施管辖权。

毛里求斯的第3项仲裁请求是：英国不得妨碍联合国外大陆架界限委员会（简称"委员会"）审查毛里求斯就查戈斯群岛之外大陆架提交的划界案。仲裁庭认为，从英国在一系列双边谈判和庭审阶段的表态来看，英国并不反对毛里求斯在"主权框架"下将查戈斯群岛的外大陆架划界案提交委员会审查，毛里求斯也接受这一立场。仲裁庭因此裁决双方就委员会审议查戈斯群岛外大陆架的划界问题不存在争端。[②] 最终，仲裁庭仅仅确定对毛里求斯的第4项仲裁请求享有管辖权[③]，并进而对英国是否违反有关公约条款进行了裁决。[④]

从上述两个有限的判例来看,《公约》争端解决机制框架下的国际仲裁庭虽然表面上竭力避免裁决混合型海洋争端中的领土争端，但由于领土主权与海洋权益之间的密切联系，实际上仍难免在裁决时对领土主权问题进行认定。例如，在"查戈斯群岛仲裁案"中，从实体问题的裁决来看，仲裁庭事实上花费了大量精力以确定查戈斯群岛的领土主权问题，

---

① Id.，paras. 229-230.

② Id.，paras. 324-350.

③ 毛里求斯的第4项仲裁请求是：英国在查戈斯群岛周边建立海洋保护区的行为违反了《公约》的相关实体条款。国际仲裁庭接受了毛里求斯的主张，认为英国在查戈斯群岛建立海洋保护区这一行为的性质应为环境保护，而非专属经济区的海洋生物资源维护，从而不属于第297条第3款中的例外。相反，第297条第1款c项构成管辖权基础。See Chagos Arbitration，paras. 304，319.

④ Id.，paras. 536，541.

亦即“兰卡斯特宫承诺”(Lancaster House Undertaking)，[①] 以判断毛里求斯在查戈斯群岛海域享有的权利。如此大费周章，无异于对主权问题进行了事实上的裁决。

另外，当海洋权益问题属于争端“重心”，领土主权问题属于次要问题，且不妨碍海洋问题的裁决时，仲裁庭实施管辖权倒是“无伤大雅”；反之，仲裁庭对混合型海洋争端实施管辖权则有“本末倒置”之嫌。在“查戈斯群岛仲裁案”中，基于毛里求斯前三项仲裁请求的裁决，仲裁庭基本上可以认定，毛里求斯与英国之间的争端重心在于领土主权。从有效解决争端的角度来看，仲裁庭不宜对该案实施管辖权。更何况毛里求斯第4项仲裁请求的真实背景乃是双方有关查戈斯群岛邻近水域的捕鱼权问题，而这属于《公约》第297条第3款所规定的有关适用强制争端解决机制的一般性例外。[②] 令人费解的是，仲裁庭将英国在查戈斯群岛邻近水域建立海洋保护区的行为界定为“海洋环境保护”，因此确立了对第四项仲裁请求的管辖权。如果说仲裁庭在实体问题阶段将捕鱼权问题理解为海洋环境保护尚不至于离谱的话，那么在管辖权阶段进行扩大解释难免会产生这样一种不良印象：即仲裁庭的裁决显然是为了实施管辖权而进行扩大解释。鉴于环境保护目标几乎涉及所有的海洋议题，如此扩大解释将使得第297条第3款的例外规定失去作用空间，有悖缔约方最初在《公约》争端解决机制方面竭力保持的平衡。[③]

---

① 1965 年毛里求斯谋求从英国独立时，与英国在伦敦外交部的兰卡斯特宫达成一系列条件，统称为“兰卡斯特宫承诺”。根据这些承诺：当查戈斯群岛未来不再被用作防务用途时，英国应将该群岛主权归还毛里求斯；在查戈斯群岛水域发现的矿产或石油收益应归毛里求斯；毛里求斯享有查戈斯群岛水域的捕鱼权。See Chagos Arbitration，paras. 417-455.

② 《公约》第297条第3款a项规定：对于公约中有关渔业规定之解释或适用的争端，原则上亦适用公约第15部分第2节中的强制程序。但是，关于沿海国专属经济区内生物资源的主权权利或这类权利行使的争端并非都属于强制程序的范畴，这些被排除的争端涉及沿海国决定可捕量、捕捞能力、分配剩余量给其他国家、关于养护和管理这种资源的法律和规章中所制订的条款和条件的斟酌决定权。

③ See Natalie Klein，Dispute Settlement in the UN Convention on the Law of the Sea，at 225-226 (Cambridge University Press，2005).

需要指出的是，即便是在判断争端之不同层面的主次关系时，仲裁庭仍然享有较大的自由裁量的空间，实践中自然容易引发争议。为此，国际仲裁庭在运用"重心检验"方法对争端进行定性时，应首先确定争端是否真实存在，进而通盘考察争端的背景和当事方的意图，尤其不应被单方请求的措辞所误导。国际仲裁庭在"查戈斯群岛仲裁案"中裁决毛里求斯第1项、第2项和第3项仲裁请求的审慎路径值得提倡。问题是，在"南海仲裁案"中，国际仲裁庭是否沿袭了具有较大合理性和可行性的"重心检验"方法呢？

四、"菲律宾南海仲裁案"的管辖权裁决瑕疵

中菲南海争端的管辖权障碍远甚于之前国际仲裁庭裁决的案件。在中国已于2006年提交《公约》第298条之排除性声明的情况下，"菲律宾南海仲裁案仲裁庭"对中菲南海争端的管辖权空间已经极为有限。为规避《公约》争端解决机制的管辖权障碍，菲律宾故意将中菲南海争端中的海洋争端与领土主权争端剥离开来，试图利用国际仲裁庭有关海洋问题的裁决，间接实现其在南海的领土主权和海洋边界主张。菲律宾的仲裁请求表面上似乎属于"有关公约解释或适用的争端"，[①] 但众所周知，这些仲裁请求中或多或少地涉及领土主权争端和海洋划界争端。因此，即便菲律宾在"南海仲裁案"中反复强调仲裁请求与领土主权无关，也只能是"欲盖弥彰"，丝毫改变不了中菲争端构成混合型海洋争端的客观事实。

由于中国始终坚持"不到庭"的立场，"菲律宾南海仲裁案仲裁庭"

---

① 美国著名海洋法学者Robert Smith 认为，《公约》并无条款规定如何解决领土主权争端，公约解释和适用的前提是：一国对产生海洋权益之领土享有确定无疑的所有权。See Robert Smith, Maritime Delimitation in South China Sea: Potentiality and Challenges, 41 Ocean Dev. & Int' l L. 214, 220 (2010). 据此可以认为，菲律宾将所谓的"与公约解释或适用相关的争端"提交国际仲裁，完全无视"陆地统治海洋原则"的现实意义。

有义务依据《公约》附件七第9条和仲裁庭程序规则第25条的规定，确保对争端享有管辖权，并在具有充分的法律和事实依据的基础上作出裁决。相应地，仲裁庭在审理管辖权问题时，不应盲目听信菲律宾单方面的主张。对于中国通过各种渠道提交的非正式的材料，以及那些国际社会人尽皆知的事实，仲裁庭理应予以通盘考量，以杜绝公正性方面的质疑。①

令人遗憾的是，“菲律宾南海仲裁案仲裁庭”于2015年10月29日发布的管辖权裁决在争端定性问题上存在重大瑕疵。和“查戈斯群岛仲裁案”中略显谨慎的裁决不同，仲裁庭在“南海仲裁案”中的裁决可谓“异想天开”。在中方坚持“不到庭”的尴尬情境下，仲裁庭无视中国于2014年12月7日发布的《中国关于菲律宾所提南海仲裁案管辖权问题的立场文件》(以下简称“《管辖权立场文件》”)，“大胆”假设了与菲律宾十四项仲裁请求相对应的中国主张。基于这些“虚拟”的争端，仲裁庭将之定性为“与《公约》解释或适用相关的争端”，并最终确立了管辖权。

（一）菲律宾仲裁请求的本质

就菲律宾第1项和第2项仲裁请求而言，实际上双方的争端尚未成型。从“菲律宾南海仲裁案仲裁庭”援引的证据来看，② 所谓的中方立场不过是中国在2009年为反对越南和马来西亚向联合国外大陆架界限委员会提交外大陆架划界申请时所发布的照会，并非针对菲律宾。至于仲裁庭所援引的菲律宾稍后针对中国立场所发布的照会，以及中国回应的照会，从内容上来看，双方争议的焦点仍然是领土主权和海洋划界问题。菲律宾请求仲裁庭明确中菲双方在南海的权益应由《公约》决定，而不能适用历史性权利。对此，其实菲律宾在提起仲裁之前并未和中国就此方面有任何实质性沟通，而毋宁是其决定单方面启动仲裁程序时提出的

---

① 参见张华:《国际海洋争端解决中的不应诉危机》，载《太平洋学报》2014年第12期。

② South China Sea Arbitration, Award on Jurisdiction and Admissibility, paras. 164-166.

主张。据此角度来看，仲裁庭所援引的中国立场并不恰当，反而证明在第1项和第2项仲裁请求所涉及的事项方面并无争端存在。① 实际上，中国从未否认过《公约》在南海争端中的适用，至于历史性权利，本身即蕴含在《公约》之中。② 因此，仲裁庭等于是虚构了一个争端。

就菲律宾第3项至第7项仲裁请求而言，本质上均为明确相关海洋地物的法律属性。仲裁庭自己承认，在证明双方就具体海洋地物的法律属性交换过意见方面，相关证据较少。不过，仲裁庭仍然径直裁决，双方存在有关海洋地物所产生之海洋权益的争端。③ 这一武断的结论无视菲律宾在单方面提起仲裁程序之前并未就相关问题与中国展开交流。中国一直坚持将南海诸岛分为西沙群岛、东沙群岛、中沙群岛和南沙群岛进行管理。④ 在海洋划界问题尚未提上议程的情况下，中国现阶段从未否定将《公约》适用于南海划界，以及依据公约明确相关海洋地物的法律属性。在中国立场尚不明确，且菲律宾未给予交流机会的情况下，仲裁庭径直裁决上述各项请求属于公约解释和适用的争端，难免有"为实施管辖权而虚拟争端"之嫌。

就菲律宾第8项至第14项仲裁请求而言，涉及中国在南海活动的合法性问题。菲律宾主张中国的活动干扰了其有关专属经济区和大陆架的权利，尤其是菲律宾渔民在黄岩岛附近享有的传统捕鱼权。⑤ 问题在于，在尚未确定领土主权以及划分中菲南海专属经济区和大陆架边界的情况下，仲裁庭如何可以绕开海洋划界问题，并因此享有管辖权？除非仲裁

---

① Kolb在研究国际法院所受理的争端时指出，法律或政治利益的冲突本身并不必然构成争端，而毋宁是争端的潜在来源。存在现实争端的情况下必然涉及利益冲突，反之则不一定成立。为确定冲突导致争端，相关国家应当准确表达将会招致他方反对的请求，从而激活冲突。这可以通过事先谈判或者向法院提交声明的方式实现。参见前引④，Kolb书，第306页。依此类推，仲裁庭在判断菲律宾第1项和第2项仲裁请求方面存在瑕疵。

② 参见贾宇：《中国在南海的历史性权利》，载《中国法学》2015年第3期。

③ South China Sea Arbitration, Award on Jurisdiction and Admissibility, paras.169-171.

④ 高之国、贾兵兵：《论南海九段线的历史、地位和作用》，海洋出版社2014年版，第6-19页。

⑤ South China Sea Arbitration, Award on Jurisdiction and Admissibility, para.173.

庭预设菲律宾第1项至第7项仲裁请求完全成立，否则很难回避海洋划界争端已经被中国2006年声明排除这一事实。换言之，菲律宾的仲裁请求看似构成有关公约解释或适用的争端，但本质上仍属于中菲南海主权和海洋划界争端的一个方面。就此角度而言，菲律宾提起仲裁的目的绝非只是单纯地要求仲裁庭化解有关《公约》相关条款的解释和适用问题。仲裁庭罔顾中菲南海争端的整体背景，过于简单地裁决中菲在第8项和第14项仲裁请求上存在有关公约解释和适用的争端，难免有“主次不分”之嫌。实际上，仲裁庭的裁决等于是事先完全支持了菲律宾的片面主张，存在公正性问题。

(二)“菲律宾南海仲裁案仲裁庭”对争端的定性

在国际司法裁决中，确定争端的存在并对之进行准确的定性决定了具体案件的管辖权和可受理性。国际法理论界和实务界将之视为国际司法机构的基本任务，攸关司法程序整体的正确运作。[①] 国际仲裁庭在“南海仲裁案”中同样强调争端的定性对于确立管辖权的重要性，并且指出应使用客观的方法，分离出案件中真实的问题，识别仲裁请求的目的。为此，“菲律宾南海仲裁案仲裁庭”提出：应检验争端双方的立场，并在客观的基础上确定双方存在的争端；且仲裁庭的判断不应拘泥于争端方的请求和主张，而应同时考虑外交争论、公开声明，以及其他相关证据。[②]

在判断菲律宾的仲裁请求是否涉及领土主权问题时，“菲律宾南海仲裁案仲裁庭”认为，应考虑两种情形：裁决菲律宾的仲裁请求需要仲裁庭首先以明示或隐含的方式决定主权问题，或者菲律宾的目的是加强其主权立场。颇耐人寻味的是，该仲裁庭仅仅依据菲律宾单方面的说明，就认定仲裁请求不涉及主权问题。菲律宾在诉状和庭审时反复声称，其无

---

① 前引④，Kolb书，第300页。

② South China Sea Arbitration, Award on Jurisdiction and Admissibility, para.150.

意要求仲裁庭裁决主权问题。该仲裁庭也认为，菲律宾胜诉并不会影响其主权要求，菲律宾提起仲裁请求的目的不过是为了缩小双方争议的问题，此外别无他求。据此，该仲裁庭认为菲律宾提起的仲裁请求不涉及领土主权争端。[①]

任何对南海争端有所了解的人士都可以看出，菲律宾提起仲裁的背景和真实目的绝非经其“精心包装”的仲裁请求表面上所呈现的幻象，而是有着更为“险恶”和“深远”的考虑。该仲裁庭特别指出本案和“查戈斯群岛仲裁案”的区别，认为毛里求斯第1项和第2项仲裁请求的真实目的在于隐含地要求仲裁庭确定主权，本案则不属于此种情形。[②] 然而，从上文“查戈斯群岛仲裁案”的分析可见，毛里求斯的第1项和第2项仲裁请求之所以被定性为主权争端，很大程度上是因为当时仲裁庭对争端进行了全面的“重心检验”，其中在判断争端方的真实意图时，特别考虑了英国和毛里求斯有关查戈斯群岛争端的背景，由此作出了较为准确的定性。就连西方学者都强调，在对混合型争端进行定性时应采取背景分析，以便依据个案的具体情形确定领土主权问题的权重。[③] 反观本案，仲裁庭简单依据菲律宾仲裁请求的表面措辞即否定了中国《管辖权立场文件》中有关“南海仲裁案”的定性，绝然无视案件的背景和提起仲裁请求一方的真实目的，不仅未恪守“勤勉”义务，[④] 而且有偏袒菲律宾之嫌。

在判断争端是否涉及海洋划界问题时，该仲裁庭不厌其烦地强调，“明确海洋地物所产生之海洋权利”与“海洋划界”是两个截然不同的概念，菲律宾的仲裁请求因此不涉及海洋划界争端。[⑤] 这一裁决完全无视这

---

① Id., para.153.

② Id.

③ 前引②，Buga文，第90页。

④ 在当事一方不到庭的情况下，国际司法机构尤其应恪守“勤勉义务”。该义务要求国际司法机构应采取一切必要手段和资源以弥补因不到庭所产生的事实方面的不对称性，从而确保诉讼请求存在充分的事实和法律依据。See Shabtai Rosenne, The Law and Practice of the International Court 1920-2005 (Volume III), at 1370 (Martinus Nijhoff Publishers, 2006).

⑤ South China Sea Arbitration, Award on Jurisdiction and Admissibility, para.155.

两个概念之间存在的事实性联系。迄今为止，所有涉及海洋划界争端的国际司法裁决均将“明确海洋地物所产生之海洋权利”作为划界的首要事项。① 相反，尚没有任何国际司法机构仅仅就“明确海洋地物所产生之海洋权利”的争端进行单独管辖和裁决。仲裁庭还进一步解释道，若相关海洋地物不产生海洋权利，也就不存在海洋权利重叠，自然也就无所谓海洋划界争端了。② 这一观点值得商榷。海洋划界争端原本就是源于争端方对相关海洋地物所产生之海洋权利的分歧。相应地，国际司法机构开展海洋划界的前提在于明确相关海洋地物的法律属性。国际司法机构也许会认定相关海洋地物不能产生海洋权利，从而解决争端，这并不等于否定海洋划界争端的存在。相反，海洋划界争端恰恰是因为相关海洋地物的法律属性得以确定而获致解决的。菲律宾仲裁请求本质上是中菲南海划界争端的一个有机组成部分，该仲裁庭的裁决人为割裂了海洋划界工作的整体性和系统性，有违之前有关海洋划界之国际司法裁决的规律。尤其值得关注的是，仲裁庭自身也认识到，菲律宾关于中国侵犯其专属经济区和大陆架权利的仲裁请求建立在中国的海洋地物不能产生重叠海洋权利的假设之上。③ 这无意间透露出该仲裁庭的理念：如果相关海洋地物能产生重叠海洋权利，则仲裁庭就不享有管辖权了。因此，仲裁庭认为其对于明确海洋地物之法律属性的争端享有管辖权等于是在管辖权问题阶段隐含地承认了菲律宾的仲裁请求，同时也反映出仲裁庭是为了实施管辖权而有意割裂“明确海洋地物所产生之海洋权利”与“海洋划界”两者之间的本质联系。

“明确海洋地物所产生之海洋权利”实际上就是要求仲裁庭依据《公

① E. g. Territorial and Maritime Disputes (Nicaragua v. Colombia), Judgment, ICJ Reports 2012, paras.167-183.

② South China Sea Arbitration, Award on Jurisdiction and Admissibility, para. 156.

③ Id., para. 157.

约》第13条和第121条[①]裁决相关海洋地物的法律属性，并进而影响海洋划界。值得一提的是，就连西方海洋法学者也强调海洋划界属于系统性工程，而"明确海洋地物所产生之海洋权利"与"海洋划界"之间存在密不可分的联系。例如，英国著名海洋划界专家马尔科姆·埃文斯（Malcolm Evans）较为含蓄地指出：公约第121条有关"岛屿"和"岩礁"的区分存在不确定性，"这只能通过个案分析来解决，构成海洋划界初始阶段的另外一种不确定性因素"。[②]相形之下，澳大利亚著名海洋法学者娜塔莉·克莱恩（Natalie Klein）在系统研究《公约》争端解决机制的专著中则更为鲜明地指出："虽然表面上看来第298条并不排除有关第121条解释或适用的争端，但由于该问题和海洋划界之间存在固有的联系，因此当争端方存在第298条意义上的排除性声明时，有理由质疑国际仲裁庭关于该条款解释的管辖权。海洋划界的一项公认原则是通过协议方式在争端双方之间实现划界。为提交强制裁决的目的而将与海洋划界相关的问题割裂开来，这等于是剥夺了相关国家达成协议的权利。国际法院或仲裁庭就此具体问题作出裁决将否定争端方在公约下所享有的权益"。[③]上述见解顾及海洋划界工作的整体性，较为理性客观，某种程度上也折射出仲裁庭裁决的漏洞所在。

另外，从正常的逻辑顺序来看，仲裁庭应首先明确争端的存在，然后再对争端进行定性。然而，在"南海仲裁案"中，"菲律宾南海仲裁案仲裁庭"反其道而行之：先否定中国《管辖权立场文件》中有关"南海

---

① 《公约》第13条规定了低潮高地在一般情况下不享有自己的领海；UNCLOS第121条规定了岛屿可以和陆地一样产生专属经济区和大陆架，但"不能维持人类居住或其本身经济生活"的岩礁除外。

② 海洋划界的过程包括：第一，识别相关海岸与相关海域；第二，识别划界的首要方法；第三，确定"相关情况"存在与否；第四，判断划界结果的公平性。埃文斯教授在论述第一阶段时，强调相关海岸决定了相关海域，"这意味着海岸是海洋权利的起点"。照此观点，不难看出，当海洋地物被归为岩礁或低潮高地时，海岸产生的海洋权利有限或不复存在，自然影响海洋划界。See Malcolm Evans, Maritime Boundary Delimitation, in Donald R. Rothwell et al. (eds.), The Oxford Handbook on the Law of the Sea, at 261-267 (Oxford University Press, 2015).

③ 前引44，Klein书，第276页。

仲裁案”之定性的立场，从而径直排除将争端定性为领土主权和海洋划界争端的可能；进而分析菲律宾十四项仲裁请求是否构成争端，以及将争端定性为“公约解释或适用的争端”。[①] 这种逻辑顺序等于是仲裁庭已经先入为主地对争端进行了定性，其后对菲律宾仲裁请求的逐项判断显得流于形式。结合上文有关菲律宾各项仲裁请求的分析，不免令人疑窦丛生：在争端存在与否都尚未明确的情况下，仲裁庭如何就认定中方主张的领土主权与海洋划界争端不存在？仲裁庭“因果倒置式”的裁决难具说服力。

概言之，从表面措辞看来，菲律宾的仲裁请求涉及公约的解释或适用问题，但这些仲裁请求或者本质上缺乏公约意义上的“争端”，或者与领土主权争端和海洋划界争端交织在一起，很难使仲裁庭回避管辖权的障碍。仲裁庭有意或无意地被菲律宾仲裁请求中的措辞所蒙蔽。相应地，仲裁庭在界定菲方仲裁请求所涉及的争端性质时，过度拘泥于菲律宾的仲裁请求中精心“包装”的措辞，完全忽视了该案的背景以及菲律宾的真实目的，因而在争端的“重心检验”方面产生了实质性的偏差。

（三）管辖权裁决的负面影响

既然“菲律宾南海仲裁案仲裁庭”在争端的定性方面已经排除了混合型海洋争端的存在，那么其之后有关管辖权是否成立的裁决同样流于形式——毕竟仲裁庭对争端定性的裁决处处凸显其意图实施管辖权的倾向。在判断《公约》第15部分第1节规定的前提条件是否成立时，仲裁庭否定了中菲双方之间存在有关通过谈判方式解决南海争端的协定，并且对《公约》第283条中“迅速交换意见的义务”的门槛标准采取了极为宽松的理解。[②] 在2015年10月29日的管辖权与可受理性裁决中，仲裁庭确定了部分仲裁请求的管辖权，但由于第1项、第2项、第5项、第8项、

---

① South China Sea Arbitration, Award on Jurisdiction and Admissibility, para. 158.

② Id., paras.212-229, 241-251, 265-269, 281-289, 299-302, 307-310, 317-321, 332-352.

第9项、第12项和第14 项仲裁请求的管辖权问题同时涉及《公约》第297条和第298 条中的“限制和例外”，与实体问题的裁决关联密切，因此留待审理实体问题时一并考虑。对于菲律宾的第15 项仲裁请求，仲裁庭认为不够明确，要求菲律宾进一步细化和澄清，以待审理实体问题时考虑其管辖权。[①] 在2016 年7月12日的最终裁决中，仲裁庭在审理实体问题时确定对上述仲裁请求享有管辖权，只是第14 项仲裁请求中的第1 点至第3 点事项由于被定性为“军事活动争端”，属于中国2006 年排除性声明的范畴，因而仅对该项第4 点事项具有管辖权。至于菲律宾更新后的第15 项仲裁请求，仲裁庭认为不存在争端，因而不具有管辖权。[②] 简言之，在实体问题阶段处理剩余管辖权问题时，仲裁庭通过刻意强调“历史性权利”与“历史性所有权”之间，“明确海洋地物所产生之海洋权利”与海洋划界之间，以及民事活动与军事活动之间的区别，包括执法活动例外的局限性，[③] 达到了规避中国2006年排除性声明，从而强行实施管辖权的目的。

实际上，“菲律宾南海仲裁案”中所谓的“争端”只不过是整个中菲南海争端中相对次要的方面。有大量记录可以表明，自20 世纪90 年代以来，中菲之间就南海岛礁的主权和海洋划界，以及由此衍生的海洋权益争端持续不断。为此，中菲双方磋商谈判的主题也均围绕上述问题展开。菲律宾在2013年年初提起“南海仲裁案”的背景，恰恰是因为2012年双方围绕黄岩岛主权的争端达到高潮。[④] 菲律宾单方面提请国际仲裁的目的不过是为了在南海岛礁主权和海洋划界争端中使用法律武器“先发

---

① Id., para. 413.

② South China Sea Arbitration, Award of 12 July 2016, para. 1203.

③ Id., paras.202-229, 628-633, 690-695, 733-734, 925-938, 1024-1028, 1150-1165.

④ 2012年4月10日发生了中菲黄岩岛对峙事件。菲律宾旋即于4 月18 日发表了一份立场文件，试图从有效控制的角度论证其对黄岩岛及其附近海域享有领土主权。有关菲律宾之主张的批驳，参见高健军：《从国际法角度评菲律宾对黄岩岛的主权主张》，载《法学杂志》2012年第10期。实际上，菲律宾的诉状和庭审记录中也反复提及了其与中国关于黄岩岛的主权争议，仲裁庭对此背景似乎有选择性地“漠视”。

制人”，以迫使中国在南海争端中让步。换言之，仲裁庭对菲律宾的十四项仲裁请求不加限制地实施管辖权，客观上将会使菲律宾实现其以往多年来在南海主张的岛礁主权和海洋边界，从而产生“海洋统治陆地”，而非“陆地统治海洋”[①] 的悖论。

值得警惕的是，菲律宾的代理人和律师在书面程序和庭审阶段反复强调，《公约》构成“海洋大宪章”，所有的海洋问题均应依据《公约》相关条款进行解释和适用。[②] 这种盲目夸大仲裁庭属物管辖权的论调并非仲裁庭之福。无论是国际法理论界，抑或实务界，都已经认识到，《公约》在很多方面存在局限性。[③] 不仅有很多海洋议题因为争议较大而无法在制定《公约》文本时达成共识，而且在《公约》出台之后，随着新的海洋议题的出现，《公约》存在的法律漏洞日渐凸显。更何况在其他全球性或区域性国际组织，乃至特别外交会议的框架下，陆续制定了与海洋相关的国际条约，一定程度地弥补了《公约》的不足。[④] 诚如有学者所言：“虽然公约是对海洋法的全面编撰，但并非在海上发生的任何争端都属于有关公约解释和适用的争端”。[⑤] 国际仲裁庭在裁决“南海仲裁案”的管辖权和实体问题时，理应严格遵守公约第15 部分有关强制性争端解决机制的管辖权限制，避免沦为菲律宾的“法律工具”。仲裁庭肆意扩大属物管辖权不但超越公约缔约方的授权，甚至对真正意义上的国际法治造成了

---

① 贾兵兵教授认为，“陆地统治海洋原则”构成国际法上的一般法律原则，源于国际习惯法和国际司法机构的判决。菲律宾在黄岩岛主权未定的情况下，要求仲裁庭阐明黄岩岛的海洋权利是没有实际意义的，菲律宾显然忽略了该问题和领土主权，以及海洋划界问题的内在联系。前引①，贾兵兵文，第89页。

② South China Sea Arbitration, Hearing on Jurisdiction and Admissibility, Day 1, July 7, 2015, pp. 23-25, pp. 27-28.

③ David Freestone, The Law of the Sea Convention at 30: Successes, Challenges and New Agendas, 27 Int'l J. Marine & Coastal L. 675 (2012) .

④ See Alan Boyle, Further Development of the 1982 Convention on the Law of the Sea: Mechanisms for Change, in David Freestone et al. (eds.), The Law of the Sea: Progress and Prospects, at 40-62 (Oxford University Press, 2006).

⑤ 前引27，高健军书，第34页。

损害。[①]

最后，较之于之前处理混合型海洋争端的实践，仲裁庭裁决"南海仲裁案"所衍生的正当性问题尤为突出。通说认为，国际司法机构裁决的正当性受制于三个方面的因素：即裁决权威的来源、裁决程序的公正性、裁决结果的满意度。[②] 管辖权问题从源头上决定了仲裁庭之裁决的正当性。从上文所揭示的有关"南海仲裁案"管辖权裁决的瑕疵来看，仲裁庭"越权"裁判的行为整体上削弱了仲裁程序的权威。在裁决程序方面，仲裁庭简单依据菲律宾在诉状和庭审中的主张和证据即作出了"一边倒式"的裁决，全然不顾在争端一方"不到庭"的情况下，仲裁庭在确定管辖权、认定事实、解释或适用法律方面需更为"谨慎"和"勤勉"。更为严重的是，对比菲律宾2013年1月22日通知中的仲裁请求和最终在案件实体裁决阶段的仲裁请求，不难发现，仲裁庭允许菲律宾在仲裁期间任意增加或修改仲裁请求，无非是为确保管辖权而人为"设计"争端，违背了基本的程序规则，缺乏公正性。[③] 就裁决结果而言，仲裁庭扩大管辖权，对"历史性权利"和《公约》第121条第3款的歪曲解释将影响许多国家的领土主权和海洋权益，不仅中国自始至终表示强烈反对，[④] 就连

---

① Oxman 指出，目前已有166个国家成为《公约》当事国，同时也意味着这些国家同意将有关公约解释或适用的争端提交仲裁或司法裁决，这对于促进国际法治而言是一个显著的和重要的进步。参见前引①，Oxman 文，第415页。作者认为，从管辖权和可受理性所衍生的正当性、实效性和公正性问题来看，中菲南海仲裁庭扩大属物管辖权范围并非国际法治之福。

② Tullio Treves, Aspects of Legitimacy of Decisions of International Courts and Tribunals, in Rüdiger Wolfrum & Volker Roben (eds.), Legitimacy in International Law, at 171 (Springer, 2008).

③ 德国著名国际法学者Stefan Talmon认为：仲裁庭裁决在程序方面存在大量缺陷，其接受菲律宾新的仲裁请求，等于是实质性地修改了最初通知中的仲裁请求，或至少部分改变了争端的主题事项。这一做法有损司法良治。为了维护司法职能和公正性，仲裁庭至少应宣布第11项、第12 (b) 项、第14项和第15项仲裁请求不具有可受理性。See Stefan Talmon, The South China Sea Arbitration: Observations on the Award on Jurisdiction and Admissibility, 15 Chinese J. Int'l. L. (2016), para. 176.

④ 参见《中华人民共和国外交部关于应菲律宾共和国请求建立的南海仲裁案仲裁庭关于管辖权和可受理性问题裁决的声明》(2015年10月30日)；《中华人民共和国外交部关于应菲律宾共和国请求建立的南海仲裁案仲裁庭所作裁决的声明》(2016年7月12日)。

一些西方的国际法专家也纷纷对此裁决提出异议。① 既然正当性意味着合法化的权威，构成遵守裁决的重要基础，那么在正当性严重存疑的情况下，中国自然有理由抵制仲裁庭的裁决。国际社会对此应作更加包容的理解。

结论

自20世纪90年代以来，国际社会见证了国际司法机构的“扩散化”趋势。② 作为其中的典型代表，《公约》争端解决机制与国际贸易组织争端解决机制因其突出的强制性而备受关注，一定程度地减少了国际社会有关国际法执行机制阙如的指摘。国际法学者们在担忧国际司法机构管辖权的竞合以及由此导致的国际法碎片化风险③ 的同时，也注意到争端当事方“挑选法院”的现象日渐频繁。实际上，国际争端大多包含不同的层面，因而都可以称之为“混合型争端”。争端当事国出于“挑选法院”的考虑，往往会将混合型争端整体或局部提交国际司法机构裁决。对于存在广泛属物管辖权的国际司法机构而言，混合型争端的管辖权问题不至于过于棘手。

混合型海洋争端的管辖权问题根源于领土主权与海洋权益问题的密切联系，以及《公约》争端解决机制属物管辖权的限制。在争端双方协议提交的情况下，混合型海洋争端的管辖权问题不大。但在单方启动仲裁程序的情况下，公约争端解决机制固有的管辖权范围应予以尊重。虽

---

① 例如，英国外交部前副法律顾问沃姆斯利(Whomersley) 就“南海仲裁案”撰文指出：领土主权、海洋划界与海洋地物的法律地位之间密不可分，仲裁庭在处理领土主权与海洋地物之法律地位的关系时，有“本末倒置”之嫌(“putting the status cart before the sovereignty horse”)。See Chris Whomersley, The South China Sea: The Award of the Tribunal in the Case Brought by Philippines against China-A Critique, 15Chinese J. Int'l. L. (2016), para. 36.

② 前引19，沙尼书，第6—7页。

③ See Martti Koskenniemi, Fragmentation of International law: Difficulties Arising from the Diversification and Expansion of International Law, A/CN. 4 /L. 682, April 13, 2006, paras.5-14.

然此类争端的混合性质并不必然排除国际法院或仲裁庭的管辖权，但由此带来的正当性问题促使国际司法机构在确定管辖权阶段一般采取较为谨慎的态度。和其他争端解决机制相比，《公约》争端解决机制的强制性诱使更多的混合型争端被提交公约附件七意义上的国际仲裁机制。

鉴于公约附件七意义上之国际仲裁庭在实施管辖权时存在明确的条件限制，近年来提起仲裁一方为绕开管辖权方面的"壁垒"，人为割裂领土主权争端和海洋权益争端之间的联系，将"伪装"的海洋争端提交强制仲裁。其目的不是为了缩小争端范围，而是试图通过仲裁庭的裁决迫使被告方在主权问题上让步。对此动态，仲裁庭应保持警惕。为避免沦为一方的"法律工具"，仲裁庭在对混合型海洋争端进行定性时，理应考虑争端的整体背景和真实目的，而不能拘泥于仲裁请求中"似是而非"的海洋权益主张。仲裁庭甚至可以基于固有的司法权力，拒绝受理案件，[①] 以维护其司法权威。

在"菲律宾南海仲裁案"中，虽然菲律宾反复强调其仲裁请求均属于"公约解释或适用的争端"，但这些问题不过是整个中菲南海争端的次要问题，且与领土主权和海洋划界密切相关。从"重心检验"的角度来看，本质上仍构成混合型海洋争端。"菲律宾南海仲裁案仲裁庭"无视南海争端的本质而不加限制地对案件实施管辖权，客观上产生了"以海统陆"的荒唐效果。菲律宾以往在南海的主权诉求和海洋划界主张不应被其片面和次要的仲裁请求所掩盖。在中方始终坚持"不到庭"以强烈抵制菲律宾"滥诉"策略的背景下，仲裁庭理应谨慎行使其管辖权，以免引发新一轮的正当性、实效性和公正性危机。令人遗憾的是，从其有关管辖权和实体问题的裁决来看，仲裁庭不仅未能奉行"司法克制主义"，反而处处体现"司法霸权主义"。无论菲律宾和国际仲裁庭如何竭力规避管辖权障碍，"菲律宾南海仲裁案"的裁决都无法解决真正的中菲南海争

---

① Kolb在探讨国际法院的管辖权问题时认为：即便表面上存在人为"包装"的争端，国际司法机构仍可以不存在现实争端为由拒绝对案件实施管辖权。参见前引④，Kolb书，第316—318页。

端。相反，正如"查戈斯群岛仲裁案"的最终裁决所揭示的那样，[1] 中菲南海争端的最终解决仍然需要回归双边谈判和磋商的轨道。

① 仲裁庭在裁决英国违反公约相关条款的同时建议：争端双方应在"主权框架"（"sovereignty umbrella"）下对海洋保护区进行谈判，以就海洋环境保护达成双方满意的安排。所谓"主权框架"，是指英国承诺，在查戈斯群岛未来不作军事用途时，应将其主权归还毛里求斯。在作者看来，这一裁决使之前的所有裁决流于形式，表明仲裁裁决本身对于解决争端实际意义有限。See Chagos Arbitration, para. 544.

“菲律宾南海仲裁案”之管辖权裁决的几点思考

张　华

[内容提要] 菲律宾在“南海仲裁案”中的仲裁请求本质上涉及领土主权和海洋划界争端。鉴于《联合国海洋法公约》争端解决机制不适用于领土主权争端，且中国2006年的声明中业已明确排除海洋划界争端，菲律宾人为设计了“有关公约解释或适用的争端”，以竭力规避中菲南海争端的管辖权障碍。“菲律宾南海仲裁案仲裁庭”无视“南海仲裁案”的本质，肆意扩大管辖权范围，突破了公约当事国的有限授权，有损国际法治。“南海仲裁案”无法解决真正的中菲南海争端，回归谈判和磋商才是最佳出路。

[关键词] 南海仲裁案　管辖权　领土主权争端　海洋划界争端　国际法治

[作者简介] 张华，江苏溧阳人，法学博士（武汉大学）。现任职于南京大学法学院，副教授

一、菲律宾“南海仲裁案”的核心为领土主权争端

1982年《联合国海洋法公约》（以下简称《公约》）所规定的争端解决机制显然不适用于领土主权争端。对于这一点，菲律宾和“菲律宾南海仲裁案仲裁庭”自然“心知肚明”。因此，仲裁庭在管辖权阶段的裁决显然是为了实施管辖权而尽量排除领土主权争端。

然而，从2015年11月的实体问题阶段的庭审记录来看，领土主权问题实际上无法回避。例如，在主张“历史性权利”是否属于公约第298条排除性声明的范畴时，菲方律师“不厌其烦地”地强调“历史性权利”（historic right）和“历史性所有权”（historic title）这两个概念的区别。期间，菲方律师对中国在南海的领土主权进行了分析，错误地认为中国是在20世纪才开始对南海主张领土主权，并且认为在1930年之前对南沙群岛并未实施管辖。庭审中菲方律师还特别提及了第二次世界大战后中国收复南沙群岛，以及《旧金山和约》中有关日本放弃侵略领土的事实。这些问题均直接涉及领土主权问题。此外，菲方律师还错误地提出“南海断续线”产生于2009年5月，仅限于海洋权益主张。因此，对“南海断续线”的否定等于间接否定中国在南海的领土主权。因此，第1项和第2项仲裁请求与领土主权问题存在实质性的联系。

又如，就第10项仲裁请求而言，虽然仲裁庭目前裁决有管辖权，但值得注意的是，黄岩岛的主权归属不同所引致的国际法义务是不一样的。菲律宾和仲裁庭似乎表明，即便假设黄岩岛的主权属于中国，中国干扰菲律宾渔民在黄岩岛领海的传统捕鱼活动亦有可能违反公约中的义务。问题是，在黄岩岛的主权都不确定的情况下，菲律宾主张的违反行为恐怕涉及的就不单是《公约》中的义务了。仲裁庭试图竭力避开黄岩岛的领土主权争端，以实施管辖权，但在假设的情境下裁定中国违反公约相关义务始终有“自欺欺人”之嫌，不如正视领土主权争端，避免作出形式意义远大于实际意义的判决。

另外需要注意的是，菲律宾以“壮士断腕”式的决绝姿态要求仲裁庭裁决南沙所有岛礁均无产生200海里专属经济区和大陆架的权利，表面上看来有所牺牲。但实际上，菲律宾的这一策略仍然是为了实现领土主权和相关的海洋权益。自20世纪90年代至2012年间，菲律宾一直主张对南沙岛礁享有主权和相应的海洋权益，在无法顺利实现其主张的情况下，菲律宾退而求其次地贬损南沙岛礁的海洋权益，因为从其群岛基线起算200海里的专属经济区基本上可以涵盖之前的领土主权和海洋权益所能实现的利益范围。对于菲律宾而言，贬损南海岛礁的法律地位的结果仍然是菲律宾可以占有这些海洋地物，并主张相应的主权权利和管辖权，间接地实现了其多年来谋求的岛礁主权。因此，菲律宾贬损中国海洋地物的主张等于是试图"迂回"解决之前困扰双方多年的领土主权争端。

二、菲律宾"南海仲裁案"涉及海洋划界争端

菲律宾仲裁请求中有多项涉及中国控制之岛礁的法律地位和海洋权利问题，这些争端本质上附属于海洋划界争端，而非菲律宾和仲裁庭所认为的可以"自立门户"的争端。

根据国际司法机构有关海洋划界争端的裁决，明确岛礁的法律地位以及其衍生的海洋权利通常构成海洋划界的先决步骤。迄今为止，尚无国际司法机构单独以明确岛礁的法律地位及其衍生的海洋权利作为管辖事项。菲律宾方面援引"冲之鸟"作为例证并不贴切。考虑到"冲之鸟"距离日本本土将近1000海里，中国与韩国此前反对日本"变礁为岛"的行为，并非因为两国与日本之间存在海洋划界问题。在此特殊情境下，单独考虑"冲之鸟"的法律地位和海洋权利并无不可。更何况中韩两国与日本的此项争端发生在联合国外大陆架界限委员会审议日本有关外大陆架的申请案之时，本身并非海洋划界争端的司法裁判。相反，在菲律宾"南海仲裁案"中，中国和菲律宾之间存在海洋划界争端是不争的事实，仲裁庭过于强调岛礁权利争端和海洋划界争端的区别有悖国际司法裁判的规律。

公约第298条第1款规定，公约当事国可以在缔约之时或之后的任何时间提交声明，以将若干类型的争端排除在公约强制程序之外，其中a项涉及"与第15条、第74条、第83条中的海洋划界相关的争端"。从国际司法裁判的规律来看，明确岛礁属性及其海洋权利的争端构成公约第298(1)(a)条意义上的"与海洋划界相关的争端"，因而属于中国2006年排

除性声明涵盖的事项。菲律宾和仲裁庭夸大岛礁权利争端和海洋划界争端的区别，其目的无非是为了避免中国排除性声明的影响。

三、“菲律宾南海仲裁案仲裁庭”实施管辖权有损国际法治

公约争端解决机制下的国际仲裁庭的管辖权限于“与公约解释或适用相关的争端”。这是公约当事国对强制程序的有限授权。仲裁庭无视菲律宾“南海仲裁案”的本质乃是领土主权争端和海洋划界争端，“肆意”扩大管辖权范围，难免有“越权”之嫌。

根据国际法中的“授权原则”，国际仲裁庭只能在公约赋予的管辖权范围内行动，否则即产生合法性危机。换言之，无论是第288条中的管辖权范围，还是第15部分第1节中管辖权的前提条件，抑或第15部分第3节中强制程序的限制和例外，都应该得到严格的遵守，而不是扩大适用。如果说公约当事国缔结国际协定时的意思表示构成事先同意的话，那么这种同意不能成为国际仲裁庭“为所欲为”的借口。

仲裁庭应该认识到菲律宾仲裁请求中相当一部分争端要么尚未成型，要么与领土主权和海洋划界争端密切关联，因而不属于纯粹的“与公约解释或适用相关的争端”，或已经为中国2006年声明所排除。同时，从禁止反言的角度来看，菲律宾有义务与中国通过谈判和磋商方式解决南海争端，因而不适用公约的强制程序。更何况，菲律宾并未专门就仲裁请求中所谓“争端”的解决方式，与中国迅速交换意见。尤其是在中国“不到庭”的情况下，绝大部分事实和法律问题无法得以全面阐述，对于这样一个复杂而又敏感的案件，仲裁庭理应审慎判断和行使管辖权。然而，从裁决情况来看，仲裁庭似乎“毫无节制”地确定对案件实施管辖权。

实际上，即便管辖权能初步确立，仲裁庭也并无必须实施管辖权的义务。相反，诸如“滥用法律程序 ”或“存在不可或缺的第三方”之类的理由可以成为仲裁庭拒绝行使管辖权的依据，以维护公约争端解决机

制的权威性和严肃性。在本案中，仲裁庭在尚未确立管辖权之前，径直裁决“滥用法律程序”以及“存在不可或缺的第三方”不成立，这种先入为主式的推理逻辑违反了国际司法裁判最为基本的路径。反过来也足以证明仲裁庭的确是出于确保实施管辖权的目的来判断管辖权问题的。

如此看来，公约附件七意义上的国际仲裁庭显然是倾向于对提交的争端实施管辖权，而无论其中是否涉及领土主权争端，抑或涉及已经排除的海洋划界争端。为此，仲裁庭不仅在定性方面流于表面，而且在判断管辖权成立条件方面持较为宽松的态度。这一倾向并非国际法治之福。

从《公约》的文本和谈判时的准备资料来看，公约第15部分的争端解决机制反映了《公约》制定者意图实现的艰难平衡，任何试图扩大管辖权的努力都有打破这一平衡的危险，应尽量予以避免。公约第15部分第1节和第3节中有关强制程序行使管辖权的前提、限制和例外应严格解释，否则公约争端解决机制中强制程序和其他程序之间的平衡无法得以维系，这会对公约争端解决机制整体造成合法性危机，有违国际法治——毕竟公约属于“海洋大宪章”。

最后需要强调的是，国际争端解决并非仅存在司法方式，实际上大多数的国际争端都是通过外交方式解决的。尤其是在涉及敏感的领土主权和海洋边界争端时，争端当事国更倾向于通过外交方式解决争端。即便是在不得已的情况下双方“对簿公堂”，国际司法机构都需要对管辖权问题进行谨慎裁决。有大量国际司法实践表明，即便国际司法机构作出实体问题的裁决，裁决的最终执行问题很大程度上也有赖于谈判和磋商。而且从现实情况来看，“菲律宾南海仲裁案仲裁庭”“越权”裁决菲律宾所提“南海仲裁案”不仅无助于争端的解决，反而激化了中菲南海争端。中国倡导的“和平之海、合作之海、友谊之海”愿景，某种程度上也因为菲律宾单方面启动的仲裁程序而变得越来越“遥不可及”。在国际法治的背景下，解决中菲南海争端的最佳出路仍然是谈判和磋商。

第二章

中国南海历史性权利不容置疑

中国南海历史性权利探析

——以菲律宾“南海仲裁案”为视角

樊文光

[内容提要] 中国如何在南海主张不受《联合国海洋法公约》调整的历史性权利，同时又受《公约》尊重，这是一大难题。造成这一困局的原因是中国南海权利主张本身存在两个缺陷：第一，试图以单一的历史性权利规则主张涵盖整个南海海域的权利，未能解决与《海洋法公约》相关条款的冲突。第二，以《海洋法公约》之外的法源主张区别于《公约》的历史性权利，但海洋权利内容又是《公约》框架内的事项，由此又落入《公约》的调整范围。对历史性权利的法源、性质和内容的阐明是中国南海权利主张的症结所在，只有对此作出有别于《公约》权利的主张，才能落入《公约》序言“未予以规定的事项，应继续以一般国际法的规则和原则为准据”的条款中，以此排除《公约》的适用。本文试图对历史性权利做全面解读，以此证实历史性权利是区别于《公约》权利的体系，不受《公约》调整；其次，试图处理历史性权利与《公约》权利的并存关系，以此证实历史性权利受《公约》尊重。

[关键词] 历史性权利　海洋法公约　“南海仲裁案”

[作者简介] 樊文光，上海国际问题研究院助理研究员

中国南海历史性权利主张不够清晰且存在两个缺陷：其一，海洋权利内容与《联合国海洋法公约》重合；其二，权利范围与《公约》冲突。其成立且具有法理依据的前提是要讲清楚历史性权利的法源、内容和性质，对上述问题阐述不清晰容易授人以柄。在此次菲律宾“南海仲裁案”

中，菲方正是利用了中方对上述问题阐述不清和缺陷。本文首先探究中方南海历史性权利主张；其次结合“南海仲裁案”对历史性权利作出不同于《公约》权利的解读，以证实历史性权利是区别于《公约》权利的体系，不受《公约》调整；最后探讨历史性权利与《公约》权利的并存问题，以证实历史性权利受《公约》尊重。

一、中国官方南海权利主张探究

（一）中方南海立场表述

中国官方的南海权利主张不够清晰，主要体现在外交部的发言和涉及南海问题的声明中，主要有以下几种表述：

1．对南海岛礁及其附近海域拥有无可争辩的主权。此种表述需要厘清几个问题，第一，“附近”的范围有多大；第二，附近海域主权如何解读；第三，在“南海断续线”内又不属于“附近”的海域的权利如何解读?

2．中国在南海的主权和相关权利主张是在长期的历史过程中形成的，并为历代中国政府所长期坚持，有充分的历史和法理依据。[①]

此种表述提出中国在南海除了主权，还拥有其他相关权利，但“相关权利”如何解读?

以上两种表述也为官方历次关于南海问题的立场所重申，其特点是，对岛礁主权的主张是明确的，但对海洋权利的主张是模糊的。在本次菲律宾“南海仲裁案”中，菲方引用2009年马来西亚和越南联合向大陆架界限委员会提交外大陆架申请时中国发表的声明，以此作为中国官方的权利主张：

3．中国对南海诸岛及其附近(Adjacent)海域拥有无可争辩的主权，

---

① 2015年5月30日，外交部发言人华春莹就美国国防部长卡特在香格里拉对话会上涉南海问题有关言论答记者问，http://www.fmprc.gov.cn/web/wjdt_674879/fyrbt_674889/t1268772.shtml，登录时间：2016年5月31日。

并对相关海域（relevant waters）及其海床（seabed）和底土（subsoil）享有主权权利和管辖权。中国政府的这一贯立场为国际社会所周知。[①]

（二）对中方南海立场表述的看法

此种表述是关于南海权利主张的声明，可推知前述的“相关权利”内容，即主权权利和管辖权；指出中国在南海的权利包括岛礁和附近海域的主权、相关海域的主权权利和管辖权，并且附上地图，指明“相关海域”的范围是指“南海断续线”内的海域。此表述基本上全面阐述了南海权利主张，除了未明确“附近海域”的含义。

问题是：中国的上述南海权利主张依据是什么？如果中国主张的主权权利和管辖权的依据是《海洋法公约》，沿海国的主权权利和管辖权范围是确定的，最大范围及于领海基线200海里。“南海断续线”内的水域范围超过了《公约》的规定。为此，国内学者主张以历史性权利的视角主张上述权利，但强调“中国在南海的主权和相关权利主张是在长期的历史过程中逐步形成的，并为历代中国政府长期坚持。”[②] 此外，1998年《中华人民共和国专属经济区和大陆架法》特别强调“本法的规定不影响中华人民共和国享有的历史性权利。”

本文认为，上述表述尽管相对清晰，但存在“移花接木”的问题，即以一般国际法规则作为法源主张历史性权利，但历史性权利的具体内容缺位，因此移植《海洋法公约》之“花”接历史性权利之“木”。或曰，以历史性权利之“名”，行公约权利之“实”。

在此次“南海仲裁案”中，菲方正是切中了这一要害，认为中方主张的历史性权利内容，即对海域的主权、主权权利和管辖权，《公约》均已作出明确规定，“不存在《公约》之外的历史性权利”的判断，进而得

---

① 中国对马来西亚和越南联合提交外大陆架申请之声明 (CML/17/2009),参见《中国海洋法学评论》，2009年卷第1期。

② 2014年12月9日外交部发言人洪磊主持例行记者会,美国国务院网站近日发表题为“海洋界限——中国在南中国海的海洋主张”报告，中方对该报告有何评论？ http://www.fmprc.gov.cn/web/wjdt_674879/fyrbt_674889/t1217733.shtml，登录时间：2016年5月31日。

出中国南海历史性权利主张非法的结论。

二、菲律宾“南海仲裁案”菲方的相关主张及评析

2013年1月22日，菲律宾针对中国提起强制仲裁程序，要求建立仲裁庭审查菲律宾与中国之间关于南海争端的有关问题。其核心诉求主要有两项：其一，中国在南海的海洋权利（maritime entitlements）不应超出《公约》允许的范围；其二，中国对南海断续线包围的南海海域的主权权利、管辖权和历史性权利主张在超出《公约》的地理和实体限制的范围外，没有效力。[①] 2015年10月29日，应菲律宾请求依据《联合国海洋法公约》建立的“菲律宾南海仲裁案仲裁庭”就菲律宾所提“南海仲裁案”的管辖权和可受理性作出了裁决，认为该两项诉求属于海洋权利来源的争端，对其管辖权判断延至实体问题审理阶段。[②]

（一）菲方相关立场

1．对中国权利主张的解读。首先，中国对南海岛礁及其附近海域的主权主张并非历史性权利范畴的主张，菲律宾的观点是《公约》将历史性权利限定于主权性质的海洋权利，附近海域的范围模糊不清，中国无法在整个南海海域主张主权性质的海洋权利。[③] 其次，对相关海域及其海床和底土的主权权利（Sovereign Rights）和管辖权（Jurisdiction）实质是以历史性权利的名义对“断续线”海域（包括海床和底土）内的生物和非生物资源主张排他性（exclusive）权利。

2．中国主张的历史性权利无法律依据。《公约》只规定了两种情况下的历史性权利，即历史性海湾(historic bays)和历史性所有权（historic

---

① Pilippines v.china,Pilippines’ Memorial,30 March 2014,p.271.

② Award on Jurisdiction and Admissibility,PCA Case No.2013-19,29 October 2015,para.168.

③ http://www.pcacases.com/web/sendAttach/1547,p.15,p47.(last visit March 3,2016).

titles)，此外没有任何关于历史性权利的规定。[①] 南海海域既不存在历史性海湾，也不存在历史性所有权，因为历史性所有权是主权性质的，其法律地位等同于内水（包括内海湾和内海峡），中国1958年《领海声明》中提出的内水只有渤海湾和琼州海峡。[②] 中国1998年颁布《专属经济区和大陆架法》，首次提及历史性权利，但未作进一步明确。[③] 2009年才第一次对生物和非生物资源主张排他性权利，但远远超出《公约》赋予专属经济区和大陆架的权利范围。菲方指出，"南海断续线"北部一段距离吕宋岛（Luzon）只有39海里，南部一段距离巴拉望（Palawan）只有34海里，菲律宾的专属经济区有38100平方公里在"南海断续线"内。从国际法之父格劳秀斯（Hugo Grotius）的自然法时代到《海洋法公约》时代，所有的国际法原则、规则和公约从未允许主张如此大的范围。《公约》关于领海的第2、3、4条，关于专属经济区的第55、56、57条，关于大陆架的第76、77条以及关于岛礁的第121条，确立了沿海国可以行使主权、主权权利和管辖权的海域界限。中国不能超出这些海域范围，包括不能在其他国家类似海域范围内宣称和行使历史性权利。菲律宾主张，《公约》全面阐述了对海洋资源的权利范围，并替代了中国可能曾经拥有的任何历史性权利。[④]

3．中国从未在南海拥有历史性权利。主张的历史性权利须符合历

---

① 《海洋法公约》第2节关于领海的界限，其中第10条（领海基线划定不影响历史性海湾）和第15条（因历史性所有权或其他特殊情况而有必要按不同方法划定两国领海的界限的情况）涉及了历史性水域和历史性权利。

② 《中华人民共和国政府关于领海的声明（1958年9月4日）》第（二）条："中国大陆及其沿海岛屿的领海以连接大陆岸上和沿海岸外缘岛屿上各基点之间的各直线为基线，从基线向外延伸12海里的水域是中国的领海。在基线以内的水域，包括渤海湾、琼州海峡在内，都是中国的内海，在基线以内的岛屿，包括东引岛、高登岛、马祖列岛、白犬列岛、乌岳岛、大小金门岛、大担岛、二担岛、东碇岛在内，都是中国的内海。"

③ 中国政府于1998年6月26日公布的《专属经济区和大陆架法》第14条："本法的规定不影响中华人民共和国享有的历史性权利。"

④ Hearing on the Merits and Remaining Issues of Jurisdiction and Admissibility, Day 1, 24 November 2015, p.71, p.74.

史性权利产生的三个要件：(1) 公开、显著、有效地主张权利；(2) 对权利的行使持续进行；(3) 其他国家同意。菲方认为，无论是1912年的中华民国政府还是1949年中华人民共和国政府，甚至追溯到清朝政府(1644—1912年)，从未公开主张过南海岛礁主权，更不用说对海域的权利。菲方展示自南宋以来中国的地图，以此证明900多年来，中国领土最南端不超过海南岛。至于海域权利，菲方认为，中国古代特别是明朝实行禁海政策，14世纪中期对航海距离作出限制，15世纪中期压制海洋活动，例如1500年明朝法律规定，建造两桅杆帆船是大罪；1551年法律又规定多桅杆帆船出海视为逃叛；郑和下西洋才第一次与南沙群岛发生联系；等等。① 以此证明中国未对南海海域持续行使权利。1877年，英国主张两岛主权中国未反对；1883年德国派军队侦察南沙中国未反对，以此证明中国南海权利并未得到其他国家的同意。

（二）对菲方立场的评析

以上相关立场和法理依据，先不究其引证材料的可靠性，在权利性质、权利来源和论证逻辑方面存在诸多误区。

1．权利性质上陷入误区。将历史性权利限定为主权性质的海洋权利失之偏颇。首先，历史性权利是多层次的，其法律性质不能一概而论，因而只能指出某一项具体历史性权利的性质。其次，认为历史性权利只是海洋权利是错误的，历史性权利的最初来源恰好是领土主权。

2．权利来源上陷入误区。历史性权利的法源是一般国际法中的历史性权利规则，而非《公约》。《公约》1994年生效，而中国对南海诸岛及相关海域的历史性权利是2000多年形成的，并于1947年公布"南海断续线"地图宣示权利主张。菲方认为《公约》是海洋权利惟一的法源，不存在依一般国际法为准据的情况。因为，海洋权利资格包括主权权利和管辖权以及获得生物与非生物资源的权利，都属于《公约》当然规定的

---

① http://www.pcacases.com/web/sendAttach/1547,p.81-85.(last visit March 3,2016).

事项。也都被《公约》及其特定条款所规定和限定。[①] 疑问是，是否所有的海洋事项都已被《公约》所规定？任何法律规范都不可能包罗万象，做到所有事项都毫无遗漏。《公约》序言第八段："本公约未予以规定的事项，应继续以一般国际法的规则和原则为准据"，可见，《公约》并没有穷尽所有事项。此外，中国2009年才提出南海权利主张是不符合事实的，2009年只是在声明中将相关权利主张进一步明确化。

3．论证逻辑上陷入误区。首先，对于中国主张的历史性权利不符合三个要件的论证，未区分权利的形成、主张和行使三个阶段，以历史上权利形成过程中某个阶段的情形否定整个权利形成过程 。实际上，中国南海的历史性权利是历经2000多年逐步形成的，即使明朝实行禁海政策，也不能否定权利最终确立。中国通过国家行为行使了权利，大量证据表明，中国政府有意识地在西沙和南沙群岛行使主权，并在附近海域进行执法活动，巡视海疆，严肃海防。其他国家历史资料对中国渔民在此处的活动也有记录。对于是否"公开"行使权利，1947年公布的南海断续线地图就是公开行使权利的证明。对于是否"持续"行使权利，中国政府历次声明都是持续行使权利的证明。对于"其他国家是否同意"，各国对于其他国家出版的地图一般都保持高度的警惕，十分注重收集其他国家各种相关信息；[②] 地图出版几十年都未受到任何周边国家的挑战，印尼等国还允许将该地图编入教科书；越总理范文同1958年公开承认中国对西沙和南沙拥有主权；菲律宾、马来西亚等国从未提出过任何涉及西沙和南沙群岛主权的主张，更不要说对水域的主张。上述行为均构成了同意。其次，菲方主张的中国南海权利范围[③] 违背了"陆地决定海洋"的基本原则，南海每个岛屿都有自己的水域，不考虑岛礁的主权归属，

① Hearing on Jurisdiction and Admissibility,PCA Case No.2013_19,Day 1,7 July 2015,pp.53-54.

② 郑志华：《中国南海U形线地图的可采性与证明力》，载《外交评论》，2013年第4期，第30—44页。

③ 菲律宾在提交的《中国可主张权利的最大海域范围图》中，先行划定周边国家的专属经济区，剩余部分中国才可以主张权利，将大量南海岛礁划入其专属经济区内。

先行划定自己的专属经济区，进而将岛礁划入其中，是典型的“海洋决定陆地”。

综上所述，除了岛礁主权外，菲方将中国主张的海洋权利置于《公约》框架下解读，认为主张主权的附近海域等同于《公约》规定的领海，主张主权权利和管辖权的相关海域、海床和底土等同于《公约》规定的专属经济区和大陆架，但“附近海域”范围尚不明确，“相关海域”范围远远超过《公约》规定。作此解读当然是《公约》不能接受的。除非能够证明：1. 在《公约》生效前上述主权、主权权利和管辖权已经形成。2. 有国际法允许上述主权权利和管辖权的海域范围可划定至“南海断续线”。很显然，现有国际法无法支持这些主张，唯有对历史性权利作出不同于上述《公约》权利的清晰解读，方破解这一困局。

另外，从法律属性本身来看，历史性权利的法理依据是一般国际法中的历史性权利规则，不能在《公约》中进行解释并寻找法理依据，须置于国际习惯法的体系中定义并解读它的本来意涵。

三、中国南海历史性权利探析

（一）历史性权利概述

历史性权利作为一般国际法上的概念，在处理具体个案中发挥了非常重要的作用，但具体的个案千差万别，使其无法形成统一的标准。[①] 正是因为存在大量的特殊争议，统一性规范不足以解决，个案处理才成为必然。历史性权利就是来源于个案实践，每个案例均对后续同类争议处理造成影响，形成先例并确立一套特殊规则，综合这些规则就构成了一般国际法中的历史性权利规则。因此可以这样讲，历史性权利规则本身只能作为一项处理争议的依据被提出，目前即使在最基本的层面尚未形

---

① Natalie Klein,Dispute Settlement in the UN Convention on the law of the sea(Cambrige University Press,2005),p.253.

成比较统一的认识：定义、内容、性质和构成要件。

本文认为，历史性权利是指基于长期的历史性占有使用和开发利用、根据一般国际法原则取得的主权性质和非主权性质的权利。它来自历史上的国家实践，或先有民间的实践，后经国家认可上升为国家意志。

关于历史性权利的内容，因个案的不同具体内容也不尽相同。就中国南海历史性权利来讲，其来源于对南海岛礁和海域的长期历史性占有使用和开发利用，内容应该包括两部分：对岛礁因占有使用而形成的主权、对海域因开发利用而形成的一系列具体的海洋权利。此海洋权利不是针对海域本身的权利，因此不可以解读为对某一特定海域的主权和管辖权，而是对海域的实际利用权，这正是历史性权利与公约权利的关键区别。

关于历史性权利的性质，究竟是Historic right还是Historic title?即是否取得了所有权。根据1962年联合国《包括历史性海湾的历史性水域的法律制度》的研究报告，构成历史性所有权（Historic title）的条件：第一，排他性的国家行为。比如，本国国民的渔业权还不够，要体现出主权者的行为；必须排斥其他国家渔民。第二，国家行为的持续。第三，该等权利行使需要其他国家默认或一般性容忍。其最显著的特征是排他性。历史性权利（Historic right）与此不同，是个多层次的概念，排他性不能一概而论。岛礁主权无疑具有排他性，对海域的权利是否构成排他性，权利主张国需要承担举证责任，即在历史上权利形成过程中是否有效地排除了其他国家相同的权利行使。比如南海海域的传统捕鱼、航行等权利，是否能证明其他国家从未行使过，这在实践中很难举证。因此，历史性权利的复杂性，决定其性质是多元的，既包括领土意义上的主权，又包括“未达到领土主权程度”的其他权利；既包括排他性权利，又包括非排他性权利。

关于历史性权利的构成要件，目前有两要素说（国家实践和国际认可）和三要素说：(1) 公开、显著、有效地主张权利；(2) 对权利的行使持续进行；(3) 其他国家同意。即使三要素说也比较原则且存有争议：

(1) 到底是公开主张还是公开行使权利；(2) 国家持续行使权利如何认定；(3) 最难解决的，是其他国家的同意如何证明。本文认为，历史性权利既然来源于个案实践，其构成要件也会存在一般要件和特殊要件之区分，上述要件可作为一般情形，具体到中国南海的历史性权利，因存在先有民间行为（占有使用和开发利用）后有国家行为（主张权利和行使权利）的特殊性，其构成要件也应有所不同，应包括：(1) 历史性占有使用和开发利用；(2) 国家提出权利主张；(3) 其他国家同意，明示或默示。

根据上述构成要件的分析，中国在南海的历史性权利实际上包括岛礁主权以及对海洋的利用权，对海洋的利用权可以细分为捕鱼、航行等具体权利。

（二）中国在南海取得了哪些历史性权利

中国在南海的历史性权利是指1947年公布南海断续线地图时取得的权利，根据历史性权利的成立条件，应包括岛礁主权、非排他性传统捕鱼权和传统航行权。

1. 排他性岛礁主权。中国人民从公元前2世纪的汉武帝时期，就开始利用和开发南海。岛屿上最先留下了中华先祖的足迹和文化，由于远离大陆，仅存的早期建筑唯有一个个散落在岛上的庙宇、庙屋，庙址——海神庙、天后庙、大王庙等，成为中国领土主权的有力物证之一。[①] 南海岛礁的命名几乎都是中国传统文化的再现，仁爱礁、信义礁、礼乐滩、忠孝滩，无不体现着儒家的价值观；在南海诸岛的地名中，以南海方言记载的多达135个；[②] 还有诸多以中国历史编年和历史人物命名的岛屿，前者如永乐群岛、宣德群岛，后者如屈原礁、孔明礁、鲁班礁

---

① 骆耀军、彭玉芳：《晚清以来报刊对南海诸岛"庙宇"的文化叙述与转向》，载《亚太安全与海洋研究》，2016年第2期，第66页。

② 秦晓华：《南海诸岛礁名称的中国传统文化内涵及其意义》，载《南海学刊》，2016年第1期，第46页。

等。南海诸岛的命名体现了中国人思维特点，来自中国渔民的生产生活体验，这些可以作为中国渔民最早开发南海的重要印记。

19世纪后期至20世纪初期，南海诸岛上的鸟粪成为当时日本人“一攫千金”的良机。1901年，日本人登陆东沙群岛开始在岛上修建工场，驱赶已经在岛上生活的中国人。1909年清政府派军舰前往东沙，经交涉，日本政府承认清政府对东沙的领有，并撤出东沙。在东沙遭到挫败后，日本随后又进入西沙，在中国政府的多次抗议下，日本不得不撤出西沙群岛。但法国趁机以安南（即越南）保护国的名义介入，以各种借口对西沙群岛提出领土主权要求，遭到中国政府抗议后把矛头转向南沙群岛，从1930年4月至1933年4月，共侵占南海9个岛礁，并与已在南沙群岛开采磷矿8年之久的日本展开岛礁争夺。后经过六轮谈判，两国达成临时协议，法国保证不将所占领土用于军事目的并尊重日本公司在该海域的经济利益。日本在发动全面侵华战争之后的1938年，以“新南群岛”命名南沙，并将其作为日本领土的一部分划入日本统治之下的台湾高雄市。

第二次世界大战结束前，1943年的《开罗宣言》“剥夺日本自从1914年第一次世界大战开始后在太平洋上所夺得或占领之一切岛屿；在使日本所窃取于中国之领土，例如东北四省、台湾、澎湖群岛等，归还中华民国”；1945年的《波茨坦公告》规定“日本之主权必将限于本州、北海道、九州、四国及吾人所决定其他小岛之内”。第二次世界大战结束，1951年的《旧金山和平条约》规定：日本放弃对南沙群岛和西沙群岛的一切权利和要求，自此，日本结束了其在南海地区的一切统治。

综上，中国基于最先发现、最先开发利用，最先主张权利取得了对南沙岛礁的主权，虽历经其他国家的侵占，但随着第二次世界大战的结束，宣告了这些非法侵占统归无效，中国政府于1946年接管了南海诸岛，进一步确认了领土并派兵驻守；于1947年颁布的地图将南海诸岛划入版图，宣示领土主权范围。

2．非排他历史性性捕鱼权、航行权。中国人发现南海诸岛后，就开始在这里航行和捕捞，至今留存于南海的千余条沉船就是最直接的证明。早在汉代，中国渔民就开始南海诸岛及其海域的自主开发。流传于海南民间各种版本的《更路薄》是中国渔民在世代开发南海的实践中形成的航海线路图，记录了渔民在南海诸岛作业路线。[①]

1947年南海诸岛位置图公布时，国际社会还未出现专属经济区和大陆架制度，历史性捕鱼权和航行权的范围及于整个南海海域。历史性捕鱼权与《公约》规定的专属经济区和大陆架相比，后者有确定的权利范围，自领海基线起200海里；历史性航行权与《公约》规定的通行权相比，后者因不同的海域范围而有不同的通行规则。

中国根据一般国际法规则取得了上述历史性权利，岛礁主权本身不是《公约》的调整对象，传统捕鱼权和航行权也不是《公约》规定的事项，因此，历史性权利不属于《公约》调整的事项，应继续以一般国际法的规则和原则为准据。

四、历史性权利和《公约》权利的并存

历史性权利不解决海洋权利资格（maritime entitlements）问题，解决的是对海洋的利用权。加入《海洋法公约》后，中国又根据《公约》取得了相应的海洋权利资格。

（一）《公约》权利

1．南海诸岛内水、领海主权。内水等同于领陆，沿海国的主权及于其陆地领土及其内水以外邻接的一带海域。[②]

2．毗连区的管辖权。可在毗连区内行使下列事项的管辖：(a) 防止

---

① 秦晓华：《南海诸岛礁名称的中国传统文化内涵及其意义》，载《南海学刊》，2016年第1期，第46页。

② 秦晓华：《南海诸岛礁名称的中国传统文化内涵及其意义》，载《南海学刊》，2016年第1期，第263页。

在其领土或领海内违反其海关、财政、移民或卫生的法律或规章；(b)惩治在其领土或领海内违反上述法律和规章的行为。

3．专属经济区主权权利和管辖权。包括：(a)以勘探和开发、养护和管理海床上覆水域和海床及其底土的自然资源（不论为生物或非生物资源）为目的的主权权利，以及关于在该区内从事经济性开发和勘探，如利用海水、海流和风力生产能等其他活动的主权权利；(b)本公约有关条款规定的对下列事项的管辖权：(i) 人工岛屿、设施和结构的建造和使用；(ii)海洋科学研究；(iii)本公约规定的其他权利和义务。①

4．对大陆架的权利。包括：(a) 沿海国为勘探大陆架和开发其自然资源的目的，对大陆架行使主权权利。(b)第1款所指的权利是专属行的，即：如果沿海国不勘探大陆架或开发其自然资源，任何人未经沿海国明示同意，均不得从事这种活动。②

（二）历史性权利与《公约》权利的重叠与法律适用

历史性权利规则和国际公约都是国际法的法源，相互并不冲突。中国依据历史性权利规则取得了在南海的既得权利，加入《海洋法公约》后又根据《公约》拥有主权、主权权利和管辖权，二者来源于不同的法源，并行不悖，后者并未取代前者。问题在于，二者的权利界限不同，历史性权利的权利界限及于“南海断续线”，主权权利和管辖权的界限是《公约》规定的特定范围，对于其中的权利叠加问题，是优先主张《公约》权利还是历史性性权利。本文认为，在并存格局下，优先适用《海洋法公约》主张《公约》权利，目前尚未根据《公约》规定明确法律地位的海域仍主张历史性权利。

1．历史性权利规则与《公约》权利的重叠。历史性权利和《公约》权利在《公约》相关条款规定的界限内发生重叠，包括：(1)“附近”海

---

① 同上，第275页。

② 同上，第283页。

域的主权与领海主权;(2)传统捕鱼权与专属经济区内的主权权利和管辖权。(3)传统航行权与《公约》规定的无害通过权、过境通行权、航行飞越自由等。

2．重叠区域的法律适用。历史性权利规则和《海洋法公约》不存在法源的效力等级问题，而是此构成特别法与一般法的关系，但在何为特别何为一般的问题上有截然相反的认识。如果认为《公约》规定了一般情况，而历史性权利规则构成了特殊情形，是违背逻辑的。表面上似乎与历史性权利规则的渊源（来源于特殊案例）相符，但与实际相悖，因为历史性权利规则早于《公约》形成，一般法必然早于特别法。因此，先有历史性权利规则这个一般法，然后才有《公约》这个特别法。根据特别法优先于一般法的原则，在重叠海域优先适用《公约》。

（三）历史性权利与《公约》权利的并存

历史性权利与《公约》权利的并存可分为两个阶段，第一阶段，在加入《海洋法公约》之后一直到相关岛礁主权争端和海域划界彻底解决之前，中国在南海同时拥有历史性权利和《公约》规定的各项权利，二者处于界限模糊的并存状态;具体来讲，本阶段的权利结构为：岛礁和附近海域主权、专属经济区和大陆架的主权权利和管辖权、覆盖整个海域的传统捕鱼权和航行权。第二阶段，相关岛礁主权争端和海域划界彻底解决之后，中国在南海仍拥有历史性权利和《公约》权利，二者处于界限清晰的并存状态，具体来讲，本阶段的权利结构为：岛礁主权、根据《公约》享有的领海主权、专属经济区和大陆架的主权权利和管辖权、《公约》覆盖不到海域的传统捕鱼权和航行权。

1．界限模糊的并存。由于南海诸岛尚未明确划分领海、专属经济区和大陆架，是每个岛屿单独划界，还是按照群岛海域制度划界尚未明确，故目前历史性权利和《公约》权利处于模糊并存的格局。二者会叠加，传统捕鱼权和专属经济区制度从概念上讲都是存在的，传统航行权和无害通过权、过境通行权、航行飞越自由等也并存，无法使各项权利的边界清晰化。理论上讲，上述各项权利实施范围是不同的，但在模糊并存的阶段上述各项权利的实施范围仍然及于整个海域。

2．界限清晰的并存。中国西沙群岛已明确采用直线基线划界，可划分为群岛内水、领海、专属经济区，在这些区域适用《公约》规定的各项权利，划界不能覆盖的海域仍主张历史性权利。对岛礁及其内水、领海拥有主权，在专属经济区和大陆架拥有主权权利和管辖权，其余覆盖不到的海域仍旧拥有上述历史性权利。

《公约》尊重未规定的事项但不尊重与《公约》冲突的事项，将历史性权利和《公约》权利分别解读，承认两者之间的重叠与冲突，既证明了历史性权利的实际存在，又体现了《公约》对历史性权利的尊重。

结论

历史性权利的法律来源是一般国际法规则，是《公约》未调整的事项，继续受一般国际法调整。中国在南海的主权和相关权利，是先于《公约》形成的，《公约》不是评断历史性权利的标准。仲裁庭也无权超越《公约》规定对基于国际习惯法的历史性权利妄加断言。中国在南海的历史性权利依然受一般国际法调整并受《公约》尊重”。[①]

---

① 《中国在南海断续线内的历史性权利不容妄议和否定》，载《人民日报》，2016年5月23日第3版。

美国《海洋界限：中国南海海洋主张》报告评析[①]

林 蓁

[内容提要] 美国国务院海洋、国际环境和科学事务局海洋和极地事务办公室2014年12月5日发布报告《海洋界限：中国南海海洋主张》，对中国的南海断续线可能的性质作出评论。该报告挑选在菲律宾所提“南海仲裁案”和南海争端处于非常微妙的时刻发布，无疑具有明显的指向性和针对性，其意图值得耐人寻味。一方面，该报告力图通过理性分析方式建立自己的“公正、客观”立场；另一方面，通过抹黑中国合理诉求的方式支持和偏袒菲律宾的不合理诉求。本文针对该报告在国际法，尤其是国际海洋法方面出现的错误进行辨析和驳斥，以正视听。

[关键词] 南海 海洋划界 历史性权利

[作者简介 林蓁，厦门大学南海研究院助理教授

2013年1月22日，菲律宾向中国发出将“与中国就菲律宾在西菲律宾海的海洋管辖权引起的争端”提交仲裁的书面通知及权利主张，从而启动了菲律宾诉中国仲裁案。2月19日，中国向菲律宾提交照会，阐述了“中方在南海问题上的立场和主张”，拒绝接受了书面通知并将其退还给了菲律宾。[②] 不过，“菲律宾南海仲裁案仲裁庭”引用《联合国海洋法公约》附件7有关条款，还是组成了仲裁庭，并于8月27日发布“第一号

① 国家社科基金重大项目清代海疆政策与海疆开发研究（013&zd093）子课题中期成果。

② http://www.pca-cpa.org/showfile.asp?fil_id=2848，登录时间：2015年6月24日。

程序令”，要求菲律宾于2014年3月30日提交其诉状。在“第二号程序令”中，“菲律宾南海仲裁案仲裁庭”确定2014年12月15日为中国提交其回应菲律宾诉状的辩诉状的日期。2014年12月5日，仲裁庭书记官处收到了“越南外交部提请菲律宾诉中国仲裁案仲裁庭注意的声明”①，同一天，美国国务院发布报告《海洋界限：中国南海海洋主张》②。两天后，也就是2014年12月7日，中国政府发布《中华人民共和国政府关于菲律宾共和国所提南海仲裁案管辖权问题的立场文件》，同时指出上述文件的发布“不得被解释为中国接受或参与仲裁”③。

一、美国《海洋界限：中国南海海洋主张》报告的主要特点

美国国务院定期发布报告，对别国的海洋主张进行评论已经是惯例，2014年12月5日的《海洋界限：中国南海海洋主张》已经是该系列的第143号报告下文称《第143号报告》。如果我们将美国国务院的这一例行行为放在菲律宾“南海仲裁案”以及南海争端的大背景下来看，就不得不说该报告的发布及其选取的时间点极度耐人寻味。实际上，美国务院的《第141号报告》和《第142号报告》也都涉及南海周边国家，分别对印度尼西亚和菲律宾的海洋主张作出了评述，但如果将这一系列以往的报告和此次报告对比来看，我们不难发现《第143号报告》具有以下主要特点：

一是报告风格和以往完全不同。《第143号报告》和以往简单的评述差异较大，更接近学术论文风格，分析较其他报告也详尽很多。形成鲜

① http://www.pca-cpa.org/showfile.asp?fil_id=2848，登录时间：2015年6月24日。

② Department of State, Office of Ocean and Polar Affairs, Bureau of Oceans and International Environmental and Scientific Affairs, “Limits in the Seas, No. 143 China’s Maritime Claims in the South China Sea”, http://www.state.gov/documents/organization/234936.pdf, 登录时间：2015年6月24日。

③ 《中华人民共和国政府关于菲律宾共和国所提南海仲裁案管辖权问题的立场文件》，2014年12月7日，http://www.fmprc.gov.cn/mfa_chn/zyxw_602251/t1217143.shtml, 登录时间：2015年6月24日。

明对比的是，美国国务院《第112号报告》对俄罗斯在彼得大帝湾的历史性水域主张的评论只有1页的篇幅，而对于中国南海海洋主张却分析了足足24页之多。

二是对一国尚未公开和明确的立场进行无端猜测。以往报告针对的问题都是一国政府公开的海域主张，而由于中国并没有澄清过南海断续线的性质，也没有就线中水域提出明确的主张，因此，《第143号报告》的分析均是建立在各种假定和猜测基础之上。其基本的逻辑关系是：美国国务院首先对中国南海断续线提出了三种不同的可能或假定，然后针对这三种可能进行分析，最后得出结论。

三是立场性和指向性极强。和其以往报告针对一国的单边主张不同，《第143号报告》多次提及海域划界的原则，还明确提及了正在审理过程中的菲律宾"南海仲裁案"所涉及的岛屿法律地位及在划界中的效力问题①。

由以上几点来看，《第143号报告》的发布具有明确的针对性，选择和越南提交其声明同一天发布也绝非巧合，而是有目的、有意识地向仲裁庭表达其政府立场，以便促使仲裁庭在分析案情时不得不考虑美国政府的立场、观点和倾向性。

二、美国《海洋界限：中国南海海洋主张》报告存在的谬误

应该说，《第143号报告》力图用理性分析的方式来掩盖其偏袒菲律宾的立场，同时抹黑中国的合理诉求，这种做法在整篇报告里随处可见，其具体表现就是报告充斥着大量的常识性错误。首先，就前者来说，在

---

① Department of State, Office of Ocean and Polar Affairs, Bureau of Oceans and International Environmental and Scientific Affairs, "Limits in the Seas, No. 143 China' s Maritime Claims in the South China Sea", p.9, p.13,http://www.state.gov/documents/organization/234936.pdf, 登录时间：2015年6月24日。

对南海地理情况的描述中，美国国务院明确表示采用国际水文组织对南海的界定，其范围包括台湾海峡、北部湾和纳土纳海，中国的南海断续线占了以此为界限的南海面积的62%（见《第143号报告》注释11）。然后，该报告在16页又声称中国政府对整个南海都提出了主张，这显然自相矛盾，目的就是为了抹黑中国政府的南海主张。该报告所犯的国际法上错误更多一些，下面本文逐条进行分析。

由于中国官方并没有对南海断续线做过具体明确的说明，《第143号报告》对南海断续线的可能性质作出了三种假设，并对这三种假设一一作出评论：

假设一：南海断续线仅仅代表中国对线内岛屿提出主权要求；

假设二：南海断续线代表中国主张的海洋边界；

假设三：南海断续线代表中国主张的历史性水域或历史性权利的界限。

对于第一种假设，《第143号报告》并未多加论述。但有一点值得注意，作为美国政府的正式文件，《第143号报告》中出现了以下措辞是非常欠妥的事情："中国对南海岛屿的主权诉求是有争议的。越南和台湾也声称对西沙群岛拥有主权；菲律宾和台湾也声称对黄岩岛拥有主权；越南、菲律宾、马来西亚、文莱和台湾都对南沙群岛部分或者全部岛屿有主权要求。"这一论调和美国政府承认"一个中国"的立场显然是背道而驰。台湾不是主权国家，并不能够作为单独的个体和其他声索国并列。两岸的宪法都规定只有一个中国，具体分为大陆地区和台湾地区。虽然西方学者的论文中常常出现如此并列关系，但《第143号报告》是美国国务院的官方文件，这样的疏漏绝不仅仅是不小心而已，而是刻意为之。这一点在同一页更早的论述中体现得更加充分：

"如果以上对于南海断续线的论述是准确的话（即美方假设南海断续线仅仅代表中国对线内的岛屿主张），那么中国国内法所规定的其海域范围大体上是符合国际法的：

1. 中国大陆和海南岛拥有领海、毗连区、专属经济区和大陆架，包括延伸至南海地区的领海、毗连区、专属经济区和大陆架；

2. 南海范围内中国声称拥有主权的符合121(1)条的其他岛屿也应当拥有以上海域……

3. 淹没于水下的地物……

4. 人工岛屿、设施、结构……”

很明显，中国的任何一条国内法都明确规定了台湾是中国不可分割的一部分，南海断续线也一直将台湾包括其中，并没有任何一条理由可以解释《第143号报告》在以上段落中没有将台湾岛包含在第一条内，和海南岛并列，而美国曾经就台湾的海域主张做了单独的报告也不能成为在此处将台湾排除在外的理由。那么，我们认为理由只有一个，即美国政府是非常不希望大陆和台湾在南海问题上产生任何合作的可能性，这和菲律宾在其诉状中极力绕开台湾所占据的太平岛是一脉相承的。

对于第二种假设，《第143号报告》认为如果南海断续线是海上边界线的话，则不符合《联合国海洋法公约》规定，因为该线有几段超出了最近岛礁200海里专属经济区范围。而且，《第143号报告》认为南海断续线的具体地理坐标缺乏精确度，2009年和1947年官方地图上南海断续线的位置亦不尽相同。这种说法看上去很有道理，实际却有问题。

南海断续线在国内地图上标注的是“未定国界”(而非《第143号报告》声称的“国界”)，其位置大致遵循中国主张拥有的岛屿与邻国海岸的中间线。正如古普塔指出的那样，“在谈判之前先在地图上单方面画出大大超过解决争端时的妥协方案的界限，这是各国普遍的做法。中国不必为这一做法感到任何难堪，因为其他国家都这么做。”[①]

第三种假设是《第143号报告》分析的重点，篇幅也最大，但它在

---

① Sourabh Gupta, “TestingChina’s and the State Department’s-nine-dash line claims”, *PacNet, No.88*, Pacific Forum CSIS, Honolulu, Hawaii, December, 2014.

最基本的法律概念方面出现了偏差。在论证南海断续线是否是中国的历史性水域或历史性权利的外部界限以及这种历史性水域或历史性权利在国际法上是否有效时,《第143号报告》没能够对历史性水域和历史性权利作出明确的区分,而将两者简单地混为一谈。

首先,《第143号报告》声称只有《联合国海洋法公约》第10条(历史性海湾)和第15条(因历史性所有权或其他特殊情况而有必要按不同的方法划定两国领海的界限的情况)涉及了历史性水域和历史性权利。美国国务院认为,除了第10条和第15条以外,《公约》并不承认可能存在于专属经济区、大陆架或者公海的历史性权利:"和第10条和第15条规定不同,公约在上述海域(即专属经济区、大陆架和公海)并没有任何针对历史性权利的例外性规定,所以一国也不能以此为理由减损沿海国在其专属经济区内和大陆架上的主权权利和管辖权,或其他国家在此海域所享有的自由。"[①] 美方观点是专属经济区等新制度的建立已经取代了原有的历史性权利,声索国不可再援引历史性使用作为其权利主张。这一论调显然是对《公约》的曲解。除了第10条和第15条有关历史性水域的规定,《公约》中还有多处条款提及历史性权利:

第46条——"群岛"是指一群岛屿,包括若干岛屿的若干部分、相连的水域或其他自然地形,彼此密切相关,以致这种岛屿、水域和其他自然地形在本质上构成一个地理、经济和政治的实体,或在历史上已被视为这种实体;

第52—53条——在第53条的限制下并在不妨害第50条的情形下,按照第2部分第3节的规定,所有国家的船舶均享有通过群岛水域的无害通过权;群岛国可指定适当的海道和其上的空中航道,以便外国船舶和飞机继续不停和迅速通过或飞越其群岛水域和邻接的领海;

---

① Department of State, Office of Ocean and Polar Affairs, Bureau of Oceans and International Environmental and Scientific Affairs, "Limits in the Seas, No. 143 China' s Maritime Claims in the South China Sea", pp.9-20,http://www.state.gov/documents/organization/234936.pdf, 登录时间:2015年6月24日。

第47条——如果群岛国的群岛水域的一部分位于一个直接相邻国家的两个部分之间，该邻国传统上在该水域内行使的现有权利和一切其他合法利益以及两国间协定所规定的一切权利，均应继续，予以尊重；

第51条——在不妨害第49条的情形下，群岛国应尊重与其他国家间的现有协定，并应承认直接相邻国家在群岛水域范围内的某些区域内的传统捕鱼权利和其他合法活动；

第59条——在本公约未将在专属经济区内的权利或管辖权归属于沿海国或其他国家而沿海国和任何其他一国或数国之间的利益发生冲突的情形下，这种冲突应在公平的基础上参照一切有关情况，考虑到所涉利益分别对有关各方和整个国际社会的重要性，加以解决。

第298条——一国在签署、批准或加入本公约时，或在其后任何时间，在不妨害根据第一节所产生的义务的情形下，可以书面声明对于下列各类争端的一类或一类以上，不接受第二节规定的一种或一种以上的程序：(a) (1) 关于划定海洋边界的第15条、第74条、第83条在解释或适用上的争端，或涉及历史性海湾或所有权的争端，但如这种争端发生于本公约生效之后，经争端各方谈判仍未能在合理期间内达成协议，则作此声明的国家，经争端任何一方请求，应同意将该事项提交附件五第2节所规定的调解；此外，任何争端如果必然涉及同时审议与大陆或岛屿陆地领土的主权或其他权利有关的任何尚未解决的争端，则不应提交这一程序。

很显然，《公约》承认历史性使用对某些权利形成的决定性影响，例如群岛水域制度的建立和历史性权利有着紧密的联系，然而即便群岛国制度以及群岛水域的建立也不能改变别国在传统上在此享有的权利。这些权利可以是自古以来在此水域通行的权利，即群岛国家并不能禁止别国继续在其水域内通行，而有义务允许别国船舶的无害通过并指定海道供别国船舶行使"群岛海道通过权"；这些权利也包括传统捕鱼权，美国认为专属经济区制度的建立已经取代了传统捕鱼权，而《公约》的规定显然体现了对此类权利的尊重。

除去传统的航行和捕鱼权利，《公约》在规范专属经济区制度时，也特别提出：倘若沿岸国与其他国家产生权利冲突，必须在衡平（equity）的基础上，考虑“所有相关因素”（当然也不可避免地包含历史传统因素）来加以解决。

类似的规定还有第298条。《公约》明确规定缔约国可以将涉及历史性海湾或所有权的争端排除在强制争端解决机制使用范围之外，由历史性使用而产生的权利将继续由国际习惯法加以规制。这说明《公约》的制定者们非常清楚《公约》并不能解决所有的问题，同时也说明《公约》创立的新制度（如专属经济区、群岛水域）是在充分考虑已经存在的且已经为各国所接受的传统权利的基础上建立起来的海洋秩序，比较充分地体现了“建立秩序、维持秩序”的法律本质。

《联合国海洋法公约》处处尊重海洋上的历史性权利，不论是专属性的历史性所有权还是非专属性的传统捕鱼权。美国认为中国在南海主张历史性权利和《公约》相违背，显然没有吃透《联合国海洋法公约》要维护海洋上历史权利的精神。

三、对美国《海洋界限：中国南海海洋主张》报告有关中国南海历史性权利论述的回应

中国在南海断续线内能主张的历史性权利到底包括哪些内容？根据中国丰富的历史证据材料，我们可以总结出以下基于历史性使用而产生的权利：

1．传统捕鱼权；

2．派遣水师，巡视海疆；

3．列入版图，载入官方地方志书；

4．进行天文测量；

5．严肃海防，惩治南海盗匪；

6．救助南海外国遇难船只；

7．阻止外国调查西沙、南沙；

8．上世纪以来的诸种经营措施。[①]

中国基于历史证据在南海海域所长期行使的这些权利，都是现代国际法所支持的权利，没有任何超越一般国际法——包括《联合国海洋法公约》——所允许的权利范围或权利内涵[②]。

中国在南海因拥有丰富的历史证据而取得的历史性权利，与《联合国海洋法公约》按照国际社会实践所创设的诸般权利，是两个不同层级的权利概念，相容却不相排斥。按照18世纪的法律，如果一名地主决心要排除当地部落原住民按照他们的千年习俗早晚进入其土地来膜拜神明，他大可开枪打死这些侵入者。但是，按照20世纪以后的法律，拥有土地所有权的地主，不能排除当地原住民的这一传统权利。换言之，原本的历史性权利并不因成文法创设的新权利而自然消亡[③]。

然而，《143号报告》断言，即使中国主张的历史性权利不违反《公约》，也不符合一般国际法的规定。构成历史性权利的必要条件是一国公开地、长期且持续地行使国家权利并得到别国的承认。美国认为中国没有满足以上提到的任何条件：

第一，美国坚持认为中国政府从没有对其主张或南海断续线内水域的性质进行澄清，不能满足历史性水域的主张必须是公开的这一条件，足以让相关国家提出异议。美国政府认为中华民国政府公开出版的中文地图，并不足以产生“告知天下”的效果。

第二，美方报告认为中方根本没有持续对南海断续线内的水域行使主权或排他的管辖权，相反，其他国家不仅占领了南海断续线内诸多岛礁，还在该水域内捕鱼和开发油气资源。所以，在南海断续线内，中国并没有持续有效地行使其主权或排他性权利。

第三，美方认为中国的历史性主张并没有得到别国的承认：一是因

① 参见：傅崐成：《南（中国）海法律地位的研究》，台北：123资讯公司1995版。

② 傅成：《南（中国）海法律地位的研究》，台北：123资讯公司1995版。

③ 傅成：南海历史性权利与《联合国海洋法公约》的兼容性，内部报告。

为中国的主张不够公开、清晰，并不足以让他国了解；二是因为中国2009年第一次在国际舞台上公布其南海断续线图后遭到了多国反对。[①]

就美国政府的以上观点，本文将一一进行反驳：

第一，正如之前所说，《第143号报告》对于历史性权利的论述存在很大问题，将排他性的历史性水域主张和非排他性的传统捕鱼权等混为一谈，简单地将中国在南海断续线内的历史性权利等同于历史性水域的主张。

那么中国有没有将其历史性权利主张公之于众呢？美国认为直至2009年，中国都没有对南海断续线进行“广而告之”，而直至今日，也没有澄清其主张的具体内容。这种说法显然毫无根据。

首先，判断一国是否公开主张其权利，标准并不在于其是否公开作出了口头上的宣告，而在于其是否通过国家行为行使了权利，是否有行使国家权利的意图。中国有大量的证据材料证明中国政府有意识地在西沙群岛和南沙群岛行使主权，也有意识地在岛屿周边海域进行执法活动，巡视海疆，严肃海防。他国历史资料对中国渔民在此处的活动也有记录[②]。

其次，美国以《南海诸岛位置图》为中文且地图的证据价值不高而否定其法律效力，但这也只是一厢情愿的臆测而已。中国不仅通过长期的历史实践取得了以上权利，而且还通过出版官方地图表达其诉求。1947年官方出版之地图名为《南海诸岛位置图》，但其意义远不限于表明中国对线内岛屿的主权，南海断续线始自中、越陆地边界，终于中、菲海峡，其界线画法为-(.)-(.)-(.)-(.)-(.)-，与该图中所绘制的陆上疆界线完全相同。中国此后出版的地图，南海断续线也大多同这些地图中的陆地

---

① Department of State, Office of Ocean and Polar Affairs, Bureau of Oceans and International Environmental and Scientific Affairs, “Limits in the Seas, No. 143 China’s Maritime Claims in the South China Sea”, pp.21-22,http://www.state.gov/documents/organization/234936.pdf, 登录时间：2015年6月24日。

② Ministry of Foreign Affairs, People’s Republic of China, “The Issue of South China Sea”, June 2000, http://fas.org/news/china/2000/china-000600.htm, 登录时间：2015年6月24日。

"疆界线"不仅名称相同，而且画法也相同[①]。因此，美国以1947年《南海诸岛位置图》是中文出版物为借口而否定其价值完全是欧洲中心主义的思想在作祟。

再次，考虑历史性权利的特点，别国的承认往往是通过以默示接受的方式来表达。实际上，周边国家很早就了解中方的南海断续线地图和相关主张，并保持默认，直到最近40年才开始提出异议和抗议而已。譬如印度尼西亚政府教育部曾数度审订印度尼西亚华侨学校使用之《中国地理》《中国历史》教科书，对书中若干文字加以涂改，但对书中之中国疆界地图，包括南海疆界图在内，丝毫不加反对[②]。

美国援引国际法院布基纳法索和马里边界案以证明地图的效力有限则是有意识地混淆概念[③]。布基纳法索和马里边界案中有关地图的证据效力的论述，是围绕其是否具有证明一国有效对领土行使主权的效力，而美方报告探讨的是，该地图是否能证明中国有没有公开过自己的主张。我们认为，民国政府在官方地图中加入"南海断续线"，并采用陆上疆界线完全相同的画法，足以引起周边可能有利益冲突国家的关注和警觉。

第二，美国报告认为中方根本没有持续对南海断续线内的水域行使主权或排他的管辖权，所以不满足一般国际法对于历史性权利形成的要

---

① 傅成：南海历史性权利与《联合国海洋法公约》的兼容性，内部报告，另见傅成：《南（中国）海法律地位的研究》，台北：123资讯公司1995版，第3页。

② *《初中中国地理》，第一册（华侨适用课本），中华书局，商务印书馆出版，椰城印华联合出版社发行，一九五七年修订本（印度尼西亚版）第2—3页。

*同上书，第二册，第84页。

*蓝孟博编，《高中历史》，第一册，正中书局印行，1950年8月台初版，1952年9月港一版，第130—132页。

以上三书均于书本首页印有印度尼西亚国徽及「THE DIPERIKDAOLEH：KEMENTERIAN P.P. & K./R.I. 印度尼西亚共和国教育部审定」…等字样。傅崐成：《南（中国）海法律地位的研究》，台北：123资讯公司1995版，第5页。

③ Department of State, Office of Ocean and Polar Affairs, Bureau of Oceans and International Environmental and Scientific Affairs, Limits in the Seas, No. 143 China's Maritime Claims in the South China Sea, p.18,http://www.state.gov/documents/organization/234936.pdf, 登录时间：2015年6月24日。

求。这依然是美国对于历史性权利概念的误读，因为它将排他性的历史性水域主张和非排他性的其他历史性权利混为一谈。实际上，中国从来没有主张过南海断续线内的水域是中国的历史性水域。南海断续线内的水域和中国的渤海湾有本质不同，中国政府从没有把前者视为自己的内水或领海。相反，中国政府反复强调，南海的航行自由从未受到任何形式的妨碍。中国所主张的历史性权利是非排他性的，并无意在南海断续线内所有的水域行使主权。

周边各国占领岛礁和开发油气资源是近几十年才开始的，如前所述，中国出版的官方南海断续线地图在出版几十年后都未受到任何周边国家的挑战。不仅如此，印尼等国还允许其将该地图编入教科书；北越总理范文同1958年公开承认中国对西沙和南沙群岛拥有主权①；菲律宾、马来西亚等国从未提出过任何涉及西沙和南沙群岛主权的主张，更不用说对周边水域的主张了。上述行为已经足以构成这些国家对中国南海权利的默认。显然，之后这些国家利用地理相近的便利条件和中国国内动荡占领岛礁的行为并不合法。

应当明确指出的是，中国主张在南海拥有传统捕鱼权的同时，并没有排斥他国作出同样的主张。历史性权利的举证责任在于主张的一方本身。只要周边国家可以证明其在南海断续线内的水域拥有该项权利，中国政府也会尊重这种权利。这和美国宣扬专属经济区的建立已经取代了传统捕鱼权的立场不同，中国的立场和态度更符合国际法院和国际仲裁对于保护“贫穷而勤劳”的人民并使之得以保留其赖以生存资源的人文精神②。

第三，基于以上分析，美国政府在第三点里提到的所谓中国2009年才第一次在国际舞台上公布其南海断续线图显然不成立；而2009年后周

① Ministry of Foreign Affairs, People’s Republic of China, “The Issue of South China Sea”, June 2000, http://fas.org/news/china/2000/china-000600.htm, 登录时间：2015年6月24日。

② PCA, Eritrea v. Yemen Arbitration, Award of Arbitral Tribunal, p.526。另见贾宇：《试论历史性权利的构成要件》，载《国际法研究》，2014年第2期，第47页。

边国家对此主张的反对并不能推翻其之前多年来的默认态度。

结论

美国国务院发布的《第143号报告》，最大的意图是要打掉中国的南海断续线主张，抹黑中国形象，支持菲律宾的南海立场，并对菲律宾“南海仲裁案”施加影响，同时还极力回避台湾在南海断续线的划定和当今领土争端以及海域划界中的作用，因为台湾占据太平岛的事实以及这一事实在国际法上的效力对菲方极度不利。显然，美国实现这一意图的手段则是错误的，因为它完全建立在主观臆测的假设上面，而在虚假大前提下运用何种严谨的逻辑、进行何种周密的论证都不可能得出正确的结论。此外，本报告最大的谬误就在于美国国务院对于国际海洋法有关历史性权利的歪曲解释。《第143号报告》将排他性的历史性水域主张和非排他性的传统捕鱼权等混为一谈，断言后者已经随着专属经济区制度的建立而消亡，《公约》只承认历史性权利存在于内水和领海。实际上，《联合国海洋法公约》处处尊重海洋上的历史性权利，不论是专属性的历史性所有权还是非专属性的传统捕鱼权。而国际判例更是维护各国历史上已经取得的合法权利，尽力避免和减少新设制度对其影响。

总体来说，考虑到《第143号报告》发布的背景，其目的还是在于对菲律宾“南海仲裁案”施加影响。一方面，我们应当相信法官有足够的智慧发现论证中的破绽和陷阱，另一方面，作为中国的学者，揭穿《第143号报告》对国际法的扭曲，也是我们应尽之责。

外国学者对美国国务院南海断续线报告的评论①

[美]苏拉·古普塔　莱昂纳多·伯纳德

[内容提要] 2014年12月5日，美国国务院抛出了《海洋界限——中国在南海的权益主张》报告，公开了美国企图否认我国南海断续线的官方立场，标志着美国正式在法律层面上介入南海争端。本文收集了美国和新加坡两位学者对美国国务院关于南海断续线报告的“一正一反”两篇评论文章，现予以整理翻译，供有关学者及关心南海权益的人士参阅。

[关键词] 南海断续线　历史性权利　传统捕鱼权

[作者简介] 苏拉·古普塔（Sourabh Gupta），美国塞缪尔国际咨询公司高级研究员；莱昂纳多·伯纳德（Leonardo Bernard），新加坡国立大学国际法中心研究员

一、苏拉·古普塔对美国国务院南海断续线立场之评析

长期以来，中国在南海的海洋权益主张引起了许多邻国和有关国家的担忧。中国对外宣称的立场是：“中国对南海诸岛及其附近海域拥有无可争辩的主权，对相关海域及其海床和底土拥有主权权利和管辖权。（中国的主张）有充分的历史和法理依据。”这种措辞虽符合国际法，但却

---

① 本文由国家海洋局海洋发展战略研究所助理研究员张小奕博士翻译，由国家海洋局海洋发展战略研究所所长高之国法官校对。

有失精准。近来中国提出对南沙群岛享有各种海域（full maritime zones）权利，但南海中各类构造的法律地位仍不明确，主张行使主权权利和管辖权的"相关海域"的界限也不清楚。

对于南海的权益主张国来说，这种做法可谓司空见惯。但与菲律宾、越南和马来西亚不同的是，中国毫不犹豫地将其海洋权益主张推向极致，并予以施行，反对其他声索国在南海断续线内开展活动。中国这些执法行为似乎是以《联合国海洋法公约》(以下简称"《公约》")的过度解释为基础的，只强调半闭海沿海国诸如捕鱼、海洋科学研究的权利，而不问其是否符合《公约》的规定。中国有些权利主张甚至超出了《公约》的规定。由于中国政府从未颁布任何赋予南海断续线效力的法律或规章，中国学者到处搜集《公约》和习惯法中支持南海断续线的法理依据。围绕南海断续线的争论也日益加深（但平心而论，有些中国学者对南海断续线的论述是一贯的和准确的）。

2014年12月5日，美国国务院海洋、国际环境和科技事务司介入这一法理灰色区域，在其编制的《海洋界限》系列刊物中发表了对中国南海海洋权利主张的分析和评论。与早前在对台湾主张的报告中回避触及南海断续线的做法不同（台湾与中国大陆在南海断续线的立场上有重叠，但不完全相同)，这份新的研究成果专门分析了南海断续线的合法性。过往的许多研究都试图论证：南海断续线即便合理，但也模糊不清，不足以作为在南海海域行使主权和管辖权的基础；更有甚者，有的研究还得出南海断续线可能完全是非法的。美国国务院编制的报告综合采纳了这些思路，是一份有价值的研究成果。令人遗憾的是，美国国务院的这份报告有些不得要领，当然也无法驳倒以下命题，即南海断续线最有力的法理依据：它是中国历史上形成和一直被承认的、在南海半闭海海域中行使的传统捕鱼权的地理界限。时至今日，该传统捕鱼权仍一如既往地在非专属和非排他的基础上行使。

美国国务院的报告对南海断续线作出三种解释：一是南海断续线代表线内岛屿、岛群的主权归属线；二是南海断续线代表国家海上边界线；

三是南海断续线代表中国基于历史性权利的主张线。报告对前两种情况的研究结论基本上无懈可击，但对第三种情况的解释却令人生疑。

正如美国国务院报告中所明确指出的那样，南海断续线在地图上有效地标明了中国主张主权的群岛范围。报告同时指出，对主权、主权权利和管辖权的主张必须源自陆地地物（land features），即高潮高地。至于哪些地物属于高潮地物，中国尚未明确。该报告还应进一步指出南海断续线最南端，即曾母暗沙南侧的一条线段的不合理性。曾母暗沙是水下地物，距离马来西亚海岸领海基点的最近距离只有60海里，无论如何都不能被视为"领土"，更不能被一个距离远超过200海里的国家据为领土。作为岛屿主权归属的地图示例，南海断续线最南端的这条线段应当划在曾母暗沙以北，而非以南。

美国国务院报告指出，南海断续线作为中国海洋边界外部界限的解释是不符合国际法的，这一结论无可厚非。在海洋划界案例中，作为一般原则，国际法庭通常不愿论及小型地物（small insular features）的准确地位，而是倾向于直接否定远离本国大陆而与相邻或相向国家的海岸投射（coastal projection）更为临近的岛屿（或岩礁）的海洋权利。正如南沙群岛的情形，不能使其他沿海国的海洋权利受到不公正的"切断"(cut-off)。按照《公约》的规定，海上边界无论如何也不能超过中国在南海所辖岛礁与邻国海岸之间的中间线。但是南海断续线不符合此要求，若作为国家边界，是不符合国际法的。

尽管如此，南海断续线在中国国内地图中明确标识为"未定"国界，可以作为在国际上提出的临时界线。对于每个有领土争议的国家而言，包括南海的其他声索国，在谈判之前先在地图上单方面划定大大超过解决争端时的妥协方案的界限，这是各国的惯常做法。中国不必为这一做法而比其他声索国感到任何更多或更少的为难（no more or no less guilty)，更何况中国已经明确地在地图上标注了南海断续线的临时性质(中国将南海断续线作为其海上执法界限，才是招致不满的根源)。在能够按照国际法的最佳实践（best practice）解决划界争端的情况下，如中国和越南在北部湾（Tonkin Gulf）划界的实践，或公平地分享潜在的主权权利和管辖权，如中国和日本在东海的渔业协定，仍然断言南海断续线是一条未定的、临时的、不能获得承认的单边国家海洋边界线（如美国国务院报告所言），这就言过其实了。

在南海断续线的第三种情况中，美国认为中国基于历史性权利在领海以外、但未超出200海里专属经济区的海域行使主权权利和管辖权的依据不足。这一观点是美国国务院报告中最可质疑的地方。美国国务院报告认为：中国接受《公约》中专属经济区制度的效力，就等于放弃了在他国专属经济区中的传统（或历史性）捕鱼权主张，即使半封闭海的情形也不能例外。此外，报告还援引1984年国际法院在缅因湾案（*Gulf of Maine*）中的判决并断言，关于历史性使用（historic uses）的规定只存在于沿海国的领海之内。总而言之，《公约》创设专属性管辖权就意味着推翻了传统的权利。美国国务院报告的这一结论不仅缺乏说服力，而且在概念和法律逻辑上都存在缺陷。历史上形成并通过长期实践流传至今、在非专属或非排他基础上行使并得到半闭海区域内其他国家所接受的传统（捕鱼）权利，并不因《公约》而消亡，除非实体国际法（positive international law）明确撤销了这项权利。

在概念的层面上，美国国务院报告未能认识到半闭海中的捕鱼权和从事其他活动的权利可以以非专属的性质而行使。规范半闭海的《公约》第123条要求半闭海沿海国在养护、探勘和开发海洋生物资源时应开展合作。关于专属经济区的第62条同样也要求沿海国准许其他国家进入本国专属经济区捕捞可捕量的剩余部分。这两条通读的精神为在南海等半闭海中倾向于承认非专属和非排他性的传统捕鱼权指明了方向和依据。在缅因湾案之后的判例中，如扬马延岛（Jan Mayen）、厄立特里亚诉也门（Eritrea/Yemen）、卡塔尔诉巴林（Qatar/Bahrain）、巴巴多斯诉特立尼达和多巴哥（Barbados/Trinidad &Tobago）等案件都采用了这种观点，即认为长期存在的传统权利应受到国际法的尊重和保护。

美国国务院报告的另一个错误是，将传统或曰历史性权利与该权利的前身——“历史性水域”的法律制度（历史性水域通常由国家在海湾、海峡、河口和群岛水域中主张）混为一谈，从而将前项权利错误地限定在中国的内水。实际上，只要中国在非专属的基础上行使历史性权利，停止实施超出《公约》第123条授权的不合法活动，南海断续线作为中国在南海行使和实践传统或历史性捕鱼活动的主权权利和管辖权的界限，并不违反国际法。南海断续线距离其他沿海国的大陆和沿岸岛屿更近（24海里至75海里不等）的事实，并无碍于这一结论。例如，在东海，根据中日两国1997年缔结的《渔业协定》，由船旗国管辖的两国渔船在共同捕鱼区内允许抵达距离另一国海岸线52海里的海域作业。

当然，中国也有义务明确宣示南海断续线符合国际法的依据。不明确南海断续线的依据和范围，只是暗示历史性权利或历史性证据，如1998年《中国专属经济区和大陆架法》以及2011年中国提交给联合国的照会，只会增加外界的疑虑，即中国企图借南海断续线在他国专属经济区中非法划定大面积海域并开展威慑活动。

东盟的其他声索国可以通过优先推动《东盟—中国区域渔业协定》来测试中国的善意。这种协定类似于中国与其东北亚邻国，包括朝鲜所达成的双边协定。南海资源的共同开发遥遥无期，谈判中的南海行为准则也遥不可及。相比之下，区域性的渔业协定却是指日可待的务实方案，它可以促成各声索国搁置管辖权争议的良性互动，并成为一条寻求解决南海更为棘手的其他挑战的可行途径。

二、莱昂纳多·伯纳德对苏拉·古普塔一文的评论

莱昂纳多·伯纳德对苏拉·古普塔《关于中国、美国国务院对南海断续线立场之评析》一文中的观点提出了一些质疑。他认为美国国务院的报告未能分析到南海断续线存在着以下的可能性：“南海断续线是中国在历史上形成、且一直被承认的、在南海半闭海海域中行使的传统捕鱼权的地理界限；这一传统捕鱼权迄今仍在非专属和非排他的基础上

行使。”以古普塔之见，这一论点是南海断续线最有力的法理依据。然而，古普塔忽略了相关的事实以及《联合国海洋法公约》(下文简称“《公约》”)中某些精巧的规定，因而得出了中国在南海断续线内拥有历史性捕鱼权的错误结论。

古普塔认为，国际法中的传统性/历史性捕鱼权有以下几个要件：一是历史上形成，通过长期使用（long-usage）的方式流传至今；二是在非专属或非排他的基础上行使；三是本区域内的其他国家在实践中予以接受。然而本案中的事实和法律并不符合以上要素，因而古普塔的分析和结论是不能成立的。

关于第一个因素，古普塔指出美国国务院报告将历史性/传统权利与“历史性水域”混为一谈，从而将前项权利错误地限定在中国的内水。实际上，美国国务院的报告对历史性权利和历史性水域两个概念作出了区分；并解释道，与历史性水域（历史性水域是与内水地位相同的水域，具有领土主权）不同，历史性权利是指在海域中尚未形成主权、层级较低的一系列权利。在此基础上，该报告得出结论，中国尚未对南海断续线内水域明确地提出历史性水域或历史性权利的主张。鉴此，古普塔提出的中国可以继续在非专属的基础上行使捕鱼权的观点与本议题无关。原因有二：其一，中国并未提出这类主张；其二，中国的行为表明，中国并不承认其他沿海国对南海断续线内拥有资源的权利。

即使中国对南海断续线内的历史性捕鱼权提出了主张，该主张也被《公约》中的专属经济区制度所取代。在专属经济区条款的谈判过程中，非沿海国提出的传统/历史性捕鱼权主张因与专属经济区制度冲突而未被采纳。根据《公约》规定，领海之外的捕鱼自由，包括历史性捕鱼权或公海捕鱼权，都被沿海国对专属经济区内生物资源所享有的主权权利所取代。

古普塔提到《公约》第62条要求沿海国准许其他国家进入本国专属经济区捕捞可捕量的剩余部分，但却忽略了这种准入是由沿海国在决定了可捕量并考虑到沿海国国家利益的基础上而赋予的。第62条并没有规定沿海国应当承认他国在其专属经济区内的传统捕鱼权。相反，它规定沿海国在准许其他国家进入其专属经济区捕捞可捕量的剩余部分时，除其他因素外，还应当考虑到“尽量减轻其国民惯常在专属经济区捕鱼的需要”。

关于第二个因素，古普塔认为如果把《公约》的第123条和第62条放在一起阅读理解，可以得出这两条的规定为在半闭海（如南海）中非专属地行使传统捕鱼权提供了依据。这种对条款的扩大解释是与《公约》精神不符的。原因有二：一是第123条并没有为沿海国创设专属经济区制度之外的新权利，也未允许沿海国在其专属经济区之外的半闭海中提出传统捕鱼权主张；二是第123条中规定的沿海国在行使权利时的合作义务也仅限于行使《公约》所规定的权利。

关于第三个因素，即便承认中国在南海一直在行使非专属性的传统捕鱼权，这项权利的确立还需要本地区的其他国家通过实践予以接受，而古普塔的说理恰恰忽略了这一点。没有证据表明，南海的任何其他沿海国接受中国在南海断续线内水域拥有传统捕鱼权，无论这项权利是否具有非专属性。

有趣的是，古普塔在论述中引用了1997年的《中日渔业协定》，这一协定恰恰证明了专属经济区的概念是如何取代历史性捕鱼权的。《公约》缔结后，中国渔民在日本主张的专属经济区内不再享有合法的捕鱼权，尽管这项权利在历史上一直由中国渔民享有。1997年的《中日渔业协定》在两国主张的专属经济区的重叠区域设立了共同捕鱼区，准许中国渔民在日本主张的专属经济区内以传统捕鱼权为由继续捕鱼。这一《协定》的签订表明，单方面主张的历史性捕鱼权不能取代《公约》中专属经济区主张，除非相关国家同意并承认这一历史性权利。

除此之外，古普塔引用的所有案例也表明，这种传统捕鱼权必须得到其他国家的承认才能被接受。在扬马延岛案中，挪威和格陵兰都承认两国渔民在争议水域的传统捕鱼权。在厄立特里亚诉也门（Eritrea/Yemen）案中，也门也承认厄立特里亚渔民在其周边海域的传统捕鱼权。

同理，正是由于缺少这种承认，国际法院拒绝了巴巴多斯在特立尼达和多巴哥专属经济区中的历史性捕鱼权主张。

综上所述，美国国务院报告得出的结论是正确的，即中国没有明确提出南海断续线内的历史性捕鱼权主张。即使中国提出了这一主张，也经不起国际法的检验。此外，南海的其他沿海国也并未接受中国的历史性捕鱼权主张，未来也不可能会接受。

作为《公约》的缔约国，中国已经接受每个沿海国都拥有200海里专属经济区的现状。而中国却又在南海其他国家的专属经济区中继续主张历史性权利，这似乎是在有选择性地适用《公约》。如果允许一国以存在先于《公约》的权利主张为由随意减损《公约》的规定，那么《公约》的宗旨和目标以及整个专属经济区制度都会遭到破坏。因此，中国若想避免南海权利主张产生更多误解，则有必要澄清南海断续线地图的含义，并使其符合《公约》的规定。

三、苏拉·古普塔对莱昂纳多·伯纳德的回应

感谢莱昂纳多·伯纳德的热情评论。他的这一评论对这个领域的研究有所帮助，我在此表示感谢。下面我按照由主到次的顺序分别进行回应。

伯纳德评论中最核心的观点是：海域中的传统权利主张，如历史性捕鱼权，已经被《公约》中的专属经济区制度所取代；这类传统权利现由《公约》具体规范。这一论点是错误的。在20世纪90年代末的厄立特里亚诉也门海洋划界案（Eritrea/Yemen）中，仲裁员一致裁定，即使当事方对各岛屿或陆地地物（land features）拥有无可争辩的主权，"这一主权不仅无害于，反而在本质上巩固了该水域中的传统捕鱼权制度。这一制度不是随着《公约》创设的海域制度而产生的，而是在每个缔约国领海以外的水域中一直存在的。"实际上，从远古时代以来两国对这些水域的共同使用，"足以通过历史性巩固的过程为当事国创设某种'历史性

权利’”。

厄立特里亚诉也门案是关于红海当事国之间的历史性权利的案件。红海是拥有重要海上航线的半闭海，情况与南海类似。此外，扬马延岛案（Jan Mayen）、巴巴多斯诉特立尼达和多巴哥案（Barbados/Trinidad & Tobago）的判决也有相关论述。因篇幅所限，在此不再一一赘述。

其次，伯纳德批评我忽略了如下事实：即使中国在南海断续线内非专属地行使了传统捕鱼权，这项权利也只有在得到了区域内其他国家实际接受后才能成立。他认为这一条件并未得到满足。伯纳德先生的这一指责并不符合南海捕鱼活动的实际情况。除了原则上遵守领海界限以外，中国和其他南海沿海国的渔船自远古以来一直在这片水域捕鱼。中国在南海北半部实施的渔业和养护规范，尽管受到非议，但仍在实践中得到了遵守。当然，伯纳德先生正确地指出，其他沿海国并未正式接受（按照其利益也不应接受）南海断续线作为中国的历史性权利线，中国也确实尚未提出这一主张。但我认为，如果中国提出了这一主张，那么它在原则上是符合国际法的。

最后，伯纳德先生也正确地指出，美国国务院报告确已对“历史性权利”和“历史性水域”作出区分。但伯纳德先生和美国国务院报告未能指出或承认的是，历史性权利与历史性水域的主张是不同的。历史性权利一是可以存在于半闭海沿海国领海以外的水域（厄立特里亚诉也门案（Eritrea / Yemen）中的情形）；二是可以在非专属的基础上行使（巴巴多斯诉特立尼达和多巴哥案（Barbados / Trinidad & Tobago））。伯纳德先生和美国国务院报告将传统捕鱼权仅仅限定在沿海国领海内的解释不仅是片面的，而且也是十分错误的。

第三章

“菲律宾南海仲裁案仲裁庭”裁决非法无效

菲律宾“南海仲裁案”裁决缘何非法无效

马新民

[内容提要] “菲律宾南海仲裁案仲裁庭”就管辖权问题和实体问题所作的两个裁决，不仅在认定事实和适用法律方面充满错误，而且在政策取向和运作程序方面也存在严重偏颇，不应具有任何法律效力。中国政府坚持不接受、不承认裁决的立场，具有充分的事实和法律依据。

[关键词] 菲律宾南海仲裁案仲裁庭 管辖权问题裁决 实体问题裁决 认定事实和适用法律错误

[作者简介] 马新民，中华人民共和国外交部条法司副司长

“菲律宾南海仲裁案仲裁庭”（下文称仲裁庭）2015年10月和2016年7月分别就管辖权问题和实体问题所作的两个裁决，不仅在认定事实和适用法律方面充满错误，而且在政策取向和运作程序方面也存在严重偏颇。中国政府坚持不接受、不承认裁决的立场，具有充分的事实和法律依据。

一、仲裁庭违反了四大程序原则

《联合国海洋法公约》（下文简称“《公约》”）规定的争端解决程序是解决海洋争端的重要方法，它是当事方自愿解决程序与第三方强制解决程序的有机结合。包括《公约》附件七仲裁庭在内的第三方强制程序的适用需要满足以下三个条件：一是属事管辖范围限于《公约》解释或适用的争端。二是优先适用当事方自愿解决程序。三是管辖的事项不属于《公约》规定的限制与例外。但仲裁庭没有遵循上述条件和其他程序规

则，犯了诸多错误。

(一)仲裁庭违反了属事管辖原则

《公约》确认仲裁庭管辖的范围限于"有关《公约》的解释或适用的任何争端"(第288条第1款)。这一规定包括两个重要方面：一方面，确认了仲裁庭"能管"的事项是"有关《公约》解释或适用的争端"。另一方面，也排除了仲裁庭"不能管"的争端，主要指《公约》调整范围以外的涉及"一般国际法"的解释或适用的争端，包括涉及领土主权的争端、涉及"历史性权利"的争端以及涉及远海群岛的争端，均不在仲裁庭管辖范围之内。但仲裁庭裁决超越了法定属事管辖范围，管了不该管的事项，表现在：

一是错误地对并不构成中菲之间争端的菲律宾诉求行使了管辖权。仲裁庭要确立管辖权就必须证明"真实"的当事方就"真实"的问题存在"真实"的争点。就本案而言，仲裁庭必须证明中菲之间就菲方所提有关仲裁事项存在争端，即菲律宾在提起仲裁前曾向中国提出过有关诉求，而中国就此表示过反对。但是仲裁庭未能做到这点。

例如，菲律宾第4项、第6项和第7项诉求与第3项诉求分别是就南沙群岛中的美济礁等8个单个岛礁，以及就中沙群岛中的黄岩岛的地位及其海洋权利提出的诉求，而中国历来对包括美济礁等8个岛礁在内的整个南沙群岛以及包括黄岩岛在内的整个中沙群岛主张并享有领土主权和海洋权利。事实上，中菲两国从未就菲律宾诉求所涉9个单独岛礁的地位及其海洋权利问题交换过意见，也就是说中菲两国就菲律宾上述诉求根本不存在真实的"争点"。仲裁庭在无法直接确认中菲之间就地物的地位存在争端的情况下，转而开始"推论"该争端的存在，并援引国际法院有关在国家沉默或对一项主张不作回应情况下可采用推论的案例作为依据。但本案的情况与国际法院予以"推论"的情况完全不同，本案仲裁庭明知中国的明确法律立场是将群岛作为整体主张主权和海洋权利，却仍然反其道而行之，"推论"出中国对单个海洋地物的法律立场，从而人为“创造”出有关地物地位的争端。

这些事实表明，仲裁庭认定双方就菲律宾第3项、第4项、第6项、第7项诉求存在法律争端的结论完全是建立在以上非法推论、误读和假设基础上的。如果仲裁庭认真考察了中国的实际立场，就会得出结论认为本案中的“真实争端”是关于这些海洋地物的领土主权的，因此不在其管辖范围之内。但是，仲裁庭却故意曲解中国观点，错误认定中菲两国就菲律宾有关诉求存在争端。

二是错误地对本质上属于陆地领土主权而不受《公约》调整的事项确定管辖权。陆地领土主权争端应由关于领土取得的一般国际法解决，而不在《公约》规范的范围之内，《公约》在序言中明确指出，“在妥为估计所有国家主权的情形下，为海洋建立一种法律秩序。”2015年“查戈斯海洋保护区案”仲裁裁决也指出，领土主权问题不属于《公约》解释或适用的范围。本案中，要处理菲律宾提出的所有诉求，无论是有关历史性权利的诉求(第1项、第2项)，还是岛礁地位及其海洋权利的诉求(第3至第7项)，抑或涉及中国在南海的活动是否合法的诉求(第8至第14项)，或以确定岛礁领土主权为前提，或对领土主权产生重大影响，本质上都是南海部分岛礁的领土主权争端。

依据国际法上的“陆地统治海洋”原则，陆地领土主权是海洋权利的基础和前提，一国因拥有陆地领土而拥有海洋权利。同时，《公约》有关领海、毗连区、专属经济区和大陆架制度的规定也表明，海洋权利的主体是“沿海国”，而非岛礁本身。因此，判定南海部分岛礁领土主权归属是处理菲律宾诉求所涉海洋权利的前提，如不先行判定相关岛礁领土主权归属，就无法确定两国海洋权利的范围，也无法确定海洋活动所在海域的权属，也就无法处理上述诉求所涉海洋活动是否合法的问题。仲裁庭裁决颠倒岛礁主权与海洋权利的关系，企图以确定海洋地物的地位之名，否定其主权归属，背离了“陆地统治海洋”原则和《公约》的规定。脱离了国家领土主权，在岛礁主权归属问题未获解决的情况下，孤立地讨论岛礁的地位及其海洋权利，既没有国际法先例可循也没有国家实践支持。仲裁庭在庭审时曾询问菲律宾是否存在不解决领土主权问题的情况下处理岛礁地位的先例，菲方没有作出回复。英国外交部前副法律顾问沃默斯利指出：将判定海洋地物的地位放在决定主权事项之前，是本末倒置的，在国际司法程序中从未出现过类似先例。

三是错误地对菲律宾提出的有关中国在南海历史性权利的诉求行使了管辖权。一般国际法上的争端包括历史性权利的争端，不属于《公约》解释和适用的争端，仲裁庭没有管辖权。《公约》序言明确规定："本《公约》未予规定的事项，应继续以一般国际法的规则和原则为准据。"澳大利亚国际法学者罗思韦尔和史蒂芬斯也指出，"《公约》第十五部分规定的争端解决机制，对源于一般国际法的争端没有管辖权"。

相应地，有关一般国际法中"历史性权利"的争端、远海群岛的争端，当然不属于《公约》调整的范围。1982年国际法院在突尼斯一利比亚大陆架案的判决中称，"历史性权利或水域的概念由习惯国际法中不同的法律制度规范"。加拿大国际法学者麦克多曼也明确指出，"历史性权利是否存在不是《公约》规范的事项，尽管当这些权利涉及渔业和大陆架上的资源时，《公约》对其确实有所提及"。第三次海洋法会议期间，曾对远海群岛问题进行过讨论，但最后没有纳入《公约》条款，有关制度仍由一般国际法规范。

显然，仲裁庭没有遵循《公约》规定的属事管辖原则，对超出《公约》范畴的领土主权、一般国际法上的历史性权利和大陆国家远海群岛等问题进行裁判，完全是擅自扩权，损害了国际海洋法律秩序。

(二)仲裁庭违反了当事方自愿选择程序优先的原则

《公约》第十五部分争端解决机制的一个突出特点是，它确立了当事方自愿选择程序优先、第三方强制程序补充的"双层"争端解决体系。根据《公约》第286条，包括附件七仲裁在内的强制程序的适用以诉诸当事方自愿程序仍未得到解决为前提。上述规定表明当事方自愿选择办法具有优先地位，体现了争端当事方是争端解决程序的主人的立法精神，也是国际法上的国家主权平等原则的必然要求和国际法作为“国家同意法”的应有之义。

诉诸强制程序前必须用尽当事方自愿选择的各种机制，这是仲裁庭行使管辖权的先决条件。《公约》确立的当事方自愿选择的程序主要包括《宪章》第33条规定的争端各方选择的和平方法解决争端(第280条)、当事方协议选择的争端解决办法(第281条)、当事方事先通过条约选择的争端解决办法(第282条)、当事方已就争端解决办法履行交换意见的义务(第283条)。

仲裁庭裁决没有尊重当事方自愿选择程序的优先性，侵犯了缔约国自主选择争端解决方式的权利。主要表现在以下两个方面：

一是侵犯了当事方协议选择的争端解决方式的权利。《公约》要求仲裁庭行使管辖权必须以双方不存在自行选择争端解决办法的“协议”，以及该“协议”“排除任何其他程序”为前提(第281条)。但《公约》没有对“协议”“排除”作出界定，按照约文通常含义解释原则，《公约》中的“协议”可指任何意思表示一致或合意的行为，“排除”也可解释为任何明示或默示的排除形式。一系列中菲双边文件和中菲均参加的《南海各方行为宣言》表明，中菲双方存在通过谈判解决有关南海争议的“协议”。1995年《中华人民共和国和菲律宾共和国关于南海问题和其他领域合作的磋商联合声明》有关“双方承诺”“最终谈判解决双方争议”(第三点)的规定，其中“最终谈判”显然表明，中菲两国同意排除了第三方争端解决程序。

但仲裁庭为了扩大强制程序的适用范围，对《公约》第281条有关“协议”“排除”的条件作出限制性解释。不仅将“协议”限定为“具有法律约束力的协议”，还将“排除任何其他程序”中的“排除”限定为“明示排除”其他程序。并据此以中菲之间的双边文件和《宣言》不具有法律拘束力为由，否认中菲有关仅通过“谈判”解决争议的“承诺”构成“协议”的事实，有悖《公约》相关条款的通常含义和立法精神，是完全错误的。澳大利亚麦考瑞大学教授、海洋法专家克莱恩在论及中菲系列双边文件和《南海各方行为宣言》有关“谈判”解决争端“承诺”规定的效力时明确指出：文件的属性并不是最重要的，就争端解决方式作出的承诺有其特殊属性，一旦明确作出，不管以什么样的文本、文件或格式作出，都应具有约束力。因此，仲裁庭否定中菲两国在双边文件以及《南海各方行为宣言》中有关谈判解决争端“承诺”的效力，是完全错误的。

泰国前副总理、前外交部长素拉杰指出：“事实上，东盟国家之间很少缔结国际条约，而经常通过宣言的形式确立权利和义务关系，此类宣言被广泛遵守，这是东盟国家异于世界其他地区的特殊实践。《南海各方行为宣言》由东盟各国外长和中国外长共同签署，其规定的义务在每年的东盟会议上得到不断重申，我本人作为《宣言》的签字代表对此非常了解。”

二是错误认定了菲方履行了交换意见的义务。《公约》要求当事方在争端发生后，有义务迅速就诉求所涉争端采用何种方式解决交换意见(第283条)。这是仲裁庭行使管辖权的前置条件。菲律宾事实上未履行就诉求所涉争端的解决方式与中方交换意见的义务。在中菲双方就单个海洋地物不存在争端的情况下，中菲不可能就菲方诉求所涉单个岛礁法律地位及其海洋权利的争端的解决方式交换过意见。事实上，中菲也从未就菲方诉求所涉单个岛礁法律地位及其海洋权利争端的解决方式交换过意见，双方交换意见的事项是领土主权问题。仲裁庭在未满足此项条件的情况下行使管辖权是完全错误的。

(三)仲裁庭违反了当事方有权选择排除强制程序的原则

根据《公约》，对于涉及《公约》的解释或适用的以下几类争端，包括关于海域划界的争端、涉及历史性海湾或所有权的争端、关于军事活动或执法活动的争端，以及安理会执行《联合国宪章》所赋予职务的争端，缔约国有权作出排除性声明不接受强制程序(第298条)。中国于2006年明确将《公约》第298条所涉的海域划界争端排除适用强制程序。

本案的关键是菲方有关岛礁地位及其海洋权利的诉求是否属于已被中国排除的涉及海域划界争端问题。

对于何谓“关于海域划界争端”,《公约》没有明确规定。根据国际实践,“关于海域划界争端”是一个宽泛的概念，它不只是划一条海域边界线，包括但不限于“海域划界争端本身”。确立岛礁地位及其海洋权利也是海域划界不可分割的组成部分。本案中，菲律宾提出的有关岛礁地位及其海洋权利的诉求构成中菲海域划界问题的一部分，属于《公约》第298条规定的“关于海域划界争端”，已被中国2006年声明排除适用强制仲裁程序，仲裁庭不得行使管辖权。英国联邦和外交事务部前副法律顾问沃默斯利指出:“确定海洋地物的地位是进行海域划界必不可少的要素之一。海域划界应当包括作为海域划界不可分割一部分的海洋地物地位的认定，这一问题也属于中国作出排除的例外事项。”

因此，仲裁庭将《公约》第298条规定的“关于海域划界争端”解释为排除海域划界争端本身，不符合《公约》有关条款约文的通常含义，有悖《公约》第298条旨在限制强制程序适用范围的立法精神，也不符合国际实践。

(四)仲裁庭违反了“不告不理”原则

仲裁庭超越菲律宾诉求范围，将菲诉求没有包括的事项纳入管辖范围。例如，菲诉求中并未提及包括太平岛在内的其他南海岛礁的法律地位及其海洋权利问题，也未提及南沙群岛作为“群岛”整体的法律地位及其海洋权利问题，但仲裁庭将其纳入并作出裁决，违反《公约》附件七第10条有关“仲裁法庭的裁决书应以争端的主题事项为限”的规定，也违反“不告不理”的程序原则。

二、仲裁庭犯了五大实体错误

仲裁庭违背职权法定原则、条约解释原则、事实认定和证据采信原则等，在实体问题上也犯了严重错误。

（一）仲裁庭错误界定了《公约》的优先适用地位

仲裁庭在界定《公约》与先在历史性权利关系时，简单套用《公约》第311条有关“《公约》与其他条约关系”的规定，以《公约》优于其他国际条约作为《公约》优于一般国际法包括习惯国际法的依据，进而得出《公约》优于习惯国际法下的历史性权利的结论。这种“解释”不符合条约的解释原则，是对《公约》条文的“篡改”而非“解释”，没有法律依据。有关《公约》优先适用的规定处理的是《公约》与其他有关条约关系，不能以此作为《公约》优于其他国际法规则的依据。加拿大国际法教授达尔豪斯大学查卡普质疑这一解释的合法性，指出：“南海仲裁案仲裁庭认为《公约》第311条同样适用于处理《公约》与像历史性权利这样的其他国际法规范之间的相互作用问题。但这里存在一个根本问题，就是将一个条款扩展适用于本应由习惯法规范的事项，而习惯法是完全不同的法源，有其自己的影响范围和价值取向。”

事实上，并非所有海洋法问题都由《公约》规定，也并非所有国家都是《公约》缔约国，包括习惯国际法在内的一般国际法也是国家主张海洋权利不可或缺的权利依据。这一点体现在《公约》第293条，该条规定解决争端的法院或法庭应适用“公约和其他与公约不相抵触的国际法规则”。《公约》序言也确认：“本公约未予规定的事项，应继续以一般国际法规则和原则为准据。”《公约》第74条、第83条有关专属经济区和大陆架划界的规定都明确指出：海岸相向或相邻国家间专属经济区和大陆架的界限，应在《国际法院规约》第38条所指国际法的基础上以协议划定，以便得到公平解决。上述“国际法”包括习惯国际法。仲裁庭忽略了《公约》确认一般国际法的存在，错误地解释和适用《公约》有关规定，偏离了国家实践。在《公约》未予规定的领域，相关一般国际法包括习惯国际法依然继续发挥作用。即便《公约》和习惯国际法确有重叠之处，根据国际法院1986年“军事和准军事活动案”判决，条约法和习惯法这两套规则之间可以是平行共存关系，而非一定是相互取代关系。

(二)仲裁庭错误否定了我国在南海的历史性权利

《公约》对“历史性权利”和“历史性所有权”的含义没有作出明确规定，国际上对此尚存争议。仲裁庭在没有提供法律依据的情况下，武断地对“历史性权利”和“历史性所有权”两个概念进行界定，并臆断中国所主张的历史性权利不是历史性所有权，而是非主权性质的历史性权利，从而否定中国有权依据《公约》第298条有关历史性所有权规定排除仲裁庭管辖。同时，仲裁庭还认为，《公约》生效后，基于《公约》优于一般国际法，与《公约》冲突的历史性权利则归于消灭，中国主张的历史性权利已为《公约》规定的专属经济区、大陆架制度所取代或吸收。

仲裁庭否定一般国际法上历史性权利存在，并进而否定中国在南海的历史性权利，没有法律和事实依据，也不符合国际实践。事实上，《公约》并不具有优于一般国际法的地位。历史性权利是一个一般性的概念，意大利国际法学家布鲁姆指出，“历史性权利一词意味着一国对某一陆地或海域的占有而拥有的权利，不是根据通常的一般国际法规则产生的，而是通过一个历史巩固的过程取得的。”国际实践中，“历史性权利”的内容涵盖“历史性所有权”、“历史性海湾”、“历史性水域”和“传统捕鱼权”等。《公约》生效后，有些历史性权利，如“历史性所有权”和“历史性海湾”的确已被《公约》纳入，但也有一些历史性权利，如“历史性水域”仍由习惯国际法规范。第三次联合国海洋法会议上，各国并没有讨论历史性权利和历史性水域问题，这些问题原则上仍受习惯国际法调整。

我国在南海的活动已有两千多年历史，我国在南海的历史性权利在

1982年《公约》出台前就已经客观存在，根据"时际法 "原则，我国主张在南海享有历史性权利是完全符合国际法的。

(三)仲裁庭错误否定了中国南沙群岛作为群岛的法律地位

为了证明在单个海洋地物的地位及海洋权利问题上存在争端，菲律宾在援引中国 2011年有关照会时故意篡改了其中的用词，将中国照会中有关"南沙群岛"作为整体概念之后的动词由单数"is"变成了复数"are"，意在误导中国是以各个单个岛礁主张海洋权利的。事实上中国一贯是以南沙群岛整体主张海洋权利的。但在管辖权裁决中，仲裁庭没有尽职查明南沙群岛作为"群岛 "的事实，接受并采信了菲律宾对中国立场的错误解读，认为中国以单个岛礁主张海洋权利，并得出双方就南沙群岛中的单个岛礁的地位存在争端的结论。仲裁庭在实体问题裁决中认为南海所有岛、礁、滩、沙都不构成岛屿，并认定南沙群岛本身不能作为整体主张专属经济区和大陆架，不能适用限于群岛国的群岛制度，也不能适用群岛基线或直线基线。

上述裁决不符合国际法和国际实践。我国将南沙群岛作为远海"群岛"主张领土主权和海洋权利是历史形成的，得到国际社会的承认，并为包括《旧金山和约》在内的国际文件认可，有充分的事实和法律依据。

《公约》没有对大陆国家远海群岛作出规定，也没有规定远海群岛是适用群岛基线还是直线基线问题。在第三次联合国海洋法会议上，各国曾对远海群岛及其群岛基线问题进行过讨论，有关问题曾一度被列入条款草案，虽最终未能纳入《公约》文本，但这一立法过程表明远海群岛及其基线问题属于"公约未予规定的事项 "，继续由习惯国际法规范。目前，包括法国、英国等 10多个国家将其远海群岛作为一个整体划设直线基线，这是远海群岛习惯国际法规则存在的重要证据。

(四)仲裁庭非法篡改了《公约》第121条第3款认定“岛屿”的标准

为了否定太平岛作为岛屿的地位，变“岛”为“礁”，仲裁庭公然违背《维也纳条约法公约》有关按约文通常含义解释的规则，肆意“造法”，创设所谓认定岛屿的新标准，将《公约》第121条第3款中的“人类居住”错误解释为“平民居住”，还将“其本身的经济生活”错误解释为“自给自足”。仲裁庭新立的所谓岛屿标准，严重违背《公约》第121条第3款的目的和宗旨，没有任何法律依据，也没有国家实践的支持。仲裁庭超越“解释或适用《公约》”的职权范围，实际上是更改或重写《公约》121条第3款规定，完全是仲裁庭“造法”，侵犯了当事国的“缔约权”。美国弗吉尼亚大学教授诺德奎斯特提出：“关于太平岛地位的裁决将影响其他国家的相关主张，即使支持本案的美国和日本也不应该认可这一标准，因为（如果它们认可这一标准，那么）美国的约翰斯顿岛（Johnston Island）和日本主张的‘冲之鸟岛’也应被认定为岩礁，甚至对于钓鱼岛的地位也要重新考虑。如按照仲裁庭这一岛礁认定标准，香港也可能属于岩礁。”显然，仲裁庭的解释是荒谬的。仲裁庭以此为依据企图否定作为南沙群岛一部分的太平岛拥有专属经济区和大陆架，完全是枉法裁判，是绝对不能接受的。

(五)仲裁庭还主观臆断了中国在南海的行为非法

仲裁庭基于菲律宾对南沙群岛和黄岩岛附近海域享有主权权利和管辖权的虚假事实和非法前提，认定中国有关海上行为非法。事实上，中菲之间尚未解决有关岛礁领土主权争议，更未进行海域划界，其权利主张的前提根本不存在。因此，认定中国在南海行为非法更无从谈起。

事实表明，仲裁庭超越《公约》赋予的职权范围，不仅超越管辖权，而且超越解释权，事实上行使了“国际立法权”，完全是一项既无合法基础，也无合法授权的政治性裁决，不应具有任何法律效力。中国不接受、不参与仲裁，不接受、不承认任何裁决，合理合法，有理有据。正如德国波恩大学教授、国际法学者塔尔蒙正确指出的：“由于仲裁庭在管辖权和可受理性问题上作出的裁定是其作出最后裁决的基础，这些管辖权错误和程序性瑕疵也将会削弱其最后裁决的可信度和质量，并为中国拒绝仲裁庭的最后裁决提供了充分的法律依据。”

菲律宾“南海仲裁案”有关岛礁的裁决与法律和事实不符

吴　慧

[内容提要] “菲律宾南海仲裁案仲裁庭”裁定南沙岛礁不存在完全资格的岛屿，对《联合国海洋法公约》第121条第3款可以拥有专属经济区和大陆架的岛屿的条件——“可以维持人类居住或经济生活”——作了违反法理和事实的扩大、从严解释。无视太平岛是完全资格岛屿的数十项证据，纵容菲律宾漏洞百出的辩解，其实质是否定中国在南海的正当权益。

[关键词] 南海仲裁案　联合国海洋法公约　岛屿　岛礁　太平岛

[作者简介] 吴慧，中国国际关系学院教授、中国国际法学会常务理事、中国海洋法学会副会长

2013年1月22日，菲律宾单方面提起南海争端强制仲裁程序。2015年10月29日，“菲律宾南海仲裁案仲裁庭”（下文简称“仲裁庭”）就管辖权和可受理性作出初步裁决，就菲律宾的第7项诉求裁定有管辖权，认定其是有关《联合国海洋公约》（下文简称“《公约》”）第121条解释和适用的争端。2016年7月12日，仲裁庭就实体问题作出最终裁决，仲裁庭对上述诉求不但完全支持，还“得出结论，认为南沙群岛的所有高潮时高于水面的岛礁(例如包括太平岛、中业岛、西月岛、南威岛、北子岛、南子岛)在法律上均为无法产生专属经济区或者大陆架的‘岩礁’”，“南沙群岛无一能够产生延伸的海洋区域。”

依据《公约》附件七《仲裁》第9条的规定，一方不出庭或对案件不进行辩护，仲裁庭在作出裁决前，必须不但查明对该争端确有管辖权，

而且查明所提要求在事实上和法律上均确有根据。但本案仲裁庭却任意扩大管辖权，擅自设定岛礁条件，背离《公约》第121条规定和无视事实，这是对国际法的公然践踏。

一、仲裁裁决是对《公约》第121条第3款的任意解释

《公约》)第121条认定，“1．岛屿是四面环水并在高潮时高于水面的自然形成的陆地区域。2．除第三款另有规定外，岛屿的领海、毗连区、专属经济区和大陆架应按照本公约适用于其他陆地领土的规定加以确定。3．不能维持人类居住或其本身经济生活的岩礁，不应有专属经济区或大陆架。”从该条可以明确，岩礁是岛屿的一种。岩礁首先是岛屿，要满足岛屿的自然属性，即四面环水并在高潮时高于水面，且是自然形成的陆地区域。其次，必须是“不能维持人类居住”或“其本身经济生活”。但是《公约》并没有对“不能维持人类居住或其本身经济生活”这一用语进行解释和说明，更没有明确提出可供各国通用的国际标准。

仲裁庭认为“能否维持人类居住或经济生活，取决于一个岛礁在自然状态下，维持一个稳定的人类社群或者不依赖于外来资源或纯采掘业的经济活动的客观承载力。”由此，仲裁庭认为对一个岛礁的权利主张取决于(a)该岛礁的客观承载力；(b)在自然状态下，是否能够维持；(C)一个稳定的人类社群或者；(d)不依赖外来资源或纯采掘业的经济活动。依据1969年《维也纳条约法公约》第31条规定，解释条约约文应该坚持符合条约宗旨和目的原则、通常意义原则、善意原则等。仲裁庭上述意见是否是对《公约》第121条的客观、善意解释呢？当然不是。

1．“维持人类居住”的条件

维持人类居住是一项社会标准。首先，这里是指可以维持人类居住还是必须有人类居住？既然《公约》用的是“不能”(cannot)，对应的应是“可以”(may) 而非“必须”(must)。曾经有过人类居住，居住达

到一定时间，都只是使“可以维持人类居住”更具说服力。在国家实践中，澳大利亚对其无人居住的赫德岛和麦克唐纳群岛（Heard Island and McDonald Islands）不但主张200海里的专属经济区和大陆架，还主张了200海里外的大陆架。① 加拿大的塞布尔岛（Sable Island）位于北大西洋，岛上惟一的常驻人员是几名科研人员，但是加拿大通过国内立法确认其有专属经济区和大陆架。② 像新西兰、法国、巴西、美国、英国等都有通过立法对其无人岛礁主张专属经济区和大陆架的实践。

其次，居住时间的长短和人的类别难以成为是否可以居住的条件。仲裁庭承认历史上中国渔民对南沙岛礁进行了利用，上世纪20年代也有人在岛上开发资源，但都是暂时或短期的，而非稳定的人类社群的定居。现在有人长期居住，但大多是军人或政府人员，也不符合“人类社群”。请问军人和政府人员是不是人？是不是人类组成部分？

最后，可以维持人类居住的要素有哪些？一般会认为有淡水，可耕种土地等。如马里厄斯·格杰特内斯（Marius Gjetnes）就“人类居住”提出了试验标准，认为关键是看岛礁是否能提供淡水、食物和人类居住的场所。美国学者乔纳森·查内（Jonathan I. Charney）认为，《公约》的准备资料表明“人类居住”并不需要人类在某一岛礁上永久居住，只要能确定该岛礁有某种维持人类居住的能力即可。他进而主张，对于岛礁的理解，不应局限在传统的没有可耕种的土地和充足的饮用水维持人类居住等观点，如果在其领海内有丰富的碳氢化合物或渔业资源，甚至将其建设成为一个有利可图的赌场，只要通过经济性开发取得的收入能够通过购买外部的资源，如能源、食物和水，来维持其自身的居住，它就不再是《公约》第121条第3款规定的岩礁。至于要有多少淡水，有多少土

---

① 澳大利亚于2004年11月15日提交外大陆架划界案，载联合国网站：http://www.un.org/depts/los/cles—new/submissions_ files/submission—aus.htm，最后访问时间：2016年8月8日。

② Article 14，17(1)，Oceans Act of 18 December 1996，载联合国网站：http://www. un. org/Depts/los/LEGIsLA Ⅱ 0NANDTREATIEs/PDFFJLEs/cAN—1996— Act. pdf，最后访问时间：2016年8月8日。

地可产生食物，可供多少人生活才算是，《公约》没有界定。岛上生活一部分或大部分靠外来支持，并不能否定岛屿性质。在全球化的今天，无论是一个国家还是地区都不可能只靠本土资源而生存。不要说岛屿、群岛、群岛国，就是大陆国家也是要大量进口建筑材料、饮食等物资的。

2."维持本身经济生活"的条件

维持本身经济生活是一项经济标准。对于"经济生活"《公约》亦未给出明确说法。马里厄斯·格杰特内斯指出为使一个岛具有经济潜力，外部的支援是许可的，也是必要的。如果岛礁本身具有一定经济价值，或其领海有渔业资源、油气资源等，就可视为岛礁本身的经济生活。菲律宾自己也认可"地物进行经济生活的能力可能被其领海的资源所决定，但是不能超出领海"。①

3. 人类居住与经济生活的关系

是否应同时满足"维持人类居住"以及"本身经济生活"这两个条件？《公约》第121条第3款在"人类居住"与"本身的经济生活"之间使用了"或"(or) 而不是"和"(and)，这表明二者择其一即可。换言之，只要满足"维持人类居住"和"维持本身的经济生活"这两个条件中的任何一个，就不是岩礁而是岛屿，就可以拥有专属经济区和大陆架。但菲律宾认为"或"这个语境通过双重否定形成一个累加，这个累加是一种逻辑上的强调，维持人类生活和经济活动是两个相关概念，很难只考虑一个而忽视另一个。② 那如此，前述国家宣布无人居住岛礁拥有专属经济区和大陆架就是非法的？南极洲不但不是大陆，连岛屿都不是？

---

① The South China Sea Arbitration Awed of 12 July 2016, para.416.

② The South China Sea Arbitration Award of 12 July 2016, para.417.

4. 何为符合《公约》宗旨和目的的解释

仲裁庭之所以对岛礁提出严格标准，其说法是“防止微不足道的岛礁产生大面积的海洋权利而侵犯有人定居的领土的权利，或者侵犯公海以及作为人类的共同继承财产保留的海床的区域”。众所周知，海洋面积3.6亿平方公里，占了整个地球面积约71%，所以现代国际法允许国家通过添附而使得领土面积扩展。《公约》序言明确：在妥为顾及所有国家主权的情形下，为海洋建立一种法律秩序。《公约》第121条并没有要求多少人实际居住或居住的人必须是平民且非政府人员，也没有要求自身能供应多少吨淡水，种植的水果、粮食可供多少人食用。只要具备条件和能力即可，并没有条件和能力程度的限制。所以，打着维护人类共同继承财产的旗号剥夺主权国家的合法利益在法理上是站不住脚的。

二、仲裁裁决无视太平岛不是岩礁的事实

南沙真的无任何岛屿可供人类居住或维持其经济生活吗？仅以太平岛为例。2016年3月23日，中国台湾的国际法学会向仲裁庭递交“南海仲裁案法庭之友意见书”，提出了39项证据证明太平岛的岛屿性质。仲裁庭虽然要求菲律宾就此作出回应，但并没考虑和采信台湾的证据，也无视菲律宾回应的各种漏洞。

（一）太平岛的人类居住和经济生活的历史

“法庭之友意见书”中以人类在太平岛已有相当长久的居住历史来主张太平岛能够维持人类居住和经济生活，并在“法庭意见书”中附及了许多历史材料。包括宋朝和清朝的渔民航海日记中记载的在太平岛上最早的人类活动；世界各地的文件、研究以及调查中关于太平岛上人类活动的记录；1879年版《中国海指南》和1925年版《亚洲航海》把太平岛作为航行据点；清朝开始有人居住太平岛，在太平岛上有墓地、墓碑为

证；日本Rosa Phosphate公司1921—1929年在太平岛上开采鸟粪石等。

菲律宾反驳的理由是中国的历史性材料中所描述的南海航行据点可能指的不是太平岛，很有可能是东沙群岛或者西沙群岛，因为这些岛屿离中国大陆更近。《亚洲航海》和《中国海指南》记载出现在太平岛上的人被称为海南渔民，这说明这些人是住在海南岛而不是太平岛，而且，这两本出版物表明这些渔民的生活必需品主要是从海南运来。如果人类持续出现在太平岛，那么应该会出现一个墓园，而不是单独的墓碑。日本Rosa Phosphate公司为开采鸟粪石短期居住在太平岛上。菲律宾认为这并不能说明太平岛具有维持人类生活和经济生活的能力，因为日本这次开采活动最终还是失败了。鉴于太平岛上缺乏必要的条件以维持生活，中华民国海军被迫向岛上运送生活必需品给派驻岛上的军队。太平岛上的自然资源非常稀缺，所以禁止岛上人员采摘花朵、植物和水果，甚至是高级官员也被要求禁止采摘岛上水果。不过，这些禁令都被忽视了，材料中表明太平号上的船员们从岛上带回了椰子。太平岛上的椰子数量非常少，所以采摘完岛上所有的椰子只需要一天的时间。

（二）太平岛上的水资源

台湾“外交部”2016年1月在新闻中展示太平岛上有四个水井，这四个水井能够提供足够的饮用水。“法庭之友意见书”第29号材料中证明5号井能真正生产饮用水，每天能够提供二至三吨的饮用水。1879年版《中国海目录》和1925年版《亚洲航海》都表示太平岛上的水质比其他地方的都要好。

菲律宾反驳的理由是5号井所产生的水的含盐量非常高，而且是雨季采的水样。尽管“法庭之友意见书”指出大量的历史材料都证明过去太平岛上可饮用水的存在。菲律宾对此不否认一些旅居者曾经到此临时居住，所以这些人会在岛上建立一些临时的住所和挖井以满足临时的需要。但这些材料和其他描述性材料都不能支持太平岛上拥有水资源的主张。

（三）太平岛上土壤可以进行有效农业生产

“法庭之友意见书”中指出太平岛上的土壤可以为百余人提供食物，在2016年3月23日，中国台湾领导人马英九说太平岛具有肥沃的土壤，富含有机肥料，有落叶、鸟粪在里面，能够种植和生产一定规模的蔬菜和水果。“法庭之友意见书”里面援引了1933年法国杂志的一篇报道，声称该岛上有椰子树和土豆地，另一份资料则是1933年中国早报中的一篇报道，称该岛有一小部分椰子树、香蕉和土豆。

菲律宾反驳说太平岛上的土壤均为新成土，是不适合植物的生长的。随着土壤不断肥沃和提供水，一部分新成土才能种植某几种农作物。“法庭之友意见书”所附的第32号证据中，太平岛的蔬菜园面积约0.107公顷或占整个岛屿面积约47.5公顷的0.22%。联合国农业和粮食组织曾估计0.22公顷的土地只能供给一个人一年的口粮(而这个假设是建立在太平岛具有肥沃的土壤基础之上的)。就算不考虑太平岛的土壤是否肥沃，太平岛的蔬菜地最多也只能供给半个人一年的口粮。“法庭之友意见书”说，太平岛上有50棵野生的木瓜树和500棵野生的椰子树，每年将会生产将近200千克到300千克的木瓜和大量的椰子。马英九先生称还有200千克到300千克的香蕉。这些没有被证明的主张不能表明太平岛以其自然条件能够维持人类居住。菲律宾还说，历史记录更进一步证明太平岛的自然生产能力是非常有限的。这些记录包括1946年的出版物里载明禁止从太平岛上收集食物，以保证这些食物能够供给驻扎在岛上的官员。不过这些禁令最终被忽视了，一群台湾的海员在一天之内就摘走了岛上所有的椰子。

综上所述，菲律宾的反驳可以概括为：太平岛有人居住也不是长期居住，是短期或临时性的；岛上的设施基本是军事设施，民用很少；水井里的水比海水含盐量低，但比淡水高很多；种植的水果或蔬菜、粮食充其量只能供极少数人食用等。但，恰恰从菲律宾的反驳中可以得出如下结论：太平岛以前有人居住，现在仍有人居住；太平岛有淡水；太平岛可以种植水果、蔬菜和粮食；太平岛有住房和设施。如此，太平岛还不是岛屿吗？

三、仲裁裁决的实质是否定中国正当海洋权益

“菲律宾南海仲裁案仲裁庭”的裁决极大地超出了其管辖权，结果只有一个，就是损害我国的海洋权益。首先，我国一再强调对南海诸岛拥有领土主权，我国有充分历史证据证明南海诸岛属于我国，那就意味着南海周边国家在20世纪70–80年代非法占据了我国南沙岛礁，而周边国家也知道在领土主权问题上是抗辩不过我国的。其次，如果南沙不存在可以拥有专属经济区和大陆架的岛屿，南海声索国就可以利用《公约》从海岸向外划专属经济区和大陆架，甚至是外大陆架，其海洋权益不受损害，正好可以剥夺中国的海洋权益。

中国执法船在黄岩岛领海执法活动的合法性
——评菲律宾“南海仲裁案”第13项诉求及其裁决的荒谬性

张　铎　张仁平

[内容提要] 菲律宾在其单方提起的“南海仲裁案”第13项诉求中，指责中国执法船在黄岩岛领海内驶近拦截菲律宾执法船的操作造成了严重碰撞危险，违反了《国际海上避碰规则》和《联合国海洋法公约》的相关规定。中国对黄岩岛及其领海享有无可争辩的主权。菲律宾执法船进入黄岩岛领海并非无害通过。对此，无论基于法理或航海技术，中国执法船均有权依据《联合国海洋法公约》第25条的规定制止此类非无害通过，而不受《国际海上避碰规则》的束缚。该案仲裁庭无视中国对黄岩岛的领海主权而对此作出的裁决是荒谬的。

[关键词] 南海仲裁　领海避碰规则　《海洋法公约》

[作者简介] 张铎，中国远洋海运集团有限公司培训中心海牙常设仲裁法院教授；张仁平，大连海事大学国际海事公约研究中心主任、教授

2013年1月22日，菲律宾就其所称的南中国海海上管辖争议，依据1982年《联合国海洋法公约》(以下简称“《海洋法公约》”) 附件七对中国提起了仲裁程序。2014年3月30日，菲律宾提交了包含15项“诉求”的起诉状（Memorial)，请求“菲律宾南海仲裁案仲裁庭”(下文简称“仲裁庭”) 就一系列事项作出裁决。其中第13项诉求是“中国危险地操作其执法船只给在黄岩岛附近航行的菲律宾船只造成严重碰撞危险的行为

违反了其在《海洋法公约》下的义务”。①

仲裁庭在2015年10月29日发布的“关于管辖权和可受理性问题的裁决”中认为，仲裁庭对菲律宾第13项诉求拥有管辖权，② 并在2016年7月12日作出的“裁决”中全面支持了菲律宾的第13项诉求。③

一、事件背景

菲律宾第13项诉求对中国的指控基于2012年4月28日和5月26日中国和菲律宾执法船在黄岩岛领海内的对峙。菲律宾在其诉状指称，④ 2012年4月28日约09：00，中国“渔政310船”以20节的航速从菲律宾海岸警卫队“搜救003船”左舷驶近，以约0.3海里（550米）的距离横穿其船首前方。当时菲律宾“搜救003船”在黄岩岛附近实施海上巡逻和执法活动，处于静止漂航状态。大约15分钟之后，中国“渔政310船”以20节的航速以约0.1海里（185米）的距离从菲律宾“搜救002船”的右舷后侧横穿至其左舷。高速行驶的中国“渔政310船”在其尾迹中掀起了2米高的波浪，对当时在水中的两艘菲律宾橡皮艇造成了冲击。

菲律宾在其诉状中进一步指称，⑤ 2012年5月26日15:50至18:05，中国“海监71船”和“海监84船”以及中国“渔政303船”和“渔政306船”在黄岩岛附近以威胁菲律宾渔业和水产资源局“3008船”的方式操作，阻止其进入黄岩岛潟湖。

菲律宾据此指控，在上述事件中，中国执法船以危险的方式操作，对航行在黄岩岛水域的菲律宾船只构成了碰撞危险，中国因此违反了1972年《国际海上避碰规则公约》(以下简称“《避碰规则》”或“《避碰

---

① Memorial of the Philippines Volume I, PCA Case No. 2013-19, pp. 271-272.

② Award on Jurisdiction and Admissibility, PCA Case No. 2013-19, para 413(G).

③ Award, PCA Case No. 2013-19, para 1109.

④ Memorial of the Philippines Volume I, PCA Case No. 2013-19, paras.6.115- 6.124.

⑤ Memorial of the Philippines Volume I, PCA Case No. 2013-19, paras.6.125- 6.126.

规则公约》”）的相关规定以及《海洋法公约》第94和第21条的规定。[①]

二、支持菲律宾诉求的专家意见和报告

为支持其指控，菲律宾聘用了美国华盛顿大学的Craig H. Allen教授向仲裁庭提交了日期为2014年3月19日的“书面意见”。[②] 仲裁庭于2016年2月指定印度退休船长Gurpreet S. Singhota出具专家报告。Singhota船长于2016年4月15日向仲裁庭出具了专家报告。[③] Singhota船长退休前为国际海事组织（IMO）海上安全司操作安全处副处长和航行安全分委会秘书。

（一）Allen教授的书面意见

Allen教授的书面意见认为：

1）依据《避碰规则》第1条的规定，《避碰规则》适用于中国执法船舶，中国执法船有义务遵守《避碰规则》；

2）《联合国宪章》第2.4条禁止一国针对另一国使用威胁或武力，该原则足以宽泛，包括一国的执法船故意碰撞外国船只；

3）《制止危及海上航行安全非法行为公约》第3条禁止故意冲撞他船；

4）国际海事组织2010年5月17日以MSC.303(87)号决议谴责在公海上示威、抗议或对峙期间任何故意危及人命、海洋环境或财产的行为。

中国执法船的操作方式违反了前述规定，特别是违反了《避碰规则》第2(a)条、第6条、第8条、第15条和第16条的规定，中国因此违反了《海洋法公约》第94条关于船旗国的义务。

---

① Memorial of the Philippines Volume I, PCA Case No. 2013-19, para.6.114.

② Opinion of Craig H. Allen, Judson Falknor Professor of Law, University of Washington (19 Mar. 2014), Memorial of the Philippines Volume VII, PCA Case No. 2013-19, Annex 239.

③ Independent Expert Report - Navigational Safety, PCA Case No. 2013-19.

（二）Singhota船长的专家报告

Singhota船长专家报告认为：

1）中国和菲律宾均是《避碰规则公约》的当事国，中国执法船有义务遵守《避碰规则》；

2）2017年5月17日IMO海上安全委员会通过的"关于在公海上示威、抗议或对峙期间确保安全"的第MSC.303(87)决议，谴责在公海上示威、抗议或对峙期间任何故意危及人命、海洋环境或财产的行为；

3）国际海事组织2013年12月4日通过的关于"IMO文件实施规则（III规则）"的第A.1070(28)号大会决议寻求缔约国政府或当事国全面地实施其参加的适用国际条约，包括涉及船舶海上避碰的国际条约。

中国执法船违反了上述规定，特别是《避碰规则》第2(a)条、第6条、第8条、第15条和第16条的规定。

此外，菲律宾聘用英国艾塞克斯大律师办事处的Alan E Boyle教授于2015年11月26日代表菲律宾出庭发表"陈述"。

三、仲裁庭对第13项诉求的裁决

仲裁庭在其"裁决"中全面支持了菲律宾第13项诉求及Allen教授和Singhota船长的专家意见，认定中国违反了《避碰规则》第2条、第6条、第7条、第8条、第15条和第16条的规定，因此违反了《海洋法公约》第94条关于船旗国的义务。

四、菲律宾执法船执法活动的性质

（一）菲律宾指称事件发生的水域

菲律宾在其"诉状"中指称的"船只危险驶近事件"，按照"诉状"

中提供的位置[①]确认，发生在黄岩岛12海里领海范围以内。仲裁庭在其“关于管辖权和可受理性问题的裁决”中确认，[②]菲律宾指称的事件发生在黄岩岛领海之内。尽管“裁决”将菲律宾指称事件描述成发生在“黄岩岛附近”，但仍无法改变其发生于黄岩岛领海的事实。

中国对黄岩岛拥有无可争辩的主权。Allen教授、Singhota船长，代表菲律宾出庭发表“陈述”的Alan E Boyle教授，以及仲裁庭均未否认中国对黄岩岛拥有主权。因此，菲律宾指称的事件发生在中国的领海之内。

（二）菲律宾执法船在黄岩岛领海内执法活动的性质

“裁决”认定，[③]2012年4月28日，菲律宾海岸警卫队“搜救003船”和“搜救002船”在黄岩岛领海内“实施海上巡逻和执法活动”，2012年5月26日，菲律宾渔业和水产资源局“3008船”进入黄岩岛领海为菲律宾海岸警备队“BRP Corregidor船”进行补给，随后企图进入黄岩岛潟湖。

菲律宾执法船在中国黄岩岛领海内从事的海上巡逻、执法和补给活动以及企图进入黄岩岛潟湖的行为是有损于中国领土主权的行为，显然不符合《海洋法公约》第19条规定的“无害通过”。

五、中国执法船在黄岩岛领海内执法活动的合法性

众所周知，黄岩岛是中国的固有领土。依据《海洋法公约》第2条，中国对该岛的主权及于其领海。对领海主权的主要限制是外国船只的无害通过权，而《海洋法公约》第19条第1款将“无害通过”界定为“只要不损害沿海国的和平、良好秩序或安全”。《海洋法公约》第25条第1款规定，“沿海国可在其领海内采取必要的步骤以防止非无害的通过”；《中华人民共和国领海及毗连区法》第8条规定，“中华人民共和国政府有权

---

① Memorial of the Philippines Volume I, PCA Case No. 2013-19, para.6.116.

② Award on Jurisdiction and Admissibility, PCA Case No. 2013-19, para.410.

③ Award, PCA Case No. 2013-19, paras.1047, 1050.

采取一切必要措施，以防止和制止对领海的非无害通过"。据此，在黄岩岛的领海之内，菲律宾执法船惟一的权利就是无害通过，无害通过之外的任何活动均被禁止。

菲律宾执法船在黄岩岛领海之内的活动明显属于《海洋法公约》第19条第2款列明的对沿海国和平及安全构成危险的活动，因此属于在中国领海之内的非无害通过活动。中国作为沿海国有权在该岛领海之内依法对侵入的菲律宾船舶实施沿海国管辖，采取必要措施制止其有损中国主权的活动。

六、海上执法行为与《避碰规则》要求之间的冲突

船舶碰撞是指两艘船舶在某一时刻同时占有海面上某一空间范围时发生的物理冲突，碰撞的发生源于两船之间的物理间距不断缩小为零。[①]因此，《避碰规则》的一个基本要求就是船舶间要保持安全距离，避免驶近形成紧迫局面。[②]

中国执法船依据联合国《海洋法公约》第25条的规定有权对侵入中国黄岩岛领海内的菲律宾执法船进行驶近、警告和驱离等执法措施，而且这些执法措施必须在中国执法船驶近菲律宾船只时才能有效实施。而菲律宾第13项诉求主张中国执法船应当依据《避碰规则》的规定避免驶近和干扰菲律宾执法船的活动。这与《避碰规则》所规定的"远离要求"相冲突。

可见，菲律宾第13项仲裁诉求涉及当联合国《海洋法公约》与国际海事组织《避碰规则公约》存在适用冲突问题时，何者优先适用。

---

① 张铎：《1972年国际海上避碰规则理解与适用》，大连，大连海事大学出版社2007年版。

② 《1972年国际海上避碰规则》第8条第4款："为避免与他船碰撞而采取的行动，应能导致在安全的距离驶过。"

七、《海洋法公约》与IMO条约之间的关系

联合国《海洋法公约》是由联合国在其第三次海洋法会议上通过的。而此次海洋法会议是一次由当时所有主权国家参加的全权外交代表会议，具有广泛的代表性和权威性。这部由国家扩展管辖和开发范围而促成的国际条约，重新划分了国家在海上的管辖范围和管辖事项，被认为是一部“海洋宪法”。

《避碰规则公约》是由国际海事组织制定的。国际海事组织是联合国体系内按照《国际海事组织公约》设立的涉及海洋和船舶事务的专业机构。而《国际海事组织公约》则是由1948年3月6日在日内瓦召开的联合国海事会议通过的。

2014年1月30日，国际海事组织法律委员会通过了“联合国海洋法公约对国际海事组织的影响”(LEG/MISC.8)[①] 的文件，全面阐述了《海洋法公约》对IMO管辖事务的引领和影响，明确了《海洋法公约》是包括《避碰规则公约》在内的IMO文件的上位法。

可以看出,《避碰规则公约》是在作为联合国专业机构的国际海事组织的主持下通过的一件普通国际条约，而《海洋法公约》则是由联合国制定的具有海洋宪法地位的国际条约，属《避碰规则公约》的上位法。显然，在存在适用冲突时，应当以《海洋法公约》为准。具体到本文主题，准予中国执法船驶近菲律宾执法船以制止其在中国领海内侵害活动的《海洋法公约》第25条优先于《避碰规则》适用，不存在中国执法船违反《避碰规则》的事实；相反，存在菲律宾船侵入中国领海从而违反《海洋法公约》的事实。

---

① Implications of the United Nations Convention on the Law of the Sea for the International Maritime Organization, http://www.imo.org/en/OurWork/Legal/Documents/LEG%20MISC%208.pdf, 登录时间：2016年8月17日。

八、船舶执法活动为船舶操纵问题而非船舶避碰问题

（一）《避碰规则》适用范围的局限性

《避碰规则》依据其第1条第1款，适用于在公海及连接公海可供海船航行的一切水域中的一切船舶。据此，Allen教授和Singhota船长均认为，中国执法船应当遵守《避碰规则》，远离侵入中国黄岩岛领海的菲律宾执法船。然而，两位专家视而不见的一个事实是，虽然《避碰规则》适用于公海及连接公海可供海船航行的一切水域中的一切船舶，但并未规定其适用于一切情形。在基于法律或技术方面的正当理由而一船意欲驶近另一船或两船意欲彼此驶近的情况下，《避碰规则》的适用就会受到限制。例如：

1）行使《海洋法公约》第110条规定的登临权时。为了维护公海上的安全和正常秩序，制止和惩治公海上的犯罪和其他违反国际法的行为，《海洋法公约》第110条赋予各国军舰登临权（right of visit）。所谓登临权，是指军舰在公海上有合理根据认为外国船舶存在从事海盗行为、奴隶贩运等涉嫌违法的行为时，可命令该船舶停船并派人登上该船进行检查的权利。

2）行使《海洋法公约》第111条规定的紧追权时。为了保护沿海国的权益，《海洋法公约》第111条还赋予了各沿海国在公海上一项特殊的权利，即紧追权（right of hot pursuit）。紧追权是沿海国主管当局有充分理由认为外国船舶违反该国法律和规章时，可对该外国船进行追逐，继续进行到公海将其拿捕和交付审判的权利。

3）船间在航过驳操作。两船在航中彼此驶近进行船间过驳操作是一项常见的海上操作，例如两船在航中实施加油操作、引航船驶近大船接送引航员等。再如，国际海事组织于2009年以MEPC.186(59)号决议通过了对《1973年国际防止船舶造成污染公约》的修正案，增加了该《公约》附则I第8章，对船间过驳流体货物的操作规范作出了规定。这表明，国

际海事组织以其决议认可了两船驶近进行船间过驳操作是一项普通的技术操作。

可见，上述登临权、紧追权和船间在航过驳操作均需要一船有意驶近另一船或两船有意彼此驶近才能实施。在上述情形之下，如按《避碰规则》的要求彼此远离，则无法完成上述操作。因此，在诸多情形之下，《避碰规则》不再适用，其适用范围受到了限制。

（二）执法活动为船舶操纵问题而非船舶避碰问题

从航海技术的视角来看，上述登临权、紧追权和船间在航过驳操作等的实施属于船舶操纵问题，不是船舶避碰问题，因此不属《避碰规则》管辖。将上述操作置于《避碰规则》的管辖之下，肆意扩大的《避碰规则》的适用范围，有悖于海上的技术操作。显而易见，中国执法船的海上执法活动同样是一个两船之间的船舶操纵问题，不是两船间的避碰问题，因而菲律宾指责中国执法船应遵守《避碰规则》远离侵入中国黄岩岛领海的菲律宾执法船缺乏国际法和航海技术上的依据。

Allen教授曾在美国海岸警备队工作过，他在其书面意见中忆及其执法经历时说：“我还得再说一点儿，分派给我所服务的美国海岸警备队快艇的任务经常要求该快艇‘驶近’船只来对其进行识别并确定其船旗及其活动的性质，如情况许可，还要对该船进行拦截以便实施执法登船”。[①] Allen教授最终还是承认了其所服务过的美国海岸警备队快艇常常在执法活动中“驶近”、“拦截”并“登上”其他船舶。的确，如果坚持《避碰规则》所尊崇的“远离”要求，执法永远也无法实施。Allen教授的“坦诚”，不仅证明了中国船只驶近侵入的菲律宾船只进行执法活动的正当

---

① Opinion of Craig H. Allen, Judson Falknor Professor of Law, University of Washington (19 Mar. 2014),Memorial of the Philippines Volume VII，PCA Case No. 2013-19，Annex 239, pp.5: “I should add that the missions assigned to the U.S. Coast Guard cutters on which I served often required the cutter to "approach" vessels to identify them and determine their flag and the nature of their activities and, if the circumstances warranted, to intercept the vessel in order to carry out law enforcement boardings.”

性，还进一步表明他的"意见"以及Singhota船长的专家报告只是逢场作戏，毫无根据。

九、Allen教授和Singhota船长的谬误

如前所述，Allen教授和Singhota船长在其书面意见和专家报告中存在如下谬误之处：一是完全无视领海在《海洋法公约》中的特殊地位及中国对其领海的管辖权利，二是将国际海事组织《避碰规则公约》置于联合国《海洋法公约》之上，本末倒置，三是将中国执法船执法活动的船舶操纵属性误认为船舶避碰属性。

除此之外，Allen教授和Singhota船长还存在以下谬误：

（一）引用国际海事组织MSC.303(87)号决议的错误

Allen教授和Singhota船长均引用国际海事组织海上安全委员会2010年5月17日通过的MSC.303(87)号决议"在公海上示威、抗议或对峙时保证安全"，[①] 以此来表明中国执法船在黄岩岛领海内执法活动的不合法性。然而，该IMO决议在其标题中即申明，其仅适用于"公海上"，当然不适用于领海之内。

（二）引用《联合国宪章》第2.4条的错误

《联合国宪章》第2.4条规定："各会员国在其国际关系上不得使用威胁或武力，或以与联合国宗旨不符之任何其他方法，侵害任何会员国或国家之领土完整或政治独立。"

Allen教授将一国的执法船故意碰撞外国船只视为《联合国宪章》第2.4条所禁止的一国针对另一国使用威胁或武力，进而认为中国执法船涉

① Assuring Safety during Demonstrations, Protests or Confrontations on the High Seas, http://www.navcen.uscg.gov/pdf/marcomms/imo/msc_resolutions/MSC303(87).pdf, 登录时间：2016年8月17日。

嫌故意碰撞菲律宾执法船，违反了《联合国宪章》第2.4条的规定。Allen教授的这一主张显然是错误的。

《联合国宪章》第2.4条所禁止的是为侵害他国领土完整或政治独立的目的而使用威胁或武力；如不涉及侵害他国之领土完整或政治独立则该条并不适用。中国执法船驱离非法侵入中国黄岩岛领海的菲律宾执法船是《海洋法公约》赋予的神圣权利，不存在侵害菲律宾之领土完整或政治独立，不存在中国违反该条的事实。相反，菲律宾执法船不听从中国执法船的警告非法强行侵入中国黄岩岛领海，意在强行占领中国黄岩岛，有损中国的领土完整，违反了《联合国宪章》第1条关于“维持国际和平及安全”的宗旨和原则。

（三）引用《制止危及海上航行安全非法行为公约》的错误

《制止危及海上航行安全非法行为公约》是国际海事组织根据联合国大会第40/61号决议和国际海事组织第A.584(14)号决议，于1988年3月在意大利罗马召开的外交大会上通过的一个国际条约。2005年10月，国际海事组织召开外交大会，进一步审议并通过了《制止危及海上航行安全非法行为公约》议定书。正如该《公约》名称所申明的，该《公约》所打击的是针对船舶的恐怖主义及海盗和武装抢劫等“非法行为”。中国执法船驱离非法侵入中国黄岩岛领海的菲律宾执法船是《海洋法公约》规定的合法行为，不存在中国违反该《公约》的事实。显然，Allen教授指责中国违反该《公约》毫无根据，其引用的美国国内法庭判例与本文主题也毫不相干。

（四）引用“IMO文件实施规则”的错误

国际海事组织（IMO）第28届大会于2013年12月以第A.1070(28)号

决议通过了“IMO文件实施规则（III规则）”，[①] 为作为船旗国、港口国和/或沿岸国的IMO成员国全面履行其国际海事条约之下的义务提供了一个全球标准。中国自1989年起，至今已连续14次当选国际海事组织A类理事国，全面参与了国际海事组织相关条约的制定和实施，充分和有效地履行了中国所承担的国际海事条约之下的义务。

以本文所涉《避碰规则公约》为例，中国于1980年1月7日加入该《公约》并全面和有效地履行了该公约之下的义务。而菲律宾仅为在此次仲裁中指责中国而于2013年6月10日才匆匆正式加入该《公约》[②]，其并非为履行该《公约》之下保障航行安全的目的。Singhota船长指责中国违反“III规则”，纯属颠倒黑白，是非不清。

十、中国执法船充分关注了菲律宾船舶和人员的安全

菲律宾及受聘的两位专家均指责中国执法船只采取了鲁莽行为，蓄意漠视菲律宾船的安全。但他们再次对这样一个事实却视而不见：中国执法船在数量、吨位和航速方面均优于菲律宾执法船。假如中国执法船意欲碰撞菲律宾执法船，则碰撞早已发生多次。然而，碰撞一次也未发生。其原因是，中国执法船所要做的只是依据《海洋法公约》第25条第1款的授权将侵入的菲律宾船只从中国领海中驱赶出去，并无威胁其船只及其船上人员安全的企图。

保障菲律宾船只和人员安全的最有效方式就是菲律宾执法船停止侵犯中国对黄岩岛的领海主权，因为侵害他人权益者总是不安全的。事实证明，2012年5月之后，菲律宾停止派遣其执法船侵入中国黄岩岛领海，菲律宾所称的碰撞危险不再发生。

---

① IMO Instruments Implementation Code (III Code), http://www.rise.odessa.ua/texts/A1070_28e.php3, 登录时间：2016年8月17日。

② Independent Expert Report - Navigational Safety, PCA Case No. 2013-19, pp.2.

结论

菲律宾仲裁第13项诉求的实质是，菲律宾执法船以非无害通过的目的侵入中国黄岩岛领海，侵犯中国的领海主权，对于对其进行拦截和驱离的中国执法船，菲律宾要求按照《避碰规则》的规定对菲律宾执法船保持远离。仲裁裁决全面支持了菲律宾的该项诉求，由此得出了一个荒唐的判例：外国船只可以通过进入一个沿海国的领海并实施有损其主权的活动来肆意践踏该沿海国的主权，该沿海国惟一能做的就是指令其执法船远离该侵入的外国船只以避免违反《避碰规则》。

菲律宾仲裁第13项诉求所涉中菲两国执法船在黄岩岛领海内的相遇和对峙源于中菲两国对黄岩岛领土主权之争。一国执法船在黄岩岛领海内执法活动的合法性源于并基于该国对黄岩岛拥有的主权。不能首先确定一国对黄岩岛的领土主权就无法判定该国执法船在其领海内执法活动的合法性。因此，就本文所涉主题而言，首先确定黄岩岛的主权归属是不可回避的基本问题。对此，“菲律宾南海仲裁案仲裁庭”并无管辖权。仲裁庭因此就对领土主权问题采取了视而不见的策略，将发生在中国黄岩岛领海内的中菲两国执法船相遇事件视作发生在中菲两国均无主权的公海之上，并在此基础之上进行裁决，进而得出上述荒谬的裁决。仲裁庭对国际海洋法律的肆意践踏，已引起了世界范围内的普遍反感，这也是其裁决丧失公信力并遭到唾弃的重要原因。

简析菲律宾“南海仲裁案”对当代国际法秩序的负面影响

叶　强

[内容提要] 菲律宾“南海仲裁案”的非法性表现在：它侵蚀了以《联合国宪章》为核心的当代国际法原则和规则的法理基础，是对近代以来国际司法和仲裁实践所确立基本原则的反动。具体表现在三个方面：一是本案仲裁程序的提起和推进严重违背“国家同意原则”；二是仲裁与其他争端解决方法之间的平衡被打破，违背由《宪章》确立并由《联合国海洋法公约》一脉相承的和平解决国际争端的规则体系；三是将法律方法解决国际争端的基本功能带入歧途。

[关键词] 南海仲裁案　国家同意原则　争端解决　国际司法和仲裁　“宣告判决”

[作者简介] 叶强，中国南海研究院助理研究员，南京大学中国南海研究协同创新中心助理研究员

菲律宾和“菲律宾南海仲裁案仲裁庭”（下文简称“仲裁庭”）滥用程序，强行推进仲裁，不仅严重侵犯中国作为《联合国海洋法公约》（下文简称“《公约》”）缔约国的合法权利，完全背离了《公约》的宗旨和目的，损害了《公约》的完整性和权威性；[①] 而且严重破坏了当代国际法的基本结构和秩序，成为国际法发展进步的历史上一个逆潮流而动的恶劣案例。

---

① 同上注。

一、菲律宾“南海仲裁案”是对作为国际法“基石”的“国家同意原则”的动摇

“同意”有两种基本形式：一是事前概括性接受；二是在特定案件中的同意。[①] 目前，国际社会中有一种看法是，中国作为《公约》缔约国，就意味着接受了附件七项下的国际仲裁作为强制性争端解决方式，仲裁程序的启动无须得到中方特别同意，中国不参与也不能阻碍仲裁程序的进行。[②] 然而，这种观点是经不起推敲的。

首先，附件七项下的仲裁只能解决与《公约》解释和适用有关的争端。[③] 这必然意味着，作为缔约国，中国在超出《公约》解释和适用问题的其他主题事项（例如领土归属争议）上的争端，不接受附件七项下的仲裁。

其次，受制于《公约》第十五部分第三节下的“限制”和“例外”，附件七项下的仲裁也不能解决与《公约》解释和适用有关的任意争端。中国根据《公约》第298条授权，将与历史性权利、海洋划界、军事活动等主题事项有关的争端排除适用附件七项下的仲裁。

对于任择性声明的法律性质，国际法院在多个案例中进行了讨论。

---

① 同上注。另见：《国际争端解决》（第五版），（英）J.G.梅里尔斯（著），韩秀丽等（译），法律出版社，2013，第149页。

② Robert Beckman, “A Reply to China’ sStance on Non-Participation in South China Sea Arbitration”, *The Straits Times*, http://www.straitstimes.com/opinion/a-reply-to-chinas-stance-on-non-participation-in-south-china-sea-arbitration; Antonio A. Morales, “Arbitration upholds rule of law in the South China Sea”, *The Straits Times*, http://www.straitstimes.com/opinion/arbitration-upholds-rule-of-law-in-the-south-china-sea, 登录时间：2016年5月1日。

③ “*Article 286Application of procedures under this section*: Subject to section 3, any dispute concerning the interpretation or application of this Convention shall, where no settlement has been reached by recourse to section 1, be submitted at the request of any party to the dispute to the court or tribunal having jurisdiction under this section”, UN Convention on the Law of the Sea, UN website, http://www.un.org/Depts/los/convention_agreements/texts/unclos/closindx.htm, 登录时间：2016年5月1日。

在“诺特鲍姆案”中，国际法院指出，这种强制管辖权“源于无须特别协议就能将争端提交法院的一项事前合意（*accord prealable*）”。[①] 在“印度通行权案”中，法院指出，通过作出声明，“有关国家之间形成了以任择性声明为基础的合意性约定（consensual bond）”。[②] 英国著名法学家菲茨莫里斯法官指出，这种任择性声明“为作出声明的国家之间创设了一种双边关系网络，具有类似双边条约的地位”，“这种关系网络以潜在的形式存在，只有当一国援引他国声明时才开始发挥作用”。[③] 因此，在这个制度下，国家所负的裁判义务的范围（对事范围和时间范围）是在与其他作出特定声明的国家的关系中决定的，任择性声明的法律性质是当事国之间的双边合意。[④]

而对于任择性声明的解释，国际法院一贯适用了条约的解释规则。也就是说，不能仅仅从声明的文本进行解释，还必须要考虑国家作出承诺接受管辖时该国政府所持的意图。[⑤] 同时，还要结合作为“上下文”的材料进行解释。[⑥]

因此，在“南海仲裁案”中，对于中国2006年根据《公约》第298条所作声明，必须将其作为一项与菲律宾之间的双边协议看待。同时，要结合中国政府意图排除的主题事项范围加以善意解释。此外，仲裁庭还有义务结合“上下文”——包括2013年2月19日中国退回菲律宾《仲裁通知》以来的一系列外交表态和声明，确定中菲两国之间是否就仲裁达成合意。如果仲裁庭能够尊重业已确立的国际法基本原则和国际法院的长期司法实践，不难得出“中菲两国并未就通过仲裁解决争端达成合意”这一结论。

---

① *ICJ Reports* 1953, p.122.

② *ICJ Reports* 1957, p.146.

③ G.Fitzmaurice, *The Law and Procedure of the International Court of Justice*, Vol. II, 1986, p.501.

④ 《国际司法裁判制度》，（日）杉原高　（著），王志安、易平（译），中国政法大学出版社，2007，第126页。

⑤ *ICJ Reports* 1952, p.104.

⑥ *ICJ Reports* 1961, p.32; *ICJ Reports* 1992, pp.582-584.

然而，不仅菲律宾在本案中恶意规避中国作出的排除性声明，无视中国拒绝接受仲裁的立场，而且，仲裁庭竟未尽到识别争端主题事项、按照条约规则善意解释中方立场的义务。造成在未得到中方同意情况下启动并强行推进仲裁的严重后果，是对“国家同意原则”的违背。

二、菲律宾“南海仲裁案”与《联合国宪章》和《公约》确立的和平解决国际争端的基本规则相悖

《联合国宪章》(以下简称“《宪章》”）第33条明确规定了当代国际法下和平解决国际争端的方法和途径：对于“任何争端”，当其继续存在足以危及国际和平与安全之维持时，当事国必须采取谈判、调查、调停、和解、公断、司法解决、区域机关或区域办法，或各国自行选择之其他和平方法，解决争端。① 可见，国家在履行和平解决争端这一义务的手段上具有选择的自由。在国际体系中，法的实现过程是多种多样的，谈判、调停、和解等方式是法的实现过程的重要途径，而司法和仲裁过程并不是国际法的解释和适用的常态。② 在实践中，绝大多数国际争端是通过当事国之间的双边谈判、和解等方式加以解决的。③

在《宪章》中，谈判具有事实上的优先地位。谈判在任何国际争端的解决过程中都是毫无争议的第一个步骤。④ 不仅如此，诸多国际条约还给予谈判或其他双边方法更加优先的地位。这种优先地位是当事国共同

---

① 《联合国宪章》，联合国网站，http://www.un.org/zh/sections/un-charter/chapter-vi/index.html，登录时间：2016年5月1日。

② Ian Brownlie, *Principles of Public International Law* (6th Edition), Oxford University Press, p.671.

③ Y.Onuma, “ICJ: An Emperor withoutClothes?” *Liber Amicorum Judge Shigeru Oda*, ed., Kluwer LawInternational, 2001, pp.195-203.

④ *The Charter of the United Nations: A Commentary* (2nd Edition), Vol. I, Bruno Simma (ed.), Oxford University Press, p.588. See also: *Handbook on the Peaceful Settlement of Disputes between States*, United Nations, 1992, p.9.

赋予的。[①]

根据《联合国海洋法公约》第280条：“本公约的任何规定均不损害任何缔约国于任何时候协议用自行选择的任何和平方法解决它们之间有关本公约的解释或适用的争端的权利”以及《公约》第281条：“作为有关本公约的解释或适用的争端各方的缔约各国，如已协议用自行选择的和平方法来谋求解决争端，则只有在诉诸这种方法而仍未得到解决以及争端各方间的协议并不排除任何其他程序的情形下，才适用本部分所规定的程序”，中菲两国已通过双边、多边协议明确选择通过谈判方式解决争端，没有为谈判设定任何期限。[②] 从而，谈判解决争端的程度及可能性成为确立仲裁庭管辖权的前提条件。[③] 在“边境武装冲突案”和“军事行动案”中，国际法院都对作为前提条件的谈判设定了较高标准，两个案件都因当事方未能证明其曾努力尝试谈判，而被法院裁定管辖权不能成立。[④]

而在菲律宾“南海仲裁案”中，仲裁庭不仅没有尊重国际法院的先例，而且在适用法律规则上出现严重错误，故意曲解《公约》第281条

---

① 《国际争端解决》(第五版)，(英) J.G.梅里尔斯（著），韩秀丽等（译），法律出版社，2013，第26页。

② 1995年8月10日《中华人民共和国和菲律宾共和国关于南海问题和其他领域合作的磋商联合声明》、1999年3月23日《中菲建立信任措施工作小组会议联合公报》、2000年5月16日《中华人民共和国政府和菲律宾共和国政府关于21世纪双边合作框架的联合声明》、2001年4月4日《中国-菲律宾第三次建立信任措施专家组会议联合新闻声明》、2004年9月3日《中华人民共和国政府和菲律宾共和国政府联合新闻公报》、2011年9月1日《中华人民共和国和菲律宾共和国联合声明》都明确规定中菲双方将通过双边谈判协商解决领土和海洋权益争议问题。2002年11月4日，中国政府与包括菲律宾在内的东盟各国政府共同签署了《南海各方行为宣言》。《宣言》第4条明确规定，“有关各方承诺……由直接有关的主权国家通过友好磋商和谈判，以和平方式解决它们的领土和管辖权争议”。

③ 《国际争端解决》(第五版)，(英) J.G.梅里尔斯（著），韩秀丽等（译），法律出版社，2013，第21—22页。

④ *Border and Transborder Armed Actions*, Jurisdiction and Admissibility, Judgment, *ICJ Reports* 1998, p.69; *Armed Activities of the Territory of the Congo*, Jurisdiction and Admissibility, Judgment, *ICJ Reports* 2006.

设定的两个前提条件：一是将“协议用自行选择的和平方法”这一条件中的“协议”无中生有地限定为“具有法律约束力的协议”，从而否定中菲之间协议的有效性；[①] 二是将“争端各方间的协议并不排除任何其他程序”这一条件中的“排除”限定为“明示排除”，将作为前提条件的谈判矮化至不具任何效力。[②]

三、菲律宾“南海仲裁案”将国际仲裁的基本功能带入歧途

国际司法和仲裁机构是国家间通过协议设立的，旨在丰富解决争端的手段，便利国际交往，维护世界和平，根本目的仍然是为各主权国家的外交服务。然而，随着冷战后国际格局的变化，经济全球化、区域一体化导致各类国际组织及相应的国际争端解决机构如雨后春笋般建立起来。国际司法和仲裁机构受理的案件日益增多，其角色和功能也开始逐渐超出解决具体争端的范畴，开始朝着更加雄心勃勃的方向发展——通过解释和适用国际规则，乃至“司法造法”(Judicial Law-making）的方式建构国际秩序。

国际司法机构广泛运用两种新的“司法救济”途径，以便利对规则的塑造：一是“咨询意见”，二是“宣告判决”。[③] 前者授予司法机构解答法律问题的权力，后者赋予司法机构在争端尚未产生之前对有关法律关系进行界定的权力。然而，一个不容忽视的事实是，上述救济途径仅限于国际司法机构。仲裁机构并不具备上述权力。[④] 这是因为仲裁的临时性决定了其裁决的目的仅仅是解决特定争端，并不具有通过裁决实现社会

① Award on Jurisdiction and Admissibility, PCA Case No. 2013-19, paras.212-219, 241-245.

② Award on Jurisdiction and Admissibility, PCA Case No. 2013-19, paras.219-229, 246-251.

③ Ian Brownlie, *The Rule of Law in International Affairs*, Martinus Nijhoff Publishers, 1998, pp.124-131; see also: C.D.Gray, *Judicial Remedies in International Law*, Clarendon Press, 1987, pp.127-137.

④ C.D.Gray, *Judicial Remedies in International Law*, Clarendon Press, 1987, pp.96-97.

建构的功能。

然而，在菲律宾"南海仲裁案"中，菲律宾的诉讼请求令人感到费解。其15项诉求全部是要求仲裁庭作出"宣告"，中菲之间是否围绕其诉讼客体（即南海断续线的合法性、有关岛礁的法律地位等）存在明确的争端也是值得怀疑的。[①] 如果仲裁庭对菲律宾的诉求作出宣告判决，必将违背《公约》第286条明确将仲裁庭管辖权范围限于"争端"的规定，也必将违反国际仲裁实践确立的基本法理。

结论

菲律宾"南海仲裁案"的非法性表现在，它损害了以《宪章》为核心的当代国际法原则和规则的法理基础，对近代以来国际司法和仲裁实践确立的基本原则形成反动：一是本案仲裁程序的提起和推进严重违背"国家同意原则"；二是仲裁与其他争端解决方法之间的平衡被打破，违背《宪章》确立并由《联合国海洋法公约》一脉相承的和平解决争端的基本规则；三是将国际仲裁的基本功能带入歧途。

---

① Stefan Talmon, "The South China Sea Arbitration: Is There a Case to Answer?" in *The South China Sea Arbitration: A Chinese Perspective*, S.Talmon and B.B.Jia (ed.), Oxford and Portland, 2014, pp.27-30.

第四章

菲律宾“南海仲裁案”与南海区域治理

菲律宾“南海仲裁案”的判决结果将会改变南海局势吗?

朱 锋

[内容提要] 2016年7月12日“菲律宾南海仲裁案仲裁庭”的裁决，充斥了对南海岛礁与海洋权益争议的明显误解。不仅其引用数据陈旧，对南海争议的诸多历史证据，更是充耳不闻。整个仲裁裁决，是仲裁庭滥用国际司法权力的典型案例。对于这样既不讲历史、地理事实，又罔顾国际海洋法严肃性的裁决，中国必须坚决视之为“一张废纸”。当代国际外交实践证明，国际社会的主权国家有权对错误的国际司法裁决作出拒绝性回应。

[关键词] 南海仲裁案 南海岛礁主权争议 外交战

[作者简介] 朱锋，南京大学特聘教授、南京大学国际关系研究院院长、中国南海研究协同创新中心执行主任

菲律宾“南海仲裁案”的实体审理已经结束，裁决也即将出炉。国际舆论现在是“一边倒”，纷纷猜测仲裁结果将实质性地削弱中国在南海的主权诉求。从“菲律宾南海仲裁案仲裁庭”(下文简称“仲裁庭”)的审理进程来看，裁决结果确实很可能对中国不利。五位国际仲裁法官不仅“想管”而且还想“管得很多”，在判决上出现狭隘、简单的法律“技术主义”立场基本是可以肯定的。然而，不管仲裁结果如何，如果有人认为仲裁结果将会实质性地改变南海局势、迫使中国在领土主权和海洋权益问题上作出让步，或者认为仲裁结果将会改变南海局势，那一定是大错特错了。

一、菲律宾"南海仲裁案"是一个十足的"法律圈套"

菲律宾就南海争议向仲裁庭所提起的15项仲裁请求，仲裁庭接受了7项诉讼请求的可受理性，另外7项在实体审议中决定是否可以受理，还有1项"中国破坏南海生态"的"指控"需要菲律宾增补相关材料。菲律宾全部诉讼请求可以归类为五个部分：

一是要对中国在南海实占岛礁的海洋法权益作出澄清和裁决。菲律宾提出中国在南海实占的8个岛礁（包括黄岩岛）和中国主张拥有的仁爱礁作为海洋地物，没有专属经济区划定的法律地位。而且这些地物都在菲律宾所主张的专属经济区或者大陆架延伸之内，应该是属于菲律宾专属经济区内的海底地物的一部分。特别是菲律宾要求起诉中国占据岛礁中的渚碧礁、美济礁、东门礁、南薰礁，以及黄岩岛和仁爱礁，都是低潮高地；按照海洋法不能拥有12海里领海、24海里毗连区和200海里专属经济区。中国拥有的永暑礁、赤瓜礁、华阳礁是高潮高地，也只可以拥有12海里领海、无法主张200海里专属经济区。中国的岛礁建设并不能改变这些海洋地物的国际海洋法地位；二是中国在南海主权的历史性依据"南海断续线"不符合国际海洋法规则；三是中国主张"南海断续线"内的"历史性权利"，没有国际海洋法依据；四是中国在菲律宾"专属经济区"之内正常活动的"骚扰和破坏"，要求判决中国的维权行动不合法。五是菲律宾指控中国的造岛行动破坏了南海的环境与生态。

菲律宾"南海仲裁案"从一开始就是一个法律上的"圈套"。由于中国依据《联合国海洋法公约》第298条已经宣布在海洋领土纠纷和海洋划界问题上的争议方面不接受国际司法干预，马尼拉聘请的美国律师事务所把明明是菲律宾在仲裁庭争夺海洋领土归属和海洋权益划分的诉讼请求，包装成了依据《公约》附件七所许可的《公约》条款在南海争议中的解释和适用问题。即便如此，菲律宾政府仍然违背了2002年中国和东盟签署的《南海各方行为宣言》，没有实质性地履行和穷尽《宣言》所载明的对话和磋商的原则，单方面地将中菲南海争议提交国际仲裁庭裁决，人为地恶化了中菲两国关系，也不顾中国政府和人民的感受，推高了两国在南海原本简单的主权与海洋权益争议。

菲律宾将南海争议提起国际仲裁，巧妙地利用了三个有利因素。一是阵容强大、堪称豪华的国际律师和知名海洋法专家团队。其中，菲方聘请的首席法律顾问保罗·雷切勒（Paul Reichler）外号“巨人杀手”。30年前的1986年，正是这位当初还很年轻的美国律师帮助尼加拉瓜政府在国际法院受理的“尼加拉瓜诉美国案”中打败了美国。二是展示小国对抗大国的“勇气”，让菲律宾充当“弱者”来博得同情和支持。阿基诺三世政府经常挂在嘴边的话是，菲律宾没有军事、经济和外交能力来对抗中国，因此在“南海仲裁案”上只能靠诉诸国际仲裁庭才能赢得“正义”，把自己打扮成有决心依靠国际法来对抗强者的“小巨人”。三是随着中国崛起，美国、日本等西方国家出于“制衡中国”的战略目的而让菲律宾得到了大国权力对抗、小国可以“有缝可钻”的权力资源。在菲律宾“南海仲裁案”背后，美国、日本等国不仅在舆论、外交和政治上支持和协助菲律宾，即便在军事能力建设上这两年也给菲律宾投了大量的援助。美国不仅在2016年4月重新在菲律宾开辟军事基地，2016年的对菲无偿军事援助达到1.55亿美元，创下了16年来的新高。

二、菲律宾“南海仲裁案”的裁决并不能改变中国拥有南海岛礁主权的事实

菲律宾“南海仲裁案”的裁决结果很可能明显“偏袒”菲律宾。这从2015年10月29日仲裁庭有关菲律宾诉讼案作出具有管辖权的决定就已可见一斑。针对菲律宾的15项请求，仲裁庭首先表示本次判决不涉及实体的判断，而且本案没有不可或缺的第三方，并裁定认为菲国请求中7项主要有关判断岛礁属性的部分其具有管辖权，另外7项主要有关中国之主张（例如南海断续线）与《公约》不符合之部分将待实体审酌时再

判断有没有管辖权，最后一项有关海洋环境破坏的部分要请菲律宾补充资料后再判断有没有管辖权，这一个判决完全忽视了中国政府要求仲裁庭宣布对菲律宾诉讼案应该“不具有管辖权”立场，也让许多国际海洋法学者感到惊讶。

即将出台的仲裁决定，很可能包括以下几个方面的内容：

首先，裁决中国的南海断续线和相应的“历史性权利”诉求缺乏国际海洋法依据，而不是简单地判定南海断续线“不合法”。即便如此，也等于仲裁庭完全无视中国南海主权与权益主张的历史来源。

其次，裁决中国在南海实占岛礁的海洋法属性。裁定要么只有500米安全区，要么只有12海里领海，无法主张200海里专属经济区。对于客观上是可以划设200海里专属经济区的太平岛很可能不作出裁决，但至少表示中国在南海所占岛礁并非都是没有“岛”的海洋地物特征。值得注意的是，太平岛的海洋法地位并非是菲律宾诉讼要求中提到的项目，而是中国方面2014年12月7日发表的《中华人民共和国政府关于菲律宾共和国所提南海仲裁案管辖权问题的立场文件》(下文简称“《中国立场文件》”）提及的内容，是菲律宾在2015年3月提交补充诉讼要求中增加的对中方《中国立场文件》的回应。但菲律宾的补充报告仍然试图抹杀太平岛作为“岛”的法律特质。

第三，裁决中国在争端解决之前，应该停止拦截和驱赶菲律宾在南沙群岛水域的捕鱼和执法行动，包括判决黄岩岛不是可以声索主权的水下地物，中国应该停止在黄岩岛海域对菲律宾渔民的拦截和驱赶。

最后，裁决要求中国为建岛活动提供海洋资源与环境影响的相关报告，指令中国对已经造成的生态和海洋环境“退化”进行补偿和恢复。

如果上述假设成立，菲律宾“南海仲裁案”这样的国际司法裁决只会深化国际海洋法原则与其是否能够有效适用这两者间的矛盾面，并将加剧国际海洋法在全球司法实践的冲突性。其结果，要么是海洋法的国际司法实践需要更新和进步，要么是《公约》的法律体系急需补充、修订和发展。否则，菲律宾“南海仲裁案”就将成为1996年《联合国海洋法公约》生效以来最大的败笔。

首先，中国虽然坚持南海断续线的划设，但从来没有正式澄清过南海断续线的法律性质。仲裁庭如果基于南海断续线的模糊性判决南海断续线及相关的“历史性权利”不符合《公约》原则，是典型的“张冠李戴”。即便仲裁庭的裁决刻意不触碰南海断续线的法律地位，但明确判南海断续线内的“历史性权利”缺乏法律依据，仍然是缺乏对《公约》的准确理解和运用。曾担任联合国海洋法公约第三届起草委员会主席的新加坡许通美大使明确提出，《公约》承认和保护“历史性权利”，只是持这样观点的是少数派。但“少数派”并非观点不正确。仲裁庭断然裁定“南海断续线”不合法，不仅未能以客观的态度深究南海断续线合理的历史来源，同时，也无助于中菲两国真正解决南海主权和海洋权益争议。

其次，仲裁庭判决中的“历史事实”与“法律依据”如何相互适应和相互协调，是此次“南海仲裁案”中的关键问题之一，也是国际海洋法制裁机制面临的重大挑战。仲裁庭的审议从头到尾漠视历史依据和历史事实，只是从国际海洋法的原则中就事论事，割裂了南海岛礁主权产生的历史来源和历史过程，本身就是在本质涉及主权及海洋权益等重大问题上简单的“照本宣科”。在历史性权利审议上，仲裁庭至少应该鼓励相关各方就南海断续线及“历史性权利”进行国与国的双边谈判与磋商，寻求外交解决途径，这才真正符合仲裁程序应有助于解决争议的基本目的。

最后、仲裁裁决似乎“公正地”澄清了菲律宾诉求中的“岛”和“礁”的关系，但如果仲裁庭故意回避太平岛是符合《公约》第121条规定，可以合法划设200海里专属经济区的“岛”的海洋法属性，则是完全不公正的裁决。

台湾马英九政府在证明太平岛是“岛”的行动已经有目共睹。虽然现在台湾海峡两岸还没有统一，太平岛依然在台湾实控之下，但仲裁庭似乎坚持了“一个中国”原则，在可受理性判决中就已宣布“仲裁庭认为本案没有不可或缺的第三方”，将台湾作为主权争议实体排除在外，认同中国对太平岛的主权要求。如果仲裁庭对南海争议岛礁作出裁决，就应该同样将中国政府《中国立场文件》中提到的太平岛的法律属性的澄清包括在内，就太平岛是否符合《公约》121条“岛屿”的定义进行审理，而不是简单地让菲律宾对太平岛似是而非的认定“蒙混过关”。通览整个菲律宾“南海仲裁案”的诉讼和审理进程，太平岛的法律地位裁决已经构成了此次仲裁进程中有关澄清南海海洋地物法律属性进程中不可或缺的组成部分。回避对太平岛的法律认定，将是中国绝对不能接受的。

三、菲律宾“南海仲裁案”：法律战、舆论战、还是外交战？

菲律宾“南海仲裁案”的仲裁庭裁决还没有最终出台，但围绕着“菲律宾南海仲裁案仲裁庭”可能的裁决结果和对相关争议的影响力争夺而进行的舆论战、外交战和法律战却已鸣锣开战。美国等西方国家力压中国必须接受菲律宾“南海仲裁案”的裁决，似乎这才是平息南海争议的“钥匙”。这种做法不仅不能真正以理服人，也不符合南海主权争议的基本事实。菲律宾阿基诺政府为了达到“博眼球”的目的，更是在过去2年频频口出妄言，不惜扭曲和夸大事实，把中国比喻成第二次世界大战时“希特勒德国”那样的“法西斯国家”，甚至称将南海断续线“去合法化”是为了要拆除南海的海上“柏林墙”，只是暴露了马尼拉现政府的狂妄和无知。除此以外，菲律宾大肆加强美菲军事同盟，拉美国深度干预南海争议的做法，更是践踏了中国和东盟冷战后在“睦邻友好、平等互利”基础上形成的战略伙伴关系。菲律宾政府这种一边将争议问题“司法化”，却另一边将争议问题“冲突化”的做法，只会加剧南海局势的紧张，与南海争议中国际司法介入的本意更是背道而驰。

今天的菲律宾“南海仲裁案”，既是法律战、舆论战，更是一场艰巨的外交战。无论中外，南海问题的观察家们很少有人相信，仲裁庭的一纸仲裁决定就能改变南海主权争议的长期性和复杂性。西方媒体和人士动不动以中国应该有的“大国责任”和国际规则的“神圣性”来要挟中国就范，常常以中国应该注重自己的“国际形象”来敲打中国必须接受仲裁约束的说法，并不能真正令人信服。“高调人人会唱”。遵从国际规则固然是中国崛起的战略利益，但如果是人为忽视南海主权争议的复杂性和历史性，简单和片面地“捍卫”国际海洋法原则的仲裁决定，中国为什么必须认可和接受呢？1982年尼加拉瓜诉美国的案例中，美国同样不也是最终不接受国际法院判决的吗？2011年，澳大利亚诉日本的南极捕鲸案中，日本坚持的“科研捕鲸”的说法不也是最终败诉了吗？但日本政府接受国际法庭的判决了吗？法律永远是调节国家间利益关系的工具，法律工具的使用最终需要有合作性的外交与政治关系的发展才能有效贯彻。如果不顾中国利益诉求的合理性，一味要求中国接受国际仲裁裁决，似乎国际法的大棒可以是万能的，这种想法并不符合国际关系的内在逻辑。将菲律宾“南海仲裁案”变成牵制中国南海维权的外交战，力图迫使中国放弃岛礁建设和合理的维权行动，这本身就已经大大超出了南海争议司法化的初衷。菲律宾“南海仲裁案”的裁决结果，不应该加剧南海已有的地缘战略博弈。

然而，南海争议的国际司法介入可能因为菲律宾“南海仲裁案”而刚刚起步，对此，中国一定要做好必要的准备。南海主权争议毕竟只是中国整体周边外交的一个组成部分，南海的维权和维稳必须符合，更需要配合中国可持续崛起的整体国家安全和发展战略。在南海问题上，我们争什么决定了我们的对手是什么。菲律宾“南海仲裁案”应该有助于我们理性、准确和长远地审视和追求我们的南海战略。

从主要域外大国的南海战略意图看菲律宾“南海仲裁案”

孙建中

[内容提要] 南海在上世纪70年代就已经开始逐步发生问题，但一直维持相对稳定局面，即使中越发生过几次武装冲突也没有影响南海整体稳定的大局。然而进入21世纪后，当美国与中国的结构性矛盾逐步凸显因而开始视中国为主要战略对手进而决定推行“亚太再平衡”战略时，南海问题急剧升温。日本也因与中国的结构性矛盾更甚于美国与中国的结构性矛盾而不断加大介入南海的力度，菲律宾“南海仲裁案”就是在美日等域外大国在其地区战略和全球战略的指导下不断挖掘南海战略利用价值这一大背景下形成的一个内外因素交织互动的产物。

[关键词] 域外大国　战略意图　南海仲裁案

[作者简介] 孙建中，南京大学中国南海研究协同创新中心教授

南海在20世纪70年代就已经开始逐步发生问题，但一直维持相对稳定局面，即使中越发生过几次武装冲突也没有影响南海整体稳定的大局。然而进入21世纪后，当美国与中国的结构性矛盾逐步凸显因而开始视中国为主要战略对手进而决定推行“亚太再平衡”战略时，南海问题急剧升温，日本也因与中国的结构性矛盾更甚于美国与中国的结构性矛盾而不断加大介入南海的力度，菲律宾“南海仲裁案”就是在美日等域外大国在其地区战略和全球战略的指导下不断挖掘南海战略利用价值这样一个大的背景下一个内外交织互动的产物。

一、美国在南海问题上的战略意图在于构建一个“用亚洲人来制约亚洲人”的地区均势机制

美国作为当今世界惟一超级大国所面临的最大问题就是它的国力开始出现衰落迹象，这将直接导致美国逐步丧失其全球霸主地位的结局，而最可能取美国而代之的国家就是中国。正因为如此，美国希望通过与中国合作的方式将中国对美国构成的潜在威胁转化为现实合作，从而延长其全球霸主的寿命。当中国没有按照美国的意图行事时，美国转而制定了“亚太再平衡”战略，主要战略意图之一就是通过直接介入南海事务并将南海打造成一个美国可以随时利用地区力量牵制中国的战略博弈平台或者制度性的均势机制：一方面可以维护美国的世界霸主地位，另一方面可以有效管控中国对其不断增大的战略力量和潜在的战略威胁。这样做既可以牵制中国，同时又可以借机控制地区国家，从而达到一箭双雕的目的。当然，中国与南海声索国之间的主权争议是一个直接的因素，但这种因素如果没有美国的介入或支持不可能扩大化或者持久化。美国正是利用了中国与南海声索国之间的矛盾为自己介入南海事务提供了借口，而南海声索国也利用了美国介入南海事务的机会谋求更大的利益，双方是一种相互利用的关系。可见，“重返亚太”战略是美国在中美结构性矛盾日趋激化的特殊时期制定的一个在很大程度上遏制和牵制中国的特殊政策。当前，美国正以南海问题为纲进行战略布局：在军事上，通过加固海上三道岛链特别是第一岛链来围堵中国，利用军机、军舰、潜艇甚至航母等重装备开始在南海尤其是南沙海域定期巡航或举行军演，防长卡特也亲自参与其中，试图将日本、澳大利亚、菲律宾等国家拉入到其巡航机制中来，借此将中国的海上军事力量圈定在中国的四海之内，以便让中国海军走不出南海，更进不去太平洋和印度洋；在外交上，通过纠集地区力量孤立中国，努力形成牵制中国的地区均势机制，实现以亚洲人来对付亚洲人的战略目的；在经济上，通过组建TPP来对抗中国

主张的RCEP，旨在削弱甚至取代中国的地区经济中心地位；在司法上，通过鼓励菲律宾到国际法庭状告中国来丑化中国，不排除它鼓励更多的声索国来状告中国这种可能性，其目的就是在国际社会范围内造成一个中国随着实力的不断增大而越来越不守法的形象；在舆论上，通过制造和渲染“中国威胁论”来加大地区国家防范中国的力度，以便让中国逐步成为它们共同的“潜在威胁”。因此，只要美国的力量在衰退而中国的力量在上升，美国就不太会轻易改变对中国奉行借力打力的政策，甚至在中美结构性矛盾趋于进一步激化时，也不排除美国进一步加大遏制或牵制中国的力度这种可能性。

二、日本在南海问题上的战略意图是通过构建“两海联动机制”努力夺回日本在中日战略博弈中的优势地位

中国的崛起所引发的结构性矛盾在日本、美国和印度等主要大国激起了不同的反应，它们都不同程度地将中国视为现实或潜在的战略竞争对手，从而为彼此间的联合创造了基础。其中，日本是第一个与中国之间的结构性战略矛盾表现最为突出的国家，它已经把中国视为其现实的战略威胁。对“钓鱼岛”问题进行战略利用是日本加以利用和整合国内力量的一个重要抓手，通过恶化中日关系达到日本在平时达不到的目的。借此，它在2015年9月通过了新的《安保法》并在2016年3月正式生效，为出兵海外提供了法理依据，最终实现国家的“正常化”，同时通过削弱中国的实力，努力夺回日本在亚洲老大的地位。南海问题是它加以利用和整合地区力量对抗中国的另一个主要抓手，借此它将协助美国并在美国“亚太再平衡”战略的大框架内把东盟、印度和澳大利亚整合成为一个集体对抗中国的地区集团。正因为如此，日本高度重视与美国同盟关系的建设，不仅支持美国的“亚太再平衡”战略，支持美国巡航南海的做法，而且还准备与美国联手巡航南海。同时，它还要紧紧抓住东盟，从而做实其在南海存在的基础：一是为越南、菲律宾这些与中国在南海

问题上直接对抗的国家提供军事援助，例如为它们提供巡逻船，以强化其军事抵抗能力；二是向东盟推销武器装备，扩大其用来对抗中国的整体军备规模；三是与印度尼西亚举行了首轮2+2外长、防长会谈；四是日本首相安倍晋三2015年12月与印度和澳大利亚两国首脑举行会谈，欲加大力度推动日、美、澳、印4国之间的安全保障合作，以便实现其针对中国的“安全保障钻石构想”；[①] 五是日本代表参加了2015年7月举行的“菲律宾南海仲裁案仲裁庭”听证会，不仅意味着日本支持菲律宾状告中国的做法，而且还包含日本未来采取同样方式解决东海海洋权益争端的可能性；六是利用美国的媒体对中国施压，例如日本防卫相政策参事西正典2015年12月14日在美国军事杂志《国防新闻周刊》上发表文章，宣称中国目前在南海的举措“旨在改变现状”，其目标之一是要为在南海划定防空识别区做准备。[②] 鉴于此，日本在完成这些目标之前，很难与中国改善关系，因为它要借助处于对抗状态下的中日关系拉拢美国和地区国家，形成一个以日本为首的围堵体系，并努力与以美国为首的围堵体系形成紧密互动关系，从而对中国构成战略夹击态势，以改变中国在中日战略博弈中一直处于优势地位的态势。由于将东海争端与南海争端有机结合起来形成“联动机制”，是日本有效遏制中国和削弱中国战略竞争优势的一个重要战略手段，因此可以相信，日本的这一做法在短时间内也不会轻易放弃。

---

① 《日媒:安倍欲用钻石构想封锁中国 对南海表示关切》，新浪网：http://mil.news.sina.com.cn/china/2015-12-22/doc-ifxmszek7574534.shtml?cre=newspagepc&mod=f&loc=6&r=9&rfunc=88，登录时间：2016年1月4日。

② 《日罕见加大对华施压 曝中国在南海人工岛部署导弹》，新浪网：http://mil.news.sina.com.cn/2015-12-16/0918846652.html?cre=newspagepc&mod=f&loc=4&r=9&rfunc=88，登录时间：2016年1月4日。

三、菲律宾“南海仲裁案”的裁决结果既是美日追求的阶段性目标，也是其实现更加长远和更加重要目标的一个重要前提条件

“菲律宾南海仲裁案仲裁庭”可能会在今年年中的时候对菲律宾“南海仲裁案”作出最后的裁决，这种裁决很有可能对中国不利。然而，仲裁庭在公布结果的同时也会把裁决的法律和法理依据公布于众，届时中国即使再有充分的理由也没有有效机会加以申辩，仅仅依靠向国际社会说明和阐释自己的原则和立场难以得到充分的理解和同情。一旦形成这样一种局面，越南等其他南海声索国也很有可能把中国告上法庭，进而产生一系列的连锁反应。美日两国的南海战略意图所追求的重要目标，就是可以打着“维护”国际法的旗号来进一步深化其在南海的战略部署，不仅要阻止中国的南海维权行动，同时还要把更多的南海国家笼络到自己的阵营中来，以便形成越来越强大的而且是针对中国的地区均势机制。若如此，我国在南海维护主权权益的活动将面临越来越困难的局面。

结论

总的看，域外大国特别是美国和日本介入南海问题的力度在逐步加大，军事对抗的成分越来越多一些。尽管美国全球战略的欧洲支柱因英国可能脱欧而会受到削弱，其中东支柱也因以色列、沙特等盟国的不满情绪以及“伊斯兰国”的存在等诸多因素遭到巨大破坏，奥巴马行政当局在此背景下推行“亚太再平衡战略”不仅力不从心而且还给人一种强烈的“战略思路混乱”之感觉，客观上要求美国对其当前的亚太战略进行调整，但是否进行战略调整最后还要取决于2016年新总统上台后作出的战略决定。如果美国调整对外战略的话，日本的对外战略也会受到影响，并很可能会作出相应的调整。对此，我们应当高度关注美日两国的

这一战略发展动态。与此同时，通过司法手段解决南海问题的倾向越来越明显，南海声索国和美日等域外大国都在极力推动这一趋势的发展，司法博弈开始成为与军事博弈和外交博弈相平行的平台，并向南海问题主战场这一方向转化，值得注意的是，我们似乎还没有充分做好这方面的思想和物质准备。

菲律宾"南海仲裁案"评析

梁云祥

[文章提要] 自从2012年4月"黄岩岛事件"以来，南海局势动荡不安并有国际化趋向，给中国在军事、外交和国际法层面都带来了压力。虽然中国政府坚决反对这一案件，并作出"不参与不接受"的表态，但"菲律宾南海仲裁案仲裁庭"仍然作出了具有管辖权的判决并在实体问题上也作出了判决。尽管这样的裁决并不会实际影响中国在南海的存在，但却否认了中国在南海海域的大部分权利，损害了中国的国际形象。从国际关系的历史与实践来看，任何领土的争端一般只能通过战争或外交谈判或国际司法的方式加以解决，目前中国的南海政策，其重点基本上是依靠实力和外交，然而中国也必须要考虑通过国际司法斗争的方式应对领土争端，以法律手段维护国家权益和声誉。

[关键词] 南海问题　南海仲裁案　中菲关系　国际司法管辖

[作者简介] 梁云祥，北京大学国际关系学院教授（博导）、法学博士

自从2012年4月中菲"黄岩岛事件"以来，南海局势动荡不安，其中既有中美在南海南沙、西沙海域的军事摩擦与对峙，又有中菲、中越围绕南沙、西沙岛礁权利和海上资源开采的冲突与对峙，同时还有中国同美、日等西方国家围绕包括南海在内的海洋问题所展开的外交博弈以菲律宾单方面提起强制仲裁，围绕南海问题诉中国案所引发的法律纠纷。总之，尽管中国政府试图低调处理南海纠纷并坚决反对将南海问题国际化，但是南海局势的实际演变却正在使得围绕南海的纠纷越来越成为一个重大的国际问题，并且围绕这一问题中国在军事、外交和法律层面都

面临巨大压力。也就是说，在军事上中国面临着同世界第一军事强国美国及其盟国在南海发生军事摩擦与冲突的可能性，在外交上中国同样面临着同美国及其盟国以及东南亚国家由于南海问题而出现的外交摩擦，甚至这些国家对中国在南海行为的疑虑而试图在外交上孤立中国，在法律上中国则更是面临从未有过的压力，不但美国等西方大国通过各种场合不断呼吁中国在南海问题上遵守国际法，而且作为南海争端当事国之一的菲律宾直接单方面提起强制仲裁。面对这种情形，对于长期以来相对更习惯于从实力和外交角度考虑和处理问题的中国政府来说，在法律上所受到的压力感觉就更大，尤其在应对菲律宾"南海仲裁案"方面，显得极为被动。

"黄岩岛事件"之后不久，菲律宾于2013年1月22日向中国发出包含有13项仲裁诉求的《通知及权利主张》，2月19日中国向菲提交照会，菲方拒绝接受书面通知并将其退回，随后菲律宾遂单方面向海牙国际常设仲裁法院（PCA）提起仲裁请求。同年4月5日,5名分别为德国、波兰、法国、荷兰和加纳国籍法官组成仲裁小组开始工作并在6月25日组成仲裁法庭,(下文简称"仲裁庭")，仲裁庭于7月11日在海牙召开第一次会议并发布了程序令，通知中菲双方享有对程序规则草案提交意见的机会。菲律宾于7月31日提交意见，8月1日中国重申不接受的立场。8月27日，法庭确定了程序规则及仲裁的初步时间表，确定2014年3月30日为菲方提交书面陈述的日期，陈述内容包括法庭的管辖权、诉求的可受理性及争议实体问题。菲律宾按期提交了近4000页共十章的陈述报告，第一章为近270页的文字陈述，其余部分为支持其诉求的证明文件和地图等资料，按照法庭的要求全面阐述了其实体主张以及仲裁法庭的管辖权等问题。随后，仲裁庭确定2014年12月16日为中国提交辩诉状的日期，但中国并未提供法庭所要求的文件，而是在2014年12月7日公开发表了一份《中华人民共和国关于菲律宾共和国所提南海仲裁案管辖权问题的立场文件》(以下简称"《中国立场文件》")，仍然继续坚持不接受和不参与的立场。其后，仲裁庭在继续要求菲律宾提交一些补充材料之后对该案的程序性问题进行了审理并且在2015年10月底作出初步裁决，认为仲裁庭对该案所提管辖权以及诉讼问题具有可受理性。之后，仲裁庭审理已经进入对实体问题进行审查讨论的阶段，据估计最终裁决将在2015年年内或最晚在2016年初作出。

菲律宾起诉中国的仲裁请求虽然有15项之多，但其实质性的诉求大致可以归纳为三个问题，即（1）认为中国在南海划定的“南海断续线”及其之内的所谓“历史性权利”违反《联合国海洋法公约》（以下简称“《公约》”）；（2）请求确定黄岩岛等南海争议岛礁的地形意义及其权利，认为这些岛礁大部分属于低潮高地或岩礁从而不应该拥有专属经济区和大陆架甚至领海；（3）中国在南海的行为干扰了菲律宾的主权权利和渔业等活动并破坏了海洋环境，等等。对此，中国的基本政策是不接受和不参与，而对于菲律宾提起仲裁的实体性问题没有作出正面的回应，即使在上述的《中国立场文件》中也明确表明提出这一文件的主要目的在于阐明仲裁法庭不具有管辖权的理由而非同意接受仲裁和就实体问题提出意见。中方之所以认为仲裁法庭不具有管辖权的理由，主要是认为该项诉讼实质上为主权争端因而不属于《公约》调整范围，而且在中菲双边文件和《南海各方行为宣言》中双方已经承诺通过谈判协商解决，因而菲律宾单方面提起仲裁明显违背自己作出的承诺，何况中国早在2006年就按照《公约》第298条第1款声明不接受任何导致有拘束力裁判的强制程序。然而遗憾的是，中方的理由并没有被仲裁庭所接受，仲裁庭在作出具有管辖权的裁判之后，自然地开始就仲裁的实体问题进行审查和讨论。

从该案出现至今的整个过程来看，中国一直处于比较被动的局面，尽管中国坚持不接受和不参与的基本立场并提出了仲裁庭无权管辖的各种理由，但这些理由最终都被法庭否定，并裁判拥有管辖权，并进入实体问题的审查仲裁。而且，根据目前的情形来看，这一仲裁案件的最终结果很可能对中国非常不利，比如有可能明确裁决中国在南海所划定的“南海断续线”违反《公约》所体现的现有海洋法规则，从而从根本上颠覆中国在南海海域的大部分权利，此外可能会断定南海大部分岛礁的法律属性为低潮高地或岩礁从而难以拥有相应的专属经济区或大陆架甚至领海，这样中国根据目前实际占领南海岛礁所能够拥有的合法海域面积将大大缩小，以及可能还会间接地对中国在南海诸行为也进行指责，等等。总之，菲律宾的仲裁请求基本上可以得到满足，而中国在本次仲裁案中基本处于被动局面，以及不得不接收一个非常不利的结果。而且，一旦作出如此的裁决，中国在外交上能够得到的国际同情也非常有限，国际舆论也会不利于中国。

当然，对于一个主权国家，尤其对于像中国如此规模的大国来说，任何国际裁决都会受到限制，尤其在执行层面更是困难重重。既然中国的一贯基本主张就是不接受和不参与，那么当然就不会承认仲裁法庭作出的裁决，尤其是对中国明显不利的裁决。从这个意义上而言，不论最终仲裁法庭作出什么结果的裁决，并不会实质上改变中国在南海的存在以及中国同美国、菲律宾等国围绕南海问题的持续竞争和博弈。反而，面对一个中国无法接受的裁决，中国可能会在南海有更积极的行动，比如最近围绕黄岩岛的扩充开发问题，美国和菲律宾等国家又在指责中国。但是，由于这次裁决中国可能在法律上会更为被动，日本、越南等同中国存在海洋领土及其海域争端的国家将会援引此案在法律上攻击中国的海洋主权诉求，同时，西方国际媒体也会大肆攻击中国不遵守国际法，这样就会极大地损害中国的国际信用和国际形象。

目前中国的南海政策，其重点基本上是依靠实力和外交，即在南海积极行动扩充其实际占领的岛礁，以及展开积极外交尽量获得其他国家对中国南海问题主张的认可或同情，以便减轻中国的外交压力。但是在法律层面，中国只是主张所谓“自古以来”和“祖宗遗产”，这当然有其合理成分，因为在判定领土主权时历史依据是一项重要的决定因素，但是中国的这些历史性主张在现有国际规则下其理由并不充分，仅仅利用长达几百年甚至上千年之前的历史记忆和记载很难去解释亚洲国家之间近百年以来才具有的领土主权概念，而且还必须考虑实际有效控制及其时效等各种因素，因此就更难判断南海岛礁的主权归属。此外，虽然中国主张南海的权利，但是究竟南海的法律地位是什么，至今并没有确切的说法，主张南海权利根据之一的南海断续线究竟是一条什么线，也没有一个确切的说法，即使最接近中国利益的“历史性权利”或“历史性水域”的概念，也由于缺乏实际有效的控制和国际条约的承认而显得并不完整。

从国际关系的历史与实践来看，任何领土的争端一般只能够通过战争或外交谈判或国际司法的方式加以解决，战争解决方式需要实力的绝对强大，外交解决方式需要实力支撑下的外交技巧，司法解决方式则需要具备合理合法的历史和法理依据。在近代殖民扩张时期和两次世界大战期间，是依靠实力解决领土争端和进行领土变更的几个关键时间点，然而当时中国正是国力衰弱时期，丧失的领土权利比得到的要多，第二次世界大战之后中国虽为战胜国，但同样由于实力和法律意识相对不足而丧失了收回南海岛礁领土等历史性权利的机会。冷战后的中国虽然正处在一个崛起的过程中，但中国的实力还远没有强大到绝对强大的程度，尤其在面对美国的军事实力时就更显得实力不足，何况现在已经早已不是殖民主义时代和发生世界性规模战争的时期，因此完全依靠实力解决南海问题的可能性微乎其微。通过外交谈判解决南海领土争端是目前中国南海政策的主要内容，但是争端各国对南海岛礁的不同实际控制及其各自立场和主张的差距太大，很难通过谈判相互妥协得到解决。因此，中国也必须要考虑通过国际司法的方式解决南海的领土争端，即要更多地熟悉国际法律规则和运用国际法律规则，以现有国际法规则所能够接受的方式主张自己的权利，而不是一味简单地不接受、不参与、不承认和不执行，否则中国自身很难真正地和平崛起，甚至很难长久立足于国际社会。

审判菲律宾“南海仲裁案”有违《联合国海洋法公约》缔约精神吗?

马　博

[**内容提要**]　菲律宾提起“南海仲裁案”的本质是削弱中国在南海的领土主权主张，这点昭然若揭。“菲律宾南海仲裁案仲裁庭”无视中国的反对，执意对此案进行审理并作出裁决的做法，不仅损害了《联合国海洋法公约》的缔约精神，同时鼓励了菲律宾的“滥诉”，这对未来《联合国海洋法公约》的公信力和普及性都将产生负面作用。本文从《联合国海洋法公约》在领土争议问题上的不可诉性、仲裁庭违反《联合国海洋法公约》精神和菲律宾方面“滥诉”三个方面来阐述菲律宾“南海仲裁案”对国际海洋法发展未来产生的负面作用。

[**关键词**]　南海问题　南海仲裁案　《联合国海洋法公约》

[**作者简介**]　马博，南京大学中国南海研究协同研究中心助理研究员、博士

一、《联合国海洋法公约》的缔约已排除领土争议的可诉性

制定《联合国海洋法公约》(下文简称“《公约》”）的初衷是为了对国家在海洋领域产生的问题进行规范，而排除了就领土争议制订解决方案的可能性。《公约》的序言中有明确的表述：“本公约缔约各国，本着以互相谅解和合作的精神解决与海洋法有关的一切问题的愿望”。陆地或是领土的问题，并不包括在《公约》规定的有关海洋法的议题之中。对《公

约》涉及的范围也有明确表述：“在妥为顾及所有国家主权的情形下，为海洋建立一种法律秩序，以便利国际交通和促进海洋的和平用途，海洋资源的公平而有效的利用，海洋生物资源的养护以及研究、保护和保全海洋环境。”这说明，《公约》的适用范围仅为海洋领域，如果涉及国家间领海纠纷、专属经济区和大陆架重叠等问题，应该在领土主权确定的前提下方能适用《公约》中的相关条款。《公约》的范围是有限的，绝不是包罗万象任由各个国家去填充或是根据自身的需要和利益进行解读。

菲律宾要求“菲律宾南海仲裁案仲裁庭”（下称仲裁庭）根据《公约》对南沙群岛、黄岩岛、美济礁等岛礁的属性以及产生的相应海洋权利进行判断。这些诉讼所谓依据《公约》中第二部分关于领海和毗连区，以及《公约》第五部分关于专属经济区和第六部分关于大陆架的相关规定展开。另一方面，菲律宾方面声称提起诉讼的目的并非要求仲裁庭审理岛屿归属，而是要求仲裁庭认定中国依据“南海断续线”提起的海洋权利和《公约》相违背。菲律宾外交部长罗萨里奥（Albert Del Rosario）2015年7月7—13日参加仲裁庭庭审时对仲裁庭不具有审理领土争议的能力也表示承认，但强调菲律宾希望仲裁庭澄清菲律宾在南海上的海洋主张合法有效，而中国的主张违反《公约》的规定。[①]

菲律宾“南海仲裁案”的核心在于判定中方主张的南海“历史性权利”和划定的“南海断续线”和现行《公约》相违背；其次，要求对南海有争议岛礁的属性进行界定，对哪些属于“岛”、“礁岩”和“暗礁”作出明确界定；最后，判定中方在南海的行为侵害了菲律宾的主权，中方岛礁建设和捕鱼行动破坏了海洋环境。2015年10月，仲裁庭一致作出对该案有管辖权的决定，认定中国不参与该案的决定不会剥夺仲裁庭的管辖权，同时不接受中方认为该案的实质是涉及岛屿主权争端的观点。[②] 这一结果，等同于驳回了此前中方所有的抗辩，而接受了菲律宾方面几乎

---

① Frank China, “Seeking a South China Sea Solution,” *New Straits Times*, 30 July 2015.

② “Award on Jurisdiction and Admissibility,” The Republic of Philippines v. The People’s Republic of China, 29 Oct. 2015, http://www.pcacases.com/web/sendAttach/1506，登录时间：2016年4月1日。

所有的诉讼请求。仲裁庭对本案的审理忽视了《公约》第300条（诚意和滥用权利）"缔约国应诚意履行根据本公约承担的义务并应以不致构成滥用权利的方式"。菲律宾在没有充分与中方协商、谈判的前提下进行单方面的起诉，这些问题看似没有直接涉及岛屿的领土主权归属，但是在岛屿主权不明晰的情况下，国际社会公认相关岛礁主权存在争议的情况下，是无法实现《公约》宣称建立"符合正义和权利平等原则的和平、安全、合作和友好关系"的，更加是不可能做到"意识到各海洋区域的种种问题都是彼此密切相关的,有必要作为一个整体来加以考虑"的原则。

二、裁判将鼓励争议国在领土主权问题上的"滥诉"

通常在海洋领土争端中，国家应利用包括《公约》在内的国际法，通过协商解决。单方面诉诸国际司法的途径尽管在程序上是允许的，但却在未来的执行、对双边关系的稳定发展问题上设置了更多的阻碍，不利于争端的最终解决。同时，一旦创立了一国单方面提起就领土争议的仲裁而国际法庭判决的先例，对未来《公约》的公信力将会出现损害，引发"滥诉"的可能。众所周知，对以往案件的判决将会对《公约》的解释和发展起到推动和参照作用，以至于影响未来的判决。菲律宾"南海仲裁案"的判决起到的是鼓励一国利用国际司法，解决有争议的海洋领土以及划界问题的作用，这对国际通行的通过双边谈判解决此类问题的共识是一种挑战，使领土归属问题更加容易出现法律意义上非赢即输的"零和博弈"现象。通过没有执行力，仅靠国家共识形成的《公约》体系来处理影响到国家领土主权的案件，对未来国际和平与稳定带来的将是更多的不确定性而非争议的最终解决。正像两位英国国际法律师描述的,"将复杂的，甚至充满对抗的地缘政治、军事争端转变成为一个法律问题，并且交由法官审理，还要使双方能够接受判决结果，这是此前国际关系中从来没有的现象，但如果能实现也是令人鼓舞的变革"。[①] 菲律宾"南海仲裁案"很显然是菲方强加给中国的，以法律相要挟的一次实践，它的顺利进行与仲裁庭的认可密不可分，对未来其他缔约国效仿此法，走法律的"捷径"起到了鼓动的作用，但对领土争议的最终解决，对和平最终的取得，也许并无益处。现实是，因为菲律宾"南海仲裁案"，中菲关系降至历史低点，而中国方面被迫表现"不参与，不接受"的态度如果在未来被广大国家所采纳，对《公约》的公信力将构成严重的打击，最终《公约》本身会被认为是问题的根源，遭到修改、甚至废除的命运。历史上，因被缔约国广泛诟病而被废除或者前途未卜的条约比比皆是，例如2009年欧盟国家签署的《里斯本条约》，在实行中就遭遇了来自不同成员国的抵制而至今前途未卜。《公约》一旦失去公信力，就注定面临着被边缘化、甚至终止的风险，最终成为一纸空文。

与此同时，国际上部分国家正是对《公约》在解决海洋领土归属问题上的作用持有怀疑，认为《公约》本身存有瑕疵而选择不加入《公约》或者采取签署但国内立法部门不批准的做法。例如，在委内瑞拉湾存在岛屿归属争议的哥伦比亚和委内瑞拉两国，就双双选择不加入《公约》(哥伦比亚签署但未批准《公约》)，但两国后来经协商同意用国际习惯和地区性条约法来解决存在的岛屿以及海洋划界争议；南美洲的秘鲁也因为和邻国智利存在领土争议而选择不加入《公约》，但是并没有因此而限制秘鲁通过国际司法手段维护自身权利的能力，事实上，秘鲁在2008年将与智利的争议提交到了国际法院（ICJ），在双边共同参与的基础上，国际法院对此案进行了审理，并于2014对该案进行了有利于秘鲁的判决。[②] 以色列因为和黎巴嫩、塞浦路斯、埃及等国在地中海和红海

---

① Dominique Askew and Anthony Long, "Maritime Boundaries: UNCLOS and disputes over the right to explore and develop offshore reserves and the effect on the oil and gas industry," http://www.kslaw.com/library/newsletters/EnergyNewsletter/2013/January/article1.html，登录时间：2016年4月8日。

② Maritime Dispute (Peru v. Chile), http://www.icj-cij.org/docket/index.php?p1=3&p2=2&case=137，登录时间：2016年4月11日。

的海洋争议同样选择不加入《公约》，并且更加倾向于采用单边的方式应对领土争议。以色列本古里安大学人文学院的院长大卫·纽曼（David Newman）表示，基于以色列周边的安全环境，以色列政府认为任何制约其行使包括巡逻、侦查等海上权利的法律，以色列政府都不会遵守。[①]土耳其也因为和希腊、塞浦路斯均存在岛屿归属等争议而同样选择不加入《公约》，其中一个重要原因是认为其历史上"奥特曼帝国"所产生的历史性权利无法在《公约》中得到公正的体现和尊重。可见，除了美国拒绝加入以外，《公约》也并不是得到了世界上所有国家的支持，《公约》需要通过团结国际社会来增加其公信力，而类似对菲律宾"南海仲裁案"的裁决，造成一国强烈反对，另一国所谓的"权利"得不到维护的局面，只会分化国际社会，对《公约》的发展产生负面作用。

三、近年来菲律宾的作为与《公约》背道而驰

根据公开的信息，对2013年开始至2016年短短三年时间里，菲律宾参与的在南海的军事演习进行了统计，达到了14次之多。另外，菲律宾和美国在2014年签订《加强防御合作协议》，允许美军在未来进出菲律宾，并且实现了在苏比克湾等战略基地的"半永久性"驻扎，允许美军以轮换驻扎的形式使用五座军事基地，其中一座空军基地位于靠近南沙群岛的巴拉望岛上。[②]这意味着在美国此前撤离菲律宾22年后，重新开始在菲律宾驻扎。2015年12月，美国赠送114辆装甲车给菲军方，2016年也将是2000年美军重返菲律宾之后马尼拉获得美国军援最多的一年，从2015年的5000万美元大幅上升至7500万美元。[③]2016年4月美国防长卡

① David Newman, "Borderline View: Defending Israel on the high seas," *the Jerusalem Post*, March 12 2014, http://www.jpost.com/Opinion/Columnists/BORDERLINE-VIEWS-Defending-Israel-on-the-high-seas-345078。登录时间：2016年4月14日。

② 《菲律宾向美军开放五座基地 靠近南沙》，载《北京晚报》，2016年03月20日。

③ 《卡特访菲凸显菲律宾地位变化 阿基诺三世受到鼓舞》，载《环球时报》，2016年4月11日。

特访问菲律宾之后，宣布部分参加该年度美菲“肩并肩”演习后的美军将驻扎在菲律宾，协助其训练军队，并将两国在南海的联合巡航“常态化”。[①] 菲律宾同意美军使用其国内五个军事基地，并且不排除未来美军使用其南海岛礁。[②] 此外，美海军发言人对外宣称，美国目前在南海部署了最先进的武器，包括携带多用途洲际导弹的军舰和潜艇，以及各式用于侦察和收集情报的军机。[③] 相比之下，中国2015年全年在南海上仅在马来西亚海域进行了一次军演，而且联合演习的参演方包括马拉西亚、美国等20几个国家，演习的主题也以救灾、减灾为主旨。这些均证明了菲律宾一边和美国宣称希望利用国际法和平解决与中方的南海争议，另一方面又大打军事牌，破坏南海的和平与稳定。

结语

尽管中国政府对菲律宾“南海仲裁案”采取了“不参与、不接受”的态度，未来也很可能会采取“不执行”的政策，但是中国政府仍然多次表明，未来愿意通过包括《公约》在内的国际法来妥善处理南海问题。相信未来中国政府通过该仲裁案，客观上将更加重视国际法在国际关系中的地位与作用。但是，仲裁庭通过强行审理菲律宾“南海仲裁案”，间接去判决领土争议问题的做法，客观上对本身并不完善的《公约》公信力造成了伤害也将是不争的事实。未来，不能够排除越来越多的国家加入类似菲律宾这种“投机取巧”的“滥诉”中，而使《公约》进一步被滥用，这样的结果，只能造成越来越多的国家重新审视《公约》在解决海洋争议中的作用，而一旦出现越来越多国家“不接受、不参与、不执行”的做法，最终伤害的不是成员国的国际形象，而是《公约》本身的公信力和未来的发展。

---

① 《美菲宣布联合巡航南海》，载《环球时报》，2016年4月15日。

② Trefor Moss and Jeremy Page, “U.S. Stationing Warplanes in Philippines Amid South China Sea Tensions,” *the Wall Street Journal*. April 15, 2016.

③ ibid.

菲律宾“南海仲裁案”后中国南海政策的再定位

鲁　鹏*

[内容提要]　“菲律宾南海仲裁案”对于包括南海政策在内的中国外交各方面都将产生重要影响。因此有必要在仲裁案的尾声对其进行反思。特别需要讨论现行南海政策的有效性及其与中国外交整体战略的一致性。一方面，现行中国南海政策使得南海地区国际政治力量对比发生了不利于中国的变化，因此无助于中国在南海地区战略目标的实现。另一方面，自改革开放以来，中国以和平融入国际社会作为目标的外交整体战略并没有发生根本变化，而现行南海政策与中国外交整体战略之间的内在逻辑矛盾日益凸显。有鉴于此，有必要在“菲律宾仲裁案”之后重新定位中国南海政策，使其与中国外交战略重新协调一致，从而以国际法为基础和指导，通过和平的方式解决中国与东南亚国家的海洋领土争端。

[关键词]　南海仲裁案　南海政策　中国外交战略

[作者简介]　鲁鹏，中国南海协同创新中心专职研究员

本文以重新定位菲律宾“南海仲裁案”之后的中国南海政策为主线而展开：首先，探讨“南海仲裁案”对中国外交政策的意义以及可能产

* 对于仲裁庭管辖权的质疑主要有两种代表性意见。其一是认为仲裁庭对于一国的历史性权利主张的性质和合法性没有管辖权，参见张祖兴：《南海仲裁案中“历史性权利主张”的不可裁决性》，载《外交评论》，2016年第2期。其二则是认为仲裁庭并没有切实证据证明中菲双方在相关问题上存在冲突主张，从而缺乏审理的正当性和适法性，参见高圣惕：《论南海仲裁管辖权裁决之谬误》，载《国际问题研究》，2016年第2期。

生的影响；其次，回顾中国外交战略的演变，以期对其有一个比较清晰和准确的认识；然后，讨论中国南海政策在近年来发生的变化，尤其是在菲律宾"南海仲裁案"中所体现出来的南海政策的新特点；最后，在比较中国全球战略与南海政策的基础上，就菲律宾"南海仲裁案"之后的中国南海政策提出几点建议。

一、菲律宾"南海仲裁案"与中国外交政策

在现阶段继续讨论菲律宾"南海仲裁案"本身已不具有太多的现实意义。即便如同国际法学者所指出的那样，仲裁庭对于中菲争端不具有管辖权，而且《联合国海洋法公约》及其第298条附件七所规定的争端解决机制尤其是强制仲裁机制存在种种制度设计上的根本缺陷，[①] 因此，中国对于菲律宾"南海仲裁案"的基本立场合理合法。但不可否认的是，中方的这一立场并不能减轻菲律宾"南海仲裁案"对于中国在地区乃至国际社会中的国家形象所造成的实际负面影响：随着菲律宾"南海仲裁案"的进一步发酵，国际上对于中国借助国力"践踏"国际法和"欺负"周边弱小国家的各种指责甚嚣尘上，[②] 这不仅对中国长期经营的睦邻友好关系形成了巨大冲击，也使得"一路一带"战略从提出伊始就被东南亚潜在参与国猜疑，甚至在一定程度上可能激化中美在南海地区的矛盾从而影响到中国的和平发展。可以预见的是，菲律宾"南海仲裁案"对于中国外交的负面冲击将会随着仲裁结果的公布而进一步加剧，届时中国外交的战略意图将受到更大的质疑和挑战，而中国各项外交举措的效用

---

① 王吉文：《海洋争端解决中的强制性仲裁制度—兼论中国在南海仲裁事件中的策略选择》，载《东南亚研究》，2015年第4期；刘衡：《〈联合国海洋法公约〉附件七仲裁：定位、表现与问题—兼谈对"南海仲裁案"的启示》，载《国际法研究》，2015年第5期；易显河：《介入〈联合国海洋法公约〉附件七下仲裁程序?》，载《国际法研究》2015年第6期。

② Daniel Wagner and Edsel Tupaz, China, the Philippines and the Rule of Law, The World Post, 01/23/2013, http://www.huffingtonpost.com/daniel-wagner/china-philippines-rule-law_b_2533736.html；登录时间：2016年4月25日。

也将会大打折扣。

有鉴于菲律宾“南海仲裁案”对中国外交的重大影响，有必要在菲律宾“南海仲裁案”的尾声认真思考仲裁案之后的中国南海政策。这其中包括两方面的反思。一方面，中国现在奉行的南海政策是否行之有效。菲律宾“南海仲裁案”的发生和发展以及南海紧张局势的进一步加剧都表明中国现行的南海政策在某种程度上无助于实现本国在南海地区的战略目标。不论中国在南海地区的最终目标是什么，是如同西方媒体所宣扬的那样要和美国争夺地区领导权，或如同中国政府所强调的是为了捍卫自己的领土主权，在南海地区营造良好的国际关系局面都是实现这一战略目标的基本前提条件。然而在中国现行南海政策的影响下，长期与美国关系密切的国家比如菲律宾进一步强化了与美国的军事同盟关系，[①] 而一些曾经与美国敌对的国家比如越南开始与美国合作，[②] 甚至一些过去保持中立的国家比如印度尼西亚也逐渐松动其原有立场，成为美国领导下的以中国为对象的遏制机制的争取对象，这直接导致了美国在南海地区军事实力和政治影响力的显著增长，随之而来的则是中国相对于东南亚地区国家的实力优势和政治优势的逐渐丧失，从而使得南海地区国际政治力量对比发生了明显不利于中国的变化。任何一个国家的地区政策，无论其目标是什么，如果导致该国在这一地区的对立面越来越多，与这一地区内其他国家之间争议的问题越来越多，那么这对于该国实现其地区目标无疑是不利的。

另一方面，需要认真思考的问题是中国的南海政策与中国的外交战略是否匹配。一个国家尤其是大国的外交战略应该指导其在特定地区的外交政策，而其地区政策应该能够有助于其外交战略的顺利实施。地区外交政策和整体外交战略之间的一致性，或者说良性互动关系是实现一个大国地区目标和整体外交目标的基本前提条件，而二者之间的不一致

① 陈邦瑜：《美菲同盟关系强化及中国的因对思考》，载《东南亚纵横》，2015年第一期。

② 贾春阳：《美越军事关系加速提升》，载《中国国防报》，2014年8月19日；潘金娥：《阮富仲访美：越南亲华派倒向亲美派?》，在《世界知识》，2015年第16期。

性甚至是内在逻辑的矛盾，则既会造成一个国家外交行为在不同层面问题上行动逻辑的不一致性，也容易引起他国对其外交战略的误读误判。美国在冷战时期出现过在亚洲政策和外交战略某种程度上的不一致，因为过高估计了亚洲在其外交战略中的重要性，从而错误地介入越南战争，并因此对其外交战略造成了巨大的破坏。因此，中国南海政策应该建立在中国外交战略的基础上，中国南海政策的目标必须与中国外交整体战略目标一致。如果中国外交的目标是在全球范围内与美国争夺世界领导权，[①] 甚至为此不惜采取与其他国家结盟的形式来瓦解对中国形成威胁的同盟体系，[②] 那么在南海地区争夺领导权就是中国外交战略的重要组成部分，中国为此目标而在南海地区进行政治、经济和军事的准备以应对与美国在该地区的全方位竞争就是理所应当的选择，西方分析人士对于中国外交日益强势的论断也就不是无的放矢。[③] 但如果中国外交战略的最终目标并不是世界领导权，那么一种以争夺地区主导权甚至控制权为目标的南海政策是否与中国的外交战略相匹配，这就是个值得深思的问题。

二、中国外交战略的延续性

近年来对于中国外交战略的讨论围绕着一个基本问题展开，也即是中国外交战略是否发生了根本性转变。对此持肯定立场的意见认为随着中国实力的增加，其国家利益的范围必然会扩大，这导致中国在国际社会中的利益越来越广泛，服务于国家利益的外交战略因此发生根本性转变就是理所应当的事情。对此持反对意见的观点则认为虽然中国的综合实力在过去三十年中得到了极大的提升，但是中国国家利益的关键仍然是本国的经济发展，而一个和平的国际环境对于中国的经济发展至关重

---

① Yan Xuetong, "From Keeping a Low Profile to Striving for Achievement" *The Chinese Journal of International Politics*, Vo.7, No.2, 2014, p.160.

② 周建仁:《联盟形成理论：评估及对中国的政策启示》，载《当代亚太》，2012年第2期。

③ Michael Swaine, "Perceptions of an Assertive China," China Leadership Monitor, No.32, 2010.

要，因此坚持韬光养晦的外交战略仍然是中国最好的选择。①

关于中国外交战略的上述分歧，究其原因在于国家利益的多样性，这使得不同的学者对于中国国家利益产生了不同的理解，自然也就得出了对于中国外交战略的不同看法。如果以中国外交决策者对于中国与世界相互关系的本体论认识作为衡量标准，那么对于中国外交战略会有更一致的结论。依据这一标准，中国的外交战略延续性明显大于改变。简单来说，自改革开放以来，邓小平关于世界的基本判断仍然是不同时期中国领导人和外交决策者认识世界的基础，这一基本判断也明确了中国与世界的关系，决定了中国外交不会以和平与发展为代价来实现自己的目标，而只能采取和平崛起的战略。因此，中国外交即使经历了诸多挑战，比如1996年的台海危机，1999年的中国驻南联盟大使馆被炸事件，但仍然保持了基本的战略取向，以中国和平融入国际社会作为其基本战略目标。这一外交战略所体现的是中国外交决策者对于国际合法性的深切关注，这一合法性是国际关系意义上的合法性，是指一种社会行为可以被国际社会中其他行为体所接受的程度，其衡量标准是国际社会中的规范、规则以及各种价值体系。②

三、中国南海政策的新变化

中国从1988年"3·14"中越赤瓜礁海战之后长期保持着克制的南海政策，这一政策以维持现状为目标，主要表现为不以实力尤其是军事实力作为与东南亚各国解决海洋领土争端的筹码，强调争议双方通过政治谈判和平解决相关问题。虽然这一政策在一定程度上助长了越南等国

---

① 李优坤:《论韬光养晦与当代中国国家利益的维护》，载《国际观察》，2015年第6期。

② Chris Reus-Smit, "Power, Legitimacy, and Order" *The Chinese Journal of International Politics*, Vol.7, No.3, 2014, p.345.

在南海加速岛礁占领的行为，[①] 但体现出中国政府对自己在东南亚地区国际合法性的关注，在很大程度上缓解了国际社会对于中国崛起的意图和方式的担忧，因此有效的配合了中国和平崛起的战略目标。

从2014年开始，中国南海政策出现了比较大的变化。主要表现为两方面。其一是越来越倾向于增强自己在南海地区的实力尤其是军事实力，并且逐渐将实力作为解决南海问题的重要凭借。大规模的岛礁建设以改变在南海地区的力量对比就是这一政策变化的最直接结果。其二是逐渐表现出对于国际法作为解决海洋领土争端的有效途径的抵制。这突出表现在对于菲律宾“南海仲裁案”的强硬立场。这一倾向固然与中国通过政治途径解决陆上领土争端的传统有关，但更深层次的原因则是对于国际法的强烈不信任，这反映出中国外交决策者对于国际社会中现行规则的抵制。

四、菲律宾“南海仲裁案”之后的中国南海政策再定位

近年来，中国南海政策中对于实力尤其是军事实力的重视以及对于国际规则的不信任，与外交战略中长期以来对于国际合法性的重视形成了鲜明的对比，这也造成了外交战略和地区政策之间内在逻辑的紧张关系。这一矛盾无论对于中国还是对于其他国家而言都具有难以估量的危害性。一方面，中国强调自己对外战略对于国际合法性的长期关注而疏于认真评估自己在南海政策方面的变化以及这一变化所带来的影响。另一方面，其他国家尤其是美国则过于关注中国南海政策的变化而有意无意地忽视了中国外交战略的延续性，从而得出中国变得更加强硬以及中国要推翻现行国际体系的结论。中国外交战略与中国南海政策之间的不一致性导致中国与其他国家相互之间的误读、误判和矛盾，并且将中国

---

① Greg Austin, Who is the Biggest Aggressor in the South China Sea?, The Diplomat, June 18, 2015. http://thediplomat.com/2015/06/who-is-the-biggest-aggressor-in-the-south-china-sea/，登录时间：2016年4月25日。

和世界的相互关系进一步复杂化。

要解决这一问题，就必须在菲律宾“南海仲裁案”之后让中国外交战略和中国南海政策重新协调一致。考虑到现阶段如果改变中国的外交战略，将以实力为基础的大国竞争作为中国外交战略的中心思想，有可能使得亚太国际关系变得更加不可控，最佳选择应该是借“南海仲裁案”的机会重新定位中国的南海政策，使其回到中国外交战略的框架下，以南海地区和平与地区发展为导向，以中国在南海地区的国际合法性为重要目标，以国际法为基础和指导，通过和平的方式解决与东南亚相关国家之间的海洋领土争端。

印尼和菲律宾专属经济区划界及对中菲南海争端的启示[①]

李忠林

[内容提要] 2014年5月23日，印度尼西亚和菲律宾两国政府在菲律宾首都马尼拉正式签署《海上专属经济区划界协定》。这是两国签订的第一份海上边界条约，该协定划定了两国在棉兰老海、西里伯斯海和菲律宾海海域重叠的专属经济区。印菲专属经济区划界协定的完成与印尼—马来西亚岛礁争端的解决、菲律宾单方面的让步，以及南海安全局势、印菲反恐局势存在密切联系。在近年来南海局势不断紧张的背景下，印菲两国划定专属经济区界限对中菲南海争端具有一定的影响和启示。

[关键词] 印度尼西亚　菲律宾　专属经济区　中菲南海争端

[作者简介] 李忠林，北京大学国际关系学院博士后，法学博士

2014年5月23日，印度尼西亚和菲律宾两国政府在菲律宾首都马尼拉正式签署《海上专属经济区划界协定》。印尼外长马蒂（Marty）与菲律宾外长罗萨里奥（Rosario）当天代表两国政府在协定上签字，印尼总统苏西洛（Susilo）和菲律宾总统阿基诺（Aquino）在马尼拉总统府出席了签约仪式。该协定对两国在棉兰老海（Mindanao Sea）、西里伯斯海（Celebes Sea，即苏拉威西海）和菲律宾海（Philippine Sea）海域重叠的专属经济区划定界线。该协定是两国历经20年谈判的结果，也是菲律宾

---

① 本文是2016年度国家社会科学基金青年项目“南海安全合作机制研究”（16CGJ012）的阶段性成果。

有史以来第一次与外国签署的海上边界条约。

一、印尼—菲律宾海洋划界问题的缘起及困难

印尼和菲律宾都是东南亚群岛国家，两国隔西里伯斯海相望。西里伯斯海的面积有限，从最近海岸线算起，这片海域任何一处的宽度都不超过200海里。两国都主张200海里的专属经济区，然而印尼主张12海里的领海宽度，菲律宾则主张位于其条约外界限（Treaty Limits）之内的所有水域为其领水。于是，两国主张的海洋诉求产生了重叠，出现了印尼和菲律宾的海洋划界问题。

印尼和菲律宾之间的海洋争端问题由来已久，两国早在1994年就开始对棉兰老海和西里伯斯海的归属问题进行谈判，但迟迟没能达成一致意见。这是多方因素造成的，但主要有两方面的原因。

（一）深受印尼和马来西亚岛礁主权争端的影响

长期以来，印尼和马来西亚两国围绕锡帕丹岛（Sipadan）和利吉坦岛（Ligitan）两岛的主权归属及其附近海域存在争议。锡帕丹岛和利吉坦岛均属西里伯斯海的一部分。1969年，印尼和马来西亚在划分锡帕丹岛和利吉坦岛时产生了纠纷。马来西亚认为，两岛历史上就归本国所有，而且马来西亚已对锡帕丹岛实行了长达100多年的管理；而印尼则称，在荷兰殖民者从16世纪末开始统治印尼后的300多年时间里，这两个岛屿就被包括在印尼版图中。[①] 这一争议也影响到印尼和菲律宾的海洋划界问题。如果利吉坦岛最终归属马来西亚，则印尼和菲律宾就不存在领海争端，而只是涉及专属经济区的划界问题。如果利吉坦岛最终归属印尼，则印尼和菲律宾就存在包括领海和专属经济区在内的一系列海洋划界问

① 李辉、张学刚:《印尼与马来西亚安巴拉特领海争端概况》，载《国际资料信息》，2005年第5期，第10页。

题。如图所示，如果利吉坦岛最终归属马来西亚，则印尼和菲律宾两国海上边界中间线的起点就在Q点附近。如果利吉坦岛最终归属印尼，则印尼和菲律宾两国海上边界中间线的起点就是在S点附近。在利吉坦岛的主权归属尚未确定的情况下，两国尚不确定是否需要划分领海边界以及海上边界中间线西端具体的起点。在第三方因素尚未解决的情况下，两国海洋划界问题一直难以获得实质性进展。

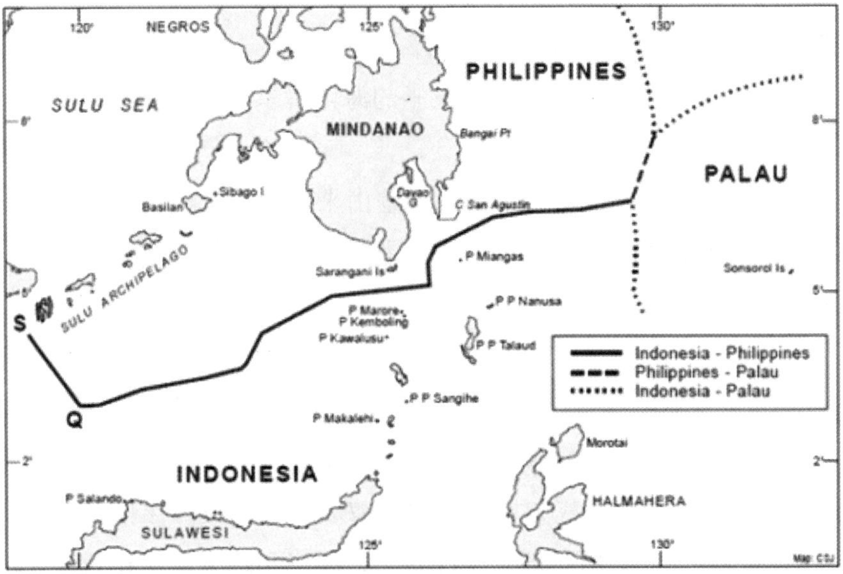

图1　印尼－帕劳－菲律宾海上等距离线

资料来源:Victor Prescott and Clive Schofield, Undelimited Maritime Boundaries of the Asian Rim in the Pacific Ocean. MARITIME BRIEFING, Vol. 3, No. 1, 2001, p.43。

（二）受到菲律宾方面主张的影响

菲律宾宪法规定，其国家领土由条约外界限构成，而后者则由包括1898年12月10日美国—西班牙《巴黎条约》在内的三个条约构成。《巴黎条约》第三条规定，菲律宾群岛的范围是“一条线从东经118°到东经127°，沿着或靠近北纬20°，由西向东穿过巴士海峡航道中间，然后沿着东经127°到北纬4°45′，然后沿北纬4°45′到与东经119°35′的交叉点，然后从东经119°35′到北纬7°40′，然后沿北纬7°40′到与东经116°的交叉点，然后再以一条直线到达北纬10°与东经118°的交叉点，然后再沿东经118°到达起点”。[①] 但是，作为美国继承者的菲律宾显然企图将条约外界限以内所有的区域——包括岛屿和水域——均视为菲律宾领土。1932年，菲律宾参议院通过了4003号法案（Act No. 4003），将条约外界限以内所有水域确定为菲律宾领水，以规范渔业、执法、国防和资源开发。1955年，菲律宾通知联合国秘书长称，其视条约外界限以内所有水域为领水。凭借1961年6月17日的第3046号共和国法令（Act No. 3046），菲律宾围绕最外缘岛屿画出80条直线基线。[②] 菲律宾的直线基线平均长度为102.185海里，虽然这超出了《联合国海洋法公约》的规定，但是领海基线的公布至少暗示菲律宾废除了旧的边界条约主张。然而事实并非如此，菲律宾政府在这一法案中的立场是，基线以内所有水域为其内水，而基线和条约外界限之间的水域为其领海。[③] 有学者研究成果表明，菲律宾顽固坚持这一立场主要是基于历史性权利。[④] 但无论如何，其导致的直接后果是将印度尼西亚的帕尔马斯岛（Pulau Miangas）划在菲律宾的领海范围内，因为帕尔马斯岛位于条约外界限以内。在1898年西班牙按照《巴黎协议》将菲律宾割让给美国，其中就包括帕尔马斯岛。但是国际法院永久主权法庭在1925年将帕尔马斯岛判给了印度尼西亚。

---

① 海洋国际问题研究会编：《中国海洋邻国海洋法规和协定选编》，北京：海洋出版社，1984年，第70-80页。

② United States Department of State Bureau of Intelligence and Research, *Straight Baselines: THE PHILIPPINES*, March 22,1973, p.9.

③ Mark E. Rosen, JD, LLM, Philippine Claims in the South China Sea: A Legal Analysis, *A CNA Occasional Paper*, August 2014, p.4.

④ Lowell B. Bautista, PHILIPPINE TERRITORIAL BOUNDARIES: INTERNAL TENSIONS, COLONIAL BAGGAGE, AMBIVALENT CONFORMITY, *Journal of Southeast Asian Studies*, Vol.,16, December 2011, pp.42-43.

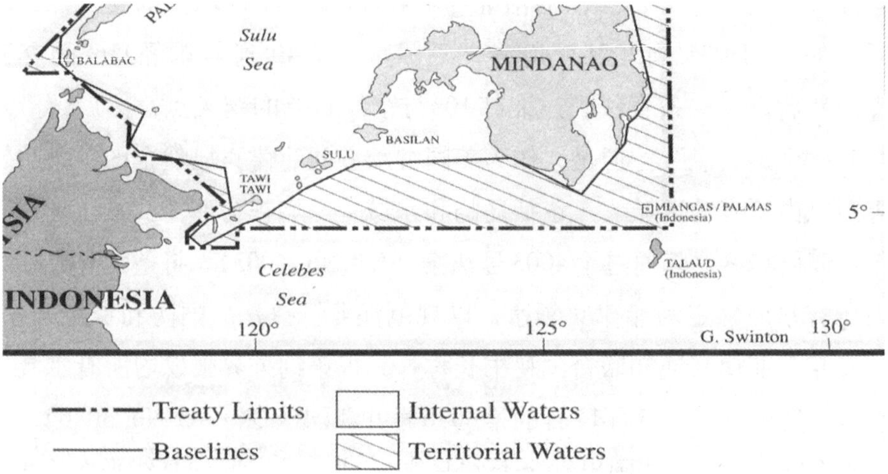

图2 帕尔马斯岛与条约外界限

资料来源：R. Haller-Trost, The Contested Maritime and Territorial Boundaries of Malaysia: An International Law Perspective,London: Kluwer Law International 1998。

总之，菲律宾主张位于其条约外界限内的所有水域为其领水，这是印尼不能接受的。否则，印尼的帕尔马斯岛将成为位于菲律宾领水范围内的“飞地”。因此，谈判要想取得突破，菲律宾需要放弃它的条约外界限领水主张转而支持从其群岛基线起12海里的领海，或者印尼同意菲律宾的要求。

二、印尼—菲律宾海洋划界的解决进程及原因

印尼和菲律宾就重叠的专属经济区展开谈判始于1994年6月23—25日，在印度尼西亚万鸦老（Manado）举行的关于海洋划界的第一次高级官员会议上，两国高级官员设置了海洋划界的指导原则（MBD）。为了开展相关工作，两国成立了常设工作组（JPWG-MOC）进行对接，该常设工作组由三个子工作组和一个联合技术小组协助工作。

由于彼此分歧过大，此后进入了十年的休眠状态。直到2003年，两

国重启这一进程。印菲两国达成边界协定经历了20年的努力。从1994年到2014年，两个国家通过常设工作组总共举行了八次会议来达成专属经济区划界协定。在2011年3月8日，菲律宾外长罗萨里奥和印尼外长马蒂签署了联合声明，其中包括双方同意加快菲律宾—印度尼西亚海洋划界的双边谈判。2014年5月18日，常设工作组第八次会议在雅加达举行。菲律宾国家绘图和资源信息管理局局长提昂戈（Thiong'o）在雅加达与印尼有关官员签署了一份标识有棉兰老海和西里伯斯海专属经济区划界的海图。菲律宾外交部副部长加西亚当天在雅加达强调，菲律宾与印尼达成有关海域划界协议体现了两国政府的“友谊”与“耐心”，也证明了两国政府对和平解决海上问题的承诺。[①] 菲律宾外交部5月19日宣布，菲律宾与印尼两国政府完成在棉兰老海和西里伯斯海的专属经济区划界谈判，近日将正式签署协议。双方代表团这次最终完成了协定的内容和所附海图，从而为2014年5月23日菲律宾外长罗萨里奥和印尼外长马蒂在马拉卡南宫签署该协定奠定了基础。

印菲海上专属经济区划界得到解决，主要得益于以下几个因素。

（一）印尼和马来西亚之间的岛礁主权之争得以解决

印尼和马来西亚两国为了争夺锡帕丹和利吉坦两岛博弈了三十多年，在双方都不肯让步的情况下两国最终一致同意将有关争议提交海牙国际法院裁定。2002年12月17日，海牙国际法院以16票赞成1票反对作出裁定，将锡帕丹和利吉坦两岛的主权判给马来西亚。[②] 接下来的2003年，印菲两国重启专属经济区划界谈判。此前，这两个小岛是印度尼西亚群岛基线的基点，也是马来西亚领海基线的基点，直接影响到印尼和菲律宾的海洋划界问题。为此，印度尼西亚2008年又制定了《修订〈印度尼西亚群岛基线地理坐标表的政府条例38/2002〉的政府条例37/2008》

---

① 吴中：《菲律宾与印尼结束海上划界谈判》，载《中国海洋报》，2014年05月22日。

② Sovereignty over Pulau Ligitan and Pulau Sipadan (Indonesia/Malaysia), Judgment, I. C. J. Report 2002, 17 DECEMBER 2002, p. 625.

(Government Regulation No.37/2008 revising GR No.38/2002)，修改了上述基点。这为印尼和菲律宾海上划界特别是西部海域海上划界扫清了一个障碍。

（二）菲律宾作出了让步，放弃了原来主张位于其条约外界限内的所有水域为其领水的立场

条约外界限作为美国等西方国家遗留给菲律宾的历史遗产，只是规定了菲律宾的领土范围，并不涉及海域问题。因此，菲律宾主张条约外界限内的所有水域为其领水的要求不符合《联合国海洋法公约》的规定，违背了"陆地决定海洋"的基本原则。菲律宾的这一立场也遭到国际社会的普遍反对，其盟友美国也多次表示异议。① 因此，菲律宾不得不作出有意调整其长期坚持的海域立场的姿态。1988年10月26日，菲律宾发表声明称，"菲律宾政府有意调和其国内立法与《联合国海洋法公约》的规定。"②

2009年2月17日，菲律宾国会通过"领海基线法案"。3月10日，菲律宾颁布了由总统阿罗约签署的共和国第9552号法案——"领海基线法案"。③ 该法案规定菲律宾将实行群岛制度，并按照《联合国海洋法公约》的有关规定重新界定并公布了菲律宾的领海基线。据此，菲律宾群岛的领海基线由121个领海基点之间的直线构成，而这些基点均位于菲律宾群岛之上。这样，菲律宾通过"领海基线法案"将其领海外部界限界定

---

① United States Department of State Bureau of Oceans and International Environmental and Scientific Affairs, *United States Responses to Excessive National Maritime Claims*, 1992, p.51.

② Raphael Perpetuo M. Lotilla,ed.,*The Philippine National Territory: A Collection of Related Documents*, Institute of International Legal Studies, University of the Philippines Law Center, and Manila: Foreign Service Institute, Department of Foreign Affairs, 1995, p. 274.

③ AN ACT TO AMEND CERTAIN PROVISIONS OF REPUBLIC ACT NO. 3046, AS AMENDED BY REPUBLIC ACT NO. 5446, TO DEFINE THE ARCHIPELAGIC BASELINES OF THE PHILIPPINES, AND FOR OTHER PURPOSES, REPUBLIC ACT NO. 9522. March 10, 2009.http://www.gov.ph/downloads/2009/03mar/20090310-RA-9522-GMA.pdf.

在领海基线12海里，而非原来主张的条约外界限以内所有水域为其领水。最终，印尼的帕尔马斯岛被排除在菲律宾领水之外。

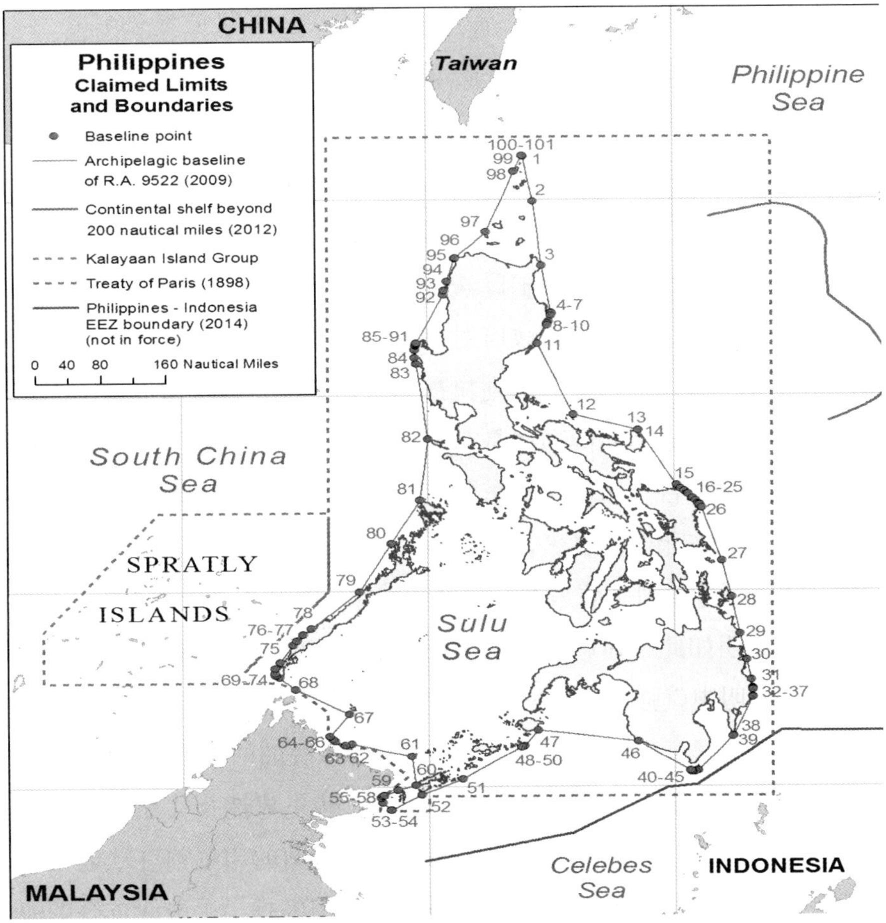

图3 菲律宾主张的边界

资料来源：United States Department of State Bureau of Oceans and International Environmental and Scientific Affairs, Philippines: Archipelagic and other Maritime Claims and Boundaries, September 15, 2014。

从两国公布的海图可以看出，专属经济区分界线基点5的位置是5°02′48″N125°28′20″E，基点6的位置是6°25′21″N127°11′42″E，而印尼的帕尔马斯岛的位置是5°34′02″N126°34′54″E。显然，帕尔马斯岛位于该专属经济区边界线印尼一侧。美国国务院公布的地图清楚显示了菲律宾条约外界限、领海基线以及两国专属经济区分界线三者之间的关系。

（三）印菲海上划界协定还得益于两个形势的推动

一是南海地区局势。2009年以来，伴随着地区国家相继向联合国外大陆架界限委员会提交划界案、美国新一届政府加大对南海问题的介入力度，以及菲律宾政府全面调整南海政策，南海地区安全局势急剧恶化，中菲在南海问题上发生尖锐冲突。阿基诺政府就南海问题彻底放弃与中国进行政治磋商，转而诉诸国际法将中菲争端提交国际仲裁。为了弥补同中国的实力差距，阿基诺政府对外拉拢美国、日本等域外大国介入南海问题制衡中国，在东盟内部则拉拢马来西亚、文莱、印尼等南海声索国组建反华联盟。印菲两国都是东盟成员国，东盟框架为两国的海洋合作提供了一个平台。印尼作为东盟成员国和领头羊，自然是菲律宾拉拢的重点对象。在菲律宾看来，早日解决两国间的海洋争端，则助于增强两国在南海问题上对华政策的一致性和菲律宾对抗中国的底气。

事实证明如此，在印菲专属经济区划界案签署协议后，菲律宾外交发言人在声明中就强调了这一点。这名发言人指出，"这（指印菲划界案）是非常重要的，考虑到最近的情况，我们有重叠的纠纷"，并称这是一个"以和平方式达成解决争端协议的范例"。[①] 这里显然指代菲律宾与中国的南海领土争端。曾参与印菲谈判长达7年时间的印尼前驻欧盟大使奥格罗赛诺·阿里夫（Arif Havas Oegroseno）明确指出，围绕重叠的海洋主张引发的南海紧张局势，使双方在2003年结束了将近十年的谈判休眠期。[②] 奥格罗赛诺•阿里夫正是在2003年被任命参与重启两国的海洋划界谈判，直到2010年赴任布鲁塞尔。

二是地区反恐局势。菲律宾"内部的安全问题比外部的安全问题更

---

① PH-Indonesia sea accord hailed, *Philippine Daily Inquirer*, May 21st, 2014.

② Arif Havas Oegroseno, Indonesia-Philippines Agreement: Lessons for South China Sea Claimants, *RSIS COMMENTARIES*,4 June 2014.

加严重"。[①] 菲律宾南部的民族分裂势力和恐怖组织是困扰政府的头号安全问题，阿布沙耶夫武装、"伊斯兰祈祷团"、"新人民军"长期在菲南部从事暴力恐怖袭击，威胁菲律宾国内安全。印菲两国的海上边界主要集中在菲律宾南部的苏禄海域，而棉兰老岛是菲律宾民族分裂势力和恐怖组织最活跃的大本营，同时印尼是东盟内部最大的穆斯林国家。[②] 两国在应对极端主义方面具有共同利益和合作需求。比如，2009年7月底，菲南部发生的一系列爆炸事件。调查人员发现，这些炸弹袭击事件与日前在印度尼西亚首都雅加达发生的酒店连环爆炸事件有一定的相似性，都带有很明显的"伊斯兰祈祷团"作案印记，印菲警方已就此展开合作调查。两国在海洋边界问题上的合作可以更好地共同应对分裂势力和恐怖组织的活动与扩散。

三、印尼—菲律宾划界协议的文本内容及解读

两国签署的海上专属经济区划界协定的全称是《菲律宾共和国政府和印度尼西亚共和国政府关于专属经济区划界的协定》，整个协定内容非常简洁，由前言和正文组成，其中正文部分共计四章。[③]

第一章是该协定的核心内容，规定了缔约双方专属经济区边界的具体地理位置。第一章共计三条，第一条规定，缔约双方的专属经济区边界线由一条连接8个点的线段划定。这8个点即是8个基点，协定公布了其具体的顺序和地理坐标。第二条指出，解释专属经济区边界的地图作为附件将附于该协议之后。第三条则规定，该协定将不会影响缔约双方在大陆架划界上的任何权利或立场。

① 罗梅尔·班乐义：《菲律宾内部安全问题 比外部更严重》，载《东方早报》，2012年05月18日。

② 王化雨：《印尼菲律宾加强海洋合作》，载《联合早报》，2015年2月10日。

③ Agreement between the Government of the Republic of the Philippines and the Government of the Republic Indonesia concerning the delimitation of the Exclusive Economic Zone boundary, May 23, 2014. http://www.gov.ph/downloads/2014/05may/20140523-PH-RI%20Agreement.pdf.

表1　印尼—菲律宾EEZ的边界连接点

Point	Latitude	Longitude
1	3°06′41″N	119°55′34″E
2	3°26′38″N	121°21′31″E
3	3°48′58″N	122°56′03″E
4	4°57′42″N	124°51′17″E
5	5°02′48″N	125°28′20″E
6	6°25′21″N	127°11′42″E
7	6°24′25″N	128°39′02″E
8	6°24′20″N	129°31′31″E

资料来源：Agreement between the Government of the Republic of the Philippines and the Government of the Republic Indonesia concerning the delimitation of the Exclusive Economic Zone boundary. May 23, 2014，http://www.gov.ph/downloads/2014/05may/20140523-PH-RI%20Agreement.pdf。

第二章共两条，主要确定了缔约双方划定专属经济区界线位置的方法和两国的主管部门。第一条规定，第一章提及的基点和测量线的精确位置，由缔约双方主管部门采用协商一致的方法确定。第二条确定了双方的主管部门，菲律宾的主管部门是环境和自然资源部下属的“国家测绘和资源信息管理局”，印度尼西亚的主管部门是印尼海军下属的“地理空间信息局和水文海洋办公室”。

第三章指出，在解释、适用或履行本协定时产生的任何分歧，应该通过外交途径，通过协商或者谈判的方式加以解决。

第四章规定了该协定的批准和生效问题。一是该协定须经缔约方的国内批准，二是该协定生效的日期是批准书的交换日期。

协定最后说明，该协定的签署日期是2014年5月23日，签署地是菲律宾首都马尼拉。菲律宾外长罗萨里奥与印尼外长马蒂代表两国政府在协议上签字，印尼总统苏西洛和菲律宾总统阿基诺出席了签约仪式。该协议一式两份，分别是英语和印尼语，所有文本具有同等的法律效力。

纵观印尼—菲律宾专属经济区划界协议内容，两国并没有用单一划界的方法划定两国的海上边界，也没有单一使用中间线（等距离线）的划界方法。

（一）两国并没有使用单一划界的方法划定两国的海上边界

在海洋划界实践中，领海和专属经济区划界制度与大陆架划界制度是两种完全不同的海洋划界制度，因此存在着两国之间有海上和水下两条海洋边界的可能。不过出于简化划界难度和方便日后管理的考虑，在划界实践中通常选择单一划界方法（SMB）确定海上边界，即采用一条线划出专属经济区和大陆架。但是印尼—菲律宾这份协定明确指出是关于"专属经济区划界"的协定，而非"大陆架划界"的协定。而且，协定中第一章第三条也规定，该协定将不会影响两国在大陆架界限划定上的任何权利或立场。可见，此次划界不涉及领海问题，两国也还没有最终确定彼此之间的大陆架划界工作。

2015年2月9日，印度尼西亚继任总统佐科首次访问菲律宾。此次访问，两国的主要成果集中在保护海外劳工和加强海上事务合作两个方面。其中，两国确认将重启大陆架划界谈判，并且修订两国的边界以及边界巡逻协议。[①] 在此基础上，两国还将进一步推动海洋划界、边界合作等相关工作。由此可知，印菲两国采取了分阶段处理专属经济区划界和大陆架划界议题的方式。

（二）两国也没有单一使用中间线（等距离线）的划界方法

根据《联合国海洋法公约》的规定和海洋划界的实践，海洋划界通常采用中间线的划界方法。但是这一划界方法并不能保证实现《联合国海洋法公约》规定海洋划界的基本原则——公平原则。鉴于此，中间线的划界方法虽然普遍受到欢迎，但在划界实践中也经常出现略微调整偏离中间线的结果，这种情况屡见不鲜。对照印尼—菲律宾之间的海上中

---

① 王化雨：《印尼菲律宾加强海洋合作》，载《联合早报》，2015年2月10日。

间线和协定附件海图中实际的专属经济区边界线，不难发现两者并不完全吻合。受海岸线曲折和岛屿众多诸因素的影响，两国间的中间线相对比较曲折，而实际的专属经济区边界线则相对比较平直。

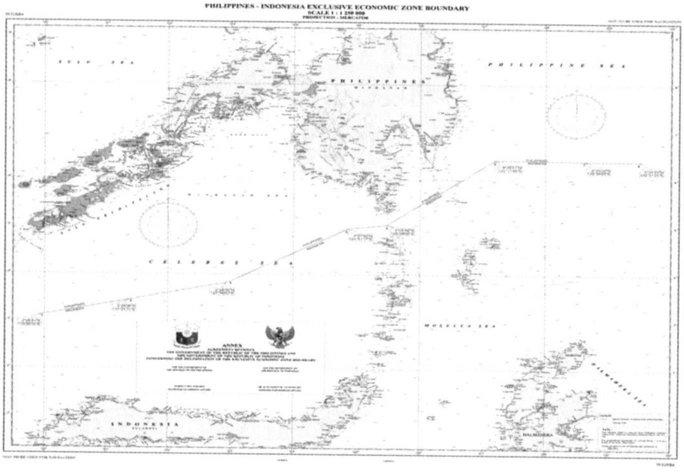

图4 印尼—帕劳—菲律宾专属经济区边界线

资料来源:Agreement between the Government of the Republic of the Philippines and the Government of the Republic Indonesia concerning the delimitation of the Exclusive Economic Zone boundary. May 23, 2014，http://www.gov.ph/downloads/2014/05may/20140523-PH-RI%20 Agreement.pdf。

如果完全按照中间线方法，在利吉坦岛判给马来西亚后，中间线的西段起点则在Q点附近，一直向东延伸到印尼、帕劳和菲律宾三国主张的等距离线的交界处，即6°40′N129°30′E附近。那么这条中间线的距离大约是670海里。但根据菲律宾外交部公布的数据，协定中这条专属经济区边界线从基点1到基点8总长度为627.51海里（1,162.2公里）。事后菲律宾外交部发言人荷塞（Jose）也表示，划界并没有一直沿着中间线展开，"有些地方菲律宾分得较大区域，有些地方则是印尼较大，但整体来说分配是公平的"。[①]

① PH-Indonesia sea accord hailed, *Philippine Daily Inquirer*, May 21st, 2014.

四、印尼—菲律宾专属经济区划界对中菲南海争端的启示

近年来南海地区局势趋于紧张，中菲矛盾成为南海争端中的主要问题。菲律宾在南海问题上频繁挑战中国，先是2013年1月将中菲南海争端提请强制仲裁，又指责中国的南沙岛礁建设，并一手制造黄岩岛事件和仁爱礁事件。在这种态势下，菲律宾与同是南海争端“六国七方”之一的印尼通过双边途径达成专属经济区划界协定引起各方关注。人们很容易将印菲专属经济区划界案同南海问题联系起来，特别是同中菲南海争端相比较。事实上，中菲南海争端不仅包括岛礁主权归属问题，也包括和印菲一样的海洋划界问题。

（一）双边途径仍然是解决中菲南海争端的基本选择

双边途径是解决海洋争端和海洋划界的主要方式，印尼—菲律宾专属经济区划界即是通过双边途径实现的。印尼和菲律宾在这一海域均提出了本国的海洋诉求，从而产生海洋主张重叠问题。两国的案例证明，两国之间的海洋争端不需要第三方的介入也可以实现公正合理的解决。

南海争端显然远比印尼和菲律宾的海洋争端错综复杂和敏感，既有双边争议也有多边争议，仅仅依靠双边手段肯定难以最终解决。但是，双边途径虽然在解决南海争端上难以发挥整体性功能，这并不意味着其不可以在局部地区发挥作用。在南海争端已有的海洋划界实践中，多数是通过双边途径实现的，中越北部湾划界、印马大陆架划界以及印越海洋划界皆是如此。在目前形势下，对于诸多南海争端当事国而言，双边途径仍然是首选。而且，南海争端并非所有内容均涉及多边争议，仍有众多领域属于双边事务。

近些年来，菲律宾拒绝就海洋争端问题与中国进行双边对话和磋商，也反对各个争端国分别与中国进行双边磋商。在东盟内部，菲律宾积极

谋求越南、马来西亚等国支持共同对付中国。菲律宾的理由有两点：中菲力量对比悬殊；南海争端涉及多方。[①] 所以，菲律宾曾力主菲律宾、越南、马来西亚和文莱四国召开专门会议，与越南在南海问题上相互配合，要求在东盟平台上讨论南海问题，以及拉拢美国、日本等域外国家制衡中国。事实上，中菲海洋争端主要包括南沙群岛东北部和中沙群岛的黄岩岛两部分。其中，南沙群岛西北部属于多边争端，黄岩岛则属于中菲双边争端。可见，选择双边途径解决两国海洋争端仍有大幅空间，司法裁决并非最佳选择，推动南海问题国际化、多边化无助于问题的最终解决。

（二）政治耐心是解决中菲南海争端的重要条件

印尼和菲律宾两国历经二十年的努力，利用外交渠道通过双边的协商与谈判达成了首份海上划界协定，显示了耐心的重要性。除印尼和菲律宾外，中国和越南北部湾划界的谈判也经历将近三十年的曲折过程。解决主权争端和海洋划界是极其复杂的国家间争端现象，解决起来十分困难。在这个过程中，耐心发挥着重要的作用，否则就难以坚持到最后达成一致。需要指出的是，这种耐心必须是双向的、共同的，任何一个国家缺少耐心都会直接影响谈判的进程和结果。在这个方面，菲律宾实际上发挥了负面的效应。菲律宾单方面拒绝与中国就两国岛礁主权争端和海洋划界继续进行磋商正是没有耐心的表现，显然这无助于两国早日解决海洋争端问题。中菲"17年的协商没有取得任何进展"[②] 不是菲律宾终止两国双边协商的正当理由。这反而充分证明了中菲关系这些年来的

---

① DFA Statement on the Philippine Proposal Triple Action Plan,1 August 2014. http://www.dfa.gov.ph/index.php/2013-06-27-21-50-36/dfa-releases/3729-dfa-statement-on-the-philippine-proposal-triple-action-plan.

② Response of the DFA Spokesperson to the Recent Statement of the Chinese Ministry of Foreign Affairs on the West Philippine Sea Issue,15 July 2013, http://www.dfa.gov.ph/index.php/2013-06-27-21-50-36/dfa-releases/332-response-of-the-dfa-spokesperson-to-the-recent-statement-of-the-chinese-ministry-of-foreign-affairs-on-the-west-philippine-sea-issue.

整体稳定，正是这17年来积极进行政治协商所带来的良好结果。

政治谈判是形式与内容的有机统一，两者同等重要。没有谈判的形式就不可能有谈判的结果，而要取得预期中的结果就必须借助一定的谈判形式。在一定的形势下，政治谈判本身就是一种进步的表现，一个积极的信号。菲律宾与印尼达成划界协定也使其宣扬的菲律宾已“不可能与中国就南海问题继续进行双边磋商，将寻求国际仲裁法律解决争端”的言论不攻自破。[①] 事实证明，中菲之间的政治谈判和双边磋商不是无法继续进行下去，而是随着美国重返亚洲战略的推进，菲律宾意图另辟蹊径、借助于外部力量增强自身与中国讨价还价的筹码，这才是根本原因。

菲律宾对中菲关系缺乏政治耐心，也说明政治关系的好坏同样是影响海洋划界进程的重要变量。积极营造良好的双边政治和外交关系，也是解决国家间争端进程的一部分。菲律宾近几年在南海问题上肆意挑起事端，积极推动南海问题国际化和复杂化的行为，显然只会恶化中菲关系，消耗双方的政治耐心。

（三）国际法是解决中菲南海争端的基本依据

如前所述，印菲两国海洋划界的重要障碍是菲律宾坚持条约外界限以内水域为其领水。显然，这严重违法国际法的规定。印菲两国海洋划界的最终解决，关键问题在于菲律宾2009年出台的“领海基线法案”。菲律宾出台该法案的一个重要考虑即是与《联合国海洋法公约》等国际法保持一致。可见，《联合国海洋法公约》是印菲两国划定专属经济区分界线的重要推动要素。

同样，中国和菲律宾之间海洋争端的根源也在于菲律宾选择性利用《联合国海洋法公约》的有关规定，对中国的南海岛礁提出非法要求。菲

---

① Statement of His Excellency Benigno S. Aquino III President of the Philippines During the joint press conference with His Excellency Susilo Bambang Yudhoyono, President of the Republic of Indonesia, May 23, 2014. http://www.gov.ph/2014/05/23/statement-of-president-aquino-during-the-press-conference-with-president-yudhoyono-may-23-2014/.

律宾虽然通过“领海基线法案”解决了与印尼的海洋划界，却通过该法案以国内立法的方式将中国的南沙群岛部分岛礁和黄岩岛划入菲律宾版图。菲律宾对中国南海岛礁提出要求，依据包括：这些岛礁位于其专属经济区以内，距离菲律宾最近，事关菲律宾的国家安全。但是，“陆地决定海洋”是国际法的基本原则。距离和安全从来不属于国家获取领土的基本方式——无论是传统的还是现代的。菲律宾政府于2012年4月18日公布的《菲律宾关于巴霍的马辛洛克及其附近海域的立场》文件中，菲律宾采取了与以往不同的主张。重申黄岩岛地理上相对于中国距离菲律宾更近，且处于其200海里专属经济区或大陆架上的同时，强调它对黄岩岛的主张依据是它“自独立以来对巴霍的马辛洛克行使的有效占领和有效管辖。”① 但是根据国际法，侵略不构成主权。

“解铃还须系铃人”。公正解决中菲南海争端，必须严格遵守包括《联合国海洋公约》在内的系列国际法的精神和规定。基于此，中国有权自主选择争端解决方式，中国不接受、不参与菲律宾提起的仲裁有充分的国际法依据。根据中菲两国双边政治文件和《南海各方行为宣言》所达成的协议以及《联合国海洋法公约》的规定，中菲解决争议的首选是谈判方式而非司法裁决。“谈判始终是国际法认可的和平解决国际争端最直接、最有效和最普遍的方式。”②

（四）中菲已经成为南海争端中的战略竞争对手

印尼和菲律宾通过双边途径和和平手段解决两国海洋划界问题后，菲律宾总统阿基诺和菲律宾外交部含沙射影将矛头指向中国，隐晦批评中国违反《联合国海洋法公约》以及使用武力威胁等。借与印尼达成海

---

① Department of Foreign Affairs, Philippine Position on Bajo de Masinloc and the Waters Within its Vicinity, April 18, 2012. http://www.gov.ph/2012/04/18/philippine-position-on-bajo-de-masinloc-and-the-waters-within-its-vicinity/.

② 《中华人民共和国政府关于菲律宾共和国所提南海仲裁案管辖权问题的立场文件》，2014年12月7日，http://www.fmprc.gov.cn/mfa_chn/zyxw_602251/t1217143.shtml。

上划界协定之际，菲律宾除了大肆宣扬此举“证明菲律宾坚定遵守法制，致力于寻求以和平方式、公正解决海上争端”[①]，还积极拉拢印尼，企图联合其他南海声索国造成孤立中国之势。

当前的南海战略博弈中，中国和菲律宾已经成为事实上的战略竞争对手，两国竞争的目标不仅包括岛礁和海域的所有权和管辖权，还包括印尼、越南等其他南海声索国。菲律宾和其他声索国解决彼此之间的海洋争端，与中国和其他声索国解决彼此之间的海洋争端也是一种竞争关系，争夺的是一种主动权和战略优势。菲律宾和其他声索国之间解决海洋争端的实践对于下一步中国与南海各声索国解决争端的方式和进程有直接的影响，其他声索国在这方面的共性会增多，在南海争端中的立场会更加趋向一致。届时，中国存在被孤立为少数派的可能性，地位会更加被动，将会增大中国按照自己的战略规划对各个声索国采取差别外交的难度。因此，中国需要更加主动，尝试率先与部分国家就南海问题进行双边谈判，早日谈出成果则是对菲律宾坚持国际仲裁的最好回击，也是以我为主夺取战略主动的必然选择。从目前看，中越北部湾湾口外划界理应成为突破口。

（五）中国应加大对“南海断续线”法律地位的研究与界定

印菲专属经济区划界案对中国南海主张最深刻的冲击在于“南海断续线”。起初，菲律宾方面坚持在条约外界限内享有历史性权利，但最后的划界协定表明菲律宾放弃了这一立场。另外，中国在南海问题上也有一条线——“南海断续线”，也在潜在坚持一种权利——历史性权利。问题在于，菲律宾的做法对中国有何启示，中国是否可以效仿菲律宾？

奥格罗赛诺认为，印菲划界案对南海声索国具有重要启示，菲律宾

---

① Statement of His Excellency Benigno S. Aquino III President of the Philippines During the joint press conference with His Excellency Susilo Bambang Yudhoyono, President of the Republic of Indonesia, May 23, 2014. http://www.gov.ph/2014/05/23/statement-of-president-aquino-during-the-press-conference-with-president-yudhoyono-may-23-2014/.

的做法开创了一个国家实践：在海上边界主张上，单方面的声索地图最终将与现行国际法一致。他认为，"不管喜欢与否，目前的解决海洋边界的主要法律是1982年的《联合国海洋法公约》，这无关历史记录。"[①] 既然超过一百年的《巴黎条约》规定的矩形线地图不得不和1982年《联合国海洋法公约》保持一致，那么调整只是创建于20世纪40年代中期的断续线地图和《联合国海洋法公约》相一致应该是比较没有问题。[②] 在他看来。巴黎条约下的矩形线条和"南海断续线"形状上有所差异，但是相似之处在于两者都是单方面的主张表达，而不是基于国际法。

奥格罗赛诺的观点中关于两者都是单方面的主张表达的看法是比较中肯的。中国必须承认的事实是，"南海断续线"是中国单方面提出的声索主张。同样，其他声索国的主张也都是单方面的诉求。而且，中国在坚持本国主张合理性的同时不应否定其他国家主张中的合理部分，比如沿岸国提出200海里专属经济区的要求是基于《联合国海洋法公约》的安排。即使各方同意在南海断续线作为中国的海域外部界线的基础上同中国展开重叠水域划界谈判，也将有新的划界线取代中国的"南海断续线"以及相关国家主张的海域外部界线。所以，最终的结果必然是"南海断续线"终结于新的边界线。

截至目前，中国官方并未就"南海断续线"的法律地位给予明确说明，相关文件和有关表态也有意回避这一问题。中国的这一态度被视为坚持"模糊政策"。"模糊政策"给学界留下了研究的空间，目前南海断续线的法律地位被解读为岛屿归属线、历史性权利线、历史性水域线、海上疆域线。[③] 模糊政策也招致南海周边国家以及美国的批评，印尼、美国官方多次要求中国澄清"南海断续线"的法律地位。国际舆论的焦点集

① Arif Havas Oegroseno, Indonesia-Philippines Agreement: Lessons for South China Sea Claimants, *RSIS COMMENTARIES*,4 June 2014.

② Arif Havas Oegroseno, Indonesia-Philippines Agreement: Lessons for South China Sea Claimants, *RSIS COMMENTARIES*,4 June 2014.

③ 李金明:《国内外有关南海断续线法律地位的研究述评》，载《南洋问题研究》，2011年第2期，第54—62页。

中在“南海断续线”与国际法的关系上，即认为“南海断续线”的主张缺乏法律依据，与《联合国海洋法公约》的要求冲突，且只是中国单方面的主张。印度尼西亚在2009年向联合国提呈的报告中称，中国没有清楚的解释南海断续线的法律基础、绘图方法以及各断线的地位，缺乏坚实的法律基础，印尼政府并不接受中国政府划设的“南海断续线”。[①] 2014年2月5日，美国负责东亚与亚太事务的助理国务卿丹尼尔·拉塞尔（Daniel Russel）在国会听证会上首次正面抨击南海断续线，要求中国就南海“南海断续线”作出明确说明。拉塞尔指出，“南海断续线”不符合国际法，国际社会欢迎中国澄清或调整其“南海断续线”主张，以符合国际海洋法。[②] 在这种形势下，中国急需在内部加强对“南海断续线”法律依据的研究，特别是聚焦南海断续线与包括《联合国海洋法公约》在内的诸多国际法关系的研究，寻找法律支撑。

---

① Permanent Mission of Republic of Indonesia to the United Nations.July 8 2010,New York. No. 480 / POL - 703/ VII/10.www.indonesiamission-ny.org.

② Testimony Before the House Committee on Foreign Affairs Subcommittee on Asia and the Pacific, Washington, DC, February 5, 2014, http://www.state.gov/p/eap/rls/rm/2014/02/221293.htm.

第五章

菲律宾“南海仲裁案”与国际话语权博弈

南海争端中中西方话语能量的共时研究
——以菲律宾"南海仲裁案"为例[①]

沈　榕　王建廷

[内容提要] 针对南海争端，以菲律宾"南海仲裁案"的裁决为例，对以美国为首的西方势力的话语能量进行分析，指出其对中国南海主张的判定都是一系列的翻译性解读，以及对方所仰赖的绝对共时话语语态的逻辑错误。而中国在维护《联合国海洋法公约》宗旨和价值的前提下，所坚持的南海断续线有对特定时空环境适应的合理根据，这是在相对共时中寻求差异性的体现。仲裁庭所作出的结果不仅在逻辑上站不住脚，更在平等自由的价值观上显得软弱无力。

[关键词] 共时　话语能量　一元论　差异　南海仲裁案

[作者简介] 沈榕，广东海洋大学马克思主义学院硕士研究生；王建廷，广东海洋大学法学院教授，硕士生导师

一、索绪尔的共时观察维度[②]

在索绪尔的语言哲学中，共时是排除时间干扰的结构静止状态或观察方法。但是，共时并不是绝对静止的状态，相反，其中各因素（或各

① 本文系广东省社科规划项目"历史性权利及其在中国海洋权益争端中应用研究"(GD13CFX07）和广东海洋大学创新强校工程项目（GDOU2013050226；GDOU2013050324）阶段性成果。

② "共时"是语言哲学家索绪尔提出的一个概念，也是一种研究问题结构的一种观察方法，它排除时间因素的干扰，但并没有否定它的存在，是只因为它的影响十分微小而忽略不计。这一点，也是很多研究者们常常误解的地方。

文化群体）之间因自身的差异呈现出动态的能量消长，真正意义上的共时，是尊重差异或特殊性的相对共时。共时结构系统关注各要素之间的关系，而这样的关系正是建立在要素之间的差异之上。这种差异的产生因各要素自身的历史节奏、自然地理环境、目的意图及社会文化特性等而不可避免。也因为这几个方面的原因，会导致不同的文化群体或利益群体采用不同的途径来达到共同的目的。假设B是A和C共同认可的规则，那么B就成为说理主体双方进行争论的共时面。在这个共时面中，我们不能因为A有不符合B规则的情况，就判断A“不合理”从而排除A，甚至歪曲其的意图，因为A的差异很有可能是对特定时空环境的适应而造成的，我们只能说，从B的角度来看，A呈现出B规则之下的面貌，不能说明这就是A的客观性和真实性；也不能因为C符合B的规则，就认为C背后的意图与B所要实现的价值目的未发生偏离，因为用同一种规则来实现不同的目的是可能的。不同的途径或规则都具有自身客观理性上的缺陷，因而不能成为放之四海皆准的标准而消解时空造成的差异，它们之间的状态更多的是共存和互补，而不是非此即彼的清除和替代。因此，共时并不意味着用一种“一元论”的原则和标准来实现最终目的，从而以霸权姿态来屏蔽其他的经验和话语。

在当前南海问题上，西方势力常常表现出对绝对共时话语形态的幻想，将中国强行拽出自身的时空背景，在时空误置之后对其进行话语霸权式的翻译解读。菲律宾“南海仲裁案”实质上就是西方话语规则对中国在南海的行为主张进行的翻译“工作”和镜像解读，并将得出的各种论断强加于中国，表现出不予理解、不予交流和不予尊重的政治姿态。

二、西方在绝对共时语境下对中国南海主张进行的翻译性解读①

岛屿、大陆架、专属经济区、公海等概念及其权利义务关系构成了《联合国海洋法公约》(简称“《公约》”)的共时面。各缔约国需要遵循《公约》中的规则来维护相应的海洋权益并规范自身在海上的行为，以实现海洋秩序和平稳定，人类共同发展的目的。然而，这并不意味着规则与目的之间具有绝对的一一对应关系，即那种认为符合这种规则的行为方式才与目的一致，不符合的就背离了所要实现的价值目标的轨道而予以彻底否定的逻辑是错误的。吊诡的是，在菲律宾“南海仲裁案”的结果中,“菲律宾南海仲裁案仲裁庭”(下文简称“仲裁庭”)作出的判断完全按照上述逻辑来达到消解中国在南海的主权主张的目的。

首先，仲裁庭否认中菲双方争端属于领土主权的争端，并认为,《公约》对海洋区域的权利作了全面的分配，即使中国曾在某种程度上对南海水域的资源享有历史性权利，这些权利也已经在与《公约》关于专属经济区的规定不一致的范围内归于消灭，且这些权利行使也只是中国在公海范围内自由，并非主权行为。就此，中国南海断续线的国家主权意志被认为因与《公约》中的海洋划界模式相冲突而无效。

接着，在全盘否定南海断续线法律地位的基础上，仲裁庭开始对线内各岛礁进行法律性质的评估工作，评估的参考系为《公约》中岛屿的界定。按照这种界定，仲裁庭认为如南沙群岛的一系列岛屿不能作为一个整体共同产生海洋区域。这就为后面对南海地质体进行抽离肢解式的权利言说作出了铺设。认为中国主张的岛礁不能满足“维持人类居住或其本身的经济生活”的条件，因而不能产生专属经济区，且没入水中的

① “绝对共时”倚重于对历时具体事件发生的弱化和压抑，将过去与现在并置，强调“当下”，历史性被整合进共时切面中。这种破坏历史话语的行为，往往依赖于编织历史话语开端的说话者(非历时视角)。

岩礁也不能产生12海里领海。就此，中国在南海主张的权利就大大缩小甚至消亡了，于是仲裁庭认为菲方在南海的权益绝无可能与中国任何可能的权利发生重叠，并裁定某些海洋区域属于菲方的专属经济区内。

在完全参照《公约》“岛屿”的形象对南海断续线内岛礁进行翻译性解读之后，仲裁庭开始剑指中国在争议海域的行为。认为中国在菲方专属经济区内妨碍其捕鱼和石油开采；大规模进行填海和人工造岛活动；中方渔民进入菲律宾专属经济区内进行捕鱼活动等是属于非法活动。

在地图证据方面，某些西方学者也给出了共时性的解读。比利时著名海洋法学者埃里克·弗兰克斯认为，中国地图比例尺过小，缺乏必要的图例，不够精确，中国是国际海道测量组织的成员国，却不遵守该组织制定的关于领海、毗邻区、专属经济区、大陆架以及渔区等国际海洋边界专门的制图规范。[①] 这些海图规范产生于20世纪80年代，远远晚于当时中国政府划设南海断续线的时间。然而，弗兰克斯等西方学者不承认这样的“时代断隔”，完全用现代海洋划界规范来言说南海断续线，从而消解中国南海地图的合法性。

此外，美国海军作战部长约翰·理查德森海军上将认为：“南海是‘大家的海’，全球30%的贸易航线都要经过南海。没有人拥有南海，南海是开放的，是公海。”[②] 由此断定中国对南海提出的领土要求是违背“海洋自由”这一价值观的。这里所谓的“自由”是不加条件的绝对自由，也就是在共时意义上不受时间约束的自由。在这种“自由”的浸淫之下，所有的条件限制仿佛都是对它的亵渎，南海断续线也不能幸免，当“自由”超越时间上升为神性的时候，它就意味着人们可以为所欲为不受约束，以至于美国借“自由航行”之名，行“自由掠夺”之实，隐藏背后的军事目的而在中国南海主权范围内进行有害活动，这完全与《公约》中的有条件约束的“航海自由”背道而驰。

---

① Erik Franckx and Marco Benatar,"Dots and Lines in the South China Sea: Insights from the Law of Map Evidence", *Asian Journal of International Law*, Vol.2, NO.1, 2012, P.110.

② 在意大利威尼斯出席区域海权座谈会时约翰·理查德森发表的对南海看法。

仲裁庭按照上述逻辑，对中国在南海的历史发生过程进行压抑，逐步消解了中国在南海相关海域的主权主张和管辖权。在西方释放绝对共时话语能量的过程中，中国在南海的主张与《公约》文本规则之间的各种矛盾冲突，进一步被上升到对“海洋自由”价值观的挑战，这便成为某些西方势力甚至大肆宣扬“中国威胁论”的楔子。

三、争论不止的原因——对绝对共时话语权力的幻想

从上述可以看出，仲裁庭根据《公约》中大陆架、200海里经济专属区、岛屿等概念对南海断续线和线内诸岛礁进行了彻底地翻译性解读，并未顾及其中所涉及的历史、地理、文化、经济等时空因素，用简单粗暴的单一标准抹平了南海地理地貌的多样性，进而否定因遵循这种特殊地貌而划设的南海断续线及其法律地位。

菲律宾“南海仲裁案”中，西方势力的逻辑预设主要围绕以下两点：

一是认为《公约》中的文本规则是维护其宗旨和实现人类共同发展的惟一途径，并将它作为所谓的客观中立的标准，而拒绝其他可能的实践；

二是将这种公认的规则（手段）与其背后要实现的价值等同。也就是说，将不符合这种规则的行为都判定为背离《公约》的价值从而否定其存在；而符合规则的行为被认为与价值目的一致而予以认可。

针对第一点，要到达B价值目标有A/C/D/E等多种可能途径，它们之间的差异或者选择哪一种都以适应各自所处的特定环境作为根据。如果将C方式运用在A所处的环境当中，很有可能适得其反，无法达到B目标。比如《公约》中的“岛屿”成为判断各海洋地质体权利享有与否的坐标之后，人们出于自身利益的最大化而变礁为岛，或化岛为礁，将二者概念故意混淆产生争论，对周边的海洋生态系统也造成了一定的负面影响，这并不符合《公约》的宗旨和价值；再者，南海海域的海洋地质体与温带或寒带海域常见的大陆岛、火山岛不同，《公约》中的海洋划

界方式并不适合南海海域的实际地理地貌，而南海断续线的划设真实反映了南海成片相连、面积广袤的珊瑚礁。如果强行将《公约》的海洋划界模式嵌套在南海海域，那么就出现我们在菲律宾“南海仲裁案”中看到的结果，即无视水下面积巨大的礁体，把南海诸岛礁单独抽离几个出来言说其法律地位。

从第二点来说，中方加入《公约》，是认同其制定的规则有益于现代海洋秩序的稳定，有利于实现人类共同发展的价值目标。而非认为这种规则是客观理性上毫无缺憾的惟一途径让我们只能服从却别无选择。手段或规则有时间性，也就是局限性，而终极价值在时间之上，只要各种规则都趋向人类共同的价值，就应当被考虑，它们之间虽然有差异，但都有各自对特定环境适应性和各自占据优势的一面，因而需要互相参透和互补。如果企图将实现目的的手段上升到价值领域，就是非理性的做法，这种规则也就成为无可批判和言说的神性。另外，我们不能完全通过文本规则来判断其他方式的“合理”与“不合理”，各种手段或规则都有可能实现人类共同的价值，也都有可能成为他人另有企图的遮布，如日本为充分扩大自身的利益，按照《公约》的岛屿定义将无论水上还是水下面积都狭小的，不成片的冲之鸟礁变为岛屿；再如美国为抑制中国海洋空间发展，利用“航行自由”的价值观造成南海海域的各种混乱局面，并制造出“中国威胁论”。这些都严重违背了《公约》制定规则的初衷。

当然，每一个时代阶段都需要一个共同的价值目的，在异质文化群体之间形成稳定的结构以避免混乱。但是，在这个共时价值体统中，公认的规则并不是实现共同价值的惟一途径，更不能将这种公认的规则直接等同于要实现价值目的，而将其他可能性排除在外。以美为首的西方势力利用《公约》中的概念以错误的逻辑方式对中国的南海主张实施话语能量的压制。事实上，两种海洋划界模式并非时间先后上非此即彼的逻辑对立（P(x)—P(y)），而是历史节奏、地理空间、社会文化特性等条件上的不同而造成的共时差异，二者的关系应当以互补参透的形式并存

(P(x) ∨ P(y))。

理论依据如下：按照不可通约论，两种语言是不可译的，那么由语言所表现的文化也就是不可通约的，两种文化之间不存在谁优谁劣或者谁对谁错的问题，它们都是对各自特定环境的适应。因此，并没有外在的一个客观标准来度量现实的多样性。那种认为“无论什么不能适应于既有范畴体系的东西，或者说同这体系不相容的东西，不是被看作某种十分令人讨厌的东西，就是更经常简单宣布为不存在。”[①] 的逻辑是不现实的。虽然《公约》中的规则是各缔约国都认同的，但这并不意味着这种规则就是实现目的的惟一途径。就好比处于一个社会中的民族与群体经常会建立某些联系，这是对的。但是，在建立这些联系的过程中，认为他们创立或者假定一种“共同的元话语”或一种共同的文化绑带，这是错误的。[②] 在认同一种话语规范的同时，我们也应当知道“各种不同办事方式和其他技术可能性，而且更重要的是，只要我们尽量把人类生活当作一个整体来考虑，就有多种可能了解人类生活和有关进行某些活动对人可能会具有不同重要性看法的意义”[③]。企图用一种“共同的元话语”作为客观中立的标准，并占据支配权，本身就是一种非理性的表现，它必然贬低甚至排斥其他的话语和体验而拒绝在差异之间产生交流。另外，西方对中国在南海行为主张的上述论证形式并不能适用于所有的情况中。正如菊实儿[④] 教授所言：现代文化中的形式逻辑并不具有普遍性，没有任何逻辑有权要求超越条件限制成为普遍真理，论证的形式或规则都制约于相应的文化系统和社会环境，离开了这种特殊的背景，规则就不能得到恰当的理解。就南海问题上，这种不恰当的理解的产生主要是因为西方说话者将南海断续线诉诸自身的逻辑规则而未考虑南海断续线

① Feyerabend, Against Method, London: NLB, 1978, p298.

② 牛秋业，张桂娥.《不可通约与文化多元化》[J].济南大学学报，2004年第14卷,第2期,第26页。

③ 牛秋业，张桂娥.《不可通约与文化多元化》[J].济南大学学报，2004年第14卷,第2期,第26页。

④ 菊实儿,《论逻辑文化的相对性》。

形成的时空制约条件，在这样的制约条件下，南海断续线有存在的合理性，并且这种存在与《公约》的价值目标是一致的。

事实依据：美洲卡拉哈里沙漠中的土著部落，他们世世代代都过着刀耕火种，狩猎农作的原始生活，并延续着传统的生存方式以及信仰。他们的崇尚分享，认为大自然的所有的一切都是可以分享的，所以没有这个是你的那个是我的这样的观念，谁逮到一只羊，他就会分享给其他人，而其他人也不会因为他随意抓一只羊而去惩罚他。这与我们现代文明社会中的所有权是矛盾的。有一天，这个土著人来到美国和部落的边缘，他进入到文明边界，他杀掉了一个美国小孩的羊，对小孩说：我可以给你分多一点，不够我还可以杀掉一只，我们一起分享。然而，这个小孩报警将那个土著人抓了起来，土著人感到很冤枉。这个部落和文明社会的共同目标是“我们想要生活得更美好”，然而，实现这个目标的方式有很多种，土著人认为用“分享”的方式就能获得美好的生活，而文明人认为，用土著人的方式却会损害自己的利益，阻碍了实现“美好生活”的目标。如果将土著人的行为方式移植到现代文明社会中，那么所造成的结果显然就违背了现代文明社会中人们心中“美好生活”这一目的，反之，如果卡拉哈里人接受现代文明社会中的“所有权”观念，就会使其信念网破裂，从而导致部落的纷争和不稳定，与其所向往的“美好生活”相背离。

为达到社会秩序稳定的最终目的，各文化群体都因各自所处的社会文化环境而表现出多样性地选择，这样的选择却是必然的，我们不能用自己所处的时空背景而产生出来的逻辑方式来翻译他文化群体行为意图和合理性。也就是说，在南海问题上，为达到海洋秩序和平稳定这一人类共同的目的所采取的方式是多种多样的，而这种多样性往往受制于所处的特定背景。南海断续线和《公约》中的海权划界模式是在不同时空场域之下（不同的历史节奏、空间地理特性、目的意图、社会文化特性等）形成的两种语言，它们之间不可译。用《公约》这一时空场域中的概念或规范来翻译南海断续线，只能得到对南海断续线的镜像解读。规则或标准都是在活动的过程中产生的，因此，"把合理性与过程而不是与观点联系在一起是恰当的"[①] 也就是说，不能因为南海断续线与现代海权划界模式相冲突，就简单地判定南海断续线的不合理性，而应当充分考虑其划设的时空背景。

四、南海断续线与《公约》价值目标在相对共时语态中的交汇

南海断续线与《公约》中海洋划界模式之间的差异只是结构上的不同，各自都是在特定环境下形成的，但这并不妨碍二者所趋向的核心价值目标是一致的。

（一）两种海权划界模式产生的原初意图

中国政府划设南海断续线的背景是殖民统治和民族独立运动这种社会动荡的年代。这样的历史背景使中国的疆域边界线发生了频繁的变动，"民族危亡与边疆问题纠缠在一起，这成为激发国人爱国热情，奋起反抗西方列强的主要动力。"[②] 1933年法国武力占领南沙九小岛触发了中国维护自身南海领土完整性的强烈意识。随后，当时的国民政府在中国南海划设了一条线，这就是南海断续线的雏形。就此来说，南海断续线被划设的原初意图是维护领土主权，抵抗侵略。经目光移转至《公约》海洋划界模式的背景，可以看到，第二次世界大战后，美国在墨西哥湾意外地发现了石油等自然资源之后，提出了"大陆架"的概念，并对外宣称对相关海域拥有管辖权和控制权。之后，这样的圈海新潮从南美一些国家开始，迅速蔓延至世界各国，为向海洋扩大并占有更多的海洋自然资

---

① 牛秋业，《费耶阿本德的相对主义和不可通约》，载于《太原理工大学学报》，2005年3月第23卷第1期，第60页。

② 徐志良：《民国海疆版图演变与南海断续国界线的形成》，载《太平洋学报》，2010年4月第18卷第4期，第92页。

源，西方各国都纷纷效仿美国提出各自的海权主张。1982年通过的《公约》中很多概念都是西方的海洋意识，是以分配海洋资源作为出发点而产生的。通过对比看出，不同的时空背景导致不同的划设界限的意图，不能完全以为分配海洋资源为前提的划界模式，来言说表达主权意志的南海断续线。二者都是对特定历史背景的适应。只有在明晰二者各自被划设的制约因素之后，才能在它们之间构建起理解的桥梁。

（二）划设界线的科学基础

在当时中国所面临的革命动荡年代，“一项研究疆域政区消长和古今地名演变的沿革地理学与地图出版业，获得了超常的发展机遇……历史地理学又强烈地驱动着地图学、测绘学和出版业的发展。”[①] 因此，中国当时划设的疆域界线都是在表达国家主权意志。加上当时的中国由于技术能力不足，并没有按照美国的技术规范对海洋进行勘测，只进行了水道测量和岛礁勘测，也无法意识到大陆架的主张能带来什么利益。反观美国，在第二次世界大战后海洋勘察迅速发展，较之于世界各国更了解海洋资源状况，所提出的《大陆架公告》中的各种海权概念和技术规范都显现出对自然资源的控制和占有。可见，两种海权界线的划设所依据的科学基础不同。

（三）两种海权划界模式的自然地理基础

南海断续线划设的对象不限于露出水面的小块岩礁，还包括水下面积广袤的礁体，它们成片相连像是海底高原，绝大部分在低潮时也不会露出水面。如果取更深的等深线，它们的面积会更为广阔壮观，拥有丰富的海珍资源，这才是南海诸群岛的主体所在，也是周边渔民的生存所在。[②] 所以南海断续线是对南海实际地貌的真实反映，无法将水上水下的

---

① 徐志良：《民国海疆版图演变与南海断续国界线的形成》，载《太平洋学报》，2010年4月第18卷第4期，第92页。

② 单之蔷：《三沙市的两件宝“南海断续线”和“珊瑚岛”》，载《中国国家地理》，2013年第6期。

珊瑚礁分割而谈。而《公约》中划界模式涉及的对象是“岛屿”，也就是“四周被水围绕，高潮时露出水面”的自然形成的陆地区域，这样的岛屿形象是生活在温带或寒带的人们脑海里的“岛屿”。这些岛屿的主体就是容易直观的露出水面的部分，也是当地人经济劳作的主体。现代海权划界模式就是围绕这样的“岛屿”而展开的。这是两类海权划界模式对各自不同的自然地貌的客观反映。

（四）两种海权划界模式的人文地理背景

南海海域特殊的地理地貌造就了周边渔民由传统延续至今的一套生产劳作方式。他们会潜入水下珊瑚丛中进行捕捞，这些珊瑚丛对他们而言和农民的田地无异，都是赖以生存和发展的“良田”。有了固定模式的经济活动，渔民们就对这些水上水下的珊瑚礁进行分类和命名。可见南海断续线的划设充分考量了水下珊瑚礁体对周边渔民的意义。而在岛屿上，人们的经济活动方式又是另一番景观，人们可以就地取材进行经济活动，围绕露出水面的这部分地质体就是他们经济活动的主体。两种划界模式分别与人们所依附的不同的海洋地质体相对应。

（五）两种海洋划界模式的国际法基础

南海断续线划设的时候所根据的海洋法规则，只有领海概念和公海自由概念。考虑到周边沿海各国均有自己的领海，中国在划定断续线的时候是在最外缘岛屿和相邻国家之间的中间确定的。由于历史的原因，它并非充满火药味的边界线，也不是《公约》中以权益享有为目的的海权界线，所以它“不影响外国船只在该海域航行或飞机飞越该海域上空的自由和安全”[①]，甚至希望能与周边邻国共同在该海域进行经济开发，这与海洋自由的价值观是一致的，但并不意味该区域就是公海。而现代

---

① 李金明：《中国南海断续线：产生的背景及其效用》，载《东南亚研究》，2011年第1期，第45页。

海权划界模式以资源占有为出发点，制定出大陆架、专属经济区等海权范围，以便人类在海洋空间获得更多的发展。两种划界方式都各自遵循了“当时”的国际法规则，且在现代海洋新秩序的形势下，南海断续线也没有违背进入海洋时代人类共同的价值追求。

可以看到，两种海权划界模式都具有对各自特定社会、自然环境的适应性，虽然呈现的方式不同，但都是通往共同价值目标的途径。二者的内在核心是一致的，即都是为实现人类和平发展这一价值目标作出的一种努力，这是它们共时的表现，但同时保持着各自姿态的特殊性，这是共时中蕴含差异（时间因素）的体现。

结论

为了更好地和平地解决南海争端，我们应当在《公约》这一共时面中尊重差异的存在，而中国对南海断续线的言说也应当去除自说自话的鸵鸟心态，在不违背《公约》宗旨的前提下明晰自身在国际海洋秩序中的身份。

（一）西方应当承认南海断续线与《公约》两种事件发生在不同的时空背景下

南海断续线与《公约》的相关规定是在不同时空中产生的两种海权划界模式，应当承认这种客观存在的“时代断隔”，在这个基础上才能开启“理解”的阀门。以美国为首的西方势力应当充分认识到《公约》的不完备性。而非将这种不完备转嫁到不同时空出现的南海断续线上。南海断续线划设时期，国际上并没有对海洋疆界线的划定走出统一的规定。从国家实践来看，这一时期每一主权国家提出什么样的海疆边界划界模式，与这个主权国家政治、经济、军事、科技和文化的发展水平有着重要的关系，更与这一国家在国际上的话语权和影响力密切相关[①]。也就是说，两种海权化解模式都因各自不同的历史节奏、地理空间、文化经济特性而具有不同的划界方式，二者结构上的不同并不影响所要实现的最终目的同一性。现代海洋新秩序这一共时面上，并非绝对均一的平面，它包含着时间（历时）因素所塑造的各种差异。所以不能机械地运用《公约》中的文本规则，而故意制造对南海断续线的镜像解读。

另外，以美国为首的西方势力也应当认识到，方式手段并不能直接对价值领域作出判断。《公约》中的岛屿制度是实现当代海洋新秩序的手段之一，手段或规则囿于时间和空间的条件限制而不具备普遍意义，而《公约》背后的宗旨和终极目的是超越时间的价值领域。因此，"岛屿"并不能作为客观中立的标准来判断南海断续线就违背了《公约》的价值；也不能因为某些行为符合了《公约》中的规则而就此断言此种行为就应当被认同，如美国打着"公海自由"的旗号来扰乱南海海域的秩序，威胁到周边沿海各国的安全。

（二）中国应当避免"自说自话"的国际对话方式

就中国来说，应当摆脱"自说自话"的国际对话方式。面对当前大量的质疑和挑战，国内很多学者研究上的鸵鸟心态使得我们在一定程度上慢慢丧失了话语权。正如学者郑永年所说："之所以输掉这场国际论战，是因为多年里，当中国沉浸在自己构建的和平崛起的话语体系时，而有关国家已经做了最大的努力，在国际舞台上做了充分的准备……中国自己则因为并没有做什么而感觉到冤枉，这主要是输掉了话语权的缘故。"[②] 领土主权除了讲历史依据外，更重要的是仰赖于法理上的依据，一味地强调"自古以来"，释放出绝对的历时诠释语态而不以一种更开放的姿态来梳理中国在南海相关海域的权利主张，只能增加别国对中国

---

① 《拉丁美洲海洋法问题会议宣言和决议》，《海洋法资料汇编》，人民出版社，1974年，第153页。

② 郑永年，《南海已输掉 中国活在梦中》，新加坡《联合早报》，2011年10月21日。

行为意图的误读。因此，中方应积极从第二次世界大战时期的有关条约以及《公约》等国际法中寻找法理依据。如地图证据，并进行深入而细微地搜集和研究（一般情况下，离关键时间节点越近的事实资料越有价值）；还原《开罗宣言》《波茨坦公告》《旧金山和平条约》等战后国际条约的解释，让它们替中国在南海的真实意图“发声”。此外，为了维护中国在南海相关海域的历史性权利而考虑退出《公约》的想法只能让“中国威胁论”愈演愈烈，也会在长时间内使中国失去在海洋时代的发声机会。为此，中方应坚持自身在《公约》中的缔约国身份，积极参与到完善《公约》的工作当中。

在特定环境下形成的南海断续线和现代海权划界模式，是主权界线和权益享有界线之间的矛盾，它们是不同性质的界线，在逻辑（时间）上不存在对立或替代。相反，它们可以相互渗透，前者需要在后者的逻辑规则中明晰并获得在现代海洋新秩序中的身份，而后者也需要在前者的特殊实践中对自身进行完善性的工作。无论是《公约》的海洋划界模式，还是南海断续线，实际上都是人类为发展海洋空间活动的试探和构想，由于历史节奏、地理空间、社会文化特性等因素的影响，不可避免出现误解和冲突。二者的差异性都源自对相应的社会环境的适应，表面结构上的相异并不代表实质内容上的冲突，它们应当在共同认可的价值理念下共生共存。从当前南海局势来看，以美国为首的西方势力所释放的绝对共时话语能量已经严重威胁到南海周边国家的安全并扰乱南海海域秩序的稳定。这样的局面足以证明谁才是真正背离《公约》宗旨和价值。

在以后类似的国际争端中，为避免在错误的逻辑起点上制造出文本规则与现实特殊实践之间的冲突，我们至少应当清晰这样几条：一是避免先入为主的，就是不能将既有的文本规则机械地嵌套在其他的实践当中，认为符合规则的就是被价值认同的，而不符合的就是背离共同价值的；二是避免产生将作为手段的规则等同为最终的价值目标，这种简单粗暴的处理方式看上去能带来公平一致，但实际上这种单一化在消除多样性之后只会剩下各种冲突混乱，和平发展荡然无存。三是消解世界一元论的幻想，两种海洋划界模式都有各自的历史节奏、地理状况、社会语言环境等，特殊性是对一定环境的适应，是必然的客观产物，有自身的合理性，在我们共同的价值目标之下去理解这种差异，是我们实现和平稳定的必要条件。

国际主流媒体关于菲律宾“南海仲裁案”的报道情况调查研究

孔令杰　王　看　刘聪聪

[内容提要] 自菲律宾于2013年1月提起仲裁程序以来，菲律宾“南海仲裁案”成为国内外媒体追踪报道的热点话题。查明国际主流媒体关于此案的报道情况，梳理其常用报道手法，界定报道中常见的事实错误，比较总结其与中国官方媒体的对抗焦点，显然有助于中国在最终裁决出台后做好关于该案的外宣工作。2013—2015年域外主流媒体报道情况的调查研究表明，它们共采取了先声夺人、片面报道、曲解事实等八种报道手法，存在中国主张整个南海的主权等八个常见事实错误，与中国官方媒体在案件起因、中方立场政策合法性等六个方面存在直接的观点对抗。国际主流媒体对该案的报道具有明显的主观性、片面性、误导性，影响国际社会对案件形成客观认知，严重削弱了中国在南海问题上的国际话语表达。中国宜坚持“有理、有利、有节”的基本原则，积极采取必要和适当措施，加强该案的外宣工作，努力将该案对中国的负面影响降到最低。

[关键词] 国际主流媒体　南海仲裁案　报道手法　国际话语

[作者简介] 孔令杰，武汉大学中国边界与海洋研究院教授、博士生导师，国家领土主权与海洋权益协同创新中心研究员；王看，武汉大学中国边界与海洋研究院博士研究生；刘聪聪，武汉大学中国边界与海洋研究院硕士研究生

2013年1月22日，菲律宾单方面就其与中国之间的部分南海问题提起国际仲裁，菲律宾“南海仲裁案”由此拉开帷幕。中国政府依法明确表示不接受、不参与仲裁，“菲律宾南海仲裁案仲裁庭”（下文简称“仲裁庭”）仍强行推进仲裁程序，在进行书面和开庭审理后，仲裁庭于2015年10月29日作出关于菲方诉求可受理性及管辖权问题的初步裁决，裁定自身对菲方提起的15项诉求中的7项拥有管辖权，将其他诉求的管辖问题保留至案件的实体审理阶段。2015年11月，仲裁庭就案件实体问题举行了庭审，并在2016年作出了最终裁决。

菲律宾“南海仲裁案”是中国、菲律宾、南海争端其他当事方及美国等域外国家高度关注的政治问题，它也成为国内外主流媒体竞相追踪报道的热点话题。经查，仲裁程序启动以来，案件起因、案件进程、裁决结果、裁决依据、中国和菲律宾各自的立场和行动、其他国家的态度以及南海形势和走向等是媒体报道的重点内容。国际主流媒体把持国际舆论，通过先声夺人、反复报道、偷换概念、声东击西、割裂历史，选择、回避、组合、歪曲事实等方式，进行片面报道，抨击中国立场，攻击中国依据，抹黑中国形象，企图把中国塑造成一个以大欺小、恃强凌弱、咄咄逼人、蛮横霸道、不遵守国际法的国家。中国的官方媒体，囿于自身的性质、版面、篇幅，加之关注度、关注点和报道手法等与国际主流媒体存在差距，在案件的法律性质、菲方诉求的本质、中国立场合法性、管辖权问题、裁决的拘束力等焦点问题的对抗上明显处于下风。

下文将分析国际主流媒体关于该案2013年1月—2015年12月的报道，以期查明国际主流媒体报道的基本情况，梳理报道的内容、方式、手法，比较中外媒体报道的对抗焦点，总结国际主流媒体报道误导读者的惯用手法，并提出中国的有关应对措施建议，以便中国有关部门能够更好地开展对外传播工作。

一、调查样本和研究方法

（一）调查样本

为保障调查结果的全面、客观、准确，我们明确界定了调查的对象、时段和内容。

1. 调查对象。调查对象为境外的国际主流媒体，以英美国际主流媒体为主。它们“具有超过了国家界限的巨大规模和影响力”①，对于国际舆论的塑造作用巨大。为了比较研究报道中体现的观点对抗，本调查收集了中国的官方媒体报道。

具体而言，我们选择的主要媒体包括两大类：

（1）境外国际主流媒体：包括美联社、合众国际社、路透社、法新社、日本共同社等通讯社，美国有线电视新闻网、美国之音、英国广播公司等广播、电视，《纽约时报》《华尔街日报》《华盛顿邮报》《洛杉矶时报》《泰晤士报》等报纸以及《国际利益》《时代周刊》《经济学人》等杂志。

（2）中国的官方媒体：《人民日报》《中国日报》。

2. 调查时段。为全面调查仲裁程序启动以来的媒体报道情况，系统分析报道时段、报道周期、报道重点、报道方式等，我们将调查时段定为2013年1月1日至2015年12月31日。前者为菲律宾对中国发起国际仲裁的当月。选择后者的原因是案件初步作出后，南海形势持续紧张，且实体裁决即将作出，选择该时间节点有助于服务国家对外传播工作。

3. 报道内容。原则上，我们将媒体的报道主题限定为“南海仲裁案”。然而，为了全面掌握国际主流媒体的报道情况，我们也调查了非专题或深度报道。换言之，“报道”（coverage）涵盖了新闻消息、通信、评论、社论、采访、专栏文章、读者来信，等等。

① 黄廓，姜飞：《国际主流媒体发展战略研究及其对中国国际传播的启示》，载《现代传播（中国传媒大学学报）》，2013年第2期，第45页。

（二）检索方式与初步调查结果

为全面、快速、有效获取目标样本，我们采用了访问专题数据库、媒体门户网站和实物查阅三种方式。因技术原因，个别媒体门户网站无法正常打开，我们访问了其他媒体的转载内容。为了尽可能全面收集样本，我们在检索时把关键词设置为"南海"(South China Sea)；在搜索结果中，进行二次筛选，选择含有菲律宾起诉中国表达的报道，这类新闻报道中多见有仲裁、仲裁庭、菲律宾、起诉中国、海牙、常设仲裁法院等路标性词汇。

我们通过上述方式最终共获取有效调查样本387份，含通信137篇，广播电视104篇，报刊146篇。具体检索方式和检索结果详见表1。

表1 国际主流媒体

	检索方式	报道篇数
美联社	访问媒体门户网站+ebscohost数据库+其他媒体网站转载	43
合众国际社	访问媒体门户网站	8
路透社	访问媒体门户网站+其他媒体网站转载	41
法新社	访问媒体门户网站+其他媒体网站转载	17
日本共同社	访问媒体门户网站	6
美国有线电视新闻网	访问媒体门户网站	9
美国之音·中文	访问媒体门户网站	86
英国广播公司	访问媒体门户网站	9
《纽约时报》	Proquest数据库	37
《华尔街日报》	Proquest数据库	61
《华盛顿邮报》	访问媒体门户网站	9
《洛杉矶时报》	访问媒体门户网站	7
《泰晤士报》	访问媒体门户网站	1
《国家利益》杂志	访问媒体门户网站	32
《时代》周刊	实物查阅	3
《经济学人》	实物查阅	18

表2　中国官方媒体

《人民日报》	访问《人民日报》图文数据库(1946-2015)	35
《中国日报》	访问媒体门户网站	91

（三）主题性报道与非主题性报道

根据媒体对该事件的报道方式，调查样本可分为主题性报道和非主题性报道。主题性报道以菲律宾“南海仲裁案”为主题。一般情况下，此类报道标题鲜明，比如《菲律宾胜了，海牙法院将审理南海争议》(《纽约时报》)[①]。个别主题性报道未使用“路标性”词汇，比如《菲律宾坚持驳斥北京对南海的主张》(美联社)[②]。

非主题性报道不以“南海仲裁案”为主题，而是在报道其他事件时提及“南海仲裁案”，有时会穿插作者或专家的评论，比如《渔民被抓背后的南海政治》(美国有线电视新闻网)[③]。主题性报道、非主题性报道的总量与平均月报道量详见表3。

表3　境内外主流媒体报道量分布

	域外国际主流媒体	中国官方媒体[④]	总月均值
总报道量	387 月均10.75	63 月均1.75	12.5
主题性报道量	134(35%) 月均3.72	34(54%) 月均0.94	4.67
非主题性报道量	253(65%) 月均7.03	29(45%) 月均0.81	7.83

① Jane Perlez, “In Victory for Philippines, Hague Court to Hear Dispute Over South China Sea”, http://www.nytimes.com/2015/10/31/world/asia/south-china-sea-philippines-hague.html, 2015-10-30.

② “Philippines stands by rejection of Beijing’s claims to South China Sea”, http://www.theguardian.com/world/2014/mar/31/philippines-beijing-south-china-sea-benigno-aquino-arbitration, 2014-03-31.

③ Tomas Etzler, “Fishermen caught out by politics of South China Sea”, http://edition.cnn.com/2013/02/18/world/asia/philippines-china-scarborough-fishermen/index.html, 2013-02-19.

④ 本报告选取了两家中国官方媒体，鉴于影响力无法与国际主流媒体相比，故此处报道量数据取平均值。

二、样本分析与调查发现

本部分从国际主流媒体报道的概况、常用报道手法、常见事实错误及其与中国官方媒体的观点对抗等四个方面展开：

（一）概况

调查报告共获取国际主流媒体报道样本387份，其中主题性报道134篇，非主题性报道253篇，分别占报道总量的35%和65%。月报道量分布及波动情况详见图1。

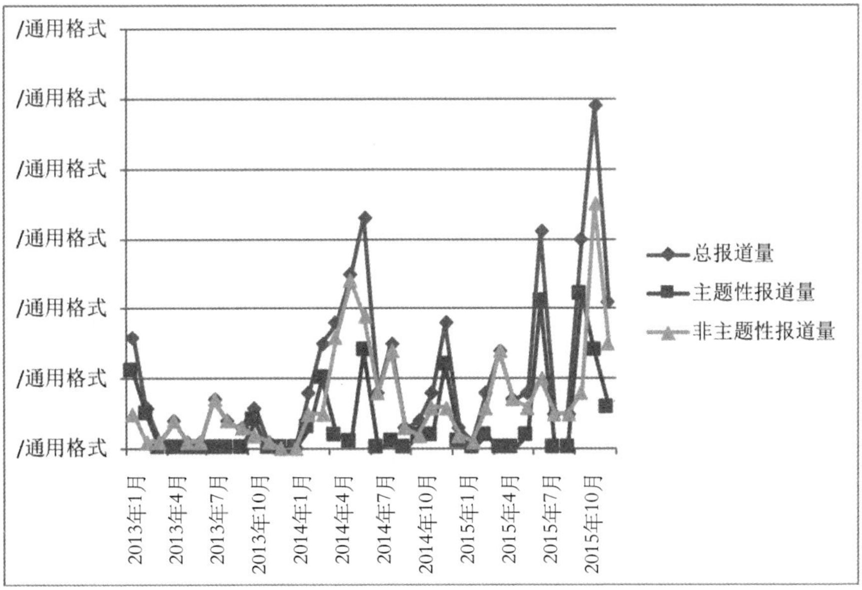

图1　域外国际主流媒体对“南海仲裁案”的报道量（2013—2015）

图1表明了以下几种情况：

1．月报道量大致以3—4个月为一个波动周期（也可理解为关注热度持续的时间）。2014年6月以后，共出现4个关注峰，且峰值逐次增大。值得注意的是，在菲律宾发起国际仲裁的第一个月，也就是2013年1月，

16篇的报道量就已经突破月均值。这从一个侧面说明，近年来，南海争端，尤其是中越、中菲争端，已经是国际主流媒体报道南海议题的重要切入点和素材来源点。此外，菲律宾在正式提起仲裁前在舆论上已经进行了“预热”。尽管某些月份的报道数量下滑，但媒体的关注热度不减。比如，2015年12月的报道量仍然有21篇，在36个月中排在第6位。

2．报道与“南海仲裁案”进程中的关键时间节点高度契合。超过月报道量均值10.75的重要时间节点包括：2013年1月、2014年3月、2014年6月、2014年7月、2014年12月、2015年4月、2015年7月、2015年10月、2015年11月。在这些关键时间节点中，仲裁庭作出初步裁决之后的2015年11月的报道量为49份，是报道的最高峰月。可以预见，仲裁庭作出最终裁决后的当月及之后一段时间，国际主流媒体对案件的关注度将达到一个新的高峰。

3．报道量有12个月超出均值10.75篇，报道篇数占总篇数的73.13%。非主题性报道居多，是国际主流媒体报道“南海仲裁案”的主要形式。非主题性报道折线比主题性报道折线更加契合总报道量折线的变化发展。极端的例子发生在2014年5月。域外国际主流媒体在这个月非主题性报道为24篇，而主题性报道仅为1篇。相比之下，这个月算不上是“南海仲裁案”进程中一个重要的时间节点，但为什么报道量还是如此之高？一个可能的原因是该月发生了“981”钻井平台事件。当月在越南还发生了针对中国企业的打砸抢烧暴力事件，以及时任越南总理的阮晋勇访问菲律宾寻求海上合作。阮晋勇称，“越南正考虑采取各种防卫措施，包括根据国际法采取法律行动。”[①] 对于热衷于报道南海争端的域外国际主流媒体来说，这是一个不得不关注的新情况。它们往往将中越南海争端与中菲南海争端联系在一起，在报道中提及或评论正在进行中的“南海仲裁案”。

---

① 《越南考虑通过司法途径捍卫主权》，载《联合早报》，2014年5月23日，http://www.zaobao.com/special/report/politic/southchinasea/story20140523-346101。

此外，境外国际主流媒体会不失时机地择取某些触发事件对“南海仲裁案”展开非主题性报道。从表3我们得知境外国际主流媒体对“南海仲裁案”非主题性报道的月均值是7.03。如果以7作为衡量标准，非主题性报道量折线中，有6个月的峰值超过7，即2013年7月、2014年5月、2014年8月、2015年4月、2015年7月、2015年11月。在我们看来，相关的触发事件可能包括：

一是中、美、菲、越参与的地区多边会议，特别是东盟框架下的涉及或提及南海问题的各种多边会议；

二是南海争端当事方涉南海的有关活动及外交交涉，如中国在南海的执法、作业、建设；

三是域外国家单方面或与域内国家联合开展的涉南海问题的活动，如美国与菲律宾等国联合开展军演，美国海军在南海的“自由航行行动”。

可以预见，2016年，上述各类触发性事件仍将多发、频发，域外国际主流媒体也不会放过在报道中植入“南海仲裁案”的机会。

（二）域外国际主流媒体常用的报道手法

国际主流媒体常用的报道手法可归结为如下几种：

1．先声夺人。这类报道往往是“标题党”，甚至直接进行“媒体审判”，旨在把握先机、先声夺人、制造声势、掌控舆论。在本案的报道中，它们的惯用标题有：《南海：咱们法庭见》[①]《南海裁决；菲律宾在法庭挑战中国的非法主张》[②]。

2．片面报道。这类报道往往截取中国的强硬立场，强调中国在案件

① “The South China Sea: See U in court”, http://www.economist.com/news/asia/21657807-tribunal-ponders-chinas-claims-see-u-court, 2015-07-18.

② “South China Sea Ruling; The Philippines challenges China’s illegal claims in court”, http://iras.lib.whu.edu.cn:8080/rwt/605/http/PNTXC6UDNAYHA6UQPF4XK65VF3SX85B/docview/1728882525/B172D0A101B541ABPQ/10?accountid=15157, 2015-11-03.

上对立、对抗、不合作。以中国政府2014年12月7日发布《中国立场文件》为例，客观、中立、如实的报道应当准确归纳、分析、传递立场文件的要点。事实上，国际主流媒体却将中国放在案件、菲律宾、仲裁庭的对立面，片面报道中方立场。譬如，美联社在当天的报道中（《“南海仲裁案”：中国痛斥菲律宾》）①，不介绍《中国立场文件》的内容，却强调中国再次拒绝参与仲裁程序。报道引述了中国外交部条法司司长徐宏的表态：“菲律宾‘执意推进仲裁程序’……无论如何仲裁，‘它都不会改变中国对南海诸岛及其附近水域拥有主权的历史和事实’”。路透社的报道标题是“中国谴责菲律宾‘强推’海上争端仲裁”②，开篇写道：“周日，中国严厉谴责菲律宾利用南海仲裁案向中方施压的行为，并且再次申明将不会对一周之后的仲裁案作出任何反应。”涉及《中国立场文件》的报道内容是“在《中国立场文件》中，中国概述了其认为海牙常设仲裁院对仲裁案没有管辖权的依据。该仲裁案于2013年由菲律宾提起，将对中国在南海的大规模主张产生深远影响。”至于这些依据有哪些，报道只字未提。文章大段引述了中国外交部的一贯表态：“（菲律宾提起仲裁案的）根本目的不是和平解决南海问题，而是试图通过仲裁向中国施加政治压力，以通过对《公约》的所谓‘解释或适用’来否定中国在南海的合法权利”。

3．曲解事实。国际主流媒体经常使用意思模糊甚至诱人曲解事实的表达。例如，2015年7月7日，BBC在《联合国法庭开始审议“南海仲裁案”》③ 报道中称：“中国几乎声索（claim）整个南海，这让它的几个亚洲邻国感到震怒。”这里的“claim”一词可以译作“声索”，但“声索”的对象既可以是岛礁主权，也可以是其他海洋权利，与主权不是一回事。

---

① “China slams Philippines over South China Sea case”, http://www.dailymail.co.uk/wires/ap/article-2864075/China-slams-Philippines-South-China-Sea-case.html, 2014-12-07.

② “China Denounces Philippine ‘Pressure’ Over Sea Dispute Arbitration”, http://jakartaglobe.beritasatu.com/international/china-denounces-philippine-pressure-sea-dispute-arbitration/, 2014-12-07.

③ “UN tribunal to begin South China Sea deliberation”, http://www.bbc.com/news/world-asia-33421599, 2015-07-07.

但是“几乎”、“整个”使读者很容易理解成：中国主张整个南海的主权，而且中国还惹怒了它的亚洲邻国。类似的表述还有，中国声索几乎（nearly/almost）南海的70%①、80%②、90%③、或几乎（nearly/almost）整个（all/entire）④ 南海，或几乎全部水域⑤。此外，关于中国立场和行为的评论多使用了夸大的词汇，如攻击性（aggressive）⑥、强硬（assertive）⑦、扩张性（expansive）⑧、挑衅性（provocative）⑨、大规模（sweeping）⑩ 等。

---

① 《菲律宾指中国过度声索领土主权向法庭提交证明》, http://www.voachinese.com/content/philippines-china-20140330/1882517.html, 2014-03-31.

② “Manila Takes a Stand; Another sign that Beijing needs a new approach to the South China Sea”, http://iras.lib.whu.edu.cn:8080/rwt/605/http/PNTXC6UDNAYHA6UQPF4XK65VF3SX85B/docview/1272355753/B172D0A101B541ABPQ/25?accountid=15157, 2013-01-25.

③ “SOUTH CHINA SEA WATCH: China island-building almost done; UN court starts on Philippine case”, http://www.usnews.com/news/world/articles/2015/07/10/south-china-sea-watch-chinas-island-building-almost-done, 2015-07-10.

④ “Jakarta’s China Challenge; Another neighbor pushes back against Beijing’s maritime aggression”, http://iras.lib.whu.edu.cn:8080/rwt/605/http/PNTXC6UDNAYHA6UQPF4XK65VF3SX85B/docview/1733692496/DE6386CE793749CBPQ/56?accountid=15157, 2015-11-18.

⑤ Mike Corder,Jim Gomez, “Arbitration panel OKs jurisdiction in South China Sea case”, http://bigstory.ap.org/article/e0fa82cbe80b49bc8f5ae156f005d384/arbitration-panel-oks-jurisdiction-south-china-sea-case, 2015-10-29.

⑥ 比如Chun Han Wong, “China Rejects Philippine Proposal on South China Sea Disputes; Beijing Refuses to Accept Plan, Claiming it Would Interrupt Ongoing Conflict-Resolution Talks”, http://iras.lib.whu.edu.cn:8080/rwt/605/http/PNTXC6UDNAYHA6UQPF4XK65VF3SX85B/docview/1552109479/B172D0A101B541ABPQ/39?accountid=15157, 2014-08-09.

⑦ 比如Moss, Trefor, “Japan and China Face Off on Asian Security; Prime Minister Abe to Lay Out Vision of Robust Japan Rivaling China’s Assertive Regional Stance”, http://iras.lib.whu.edu.cn:8080/rwt/605/http/PNTXC6UDNAYHA6UQPF4XK65VF3SX85B/docview/1530148140/DE6386CE793749CBPQ/54?accountid=15157, 2014-05-29.

⑧ Simon Denyer, “U.S., China try to emphasize potential for cooperation”, https://www.washingtonpost.com/opinions/chinas-territorial-advances-must-be-kept-in-check-by-the-united-states/2014/07/04/768294dc-0230-11e4-b8ff-89afd3fad6bd_story.html, 2014-07-09.

⑨ 比如“Kerry seeks to calm South China Sea tensions”, http://www.dailymail.co.uk/wires/ap/article-2720561/Kerry-seeks-calm-South-China-Sea-tensions.html, 2014-08-09.

⑩ “China dismisses Philippine court case over sea row claims”, http://www.bbc.com/news/world-asia-27724283, 2014-06-05.

4．割裂历史。国际主流媒体大部分报道对案件的追溯仅及于中菲近几年的纷争，关注最多的是2012年的黄岩岛事件，刻意割裂历史，回避重要史实。少数报道虽然简要回顾了历史，却使用了错误的事实。比如，路透社在2015年12月1日一篇报道称："该线（指南海断续线）由北京于1947年首次划定。中国从未正式对线内领土寻求法律权利。"[①] 部分报道回顾中越南海争端的历史，但却仅提及1974年的西沙海战，渲染中国发动战争让越南"死伤惨重"，对越南方面70年代以前曾经多次承认西沙群岛、南沙群岛主权属于中国的事实却鲜有提及。[②]

5．组合事实。域外国际主流媒体往往并不直接发表评论，而是选择特定的事实，并加以排列、组合以诱导读者得出其想要的结论。被传播者专业背景和知识储备各异，大众多基于媒体报道的事实直接作出判断。比如，路透社在2014年9月11日的一则报道称："菲律宾举办古代地图展，驳斥中国的海洋主张"。[③] 这篇报道主要介绍了菲律宾在周三的时候举办了大型的古代地图展示。这些地图证明了黄岩岛（Scarborough Shoal，菲方称"巴约的马辛洛克礁"，Bajo de Masinloc）从来没有在中国的古代地图上出现过。相反，黄岩岛却出现在大量外国人和菲律宾人制作的地图上。至少从1636年，这块礁石就一直在地图上标记为菲律宾领土。紧接着，该报道又关注了当年6月，中国发布竖版中国地图，认为这是中国声索南海的又一大动作。最后，报道提及菲律宾依据海洋法发起国际仲裁，中国拒绝参与，仲裁结果预计在次年晚些时候出台。读者阅读之后很容易认为，中国侵占了黄岩岛，菲律宾起诉中国完全是合法之举，而中国却拒绝参与仲裁。事实上，黄岩岛并不是西班牙人发现、命名的"巴约的马辛洛克礁"。巴约的马辛洛克礁在仅靠近菲律宾西海岸

---

① Amsterdam, "Philippines official confident in South China Sea arbitration case", http://www.reuters.com/article/us-southchinasea-philippines-china-idUSKBN0TJ22M20151201, 2015-12-01.

② "Q&A: South China Sea dispute", http://www.bbc.com/news/world-asia-pacific-13748349, 2015-10-27.

③ "Philippines Displays Ancient Maps to Debunk China's Sea Claims", http://jakartaglobe.beritasatu.com/international/philippines-displays-ancient-maps-debunk-chinas-sea-claims/, 2014-09-11.

的地方，后因海水上涨而遭淹没。西班牙人再次前往的时候没有找到，继续向西行船，到达以触礁沉没的英国船"斯卡伯勒号"命名的"斯卡伯勒礁"（即黄岩岛），遂将二者等同起来。[①] 路透社故意回避黄岩岛位于规定菲律宾领土主权范围的"条约界限"以西的事实。

6．重复推送。域外国际主流媒体在报道中往往重复推送以下4套说辞：

①中国在2012年从菲律宾手中夺取了黄岩岛，并拒绝与菲律宾就此事展开交涉。于是，菲律宾在2013年1月不得不提起国际仲裁，但中国却"不接受、不参与"仲裁。[②] 尽管中国是《联合国海洋法公约》的缔约国，但它却不会执行裁决，导致裁决结果无法执行。[③] 显然，这种报道试图暗示"中国不守法，不讲理"。

②中国几乎声索整个南海（主权）。同时，与中国存在争端的还有越南、马来西亚、印度尼西亚，文莱和台湾当局。[④] 中国与多方存在岛屿主权和海洋权益争端，中国步步为营，日趋强硬，是诱发地区不稳定的重要因素。

③南海富含渔业资源和油气资源，是世界上最繁忙的航线之一。[⑤]

④《南海各方行为宣言》（DOC）没有法律约束力，域内外国家呼吁尽早缔约有法律约束力的《南海各方行为准则》（COC），但COC谈判进

① 详细考证过程可以参见李孝聪：《从古地图看黄岩岛的归属——对菲律宾2014年地图展的反驳》，《南京大学学报（哲学·人文科学·社会科学）》2015年第4期，第76—87页。

② 比如钟辰芳：《美媒：菲海洋仲裁案获受理是中国遇重挫》，http://www.voachinese.com/content/south-china-sea-us-media-20151030/3030406.html, 2015-10-31。

③ 比如"US Navy commander warns of possible South China Sea arms race", http://www.mb.com.ph/us-navy-commander-warns-of-possible-south-china-sea-arms-race/, 2015-12-16.

④ 比如Sean Mirski, "Magnetic Rocks: Assessing China's Legal Strategy in the South China Sea", http://nationalinterest.org/feature/magnetic-rocks-assessing-chinas-legal-strategy-the-south-10481, 2014-03-19.

⑤ "Chinese official: Parties must agree how to resolve disputes", http://www.mb.com.ph/chinese-official-parties-must-agree-how-to-resolve-disputes/, 2015-11-06.

展缓慢。[①] 报道中，该事实一般会放在中国在南海的举措引发周边国家抗议前后，暗示中国根本不愿意推进COC的实质谈判。

7. 借言为主。境外国际主流媒体多采用借言的报道手法，直接转引国家机构、政府官员、专家学者等人的观点。一方面，借言可以“推卸责任”，另一方面，它更能满足读者的求知欲望，往往比“自说自话”有着更强的传播效果。当然，国际主流媒体并非随意借言，而是经过精心取舍和编排，传达自身想要传递的信息。

8. 意识形态偏见。国际主流媒体经常使用具有意识形态偏见的词汇来塑造中国的形象。最具代表性的是“communist”一词。据赵心树2004年的一次田野调查，普通美国人对中国的“communists”抱有的敌意程度仅略低于对“基地组织成员”的敌意程度。[②] “communist一词所代表的负面意义，英语国家的政治家、外交家、评论家、媒体人员等当然是心知肚明。所以，当他们要贬低中国的时候，就往往不动声色地甩出这个词”。[③] 比如“事实上，这条线“南海断续线”刚开始的时候不是9段，而是11段：其中两段在共产党胜利后于1953年被擦去。”[④] 此外，出现频率较高的修饰词还有“官方（official/state-run）媒体”，[⑤] 暗示中国官方媒体没有独立性，只是宣传工具，其报道不可信；使用民族主义者

---

① 比如“No solution in sight on sea row after Myanmar meet”, http://www.dailymail.co.uk/wires/ap/article-2721888/No-solution-sight-sea-row-Myanmar-meet.html, 2014-08-11.

② 赵心树：《国际传播中的信息翻译与字词翻译——以“中国共产党”的英译为例》，《国际新闻界》，2004年第4期，第15页。

③ 转引自范勇：《美国主流媒体涉华报道中的意识形态偏见词汇与“中国形象”塑造——基于对〈纽约时报〉的实证研究》，《湖北社会科学》，2009年第8期，第173页。

④ Browne, Andrew, “China’s Line in the Sea; Beijing Has Never Properly Explained What Its ‘Nine-Dash Line' Represents”, http://iras.lib.whu.edu.cn:8080/rwt/605/http/PNTXC6UDNAYHA6UQPF4XK65VF3SX85B/docview/1511498861/B172D0A101B541ABPQ/42?accountid=15157, 2014-04-01.

⑤ Jethro Mullen, “Philippines takes territorial fight with China to international tribunal”, http://edition.cnn.com/2013/01/22/world/asia/philippines-china-territorial-dispute/index.html, 2013-01-23.

(nationalist),[①] 不使用爱国主义者 (patriot),暗示中国领导人和中国人民主观化、情绪化。

(三) 国际主流媒体报道中常见的事实错误

常见事实错误一部分由外国政府官员释放出来,另一部分由媒体转述。无论国际主流媒体报道采用错误事实的动机是有意还是无意,它们显然影响读者对中国立场和政策的客观认知。

常见的事实错误可归纳为如下八种:

1. 中国对整个南海主张主权。这是国际主流媒体报道中出现频率最多、影响最为恶劣的一个事实错误。比如2013年1月28日《华尔街日报》报道称:"中国坚称其对几乎整片海域拥有无可争辩的主权"。[②] 2014年12月19日,《国家利益》杂志的文章称:"最新的中国地图显示,中国对几乎整个南海声称拥有主权。基于'历史性权利'原则,中国对南海大部分地区主张'固有的和无可争辩的'主权"。[③]

2. 中国在不断扩大本国的领土主张。[④] 实际上,中国一直主张南海诸岛的主权,从未扩大领土主张。[⑤]

3. 中国在1947年之前对南海诸岛几乎没有关注,中国人与南海诸岛的联系较弱。比如路透社2015年12月1日的报道称:"该线'南海断续

---

① Perlez, Jane, "Philippines and China in Dispute Over Reef", http://iras.lib.whu.edu.cn:8080/rwt/605/http/PNTXC6UDNAYHA6UQPF4XK65VF3SX85B/docview/1511496750/872782D0CC334DB6PQ/8?accountid=15157, 2014-04-01.

② "Philippines hopeful for fast resolution on territorial dispute with China", http://www.wall-street.com/2013/10/28/philippines-hopeful-for-fast-resolution-on-territorial-dispute-with-china/, 2013-10-28.

③ Richard Javad Heydarian, "The Fog of Law: China's Great South China Sea Dilemma", http://nationalinterest.org/feature/the-fog-law-chinas-great-south-china-sea-dilemma-11889, 2014-12-19.

④ Graham Dunbar, "Singapore: Might not right in territorial disputes", http://globalnation.inquirer.net/107086/singapore-pm-might-not-right-in-territorial-disputes, 2014-06-25.

⑤ Greg Austin, "'Mountains out of Molehills:' The Pentagon's Big Lie About the South China Sea", http://thediplomat.com/2016/02/mountains-out-of-molehills-the-pentagons-big-lie-about-the-south-china-sea/, 2016-02-24.

线’由北京（笔者注：应为南京）于1947年首次划定。中国从未正式对线内领土寻求法律权利。”[①]

4．中国在南海的活动干预航行自由，可能导致世界经济动荡。比如美联社2014年8月9日的报道：“最近，几国，尤其是中国，在争议地区的活动，引发人们对地区对抗的关注。这破坏了亚太的稳定，干预了国际海上贸易，造成全球经济动荡。”[②]

5．中国拒绝谈判解决争议。比如《纽约时报》2015年4月12日的报道：“作为崛起中的大国，中国想在亚洲发挥更大的作用是很自然的事情，但是它对待邻国的态度以及拒绝就南海的争议地区进行对话的态度是十分可怕的。”[③]

6．“一对一”谈判会让东南亚小国处于不利地位。比如美联社2014年3月30日的报道：“相比其他声索国，中国块头和影响力更大。中国要求其他声索国通过‘一对一’谈判解决争议，这显然对其更有利。”[④] 事实上，在已经完成的陆地边界谈判中，中国并没有因为“块头大”，便以大欺小或恃强凌弱。[⑤]

7．将黄岩岛（Scarborough Shoal）等同于所谓的巴约的马辛洛克礁（Bajo de Masinloc）。比如法新社在2015年10月31日的报道中表述：“中国控制了‘巴约的马辛洛克礁’，即众所周知的‘斯卡伯勒礁’。这里渔

---

① Amsterdam, “Philippines official confident in South China Sea arbitration case”, http://www.reuters.com/article/us-southchinasea-philippines-china-idUSKBN0TJ22M20151201, 2015-12-01.

② “Kerry seeks to calm South China Sea tensions”, http://www.dailymail.co.uk/wires/ap/article-2720561/Kerry-seeks-calm-South-China-Sea-tensions.html, 2014-08-09.

③ “Chinese Mischief at Mischief Reef: [Editorial]”, http://iras.lib.whu.edu.cn:8080/rwt/605/http/PNTXC6UDNAYHA6UQPF4XK65VF3SX85B/docview/1672343848/872782D0CC334DB6PQ/49?accountid=15157, 2015-04-12.

④ Teresa Cerojano, “Philippines files evidence against China’s claims”, http://news.yahoo.com/philippines-files-evidence-against-chinas-claims-075749286.html, 2014-03-30.

⑤ 有学者还专门论证了中国作出让步的原因，参见M. Taylor Fravel, *Strong Borders, Secure Nation: Cooperation and Conflict in China’s Territorial Disputes*, Princeton University Press, 2008。

业资源丰富，且位于菲律宾的专属经济区之内。"[①]

8．本案审理的机构是海牙常设仲裁法院（PCA）。比如BBC在2015年10月29日的报道中表述："坐落于海牙的常设仲裁法院拒绝了中国方面争端关涉主权，超出管辖范围的主张"。[②] 常设仲裁法院实际上是本案的书记官处。

（四）中国官方媒体与国际主流媒体的观点对抗

中国官方媒体与国际主流媒体的报道有六大观点对抗：

1．菲律宾提起仲裁的原因、性质和目的。中国官方媒体认为菲提起仲裁程序的原因是"菲方无视中方作为《联合国海洋法公约》缔约国享有的合法权利，违背与中方多次确认的共识及其在《南海各方行为宣言》中的庄严承诺"[③]；性质是"披着法律外衣的政治挑衅"[④]，是"闹剧"[⑤]；"其目的无非有三：一是以小国弱国形象骗取国际同情；二是以维护国际法治的所谓'正面'形象抹黑中国；三是通过提起仲裁'暗度陈仓'，企图将侵占岛礁的行为合法化。"[⑥]

国际主流媒体则认为，菲律宾"南海仲裁案"的起因是中国2012年以武力控制黄岩岛，此后不断驱逐来此捕鱼的菲律宾渔民。菲律宾政府

---

① AFP and Leonard D. Postrado, "Int'l court rules it has power to hear PH case over disputed South China Sea", http://www.mb.com.ph/intl-court-rules-it-has-power-to-hear-ph-case-over-disputed-south-china-sea/, 2015-10-31.

② "South China Sea: Hague panel can rule on Philippines-China dispute", BBC, http://www.bbc.com/news/world-asia-34671504, 2015-10-29.

③ 《外交部发言人——中方对菲现政府大肆炒作南海问题表示严重关切》,《人民日报》2015年6月30日，第21版。

④ 《外交部发言人——中方对菲现政府大肆炒作南海问题表示严重关切》,《人民日报》2015年6月30日，第21版。

⑤ 《钟声·菲律宾"南海仲裁案"闹剧系列评论》,《人民日报》2015年12月—18日，第3版。

⑥ 《滥用国际法律程序的图谋不可能得逞》,《人民日报》2014年4月1日，第6版。

屡次抗议无效后，被迫诉诸国际仲裁；[①] 仲裁是"大卫对抗巨人歌利亚"的斗争，是法治对抗强权的正义之举；[②] 仲裁的目的在于捍卫本国依据《联合国海洋法公约》享有的海洋权益。[③]

2．菲律宾提起仲裁的合法性及仲裁庭的管辖权和仲裁裁决的拘束力。中国官方媒体认为，菲律宾"滥用国际法律程序"[④]，提起国际仲裁，是"非法的、无理的"[⑤]。此案关涉领土主权和海洋划界争端，且中国已于2006年发表"排除性声明"，仲裁庭"明显没有管辖权"[⑥]。2015年10月29日，仲裁庭裁定自身对菲方提起的15项诉求中的7项拥有管辖权，中国官方媒体坚称"裁决是无效的，对中方没有拘束力"[⑦]，裁决"既不公平，也不正义"[⑧]。

国际主流媒体倾向于认为菲律宾提起仲裁是合法之举，因为中国是《联合国海洋法公约》的缔约国，它有义务接受该公约规定的争端解决程序。[⑨] 对于管辖权问题，国际主流媒体起初并没有十分肯定，而是较多引述菲律宾外长的发言和相关专家的判断。但是在管辖权裁决出来之后，

---

① 比如"Philippines warns China flouting UN maritime laws", http://www.mb.com.ph/philippines-warns-china-flouting-un-maritime-laws/, 2015-07-08.

② 比如"UN tribunal to begin South China Sea deliberation", http://www.bbc.com/news/world-asia-33421599, 2015-07-07.

③ 比如"Philippines, China trade accusations over sea threats", http://www.dailymail.co.uk/wires/ap/article-3054861/Philippines-China-trade-accusations-sea-threats.html, 2015-04-25.

④ 《滥用国际法律程序的图谋不可能得逞——评菲律宾在南海问题上之妄诉》,《人民日报》2014年4月1日，第6版。

⑤ 《滥用国际法律程序的图谋不可能得逞——评菲律宾在南海问题上之妄诉》,《人民日报》2014年4月1日，第6版。

⑥ 《外交部受权发表中国政府关于菲律宾所提南海仲裁案管辖权问题的立场文件》,《人民日报》2014年12月8日，第3版。

⑦ 《中华人民共和国外交部关于应菲律宾共和国请求建立的南海仲裁案仲裁庭关于管辖权和可受理性问题裁决的声明》,《人民日报》2015年10月31日，第7版。

⑧ Lu Yang, "Tribunal arbitration on S. China Sea neither fair not just", http://www.chinadaily.com.cn/opinion/2015-12/19/content_22749944.htm, 2015-12-19.

⑨ 比如THE Editorial Board, "Tangling With China", http://www.nytimes.com/2014/02/07/opinion/tangling-with-china.html, 2014-02-06.

它们对菲律宾赢得“重要胜利”① 集中展开大规模报道。有的报道甚至不提仲裁庭对菲律宾诉求中的7项具有管辖权的细节，重点强调它的“约束力”。② 比如《纽约时报》在2015年10月30日的报道中称：“中国声称仲裁庭对‘南海仲裁案’不具有管辖权，拒绝参加仲裁程序。然而，《海洋法公约》却规定仲裁庭的裁决具有约束力。既然法庭已经决定了程序性问题，它将审查众多实体问题，包括中国对大部分南海的大规模声索。中国接受仲裁结果与否，在很大程度上反映了它是如何对待自己基于国际法作出的承诺。”③

3．中国的立场和政策是否合法。中国官方媒体认为，中国“不接受，不参与”国际仲裁“具有充分的国际法依据”④，“恰恰是维护国际法治的正义之举”⑤。国际主流媒体则认为，中国正在为自己的行为“付出代价和透支国际声誉”⑥。“国际社会应该让中国明白，它必须遵守法律规则，遵从联合国的仲裁裁决。菲律宾开始做的事并不仅为自己，而是为争取国际社会支持迈出的重要一步”。⑦

4．国家实力强弱与争端解决方式选择。中国官方媒体指出，中菲

① Richard Javad Heydarian, “The Forces Awakening Against an Antagonistic China”, http://nationalinterest.org/feature/the-forces-awakening-against-antagonistic-china-14702, 2015-12-22.

② Perlez, Jane, “Hague Court Will Hear Case on Isles in China Sea”, http://iras.lib.whu.edu.cn:8080/rwt/605/http/PNTXC6UDNAYHA6UQPF4XK65VF3SX85B/docview/1728348947/872782D0CC334DB6PQ/11?accountid=15157, 2015-10-31.

③ “Challenging Beijing in the South China Sea: [Editorial]”, http://iras.lib.whu.edu.cn:8080/rwt/605/http/PNTXC6UDNAYHA6UQPF4XK65VF3SX85B/docview/1728175658/872782D0CC334DB6PQ/19?accountid=15157, 2015-10-30.

④ 《外交部受权发表中国政府关于菲律宾所提南海仲裁案管辖权问题的立场文件》，《人民日报》2015年12月8日，第3版。

⑤ 《不接受、不参与才是真正践行国际法》，《人民日报》2015年12月18日，第3版。

⑥ Browne,Andrew, “Beijing Pays a Price for Assertiveness in South China Sea; China Takes Advantage of Southeast Asia’s Divisions-But Faces Political Risks”, http://iras.lib.whu.edu.cn:8080/rwt/605/http/PNTXC6UDNAYHA6UQPF4XK65VF3SX85B/docview/1524260623/B172D0A101B541ABPQ/46?accountid=15157, 2014-05-14.

⑦ THE Editorial Board, “Tangling With China”, http://www.nytimes.com/2014/02/07/opinion/tangling-with-china.html, 2014-02-06.

争端应该由直接当事国在平等和相互尊重基础上协商谈判解决。"多年来，中国同陆上邻国通过平等友好谈判，解决了大部分陆地边界问题，也通过谈判公平解决了与越南在北部湾的海洋划界问题"①，"中方敦促菲方纠正错误做法，恪守承诺，早日回到双边谈判解决争议的正确轨道上来"②。而国际主流媒体认同菲律宾政府的说辞，即菲律宾是小国，军事力量有限，在南海争端中无法同实力强大的中国直接抗衡，故南海争端应该以多边谈判为主要形式，双边谈判会使得它处于不利地位。诉诸国际仲裁是菲律宾多方抗议无果后采取的明智措施。③

5．中国谈判解决争端的意愿。中国官方媒体认为中国有极大地诚意，愿意与南海争端直接当事国通过谈判解决海上争端。国际主流媒体却认为中国在南海争端中"不愿意谈判"，比如《纽约时报》2015年4月12日的报道："作为崛起中的大国，中国想在亚洲发挥更大的作用是很自然的事情，但是它对待邻国的态度以及拒绝就南海的争议地区进行对话的态度是十分可怕的。"④

6．中国对南海诸岛的主权。中国官方媒体认为，南海诸岛自古以来就是中国领土，中国对南海诸岛及其附近海域拥有无可争辩的主权，有着充分的历史和法理依据。⑤域外国际主流媒体认为，南海岛礁离中国大陆很远，离南海周边国家很近，这些国家的巡逻船，渔船在此活动，正常合理。中国宣称对这些岛礁拥有主权和其他权利，是一种"领土扩张"

---

① 《滥用国际法律程序的图谋不可能得逞——评菲律宾在南海问题上之妄诉》，《人民日报》2014年4月1日，第6版。

② 同上一个脚注。

③ Sean Mirski, "Magnetic Rocks, Part II: Assessing the Philippines' Legal Strategy in the South China Sea", http://nationalinterest.org/feature/magnetic-rocks-part-ii-assessing-the-philippines-legal-10493, 2014-05-20.

④ "Chinese Mischief at Mischief Reef: [Editorial]", http://iras.lib.whu.edu.cn:8080/rwt/605/http/PNTXC6UDNAYHA6UQPF4XK65VF3SX85B/docview/1672343848/872782D0CC334DB6PQ/49?accountid=15157, 2015-04-12.

⑤ 《菲律宾的徒劳之举》，《人民日报》2013年1月24日，第5版。

行为。中国在南中国海的主权声索是“历史小说”。[①]

总体来看，中国官方媒体在与国际主流媒体的观点对抗上处于下风。这并非中国方面不具有令人信服的依据，而是官方媒体在关注度、报道手法、说理方式上存在一定的问题，这在一定程度上削弱了入情入理表达观点的效果。

三、展望与对策

如上所述，菲律宾“南海仲裁案”最终裁决发布当月，国际主流媒体对本案的报道可能将达到最高峰。即使到了最终裁决出来之后的一两个月里，它们仍然可能会通过非主题性报道的形式，使关注度处在一个相对较高的水平。国际主流媒体报道中的常用手法和常见事实错误，在与中国官方媒体的观点对抗中，对于塑造“中国霸道蛮横”,“不遵守国际法”的形象，将继续发挥作用。

为了应对国际主流媒体不客观、不公正的片面报道，旨在“南海仲裁案”的舆论战上争夺更多的国际话语权，中国官方媒体在对外传播中，可把握“有理，有利，有节”的总原则，采取以下6项措施：

（一）入情入理阐明案件的性质

阐述案件性质时应重点强调菲方此举无法解决两国南海争端的实质问题，即岛礁领土主权和海洋划界争端。这两类争端，《公约》允许缔约国排除附件七所属任何仲裁或司法机构之强制管辖。中国已于2006年行使了该权利。菲方诉求、仲裁庭管辖权，整个案件绝不能涉及任何领土主权、海洋划界问题，有关各方均无权在本案任何环节触及此类问题，裁决也绝不能对两类问题产生任何影响。在明知这种前景情况下，菲律

① 《南中国海是否自古以来属于中国?》，http://www.voachinese.com/content/nine-dashed-line-south-china-sea-20150804/2901063.html, 2015-08-05。

宾单方面启动针对中国的"南海仲裁案"，可见其欺骗性，难免不让人解读为是在制造"噱头"和羞辱中国[①]，借此攻击中国的立场和主张，干扰中国的领土海洋维权行动，培养、塑造国际社会对菲律宾同情，对中国不满的心理倾向，增添中国形象"负资产"。

（二）突出三个历史条约对菲国领土范围的明确限定

在中菲南海争端中，对于中国最有利，也是菲方竭力回避和转移国际社会注意力的一个历史事实：其国家独立后的1947年宪法（该宪法是菲律宾1935年宪法的修订版，于1947年3月公布实施）第一款关于"国家领土"明确规定[②]："菲律宾是由1898年12月10日《美西巴黎条约》中西班牙割让给美国的所有领土构成，领土界限在该条约第三款以及包含在1900年11月7日《美西华盛顿条约》和1930年1月2日《美英条约》中的所有岛屿。"[③] 这三个条约限定的菲律宾领土主权范围是非常清楚的。如果菲律宾主张一些南沙岛屿是自己的领土，就必须拿出国家间领土转让或赠予的书面文件。没有这样的文件，菲律宾就不可能获得新的领土，其所谓的对南沙群岛部分岛屿的主权就是非法的。报道的时候应对此反复陈述。以《人民日报》为例，它虽然也对此进行了提及，但密度不够。

---

① Seokwoo LEE and Nong HONG, Chinese Perspectives on the Philippines-China Arbitration Case in the South China Sea, *Seoul International Law Journal*, Vol.20, No.2, pp.171-198 (2013).

② 菲律宾是世界上极少有的几个曾将领土范围明确写入宪法的国家。第一款关于"国家领土"的明确规定，自1935年一直保留到1973年才修改为模糊的表述。据东盟前秘书长，菲律宾前外交官鲁道夫·塞韦里诺的记载，1935年制定菲律宾宪法时，明确写入"国家领土"范围的目的在于"让菲律宾人知道自己国家的领土范围，并向世界宣告其没有意愿去侵占其他土地"。详见 Rodolfo C. Severino, *Where in the world is the Philippines?*：*debating its national territory*, Singapore : Institute of Southeast Asian Studies ; Makati City, Philippines : Carlos P. Romulo Foundation,2011,p.22。

③ "1935CONSTITUTION OF THEREPUBLIC OF THE PHILIPPINES", Please see http://www.gov.ph/constitutions/1935-constitution-ammended/，登录时间：2016年3月22日。

在过去的3年里，关涉的报道仅有2篇[①]。菲律宾方面的关键弱点，我们反而没有给予较多分量，无形中失去了增强说理的机会。类似的，对中国最有利，也是越南方面竭力回避的一个历史事实是20世纪70年代之前，从政府领导人到官方媒体对于中国拥有西沙、南沙群岛主权的公开支持和承认。

（三）多讲常见认知错误，矫正视听

根据上文分析得出的有关常见事实认知方面错误，“中国对整个南海主张主权”，“中国在不断扩大领土主张”，“中国在1947年之前，对南海诸岛几乎没有关注，中国人与南海诸岛的联系很弱”，“中国在南海的活动干预了航行自由，让世界经济动荡”，“中国拒绝谈判解决争议”，“一对一谈判让东南亚小国处于不利地位，因为中国‘块头大’”和“将黄岩岛等同于所谓的‘巴约的马辛洛克礁’”，需要中国官方媒体进行有针对性的多次回击。其中，尤以“中国对整个南海主张主权”，影响最为恶劣，应重点对待。比如在报道中，可以加入这么一句陈述：“中国主张的主权及于南海中的岛礁及其附近海域，而非整个南海海域。一些人宣传中国主张整个南海主权，是在歪曲中国的主张，是不负责任的行为”。

（四）讲法理，要专业

由于本案涉及专业的法律问题，不建议让非专业人士去撰文讲法理。中国官方媒体可考虑发布学者文章（改写学者论文）的形式，或对整体或对细节，有理有据给出有利于中方的解读。中国台湾学者高圣惕[②]详细论证了中国可以在不违反判决的前提下，提出许多法律理由将其持续在南海的作为“合法化”。这种基于本案细节的深入分析和透彻说理，较

① 《外交部发言人——中方对非现政府大肆炒作南海问题表示严重关切》，《人民日报》2015年6月30日，第21版；《国外专家学者认为菲方强推国际仲裁是——一场注定失败的独角戏》，《人民日报》2014年4月1日，第6版。

② 高圣惕：《论中菲律宾“南海仲裁案”无效性》，《国际问题研究》，2015年第5期，第65-89页。

之于宏观的粗线条批判，传播效果明显更好。

（五）自言虽好，也要借言相称

借言是塑造国际话语的一种有效方式。我们最好能借到外国专家学者的“言”，本土的所谓“专家”发声适当减少。借言的对象还可以是外国政府官员，境外主流媒体。根据前面的调查，菲律宾国内也不乏批评阿基诺政府提起仲裁的声音，如能及时发掘，援引过来，也未尝不可。

（六）善于运用灵活多样的非主题性报道

中国官方媒体报到时，多使用主题性报道，触发事件限于对仲裁动态更新的被动回应，且把外交部发言人例行记者会上的讲话直接“搬过来”的篇数过多①。这样，前5种措施发挥作用的空间被大大压缩，不利于提高传播的效果，应进行必要的调整。要善于利用各种报道时机，展开灵活多样的非主题性报道，把前面的5点措施融入进去。

此外，我们还应注意一下3个问题：一是对仲裁庭和仲裁员保持应有的尊重，避免对其发表攻击性言论。目前来看，仲裁员的指定、仲裁庭的组建符合《联合国海洋法公约》附件七的规定。② 仲裁庭作出的裁决引发争议，这在过去的司法和仲裁实践中也是常有的事情，法庭内部也可能存在持不同意见的法官。在没有确凿证据表明仲裁员或仲裁庭枉法仲裁的情况下，应以批驳裁决的法律和事实依据为主，而不应将矛头对准仲裁庭或仲裁员。二是借言的专家学者要有一定的权威性和国际知名度。如果刻意请一些不入流的所谓专家学者发声，不仅不能起到声援的作用，反而可能会弄巧成拙。三是减少对外交部发言人强硬表态的重复，史实

---

① 据笔者调查，有时，同一篇外交部发言人例行记者会上的讲话全文会重复刊登在第二天的《人民日报》,《光明日报》和《解放军报》上。其实，为提高版面的利用效率，可以考虑用不同的形式报道中菲南海争端的由来和发展，重点突出对中国有利的事实。

② 吴慧，商韬：《国际法律程序中法官和仲裁员因素——以中菲南海争端仲裁案为例》,《国际安全研究》，2013年第5期，第3—20页。

陈述要具体、清晰。外交部召开例行记者会是常规新闻事件，发言人一般会较多地强调坚定的国家立场。从国际法的角度来看，只要外交部及时表明了国家立场，那些今后指责中国对当日某些问题“默认”的说法就不能成立。况且，外交部记者会上，面临要回答的问题较多，发言人不可能每次关于菲律宾“南海仲裁案”的回答都面面俱到。而这一点缺陷，正好可以由媒体来有选择性地弥补。如果官方媒体的报道还停留在简单地“搬过来”，重复发布，那么，对惜字如金的官方媒体来说，必要性就不是很大。在报道外交部发言人的讲话之类的常规新闻事件，应有所取舍。把节省出来的版面，用来具体、清晰地陈述历史事实，矫正认知错误时要把事件的来龙去脉讲清楚，避免高度抽象概括式的一笔带过。